U0552732

中国特色社会主义事业可持续发展条件的理论探索

王希汉 ◎ 著

ZHONGGUO TESE SHEHUI ZHUYI SHIYE
KE CHIXU FAZHAN TIAOJIAN DE
LILUN TANSUO

中国社会科学出版社

图书在版编目(CIP)数据

中国特色社会主义事业可持续发展条件的理论探索/王希汉著.—北京：中国社会科学出版社，2018.1
ISBN 978-7-5203-0853-3

Ⅰ.①中… Ⅱ.①王… Ⅲ.①中国特色社会主义—可持续性发展—研究 Ⅳ.①D616

中国版本图书馆 CIP 数据核字 (2017) 第 210408 号

出 版 人	赵剑英
策划编辑	刘 艳
责任编辑	刘 艳　徐沐熙
责任校对	庞雪飞
责任印制	戴 宽

出　　版	中国社会科学出版社
社　　址	北京鼓楼西大街甲 158 号
邮　　编	100720
网　　址	http://www.csspw.cn
发 行 部	010-84083685
门 市 部	010-84029450
经　　销	新华书店及其他书店

印刷装订	北京君升印刷有限公司
版　　次	2018 年 1 月第 1 版
印　　次	2018 年 1 月第 1 次印刷

开　　本	710×1000　1/16
印　　张	21.75
插　　页	2
字　　数	339 千字
定　　价	99.00 元

凡购买中国社会科学出版社图书，如有质量问题请与本社营销中心联系调换
电话：010-84083683
版权所有　侵权必究

目　录

写在开篇的话
中国特色社会主义事业可持续发展概述

一　中国特色社会主义事业可持续发展取决于对它
　　认识的清醒 …………………………………………（3）
二　中国特色社会主义事业可持续发展取决于对它
　　的信念的坚定 ………………………………………（10）
三　中国特色社会主义事业可持续发展取决于对它
　　实践的自觉 …………………………………………（20）
四　中国特色社会主义事业可持续发展取决于对它
　　所需条件的创造 ……………………………………（25）
五　结语 …………………………………………………（36）

上　篇
中国特色社会主义事业可持续发展
所需要的前导力条件

第一章　道路自信是中国特色社会主义事业可持续发展的
　　　　推动力 …………………………………………（39）
一　传统社会主义道路的合理性、局限性及其启示 …………（39）
二　中国特色社会主义道路的确立、特点和意义 …………（46）
三　道路自信是传统社会主义道路转向中国特色社会主义
　　道路的推动力 ………………………………………（53）

四　结语 …………………………………………………………（58）

**第二章　理论自信是中国特色社会主义事业可持续发展的
　　　　　理论支撑力** ……………………………………………（59）
　　一　对邓小平理论自信是中国特色社会主义事业可持续
　　　　发展的第一个理论支撑力 …………………………………（59）
　　二　对"三个代表"重要思想自信是中国特色社会主义
　　　　事业可持续发展的第二个理论支撑力 ……………………（66）
　　三　对科学发展观自信是中国特色社会主义事业可持续
　　　　发展的第三个理论支撑力 …………………………………（73）
　　四　对中国梦重要战略思想自信是中国特色社会主义
　　　　事业可持续发展的第四个理论支撑力 ……………………（80）
　　五　结语 …………………………………………………………（86）

**第三章　制度自信是中国特色社会主义事业可持续发展的
　　　　　保障力** …………………………………………………（87）
　　一　毛泽东确立的社会主义制度不容易使人们树立彻底
　　　　的制度自信 …………………………………………………（87）
　　二　中国特色社会主义制度容易使人们树立彻底的制度
　　　　自信 …………………………………………………………（94）
　　三　不同的制度自信对中国特色社会主义事业可持续
　　　　发展的保障作用是不一样的 ………………………………（102）
　　四　结语 …………………………………………………………（109）

中　篇
中国特色社会主义事业可持续发展
所需要的硬实力条件

**第四章　市场经济力量是中国特色社会主义事业可持续发展的
　　　　　经济支撑** ………………………………………………（113）

一　社会主义市场经济力量从哪里来 …………………………（113）
二　为什么社会主义市场经济有力量 …………………………（120）
三　为什么说社会主义市场经济力量是中国特色社会主义
　　事业可持续发展的经济支撑 ………………………………（126）
四　结语 …………………………………………………………（132）

**第五章　科学技术力量是中国特色社会主义事业可持续
　　　　　发展的重要动力** ……………………………………（133）
一　没有科技力量的社会主义是没有生命力的社会主义 …（133）
二　要增强社会主义生命力就必须提高现代科学技术
　　实力 ………………………………………………………（140）
三　以现代科学技术推动中国特色社会主义事业可持续
　　发展 ………………………………………………………（147）
四　结语 …………………………………………………………（153）

**第六章　体现军事力的强大人民军队是中国特色社会主义事业
　　　　　可持续发展的后盾** ……………………………………（154）
一　中国特色社会主义事业可持续发展需要一支什么样的
　　强大人民军队 ……………………………………………（154）
二　中国特色社会主义事业可持续发展决定了怎样建设
　　一支强大的人民军队 ……………………………………（161）
三　中国特色社会主义事业可持续发展凸显了建立一支
　　强大人民军队的意义 ……………………………………（168）
四　结语 …………………………………………………………（172）

**第七章　体现资源力的社会主义生态文明建设为中国特色
　　　　　社会主义事业可持续发展提供资源支撑** ……………（173）
一　传统工业化道路难以实现中国特色社会主义事业
　　可持续发展 ………………………………………………（173）
二　实现中国特色社会主义事业可持续发展必须加强
　　社会主义生态文明建设 …………………………………（180）

三　抓住了生态文明建设就抓住了中国特色社会主义事业
　　　　可持续发展的要害 ……………………………………（190）
　　四　结语 …………………………………………………（196）

第八章　体现主体力的当代社会主义建设者是中国特色社会主义
　　　　事业可持续发展的主体条件 ……………………………（197）
　　一　中国特色社会主义旗帜必然能在当代社会主义建设者
　　　　中高高飘扬 ……………………………………………（197）
　　二　中国特色社会主义道路在当代社会主义建设者中必然
　　　　会越走越宽广 …………………………………………（202）
　　三　中国特色社会主义理论体系必然能在当代社会主义
　　　　建设者中越来越完善 …………………………………（208）
　　四　中国特色社会主义制度必然能在当代社会主义建设者
　　　　中逐渐趋于成熟和定型 ………………………………（213）
　　五　结语 …………………………………………………（218）

下　篇
中国特色社会主义事业可持续发展
所需要的软实力条件

第九章　作为指导力的马克思主义是中国特色社会主义事业
　　　　可持续发展的理论指南 ………………………………（221）
　　一　马克思主义无产阶级政党理论对中国特色社会主义
　　　　事业可持续发展仍然具有重要意义 …………………（221）
　　二　马克思主义无产阶级专政理论对中国特色社会主义
　　　　事业可持续发展仍然具有重要意义 …………………（225）
　　三　马克思主义无产阶级及其历史使命理论对中国特色
　　　　社会主义事业可持续发展仍然具有重要意义 ………（228）
　　四　马克思主义未来社会划分阶段理论对中国特色社会主义
　　　　事业可持续发展仍然具有重要意义 …………………（232）

五　马克思主义人的自由而全面发展理论对中国特色
　　　　社会主义事业可持续发展仍然具有重要意义 …………（235）
　　六　结语 ……………………………………………………（236）

**第十章　体现政治力的民主政治是中国特色社会主义事业
　　　　可持续发展的政治支撑** ……………………………（237）
　　一　作为社会主义奋斗目标的民主是中国特色社会主义
　　　　事业可持续发展的前提 ………………………………（237）
　　二　作为社会主义优势的民主是中国特色社会主义事业
　　　　可持续发展的保证 ……………………………………（243）
　　三　作为社会主义本质要求的民主是中国特色社会主义
　　　　事业可持续发展的基础 ………………………………（248）
　　四　结语 ……………………………………………………（253）

**第十一章　作为软实力的中国优秀文化是中国特色社会主义
　　　　　事业可持续发展的文化支撑** ……………………（254）
　　一　中国传统文化中的精华是中国特色社会主义事业
　　　　可持续发展的文化根基 ………………………………（254）
　　二　新民主主义文化是中国特色社会主义事业可持续
　　　　发展的精神支柱 ………………………………………（263）
　　三　中国特色社会主义文化是中国特色社会主义事业
　　　　可持续发展的根本保证 ………………………………（272）
　　四　结语 ……………………………………………………（282）

**第十二章　体现我国外交力的国际发展战略为中国特色社会主义
　　　　　事业可持续发展赢得了外部力量** ………………（283）
　　一　毛泽东和周恩来倡导的和平共处五项原则为中国特色
　　　　社会主义事业可持续发展营造了和平的国际环境 ……（283）
　　二　邓小平提出的和平与发展的时代主题为中国特色社会
　　　　主义事业可持续发展提供了难得的国际机遇 …………（289）

三　江泽民提出的新安全观为中国特色社会主义事业可持续
　　　　发展创造了良好的国际条件 ………………………………（293）
　　四　胡锦涛提出的构建和谐世界的主张为中国特色社会主义
　　　　事业可持续发展营造了宽松的国际氛围 …………………（298）
　　五　习近平倡导和践行的人类命运共同体为中国特色社会
　　　　主义事业可持续发展争取了良好的外部空间条件 ………（303）
　　六　结语 …………………………………………………………（310）

第十三章　有领导力的中国共产党是中国特色社会主义事业可持续发展的根本保证 ……………………………（311）
　　一　中国共产党是有领导力的马克思主义政党 …………………（311）
　　二　中国共产党的领导力表现在哪里 ……………………………（316）
　　三　中国共产党的领导力是中国特色社会主义事业可持续
　　　　发展的根本保证 ………………………………………………（321）
　　四　结语 …………………………………………………………（329）

全书结束语　对中国特色社会主义事业可持续发展的展望 ……（330）
　　一　中国特色社会主义事业可持续发展是社会主义在
　　　　当代中国发展的必然趋势 ……………………………………（330）
　　二　中国特色社会主义事业可持续发展是个漫长的历史
　　　　过程 ……………………………………………………………（332）
　　三　为中国特色社会主义事业可持续发展而努力奋斗 …………（334）
　　四　中国特色社会主义事业可持续发展的前景是光明的 ………（336）

主要参考文献 …………………………………………………………（338）

写在开篇的话

中国特色社会主义事业可持续发展概述

20世纪80年代末90年代初，东欧剧变，苏联解体，使整个世界社会主义运动陷入了低潮。西方敌对势力"兴高采烈"，尼克松说"1999：不战而胜"；布热津斯基说社会主义"大失败"；弗朗西斯·福山说"历史终结"。中国特色社会主义事业可持续发展成了全世界关注的一个重大问题。中国特色社会主义事业能否可持续发展，关键要看对它认识的清醒、对它信念的坚定、对它实践的自觉和对它所需条件的创造。

一 中国特色社会主义事业可持续发展取决于对它认识的清醒

1972年6月，联合国在斯德哥尔摩召开了有史以来第一次"人类与环境会议"，从而揭开了全人类共同保护环境的序幕，可持续发展思想也随之形成。1980年3月，联合国大会提出必须研究自然的、社会的、生态的、经济的以及利用自然过程中的基本关系，确保全球的可持续发展。1983年11月，联合国成立了世界环境与发展委员会，1987年该委员会在《我们共同的未来》报告中正式提出了可持续发展的概念，并对可持续发展下了定义："可持续发展是既满足当代人的需求，又不对后代人满足其需求的能力构成危害的发展。"[①] 1992年6月，联合国在巴西里约热内卢召开了"环境和发展大会"，通过了全球可持续发展战略：《21世纪议程》。这个《议程》高度凝结了当代人对可持续发展的认识成果，正式提出了环境友好的理念。我国政府积极主动地履行里约热内卢会议的承诺，1994年7月4日，国务院批准了我国第一个可持续发展的战略：《中国21世纪人口、环境与发展的白皮书》，从此我国开始把可持续发展纳入经济和社会发展的规划。联合国提出了可持续发展战略后，就被专家学者运用到生态、经济、社会等研究领域，提出了生态可持续发展、经济可持续发展、社会可持续发展等理念，其研究成果也不少。

什么是中国特色社会主义事业可持续发展呢？这里我从四个方面

[①] 世界环境与发展委员会编著：《我们共同的未来》，国家环保局外事办公室译，世界知识出版社1989年版，第18页。

加以说明。第一，中国特色社会主义事业可持续发展是发展和再发展相统一的长期发展。发展是全世界极为关注的一个问题，中国也不例外。我国的社会主义事业是在半殖民地半封建社会的基础上发展起来的，是在经济文化落后的基础上发展起来的，在"文化大革命"中又受到了严重的破坏，还受到了西方敌对势力的围剿。党的十一届三中全会后，中国特色社会主义摆脱这些困境靠的是发展。这里的发展是发展和再发展的统一。中国特色社会主义事业的不断发展就是中国特色社会主义事业的有步骤、分阶段地不断向前推进。我们把中国特色社会主义事业发展分成初级阶段的发展、中级阶段的发展和高级阶段的发展。每一个大阶段的发展又分成若干小阶段的发展，如把初级阶段的发展又分成温饱阶段、小康阶段、社会主义现代化基本实现阶段的发展。中国特色社会主义事业再发展是指在新的历史起点上的发展。如温饱阶段完成后，我们进入了全面建设小康社会发展阶段，这是中国特色社会主义事业一个新的历史起点。确保到 2020 年我们全面建成小康社会后，中国特色社会主义事业就进入了基本实现社会主义现代化阶段，这还是中国特色社会主义事业的一个新的历史起点。到了 21 世纪中期，我们基本实现了社会主义现代化后，我国社会主义就由初级阶段进入了中级阶段，这还是中国特色社会主义事业一个较大的新的历史起点。我们把中国特色社会主义事业在新的历史起点上的新发展，就叫作中国特色社会主义事业的再发展。发展和再发展是前后相继、互相衔接、依次递进的发展。我们把发展和再发展相统一的发展就叫作中国特色社会主义事业可持续发展。

第二，中国特色社会主义事业可持续发展是合规律性与合目的性相统一的长期发展。中国特色社会主义事业可持续发展是合规律性的发展。所谓规律就是中国特色社会主义事业内部固有的、本质的、必然的联系。社会主义制度确立以后，我国开始了大规模社会主义现代化建设，这种建设有成功，也有失误。失误造成了生产力发展的停滞，国家贫穷落后的面貌没有改变，国民经济到了崩溃的边缘。实践证明，这种社会主义建设违背了生产力发展的规律、生产关系一定要适合生产力发展状况的规律、上层建筑一定要适合经济基础状况的规律。党的十一届三中全会后，以邓小平为核心的第二代中央领导集体,把马克思主义基本原理同中国实践相结合,建设有中国特色的社会主义,从此开创了中国特色社会主义事业的新局面,中国社会主义面貌发生了巨大的变化。我国社会主义面貌之所以发生巨大的变化,就是因为我们党领导全国人民以经济建设为中心,把发展生产力作为社会主义的根本任务,坚持四项基本原则,坚持改革开放,按照"三步走"的发展战略,把我国建设成为社会主义现代化国家。这符合生产力发展的规律、生产关系一定要适合生产力发展状况的规律、上层建筑要适合经济基础状况的规律。所以我们说中国特色社会主义事业的可持续发展是合规律性的发展。中国特色社会主义事业的可持续发展是合目的性的发展。所谓目的就是我们所要达到的目标。1956年我国社会主义制度确立后,我们党就把不断满足人们日益增长的物质文化生活的需要、不断提高人们的物质文化生活水平作为社会主义的目的。但我们搞的社会主义是贫穷的社会主义,是大规模群众运动的社会主义,是无产阶级专政下继续革命的社会主义,所以社会主义的目的基本上没有实现。中国特色社会主义是当代中国历史发展的必然,是人民正确的选择。我们党之所以带领人们选择中国特色社会主义事业,就是因为它能使中国摆脱贫穷落后,能使人民走上共同富裕的道路,能使中华民族伟大复兴。所以我们说中国特色社会主义事业可持续发展是合目的性的发展。合规律性与合目的性是中国特色社会主义事业可持续发展必须遵循的两条基本原则。合规律性发展,中国特色社会主义事业可持续发展才能成功;合目的性发展,中国特色社会主义事业可持续发展才有意义。合规律性与合目的性相统一的发展,才是中国特色社会主义事业可持续发展。

第三,中国特色社会主义事业可持续发展是好与快相统一的长期发展。在党的文件中,又好又快发展一般是指国民经济的发展。国民经济是中国特色社会主义事业可持续发展的基础,经济建设是中国特色社会主义的中心任务,国民经济中的"好"与"快"的关系一直是我国社会主义建设中的重大理论和实践问题。这里的"好"是指质量和效益,"快"是指数量和速度。辩证地看,"好"与"快"是有机的统一:一方面,"好"是"快"的前提,没有"好"就无所谓"快"。1958年我们一个劲地追求数量和速度,忽视了质量和效益,结果也没有快起来，还得"调整、巩固、充实、提高"。"欲速则不达"就是这个意思。另一方面，"快"是"好"的必要条件，没有"快"就无所谓"好"。邓小平提出："回过头看，我的一个大失误就是搞四个经济特区时没有加上上海。要不然，现在长江三角洲，整个长江流域，乃至全国改革开放的局面，都会不一样。"① 邓小平的意思是把"四"变成"五"（数量），"就会不一样（质量）"。没有一定的"快"就不会有一定的"好"。好中求快，快中求好，既要注重经济发展的质量，又要保持一定的经济发展速度，才能使国民经济可持续发展。党的十六大以后，特别是科学发展观提出来以后，我们党提出了"又好又快"的发展方针。有人认为党的十六大以前提出的"又快又好"发展方针错了，我不这样认为。中国特色社会主义在不同时间段上，国民经济发展的方针应该是不一样的。"文化大革命"结束后，我国国民经济到了崩溃的边缘，大多数人的吃饭穿衣问题还没有解决，在这种情况下就应当"快"字当头，快中求好。所以在解决我国人民温饱阶段，"又快又好"的发展方针并没有错。当我们进入了21世纪，大多数人的温饱问题得到了解决后，提出"又好又快"发展方针也是正确的，这叫作因时而变，顺势而为，体现了我们党领导社会主义建设的辩证艺术。东欧剧变、苏联解体就是因为他们缺乏这样的领导和辩证艺术。依我之见，又好又快发展也适应于中国特色社会主义事业可持续发展。这里的"好"既包括经济发展质量、企业经济效益，也包括社会发展层级和文化发展品位、人民群众的新期待；这里的"快"既包括经济发展速度，也包括社会发展的步伐，还包括人民群众思想观念转变的程度。发展不快不是社会主义。邓小平指出："贫穷不是社会主义，发展太慢也不是社会主义。"② 邓小平还指出："现在，周边一些国家和地区经济发展比我们快，如果我们不发展或发展得太慢，老百姓一比较就有问题了。"③ 邓小平的意思是发展得快一些、好一些才是中国特色社会主义。发展得不好也不是社

---

① 《邓小平文选》第三卷，人民出版社1993年版，第376页。
② 同上书，第255页。
③ 同上书，第375页。

会主义。邓小平指出："我们干革命几十年,搞社会主义三十多年,截至一九七八年,工人的月平均工资只有四五十元,农村的大多数地区仍处于贫困状态。这叫什么社会主义优越性?"① 邓小平在这里认为发展得不好不是社会主义。又好又快地发展才是中国特色社会主义。邓小平的南方谈话通篇讲的就是"好"与"快"的辩证关系。又好又快地发展是中国特色社会主义事业可持续发展的必然要求,是中国特色社会主义事业可持续发展的根本保证。又好又快发展能使中国特色社会主义事业充满生机,能使中国特色社会主义事业日新月异,能使中国特色社会主义事业可持续发展。

第四,中国特色社会主义事业可持续发展是经济、政治、文化、社会(狭义)、生态和主体人的共同发展。中国特色社会主义事业是由经济、政治、文化、社会(狭义)、生态和主体人等诸多要素构成的巨大系统,中国特色社会主义事业可持续发展就是这些要素相互作用的结果。这些要素缺一不可:经济是基础,政治是保障,文化是支撑,社会是条件,生态是前提,主体人是核心。党的十八大把生态建设提到了与经济、政治、文化、社会的同等高度,是我们党对中国特色社会主义建设认识的深化。我们认为中国特色社会主义建设还应该包括主体人的建设。主体人的建设和"五位一体"的建设是相辅相成的:人的建设能促进"五位一体"建设,"五位一体"的建设也能促进人的建设。在知识、科学、技术迅猛发展的时代,人的建设显得更为重要,没有主体人的建设,"五位一体"的建设也搞不好。人的建设目标是培养"四有"新人,人的建设方针是"三个面向",人的建设的内容是思想道德和科学文化知识。中国特色社会主义建设应该是"六位一体"建设。这是社会主义现代化建设的需要,是中华民族伟大复兴的需要,也是中国特色社会主义事业可持续发展的需要。中国特色社会主义事业可持续发展应该是"六位一体"的发展。

以上是对中国特色社会主义事业可持续发展的认识,我认为这种认识是比较清醒的。认识清醒很重要:其一,认识清醒才不会忘记我们当前建设的中国特色社会主义是初级阶段的社会主义。社会主义的

---

① 同上书,第10—11页。

实现是一个从量变到质变的过程,是一个从部分质变到完全质变的过程。社会主义初级阶段、社会主义中级阶段和社会主义高级阶段都是一个量变到部分质变的过程,经过这三个部分的质变,社会主义最终实现了完全质变,社会主义社会也就建成了。不要忘记我们现在建设的中国特色社会主义是初级阶段的社会主义。改革开放前社会主义建设出现了失误,就是因为我们的认识不够清醒,没有认识到社会主义的发展是分阶段的,没有认识到我国当前建设的社会主义是初级阶段的社会主义,所以我们党在当时的很多决策超越了社会主义初级阶段的实际,违背了量变到质变(部分质变、完全质变)的规律,社会主义建设出现了严重的失误就是不可避免的了。失误使我们的认识清醒起来。党的十一届三中全会后,我们从社会主义初级阶段出发,制定路线方针政策,既克服了过去超越阶段的错误观念和政策,又抵制了放弃社会主义道路、走资本主义道路的错误主张。其二,认识清醒会使我们抓住中国特色社会主义事业可持续发展中的历史机遇。邓小平讲过历史机遇的难得。能否及时捕捉到历史机遇关键在于认识是否清醒。认识清醒,历史机遇出现了就能及时抓住;认识不清醒,历史机遇出现了也发现不了。我们在这方面有过历史教训。20世纪60年代,世界出现了新的科技革命,很多国家抓住了这次历史机遇,利用它发展了起来。可是我们却在聚精会神地搞"文化大革命",错失了历史良机,结果我们没有发展起来。我们党认为21世纪头20年是我国发展的重要战略机遇期。从进入21世纪的那天起,我们党就紧紧抓住这个历史机遇期不放,结果我国实现了跨越式发展。机遇偏爱那些认识清醒的人。重要历史机遇期是中国特色社会主义事业可持续发展的重要条件。其三,认识清醒能使我们不断总结中国特色社会主义事业可持续发展的经验教训。从我们国家看,社会主义建设既有成功的经验,也有失败的教训。过去如此,现在如此,将来也是如此。一点缺陷没有,一点问题不出,那是绝对办不到的。因为社会主义建设规律是隐藏在社会主义建设内部的,看不见,摸不着,在没有发现社会主义规律之前,我们的行动就有可能是盲目的,所以在社会主义建设中存在一些问题是不可避免的。但不可避免并不意味让缺点和错误蔓延下去。改革开放前出现了严重的失误,其关键原因就是我们的认识不清醒，没有及时总结经验教训。失误使我们的认识清醒起来。党的十一届三中全会认真地总结了经验教训，进行改革开放，使我们从困境中走了出来，开创了中国特色社会主义事业的新局面。经验教训是社会主义过去的记录，是实现社会主义的铺垫，是社会主义走向未来的航向。总结经验教训是推动中国特色社会主义事业可持续发展的一大法宝，我们党就是靠总结经验教训推动中国特色社会主义事业可持续发展的。其四，认识清醒可以增强我们高举中国特色社会主义旗帜的自觉性。旗帜问题至关重要，举什么旗，走什么路，历来是关系社会主义事业发展的根本问题。我们在前进道路上，仍然存在着一系列发展问题，存在着一些从未面对过的问题，甚至还面临着前所未有的挑战，中国特色社会主义伟大旗帜举下去还是有一定难度的。能否冲破这一难度，关键要看认识是否清醒。认识清醒就是对中国特色社会主义旗帜的深刻认识、对前进道路上的困难和风险有足够的思想准备、把中国特色社会主义伟大旗帜举到底的决心。只有认识清醒，才能在前进的道路上，既不向"左"转，也不向"右"转，坚持人间正道。

二 中国特色社会主义事业可持续发展取决于对它的信念的坚定

这里的信念坚定是指对中国特色社会主义事业一定要而且一定能可持续发展的认同和肯定。

其一，中国特色社会主义事业一定要可持续发展，因为中国特色社会主义事业是人民的事业。为什么这样说呢？

第一，中国特色社会主义事业是人民以巨大的代价换来的事业。这里的代价是指中国人民在为社会主义而斗争中所付出的努力和牺牲。1921年中国共产党成立，党的一大把实现社会主义和共产主义写在自己的纲领上，从此中国人民跟随中国共产党，为建立新中国和社会主义制度而奋斗，在这个艰苦奋斗的过程中付出了巨大的代价。党的十八大报告中指出："在中国这样一个经济文化十分落后的国家探索民族复兴道路，是极为艰巨的任务。90多年来，我们党紧紧依靠人民，把马克思主义基本原理同中国实际和时代特征结合起来，独立自主走自己的路，经历千辛万苦，付出各种代价，取得了革命建设改革的伟大胜利，开创和发展了中国特色社会主义，从根本上改变了中国人民和中华民族的前途命运。"[①] 这里讲的"付出各种代价"就是指中国共产党和中国人民付出的巨大努力和牺牲，"开创和发展了中国特色社会主义"就是指以各种代价换来的中国特色社会主义事业。没有中国共产党和中国人民付出的各种代价，就不会有中国特色社会主义事业。所以党的十八大要求我们："必须倍加珍惜、始终坚

[①] 《胡锦涛文选》第三卷，人民出版社2016年版，第620页。

持、不断发展。"①

第二，中国特色社会主义事业是保证人民主体地位的事业。人是社会的人，社会是人的社会，人应该是社会的主体与核心。在资本主义社会中，物成了社会的主体；而在中国特色社会主义社会中，人成了社会的主体。马克思指出："人们自己创造自己的历史。"② 列宁指出："人们是自己创造自己的历史的。"③ 毛泽东指出："人民，只有人民，才是创造世界历史的动力。"④ 马克思主义者的这些论述告诉我们，人民是社会的主体，人民是中国特色社会主义的实践主体。实践是人民建设中国特色社会主义事业的直接活动。人民群众参与了改革开放和社会主义现代化建设的实践活动，没有人民群众的参与，改革开放就是没有主体的改革开放，社会主义现代化建设就是没有主体的建设。没有人民群众的参与，中国特色社会主义事业可持续发展就无法实现。人民是中国特色社会主义的认识主体。我国传统社会主义建设的失误，使人民群众认识到不能再走封闭僵化的老路，苏联东欧剧变也使人民群众认识到封闭僵化的老路走不通。改革开放和社会主义现代化建设的成就，使人民群众认识到，只有中国特色社会主义才能发展中国，只有中国特色社会主义才是全国各族人民的共同理想，只有中国特色社会主义才是当代中国发展的方向。没有对中国人民的这种认识，就不会有中国特色社会主义事业。人民是中国特色社会主义的价值主体。中国特色社会主义事业是人民创造的，中国特色社会主义的成果也应该是人民享有的，人民是价值的创造者，也是价值享受者。坚持人民的主体地位，就是要使人民真正成为实践主体、认识主体和价值主体。中国特色社会主义事业保证了人民的主体地位。中国特色社会主义是共产党领导的社会主义，而共产党的领导就是坚持人民主体地位的领导；中国特色社会主义是坚持人民民主专政的社会主义，而人民民主专政就是坚持人民主体地位的国家政权；中国特色社会主义就是坚持人民代表大会制度的社会主义，而人民代表大会制

---

① 《胡锦涛文选》第三卷，人民出版社 2016 年版，第 621 页。
② 《马克思恩格斯文集》第二卷，人民出版社 2009 年版，第 470 页。
③ 《列宁专题文集·论马克思主义》，人民出版社 2009 年版，第 15 页。
④ 《毛泽东选集》第三卷，人民出版社 1991 年版，第 1031 页。

度就是坚持人民主体地位的制度；中国特色社会主义是法治社会主义，而法治就是依照宪法和法律保护人民主体地位的法治。人民的主体地位在中国特色社会主义事业中是一定能实现的。

第三，中国特色社会主义事业是保证人民共同富裕的事业。共同富裕是指全体人民物质上的共同富裕和精神上的共同富足。共同富裕是社会主义的本质要求，是社会主义的基本原则，是社会主义和资本主义的根本区别。共同富裕不是同步的富裕或平均的富裕，而是有差别的富裕。因为人的能力是不同的，所以在收入上必然有差别，这种差别有一定的合理性与必然性。从某种意义上说，这种差别是一种发展的动力。急于消灭这种差别，实现无差别的富裕，这在社会主义初级阶段只是一种空想，对社会主义事业发展是有害的。这是封建社会小生产者的思想反映，我们已经吃过平均主义的亏，一定要防止历史悲剧的重演。反对平均主义并不是反对共同富裕，共同富裕永远是社会主义追求并要达到的目标。当然也要防止贫富悬殊，因为它不利于社会主义事业的发展。我们正走在共同富裕的大道上，已经解决了温饱问题，这向共同富裕的方向前进了一步。再过几年我们将建成小康社会，这又会向共同富裕前进一步。我们再艰苦奋斗30多年，社会主义现代化和中华民族伟大复兴的中国梦实现之时，就是共同富裕的实现之日。共同富裕的目标一定能实现，因为有中国特色社会主义的保证。一是中国特色社会主义是解放和发展生产力的社会主义。解放和发展生产力是共同富裕的前提，也是共同富裕的基础。只要我们不走封闭僵化的老路，生产力的解放和发展就不会停止，共同富裕的前景就在于解放和发展生产力。二是中国特色社会主义是坚持公有制为主体，多种所有制经济共同发展的基本经济制度的社会主义。这种经济制度既符合生产关系也一定要适合生产力发展状况的规律，符合我国生产力水平低、多层次、发展不平衡的国情，各种所有制经济取长补短，相互促进，共同发展。它既适应了生产力的发展，也保证了共同富裕的实现。三是中国特色社会主义是坚持社会主义市场经济体制的社会主义。我国的市场经济与资本主义市场经济不同，它是同我国基本经济制度结合在一起的，是我们党的一大创造。党的十四大确立了社会主义市场经济体制，党的十五大到党的十八大都强调市场在资源配置中的决定性作用。经过20多年的实践，我国社会主义市场经济体制进一步完善，但是我们党对社会主义市场经济规律的探索并没有停止。党的十八届三中全会把市场经济在资源配置中的基础作用改成决定性作用，这是我们党对社会主义市场经济规律认识的一个新突破，标志着社会主义市场经济的发展进入了一个新的阶段。理论和实践都证明，市场配置资源是最有效率的，它使经济效率最优化，让企业和劳动者活起来，为实现共同富裕作了积淀。

总之，中国特色社会主义事业能顺应时代发展要求，体现人民的共同愿望，代表当代中国发展的方向，我们一定要持续发展下去。

其二，中国特色社会主义事业一定能发展下去。

第一，中国共产党有能力把中国特色社会主义事业不断向前推进。中国共产党的能力从哪里来？首先，从党的建设中来。我们党历届领导集体都非常重视党的建设，包括思想建设、组织建设、作风建设和制度建设。毛泽东指出：要把我们党建设成为"一个全国范围的、广大群众性的、思想上政治上组织上完全巩固的布尔什维克化的中国共产党"[①]。邓小平指出："把我们党建设成为有战斗力的马克思主义政党，成为领导全国人民进行社会主义物质文明和精神文明建设的坚强核心。"[②] 江泽民指出："要把党建设成为用邓小平理论武装起来、全心全意为人民服务、思想上政治上组织上完全巩固、能够经受住各种风险、始终走在时代前列、领导全国人民建设有中国特色社会主义的马克思主义政党。"[③] 胡锦涛指出："必须把党的执政能力建设和先进性建设作为主线，坚持党要管党、从严治党、贯彻为民、务实、清廉的要求，以坚定理想信念为重点加强思想建设，以造就高素质党员、干部队伍为重点加强组织建设，以保持党同人民群众的血肉联系为重点加强作风建设，以健全民主集中制为重点加强制度建设，以完善惩治和预防腐败体系为重点加强反腐倡廉建设，使党始终成为立党为公、执政为民，求真务实、改革创新，艰苦奋斗、清正廉洁，

---

① 《毛泽东选集》第二卷，人民出版社1991年版，第652页。
② 《邓小平文选》第三卷，人民出版社1993年版，第39页。
③ 《江泽民论有中国特色社会主义》（专题摘编），中央文献出版社2002年版，第571页。

富有活力、团结和谐的马克思主义执政党。"① 习近平指出:"形势的发展,事业的开拓,人民的期望,都要求我们以改革创新精神全面推进党的建设新的伟大工程,全面提高党的建设科学化水平。"② 党的建设特别重要,它使我们党保持了先进性和纯洁性,增强了我们党的战斗力和领导力,为我们党领导全国人民推进中国特色社会主义事业可持续发展提供了保证。其次,从学习中来。我们党是马克思主义学习型政党,它的学习以马列主义、毛泽东思想、中国特色社会主义理论体系为主,当然也学习自然科学、社会科学和人文科学。我们党把学习作为一项制度坚持下来。党的领导集体进行集体学习,这是我们党的一大特色,除了中国共产党外,还没有听说其他社会主义国家的政党有这种事,更没有听说资产阶级国家的政党有过这种事。学习是人类社会进步的阶梯,知识就是力量,把学习作为自觉行动,引导党员、干部、党组织为中国特色社会主义事业可持续发展学习、学习、再学习。通过学习掌握各种各样的知识,不断提高思维能力、分析和解决问题的能力。学习是提高领导能力的最基本的途径。最后,从党的教育实践活动中来。以江泽民为核心的第三代中央领导集体在全党开展了"三讲"(讲学习、讲政治、讲正气)教育,其目的是把改革开放和社会主义现代化建设搞得更好、更快地把我国的综合国力搞上去。通过"三讲"教育,提高了我们党的战斗力和凝聚力。以胡锦涛为总书记的党中央,在全党开展了以"三个代表"重要思想为主要内容的保持共产党员先进性的教育活动。党的先进性建设是中国共产党建设的根本内容,抓住了党的先进性建设就抓住了党的建设的根本。只有先进性保持好了,党才能坚强有力。先进性充满了创造力、战斗力和领导力。以习近平同志为核心的党中央在全党开展了"三严三实"(严以修身、严以用权、严以律己,谋事要实、创业要实、做人要实)的教育活动。"三严三实"是对党员干部的新要求,是党员干部的为政之道、成事之要、做人准则。"三严三实"教育活动使党员干部的认识能力得到了提高,工作作风有了明显好转,使全党驾驭社

---

① 《胡锦涛文选》第二卷,人民出版社 2016 年版,第 652 页。
② 《十八大以来重要文献选编》(上),人民出版社 2014 年版,第 79—80 页。

会主义航船的能力有了保证。思想政治教育看起来是一种软实力，但这种软实力并不软，它可以转化为建设社会主义的硬实力。

第二，人民群众有能力推进中国特色社会主义事业可持续发展。首先，人民群众是有自觉能动性的力量。毛泽东指出："自觉的能动性，说的是自觉的活动和努力，是人之所以区别于物的特点。"[①] 毛泽东这里讲的能动性是认识的能动性和实践的能动性，他指出：一切事情是要人做的，"做就必须先有人根据客观事实，引出思想、道理、意见，提出计划、方针、政策、战略、战术，方能做得好。思想等等是主观的东西，做或行动是主观见之于客观的东西，都是人类特殊的能动性。这种能动性，我们名之曰'自觉的能动性'，是人之所以区别于物的特点"[②]。"引出思想、道理、意见，提出计划、方针、政策、战略、战术"讲的就是认识的能动性，这里的"做或行动"讲的就是实践能动性。认识能动性是认识世界的关键，实践能动性是改造世界的关键。作为社会主义国家的人民群众的认识能动性是认识中国特色社会主义事业的本质和规律的关键，实践能动性是按照社会主义建设的规律推动中国特色社会主义事业可持续发展的关键。当代人民群众与社会主义制度确立后的人民群众有了很大的区别。随着改革开放后教育事业的发展，大学的专科生、本科生以及研究生毕业的人数越来越多，他们的理性认识和实践能力也越来越强。他们是知识的创造者和传播者，是当代中国人民群众的重要组成部分。当代知识分子以外的人民群众与社会主义制度确立后的人民群众也有很大的不同，他们至少是高中、中专、中职毕业的，他们的素质和能力也达到了很高的水平，各种知识与他们结合起来，也会变成改造世界的巨大力量。我们可以说，我国当代人民群众有能力推动中国特色社会主义事业的可持续发展。

第三，中华民族有能力推动中国特色社会主义事业可持续发展。中华民族是历史上由 56 个民族组成的共同体。我国的新民主主义革命，对外推翻了帝国主义的压迫，实现了中华民族的独立，对内推翻

---

① 《毛泽东选集》第二卷，人民出版社 1991 年版，第 487 页。
② 同上书，第 477 页。

了封建主义和官僚资本主义,建立了新中国,实现了中国人民的解放。从此中华民族的历史翻开了崭新的一页。我国是个多民族国家,各民族相互依存,相互促进,谁也离不开谁。我国实行民族区域自治制度,这种制度是有《民族区域自治法》作保证的,它使我国各民族形成了平等、团结、互助、和谐的新型民族关系。民族关系的好坏决定了中国特色社会主义事业可持续发展的成败。毛泽东指出:"国家的统一,人民的团结,国内各民族的团结,这是我们的事业必定要胜利的基本保证。"① 这种制度使在五千多年的民族发展中形成的以爱国主义为核心的伟大民族精神更加显现出来。爱国就是对祖国的忠诚和热爱,爱国主义就是千百年来固定下来的对自己的祖国的一种最深厚的感情。以爱国主义为核心的民族精神,使中华各民族风雨同舟,共同抵抗外来侵略,最后实现了民族独立;以爱国主义为核心的民族精神,使中华民族同心同德,共同建设中国特色社会主义,实现中华民族伟大复兴的中国梦;以爱国主义为核心的民族精神,把中国特色社会主义的发展和整个人类社会的进步联系在一起,使中华民族立于世界民族之林;以爱国主义为核心的民族精神,使中华民族有了共同理想、共同目标和共同事业,创造了一个又一个人间奇迹,创造了灿烂辉煌的中华文明。总之,社会主义新型民族关系和以爱国主义为核心的民族精神是推动中国特色社会主义事业可持续发展的一种精神动力。

中华民族有能力把中国特色社会主义事业不断向前推进。我们把对中国特色社会主义事业一定要并且一定能发展的认同和肯定叫作信念坚定。信念坚定是中国特色社会主义事业可持续发展的决定性因素。

第一,信念坚定才能不被西方社会的"普世价值"所诱惑,矢志不移地沿着中国特色社会主义道路前进。西方资产阶级认为,西方社会的政治观念和政治制度对世界上所有的国家都适用,是具有"普世"性质的价值,这是西方资产阶级自己编造出来的。价值始终都是具体的,世界上从来没有"普世"性质的价值,因为价值是由经济关

---

① 《毛泽东选集》第五卷,人民出版社 1977 年版,第 363 页。

系决定的，在不同的经济关系中，同一价值观念具有不同的内涵。西方社会的政治观念及其政治制度只适用于西方社会，对我国并不适用。随着我国经济和社会的发展，我国的社会意识也逐渐多元、多样、多变，有人趁机宣传西方社会的"普世价值"，他们不顾我国的国情，不顾我国人民的利益和愿望，不顾人类社会的发展趋势，在我国鼓噪西方社会的"普世价值"，主张我国社会也应搬用西方社会的政治理念和政治制度。这种主张的目的很明显，就是要使我国改旗易帜，让我国人民认同西方社会的政治理念和政治制度，把我国纳入西方社会的政治轨道。这种主张对我们国家的一些人很有诱惑力。动摇信念是最危险的，苏联人失掉社会主义信念导致了苏联解体。我们一定要抵制"普世价值"在我国的传播，最根本的就是让全体党员和人民群众的信念坚定起来。首先，信念坚定是一种自觉理性。这种自觉理性能使全体党员和人民群众成为中国特色社会主义共同理想的信仰者，成为中国特色社会主义事业可持续发展的实践者，成为"普世价值观"的自觉抵制者，矢志不移地沿着中国特色社会主义的道路前进，决不走改旗易帜的邪路。其次，信念坚定是一种精神。党员要有这种精神，干部要有这种精神，普通人也要有这种精神。这种精神是向人民负责的精神。我们要敢于对"普世价值"的言论进行有理有据的批判，使其在中国没有传播市场。最后，信念坚定就是对中国特色社会主义事业的政治认同、思想认同和感情认同，这种认同能使我们在大是大非面前敢于挺身而出，既要敢于与这种社会主义的歪风邪气作斗争，又要敢于清扫中国特色社会主义事业前进道路上的绊脚石。

第二，信念坚定才能不被苏联东欧剧变所困惑，矢志不移地沿着中国特色社会主义道路前进。20世纪80年代末90年代初，东欧剧变，苏联解体，国际共产主义运动走向了低潮。有些人（包括一些共产党员）开始思考，马克思主义还灵不灵？马克思和恩格斯设想的社会主义还行不行？社会主义还能不能代替资本主义？还有一些人（包括一些共产党员）为苏联东欧剧变所困惑。从主观上讲，这些人还没有搞清楚社会主义的本质，因为信念作为一种观念形态，它是一个人真实思想的反映；从客观上讲，这种疑虑是危险的，它将导致政治立场发生动摇，政治定力失去底气。这就从反面告诉了我们信念坚定对中国特色社会主义事业可持续发展的重要性。信念坚定能使人透过乌云看到阳光,透过复杂的社会现象看到社会的本质,透过社会发展的曲折历程把握社会发展的规律和社会发展变化的趋势,不为苏东现象所迷惑,矢志不移地沿着中国特色社会主义的道路前进;信念坚定能使人在国际风云变幻的情况下坚持社会主义的立场不变,自觉为社会主义而奋斗的初衷不变,把中国特色社会主义事业推向前进的决心不变;信念坚定体现了中国共产党的精神特质,它能使人面对风云变幻时站得稳、靠得住,在危急关头能挺身而出,力挽狂澜,保证中国特色社会主义的大厦不会倒塌,保证中国特色社会主义事业可持续发展。

第三,信念坚定才能不被前进道路上的困扰所迷惑,矢志不移地沿着中国特色社会主义道路前进。我们不知道在中国特色社会主义事业可持续发展中,有多少问题和矛盾,有多少困难和风险,但有一点我们是知道的,那就是它的道路是不平坦的。在前进的道路上不会一帆风顺,一定会有曲折,一定会有困难,一定会有挑战,因为中国特色社会主义是一项崭新的事业,我国正处在社会主义初级阶段,究竟怎样搞社会主义,我们只能摸着石头过河。我们对社会主义有了一定的认识,但这种认识也是非常有限的,社会主义的许多问题还没有完全弄清楚。中国特色社会主义越向前发展,新问题、新情况就会越来越多,面对的风险、挑战和不确定因素也会越来越多。对此有人迷惑不解,他们认为共产主义有点虚无缥缈。在马克思主义看来,人类社会就是从低级向高级发展的。在这个发展过程中,始终存在着生产关系和生产力的矛盾、上层建筑和经济基础的矛盾,就是这个基本矛盾推动着人类社会由低级到高级的发展。同样在马克思主义看来,社会主义社会也是非常复杂的社会,它也是在矛盾运动中前进的。在社会主义社会中,矛盾无时不有、无处不在,社会主义社会就是在这些矛盾不断产生又不断解决中发展的。设想在社会主义的前进中没有矛盾、没有问题、没有困难是不现实的,是不可能的,切不可把社会主义想象得太简单了,也不要把社会主义的前进过程想象得太容易了。社会的前进过程就是不断解决矛盾、不断向困难作斗争、不断迎接挑战的过程。即认识了人类社会发展的规律,理解了社会主义发展的规律，也就不会对社会主义前进中出现的矛盾、困难和挑战感到迷惑了。社会主义信念就在认识人类社会的发展规律、社会主义的发展规律的基础上形成的，一旦形成就不容易被改变。它能产生方向、毅力和力量，不管社会主义遇到什么艰难险阻，坚定的社会主义信仰者在困难和挫折面前都不会迷惑、不会退缩、不会动摇，反而会自觉自愿地为之奋斗。信念坚定是中国特色社会主义事业可持续发展的重要动力。

三 中国特色社会主义事业可持续发展取决于对它实践的自觉

传统社会主义的弊端严重阻碍了生产力的发展，苏联共产党对这种现象是不作具体分析的，没有把社会主义基本制度与具体体制、运行机制区分开，而是采取了自杀式的办法解决传统社会主义的弊端，使克里姆林宫上空飘扬了70多年的红旗落了地。我们中国的传统社会主义的弊端也类似于苏联社会主义模式的弊端，但中国共产党并没有采取苏联共产党的极端做法，而是利用改革开放的方式解决其弊端。党的十一届三中全会以后，我国进入了改革开放新时期。改革就是对传统社会主义的不适应生产力发展的经济基础和上层建筑的某些环节和方面进行革命性变革，开放就是冲破封闭对外实行开放。中国特色社会主义是在改革开放中产生的。在改革开放中，我们首先认识到我国的社会主义是初级阶段的社会主义。正确认识社会主义所处的历史阶段既是搞清楚社会主义的首要问题，也是制定路线方针政策的总依据。新中国成立后的社会主义建设之所以出现严重失误，其主要原因是我们没有搞清楚我国社会主义所处的历史阶段。党的十一届三中全会后，我国社会主义建设之所以取得巨大成就，其中一个重要原因是我们搞清楚了我国社会主义所处的历史阶段。在改革开放中我们又认识到了社会主义的本质。社会主义的本质就是社会主义存在和发展的根据。过去我们把公有制、计划经济、按劳分配看成是社会主义的本质，这种看法并不准确。马克思和恩格斯确实讲过公有制、计划经济和按劳分配，但他们把这些看成是社会主义社会的基本特征，他们并没有说过这是社会主义的本质，把这些说法看成是社会主义本质是我们强加给他们的。东欧国家和苏联都坚持了公有制、计划经济和按劳分配，这些并没有保住社会主义，我们国家也坚持了公有制、计划经济和按劳分配，社会主义建设也出现了严重的失误。这就证明了公有制、计划经济和按劳分配不是社会主义的本质。解放生产力，发展生产力，消灭剥削，消除两极分化，最终达到共同富裕，这才是社会主义的本质。这些东西使我们保住了社会主义，使社会主义起死回生，并得到了发展，它们才是中国特色社会主义存在和发展的根据。对社会主义本质的深刻揭示使我们对社会主义的认识达到了一个新的水平。我们对社会主义初级阶段和社会主义本质的认识为中国特色社会主义的诞生提供了依据。我国的改革开放从经济领域开始。在农村，安徽小岗村实行家庭联产承包责任制，确立了我国的农业经济体制；在城市，开始了经济体制改革。确立经济体制改革的目标是关系到我国社会主义建设全局的一个大问题，计划和市场关系是这个大问题的核心。传统社会主义认为，计划经济是社会主义，市场经济是资本主义。计划和市场的关系是邓小平反复思考的一个问题。邓小平认为，计划和市场都是经济手段，不是社会主义和资本主义的本质区别，社会主义可以搞市场经济。党的十四大确立社会主义市场经济体制是我国经济体制改革的目标，废除了计划经济体制。同时还把单一公有制转变成为公有制为主体、多种所有制经济共同发展，把单一的按劳分配转化为按劳分配为主体、多种分配方式并存，从此社会主义初级阶段的基本经济制度和分配制度确立了。邓小平作为我国改革开放的总设计师，还设计了从1980年到21世纪中叶的"三步走"战略步骤，从此中国特色社会主义的蓝图被勾画出来了。中国特色社会主义在改革开放的实践中产生，也在改革开放的实践中不断发展。以江泽民为核心的第三代中央领导集体，高度重视农村、农业、农民问题，大力推进国有企业改革，全面建设小康社会，大力推进政治体制改革，发展社会主义民主政治；实行依法治国，建设社会主义法治国家；加强社会主义精神文明建设，推动社会主义全面进步；加强党的建设，全面推进党的建设新的伟大工程；大力推进祖国和平统一，促进两岸和平发展；积极实施科教兴国战略、可持续发展战略、西部大开发战略、振兴东北老工业基地战略，把中国特色社会主义事业全面推向 21 世纪。以胡锦涛为总书记的党中央，以科学发展为主题，以转变经济发展方式为主线，进一步完善社会主义市场经济体制，提高驾驭社会主义市场经济的能力；统筹城乡发展，建设社会主义新农村；坚持走中国特色社会主义政治发展道路，不断扩大人民民主；坚持走中国特色社会主义文化发展道路，推进社会主义文化大发展、大繁荣；加强社会建设，建设社会主义和谐社会；走和平发展道路，建设和谐世界；走新型工业化、信息化、城镇化、农业现代化发展道路。中国特色社会主义在改革开放的实践中丰富和发展起来。以习近平为总书记的党中央，提出实现中华民族伟大复兴的中国梦，把国家富强、民族振兴、人民幸福看成是中国梦的本质；全面深化改革，推进国家治理体系现代化；依法治国，全力推进法治中国建设；提高国家文化软实力，牢牢掌握意识形态工作的领导权；改善民生，创新社会治理模式；以系统工程思想推进生态建设，实行最严格的生态保护制度；从严治党，以零容忍的态度惩治腐败。中国特色社会主义在全面深化改革的实践中又进一步得到了充实和发展。

  中国特色社会主义在改革开放的实践中产生，在改革开放的实践中发展。而实践有盲目实践和自觉实践之分。盲目实践就是没有完全搞清楚"什么是社会主义和怎样建设社会主义"这个基本问题所进行的实践，也就是没有科学理论或以错误理论为指导的实践。改革开放前的社会主义建设之所以出现失误和挫折，就是因为这种建设实践是一种盲目实践。盲目实践容易使实践决策出现前后矛盾的现象，如在新中国成立前后我们党已经形成了新民主主义社会理论，而 1958 年却又提出了跑步进入共产主义社会；社会主义改造完成后，我们党认为大规模的疾风暴雨式的阶级斗争已经结束，后来却又提出以阶级斗争为纲，搞无产阶级专政条件下的继续革命；提出让地下工厂变成地上工厂，后来却又提出割资本主义的尾巴。这种前后矛盾的实践决策是盲目实践的真实反映。而自觉实践是在搞清"什么是社会主义和怎样建设社会主义"这个基本问题基础上的实践，是在反思、批判、超越盲目实践基础上的实践，是科学理论与实际相结合的实践。改革开放后的社会主义现代化建设之所以能取得巨大成就，就是因为这种建设实践是一种自觉实践。这种自觉实践对中国特色社会主义事业可持续发展特别重要。第一，自觉实践容易抓住中国特色社会主义建设的重点。经济是基础，社会主义现代化建设必须坚持以经济建设为中心。抓住了以经济建设为中心，就抓住了中国特色社会主义建设的重点。中国特色社会主义事业可持续发展既能获得雄厚的物质基础，又可以获得稳定的社会环境。我去过农村，农村都说我们这个社会好，人老了国家还给点钱，村里也给点钱，病了还有医保，农民对社会主义很满意。普通老百姓没有资本家那种贪得无厌的心理，有饭吃，有衣穿，有房住就行了。人们的需求得到满足，社会就会稳定，我们就可以聚精会神地搞建设，一心一意地谋发展。第二，自觉实践容易形成中国特色社会主义事业可持续发展的合力。中国特色社会主义建设是指一种自觉实践的过程，这种自觉实践能产生巨大的合力。其关键在于它有一个自觉实践主体，这个实践主体包括工人阶级、农民阶级、知识分子、人民解放军和新的社会阶层，还包括党组织、社会组织和个人。这个实践主体自觉性最高的就是中国共产党。改革开放后的党的领导与改革开放前的党的领导有很大的不同，它已不是个人领导，而是一种集体领导。这个领导集体善于宏观思考和顶层设计，这种宏观思考和顶层设计是在摸着石头过河的基础上把握社会主义发展规律的宏观思考和顶层设计。摸着石头过河的本质就是探索社会主义发展规律，而不是毫无目的地乱摸。党的十一届三中全会后的历届领导集体，都是通过摸着石头过河来把握社会主义发展规律的，在把握社会主义发展规律的基础上加强宏观思考和顶层设计。所以我们党是高度实践自觉的主体。改革开放后的人民群众和改革开放前的人民群众也有很大的不同。改革开放前的人民群众不是按照社会主义建设规律而是凭着激情建设社会主义的，而改革开放后的人民群众把客观规律性和主观能动性统一起来，脚踏实地建设社会主义。所以改革开放后的人民群众是自觉实践主体。社会组织和个人也是自觉实践主体，社会组织和个人有机结合，也能产生巨大的力量，成为推动社会主义发展的重要动力。中国共产党把人民群众、社会组织和个人联系在一起，形成建设中国特色社会主义的合力，反映出中国特色社会主义建设是一种自觉实践。第三，自觉实践容易使中国特色社会主义崛起。中国特色社会主义在本质上是一种自觉实践的社会主义。在我国，改革开放和社会主义现代化建设就是一种自觉的实践活动，这种自觉的实践活动导致了中国崛起。20世纪90年代末中国解决了温饱问题，为中国的崛起奠定了基础。2020年我国将建成小康社会，这是我国崛起的重要标志。中国崛起，在国内，振奋人心，激发中华民族的力量，唤起中国人的自豪感和自信心；在国际上，中国的形象会越来越好了，中国的话语权会越来越大，中国的声望会越来越高。中国的崛起实际上就是中国特色社会主义的崛起，中国的崛起在国内的意义实际上就是中国特色社会主义的意义，中国的崛起在国际上的意义实际上就是中国特色社会主义在国际上的意义。我国的改革开放和社会主义现代化建设这种自觉实践每前进一步，中国特色社会主义的共同理想也会深入人心一步。这应该归功于我国的改革开放和社会主义现代化建设这种自觉实践。第四，自觉实践容易使中国特色社会主义事业在不断解决问题中前进。中国特色社会主义是崭新的事业，在前进的道路上不可避免地会出现这样或那样的问题，如腐败问题、分配不公问题、群体性事件、地区差距问题、生态失衡问题，等等。有人认为这是中国特色社会主义造成的，所以主张退回到封闭僵化的传统社会主义。有人认为西方那一套可以解决这些问题，所以主张改旗易帜走资本主义邪路。中国这么大的国家，发展这么快，出现一些问题不足为奇。一点问题都没有，哪个国家、哪个社会也做不到。这些问题中国特色社会主义有，传统社会主义也有；中国社会主义社会有，西方资本主义社会也有。要解决这些问题还得靠自觉实践，自觉实践既不搞僵化，也不搞西化。党的十一届三中全会后所遇到的问题都是实践中的问题，这些问题也只能在自觉实践中解决。中国特色社会主义就是在自觉实践中不断解决问题而前进的。

四 中国特色社会主义事业可持续发展取决于对它所需条件的创造

不管遇到多少困难，面临多少挑战，中国特色社会主义事业一定要并且一定能发展已成为一种必然趋势。问题是中国特色社会主义事业依靠什么来实现可持续发展。我认为中国特色社会主义事业要依靠一定的条件才能实现可持续发展。

首先，它需要前导力条件。前导力条件就是排在所有条件前列的具有导向性作用的条件。这个前导力条件就是对中国特色社会主义（道路、理论和制度）的自信。

第一，道路自信就是对中国特色社会主义道路的正确认识、普遍认同和充分肯定。人们之所以对这条道路充满自信，一是因为它坚持了党的基本路线。党的基本路线简称"一个中心、两个基本点"。"一个中心"就是以经济建设为中心，"两个基本点"就是坚持四项基本原则、坚持改革开放。"一个中心"为中国特色社会主义事业可持续发展提供物质基础，"两个基本点"为中国特色社会主义事业可持续发展提供保障和动力。党的基本路线保证了中国特色社会主义事业可持续发展的方向不会发生改变。二是因为它是实现社会主义现代化和中华民族伟大复兴的必经之路。实现社会主义现代化和中华民族伟大复兴，走资本主义邪路不行，历史证明这条邪路在中国行不通；实现社会主义现代化和中华民族伟大复兴，走封闭僵化的老路也不行，实践证明这是一条无效率、无效益之路；实现社会主义现代化和中华民族伟大复兴只能走中国特色社会主义道路，因为这条新路是在改革开放中形成的，是和社会主义现代化和中华民族伟大复兴的前途和命运紧密联系在一起的。三是因为它是实现人民群众根本利益的理想之路。社会主义制度的确立只意味着人民根本利益实现的开始，并不意味着人民根本利益的最终实现。我国社会主义制度确立20年，人民的生活水平并没有从根本上好转，因为我们搞的是贫穷社会主义。党的十一届三中全会后的30多年，人民的生活根本好转，再过几年我们就会建成小康社会，过上小康生活。天还是那个天，地还是那个地，人还是中国人，改革开放后人民却开始走向共同富裕。人们不禁会问这是为什么？这是因为我们现在走的是中国特色社会主义道路。就是因为人们相信这条道路，这条道路才带来了中国特色社会主义事业的可持续发展。

第二，理论自信就是对中国特色社会主义理论体系的正确认识、普遍认同和充分肯定。人们之所以对这个理论体系自信，一是因为它立足于中国特色社会主义实践的需要，没有实践的需要，它既不会产生，也不会发展，更没有任何价值。传统社会主义理论就是因为不适应社会主义建设的需要而退出了历史舞台。二是因为它立足于社会主义初级阶段，立足于回答"什么是社会主义和怎样建设社会主义"这个基本问题，讲了许多老祖宗没有讲过的新话。三是因为它坚持了马克思主义基本原理，又根据时代特征和中国实际，实现了马克思主义中国化，深化了对人类社会发展规律、社会主义建设规律、共产党执政规律的认识，把对社会主义的认识提高到了一个新的水平。中国特色社会主义理论体系的自信带来了中国特色社会主义事业的可持续发展。

第三，制度自信就是对中国特色社会主义制度的正确理解、普遍认同和充分肯定。人们之所以对中国特色社会主义制度充满自信，就是因为中国特色社会主义制度符合中国国情，顺应时代潮流，有利于保持党和国家的活力、调动广大人民群众和社会各方面的积极性、主动性、创造性，有利于解放和发展生产力、推动经济社会全面发展，有利于维护社会公平正义、实现全体人民的共同富裕，有利于集中力量办大事、有效应对前进道路上的各种风险和挑战，有利于维护民族团结、国家统一和社会稳定。就是这种制度自信带来了中国特色社会主义事业的可持续发展。本书把对中国特色社会主义的自信称为前导力条件，没有这个前导力条件，就是其他条件具备，不管人们付出多大努力，中国特色社会主义事业的可持续发展也是不可能的。

其次，它需要硬实力条件。硬实力是经济层面的市场力、科技层面的科技力、国防层面的军事力、生态层面的资源力、建设者层面的主体力等有形力量的总称。

第一，经济层面的市场力，即社会主义市场经济的作用力。市场化已成为我们这个时代不可阻止的必然趋势。为了适应这种发展趋势，我们党的十四大确立了社会主义市场经济体制，实现了从计划经济向市场经济的大转折。经过改革开放，我国的社会主义市场经济体制逐步完善起来，并在我国资源配置中起了决定性作用。通过市场引进来，即把我们所需要的东西买进来，也不断丰富和发展我们自己，用先进的生产力改造落后的生产力，实现生产力质的飞跃；通过市场走出去，把我们自己的东西卖出去，实现我们自己的价值，把潜在生产力转化为现实生产力。20多年来，市场在资源配置中起决定作用的论断已得到证实。市场这只"看不见的手"，对我国经济社会的发展起到了计划经济不可替代的作用，它是传统社会主义起死回生的根本出路。但市场经济不是万能的，它也有失灵的地方，克服市场经济失灵的主要途径是发挥政府宏观调控的功能。政府宏观调控就是根据社会主义生产力的发展规律和社会主义总体发展要求，制定战略规划、长远发展计划、年度发展计划和发展步骤，对经济发展的关键环节进行监督，对经济运行中出现的问题进行引导和适当调节，克服市场的不足。政府这只"看得见的手"的作用是不可忽视的，但是这种作用取代不了市场配置资源的决定性作用。社会主义市场经济的优势就是它把市场这只"看不见的手"和政府这只"看得见的手"有机结合起来，既发挥了市场在资源配置中的决定作用，也发挥了政府宏观调控的作用。这种有机结合符合社会化生产规律的要求。社会主义市场经济的市场力就来源于这种有机结合。我们把经济层面的市场力看作是硬实力的重要内容。

第二，科技层面的科技力是指当代科学和技术的力量。科学属于认识范畴，技术属于实践范畴。我们把它当作硬实力是从当代科学技术在中国特色社会主义事业可持续发展中作用的结果来说的。当代科学技术对中国特色社会主义事业可持续发展的第一个作用是推动中国特色社会主义的自觉发展。中国特色社会主义的发展过程就是从必然王国向自由王国的发展过程，从必然王国向自由王国发展靠的是科学技术。毛泽东指出："自然科学是人们争取自由的一种武装。人们为着要在社会上得到自由，就要用社会科学来了解社会，改造社会，进行社会革命。人们为着要在自然界里得到自由，就要用自然科学来了解自然，克服自然和改造自然，从自然里得到自由。"[①] 由此可见，在认识自然界和改造自然界中，自然科学发挥着重要作用，自然科学是从自然界必然王国走向自由王国的武器。人们在认识和改造社会中，社会科学发挥着重要作用，社会科学是从社会必然王国走向自由王国的武器。同样，科学技术是我们从中国特色社会主义必然王国走向自由王国的武器。当代科学技术对中国特色社会主义事业可持续发展的第二个作用是提高社会生产力。科学可以转化为技术，技术可以转化为生产力。生产力的每前进一步都与科学技术相关。科学技术越发展，劳动者素质就会越高。同样的劳动力，在同样的劳动时间里，可以生产出比过去多几十倍、几百倍的产品，靠的就是当代新的科学技术。生产力的发展为中国特色社会主义从必然王国走向自由王国奠定了雄厚的物质基础。当代科学技术对中国特色社会主义事业可持续发展的第三个作用是能帮助它抢占未来发展的先机。抢占未来发展的先机要依靠科学技术。科学技术可以帮助我们提高自主创新能力。创新可以改变传统思维方式和树立全新的思想观念，这种全新的思想观念可以激发人们创造出过去没有的东西，使人们的实践获得一种全新的力量；创新可以改变旧的组织方式、生产方式和生活方式，树立起全新的组织方式、生产方式和生活方式；创新可以使中国特色社会主义生生不息，充满生机与活力，加快中国特色社会主义前进的步伐。谁抢占了发展先机，谁就能掌握未来发展的主动权。根据当代科学技术的作用，我们把它看作是硬实力的重要内容。

第三，国防层面的军事力是指我国军队履行使命的能力。军队要为党巩固执政地位提供重要的力量保证，为维护国家的重要发展战略

---

① 《毛泽东文集》第二卷，人民出版社1993年版，第269页。

机遇期提供坚强的安全保证,为维护国家利益提供有力的战略支撑,为维护世界和平与促进共同发展发挥重要作用,这"四为"就是我军在新世纪新阶段的历史使命。履行新世纪新阶段历史使命的能力就是我国军队的军事力。历史经验表明,实现中国特色社会主义事业可持续发展,没有强大的军事力做后盾是决然不行的。中国特色社会主义事业可持续发展不会顺顺当当,轻轻松松。越向前发展,中国特色社会主义事业面临的阻力和压力就越大,遇到的困难和风险也就越多。有了强大的军事力,中国特色社会主义事业可持续发展才会有安全保证。提高我国军事力的着眼点就是提高我军的战斗力,即提高我军打赢信息化条件下的局部战争的能力。经过几代领导集体的不懈努力,我军已成为诸军兵种合成、具有一定现代化水平并加快向信息化转变的强大军队,但机械化建设还没有最终完成,既要加快机械化高级阶段建设,也要加快信息化建设,以信息化建设带动机械化高级阶段建设,有力促进我军战斗力的提高。军队建设要以科学发展为主题,以转变战斗力生成模式为主线。抓住了提高我军战斗力就抓住了提高我国军事力的核心和要害。有了强大的军事力,才能巩固中国特色社会主义的发展成果,才能保证中国特色社会主义事业的可持续发展。我们把军事力看作是硬实力的重要内容。

第四,生态层面的资源力是指我国的资源供给力。资源分为可再生资源和不可再生资源。可再生资源是有限的,如果利用得好,就可持续利用,如果超出它的承受力,也会出现不能持续利用的问题;不可再生资源更是有限的,随着社会主义建设事业的发展,它会一天比一天少。我国是资源大国,排在世界第四位;我国又是资源小国,人均占有量少。随着社会主义现代化的发展,我国已经出现了资源供给不足的问题,其主要原因是我们没有处理好人与自然的关系,只讲索取不讲投入,只讲利用不讲建设,盲目开发、过度开发、无序开发,换取经济的一时发展。所以资源供给力成为制约我国经济社会发展的重要因素。自然资源是人类存在和发展的基础,是我国经济社会发展的条件,它关系到国家的发展、民族的未来和人民的福祉,更关系到中国特色社会主义事业的可持续发展。解决资源供给力不足的主要方法是发展循环经济。循环经济就是资源循环利用,实现资源利用最大化、消费最小化和效益最大化的经济，它在本质上是一种新型生产方式。发展循环经济的主体是企业，企业发展循环经济要靠科学技术。而企业又是逐利性的经济实体，以更大的成本发展循环经济，它是不情愿的。所以发展循环经济要靠政府有计划、有步骤地推动，立法机关要制定适当的法律法规作为约束手段，以适当的政策作为牵引，所以说政府在发展循环经济中起主导作用。根据资源力在我国经济社会发展中的价值，我们把它看作是硬实力的重要内容。

第五，建设者层面的主体力是指当代社会主义建设者的实践力。改革开放和社会主义现代化建设是当代我国的主要实践形式，当代社会主义建设者是我国的实践主体，他们的实践力取决于三个条件：一是主体的创新能力。中国特色社会主义的历史就是不断创新的历史，只有不断创新，实践才能不断向前发展，社会才能不断进步。要创新就要不断学习，不断积累知识，把知识和实践结合起来，依靠新实践走向未来。二是主体的科技水平。社会主义建设者的实践水平与科技水平直接相关。社会主义建设者的科技水平越高，其实践能力也就越高。三是社会主义建设者对社会主义建设规律的把握。社会主义建设者能够把握社会主义建设规律，并能按照社会主义建设规律办事，其实践能力就强。社会主义建设就是它的建设者按照社会主义建设规律办事的活动，社会主义建设者的实践力就是按照社会主义建设规律办事的体现。社会主义建设者是实践创新的主体性存在，社会主义建设者的实践力决定了中国特色社会主义事业可持续发展的成败。从社会主义建设者实践力的意义上，我们把建设者的主体力看作是硬实力的重要内容。

最后，它需要软实力条件。软实力是指理论层面的指导力、政治层面的政治力、文化层面的文化力、外交层面的外交力、政党层面的领导力等无形力量的总称。

第一，理论层面的指导力是指马克思主义的指导作用。有人说马克思主义过时了。马克思主义过时没过时，要具体问题具体分析。我们认为，教条化的、绝对化的、简单化的马克思主义过时了，没用了，而与实际相结合的马克思主义，不但没过时，反而对中国特色社会主义事业可持续发展具有其他任何理论不可替代的指导作用，因为它的立场、观点、方法是正确的。所谓立场就是观察、分析、解决问题的出发点和所持的态度。马克思和恩格斯始终站在无产阶级和人民大众的立场上,从无产阶级和人民大众的利益出发,观察问题和分析问题。只有马克思主义才站在无产阶级和人民大众的立场上。所谓观点就是对问题的根本看法。马克思主义基本观点就是辩证唯物主义和历史唯物主义的观点、社会基本矛盾的观点、资本主义必然灭亡的观点、无产阶级政党的基本观点、无产阶级专政的基本观点、社会主义民主的基本观点、共产主义理想的基本观点,等等。这些基本观点都是对事物发展的规律、人类社会发展的规律、社会主义发展的规律的正确反映。历史和实践都证明,这些观点是正确的。所谓方法就是人们为了实现某种目标和目的所采取的手段、方式和途径。马克思主义方法包括实事求是方法、具体问题具体分析的方法、历史和逻辑相统一的方法、阶级分析方法,等等。这些方法的正确性已被我们用来处理问题的实践所证明。党的十一届三中全会后,我们运用马克思主义的立场、观点、方法,指引我们按照社会主义建设规律的要求大步前进,开拓了中国特色社会主义事业可持续发展的更为广阔的发展前景。马克思主义没有过时,它仍然是中国特色社会主义事业可持续发展的指导思想。我们把马克思主义指导力看作是无形的巨大的软实力的重要内容。

第二,政治层面的政治力是指中国特色社会主义民主政治的作用。中国特色社会主义民主政治是资产阶级民主后新出现的一种最先进的民主政治形式,是社会主义国家发展的价值目标,它对中国特色社会主义事业可持续发展具有重要意义。社会主义民主政治是调动人民群众的积极性、主动性、创造性的重要力量。只有发扬民主才能保证人民民主权利,人民才会全身心地投入到社会主义建设中去。社会主义民主政治是社会全面进步的重要力量。社会全面进步不仅包括经济进步,也包括政治进步,还包括人们的全面发展。社会主义民主政治从国体上与专政分不开,社会主义民主发扬得越充分,人民民主专政就越巩固,经济进步、政治进步和人的发展也就越有保证。社会主义民主政治从政体上与集中分不开,社会主义民主越发展,以民主集中制为基础的人民代表大会制度就越完善,经济进步、政治进步和人的全面发展也就越有保障。从社会主义民主政治的作用上，我们把民主政治力看成是无形的巨大的软实力的重要内容。

第三，文化层面的文化力是指中国特色社会主义先进文化的影响力，包括科学理论的"武装"力、正确舆论的引导力、高尚精神的塑造力、优秀作品的鼓舞力。社会主义先进文化反映了中华民族对中国历史的认知和现实的感受，也积淀着中华民族最深层面的精神追求。它是凝聚中华民族成为一个共同体的重要力量，它能把中华民族凝集在中国特色社会主义旗帜下，不断推进中国特色社会主义事业可持续发展，让世界人民对中国特色社会主义事业有正确的理解和认同。社会主义先进文化反映了人民群众对文化的需求，不断扩大精神生产，生产出更多的文化精品，让人民享受更多的文化成果。社会主义先进文化作为一种以精神价值为目标的精神力量是有自觉能动作用的，它可以引领社会思潮，教育群众，净化社会风气，启迪人们的心灵，有力抵制腐朽落后思想对中国特色社会主义事业的不良影响，为中国特色社会主义事业可持续发展创造良好的国内环境。从而提高中国特色社会主义文化的影响力，我们把它看作是无形的巨大的软实力的重要内容。

第四，对外层面的外交力是指我国的外交决策能力和执行能力、对外活动的参与能力、对国际社会做贡献的能力。外交是指我们国家处理国际关系、保证国家利益、维护民族尊严的对外活动。我国的外交是由政府外交、公共外交和民间外交构成的。政府外交是指我国与其他主权国家的外交活动；公共外交是一种面对外国公众、以文化传播为主要形式、以阐明中国国情和中国政策为主要内容的国际活动；民间外交是指民间组织、研究机构、新闻媒体等非政府组织之间的交往活动。我国在对外交往中一直以理服人、以德服人，从不强加于人，在国际社会中树立了良好形象，得到了广大发展中国家的好评。外交力体现的是国家的对外能力，有利于树立和平、友善、自尊、自强的大国形象，容易得到国际社会的信任和话语权。外交力强，我国的外交目标就容易实现，也有利于维护我们国家的利益，扩大我国对外的良好影响，保持我国与其他国家的良好关系。外交力是展示和提升我国对外影响的重要舞台，我们把外交力看作是无形的巨大的软实力的重要内容。

第五,政党层面的领导力是指中国共产党的领导作用。党的领导主要是指政治领导、思想领导和组织领导。党的政治领导主要是指党通过正确的路线方针政策指导革命、建设和改革,引导人民沿着正确的方向前进;党的思想领导是指用马克思主义和中国化的马克思主义对党员和全体人民进行思想政治教育,提高全党和人民的政治觉悟,使全党和人民自觉地接受马克思主义和中国化马克思主义,使马克思主义和中国化马克思主义成为行动指南;党的组织领导是指通过党组织的战斗堡垒作用和共产党员的模范带头作用实现党的任务。中国共产党的领导是中国特色社会主义事业可持续发展的根本保障。只有坚持党的领导,中国特色社会主义事业才能沿着正确的方向前进,并最终过渡到共产主义社会中去;只有坚持党的领导,才能把马克思主义基本原理同中国实际结合起来,揭示社会主义发展规律,制定并贯彻正确的路线方针政策,为中国特色社会主义事业可持续发展提供科学理论指导;只有坚持党的领导,才能保持社会稳定和国家长治久安,才能为中国特色社会主义事业可持续发展提供良好的政治环境;只有坚持党的领导,才能化解各种社会矛盾,理顺各种关系,克服各种困难,为中国特色社会主义事业可持续发展铺平道路。根据中国共产党的领导作用,我们把它看作是无形的巨大软实力的重要内容。

中国特色社会主义事业可持续发展所需要的条件不是自发形成的,而是创造出来的。创造条件的过程实际上就是解决问题的过程。比如前导力条件的创造就是解决问题的过程。江泽民指出:"东欧剧变、苏联解体,是世界社会主义遭受的巨大挫折。为什么苏联这样一个发展了七十多年的社会主义国家还会解体呢?一些善良的人们产生了疑问和困惑,对世界社会主义的前途也存在这样那样的忧虑,甚至在我们一些党员、干部中也程度不同地产生了'信仰危机'。这是客观存在,我们不承认、不正视不行。"[①] 江泽民在这里指出的"信仰危机"就是对中国特色社会主义的自信出了问题,这个问题不解决,中国特色社会主义事业可持续发展就成了问题。所以党的十八大报告

[①] 《江泽民文选》第三卷,人民出版社 2006 年版,第 78 页。

指出:"全党要坚定这样的道路自信、理论自信、制度自信!"[①] 经过我们党的宣传教育,人民增强了对中国特色社会主义的自信,这也创造了中国特色社会主义事业可持续发展的前导性条件。比如硬实力条件的创造过程就是解决问题的过程。新中国成立后,我国一穷二白,经济实力、科技实力、军事实力无从谈起,经过国民经济的恢复和"一五"计划的完成,在我国社会主义制度确立的时候,我国的硬实力开始好转,我国社会主义建设取得了重要成就,我们有了"两弹一星"。可惜我们在这样的大好形势下又折腾起来,使得国民经济到了崩溃边缘,刚取得的一点硬实力又差不多消失了。党的十一届三中全会后,为了解决"文化大革命"留下的历史性问题,我们开始了改革开放。经过 30 多年的发展,我们的硬实力有了明显提升。有了硬实力,中国特色社会主义事业可持续发展就有了雄厚的基础。同时,也形成了中国特色社会主义事业可持续发展的硬实力条件。再比如,软实力条件的创造过程也是解决问题的过程。在改革开放前,我们对"什么是马克思主义和怎样坚持马克思主义",这个基本问题也没有完全搞清楚,把本来是马克思主义的东西当成是非马克思主义的,把不是马克思主义的东西强加给了马克思主义,这从表面看来是坚持马克思主义,实质上是削弱了马克思主义。在改革开放前,把社会主义民主变成了"大民主",这实际上降低了社会主义民主政治力;在改革开放前,把"百花齐放"变成了"一花独放",把"百家争鸣"变成了"一家独鸣",广大知识分子受到了迫害,社会主义文化力大大削弱了。在"文化大革命"中,人民群众成了运动工具;在"文化大革命"中,踢开党委闹革命,各级党组织瘫痪了,党的领导力大大削弱了。根据这些问题,我们党开始对各种体制进行改革。经过 30 多年的改革,我国的软实力有了明显的提高,同时也为中国特色社会主义事业可持续发展创造了软实力的条件。总之,解决问题的过程就是创造条件的过程。创造条件很重要,没有条件,中国特色社会主义既不能产生,也不能发展。有了条件,中国特色社会主义事业才能可持续发展。前导力条件就是开拓力条件,有了它就开拓了中国特色社

[①] 《胡锦涛文选》第三卷,人民出版社 2010 年版,第 625 页。

会主义新事业；硬实力条件确实硬，它是中国特色社会主义新事业可持续发展的基石；软实力条件并不软，它是中国特色社会主义事业可持续发展的灵魂。

探索中国特色社会主义事业可持续发展的条件，就是写作本书的主要内容和主要目的。本书分为上、中、下三篇，上篇用三章阐述前导力条件，中篇用五章阐述硬实力条件，下篇用五章阐述软实力条件。

五　结语

中国特色社会主义事业是不可战胜的，它不会失败，也不会终结，因为我们对中国特色社会主义事业有着清醒的认识，有坚定的信念，有自觉的实践，我们会为它创造更加有利的条件，使它走向更加辉煌的未来。

上　篇

中国特色社会主义事业可持续发展所需要的前导力条件

　　前导力条件就是排在所有条件前列的具有导向性作用的条件。这个前导力条件就是对中国特色社会主义的道路自信、理论自信和制度自信。

　　1. 道路自信是中国特色社会主义事业可持续发展的推动力

　　2. 理论自信是中国特色社会主义事业可持续发展的支撑力

　　3. 制度自信是中国特色社会主义事业可持续发展的保障力

第一章

道路自信是中国特色社会主义
事业可持续发展的推动力

中国特色社会主义事业可持续发展首先取决于中国特色社会主义道路的可持续发展。"文化大革命"结束后，中国共产党人和中国人民走社会主义道路的立场、决心和信念并没有改变，我们过去的错误并不是社会主义道路本身的错误，而是我们过去建设社会主义所采取的方式错了，后面我们讲的传统社会主义道路是指我们过去建设方式错了的道路，而不是指社会主义道路本身。中国共产党人和中国人民认为社会主义道路没有错，这条道路要坚定不移地走下去，这就是道路自信。有了道路自信，才有了传统社会主义向中国特色社会主义的转变。如果没有道路自信，那么就有可能像苏联共产党和苏联人民那样抛弃了社会主义。道路自信是传统社会主义向中国特色社会主义转变的推动力。

一 传统社会主义道路的合理性、局限性及其启示

在列宁的领导下，十月革命胜利后，苏联第一个走上了社会主义道路。列宁逝世后，斯大林继承了列宁的社会主义事业，领导苏联人民在社会主义的道路上继续前进，形成了苏联社会主义模式。这种模式对当时苏联的社会主义建设起到积极的作用。随着社会主义事业的发展，苏联社会主义模式的弊端逐渐暴露出来。斯大林的后继者赫鲁晓夫、勃列日涅夫，不但没有领导苏联人民克服这些弊端，反而固化和强化了这些弊端。戈尔巴乔夫试图改革，但这种改革偏离了社会主

义的方向。叶利钦认为这些弊端是社会主义本身固有的,所以放弃了社会主义道路和社会主义制度。我国的社会主义制度确立后,以毛泽东为核心的第一代中央领导集体发现了苏联社会主义模式的弊端,带领中国人民开始对中国的社会主义道路进行探索,在社会主义建设方面提出了不少有见地的措施。如随着主要矛盾的变化,党的工作重点也应该转到发展生产力方面来;走一条中国现代化建设的道路,按照"重工轻农"安排国民经济计划;坚持自力更生为主、争取外援为辅的方针;在企业管理上采取"两参一改三结合"的方式;调动中央和地方两个积极性;不断加强党的建设,等等。应该说这些方面是合理的,因为这些方面推动了中国社会主义的发展。

应该肯定传统社会主义道路的合理性,但也不能否认它的局限性。

第一,它超越了社会主义的发展阶段。1958年我们党提出了"鼓足干劲,力争上游,多快好省地建设社会主义"的总路线,在这条总路线的指引下,我们党发动了"大跃进"和"人民公社化"运动。在"大跃进"的年代里,我们提出了许多不切实际的口号,如"七年赶上英国,十五年赶上美国";认为共产主义在我国的实现已经不是遥远的事情了,提出要"跑步进入共产主义"的口号。在"人民公社化"运动中,认为共产主义是天堂,人民公社是桥梁;认为我们已经找到了进入共产主义的最好形式。毛泽东认为,当人民公社在全国建立起来以后,全国的农村就形成了许多的共产主义基层单位,每个公社都有从小学到大学的教育体系,有医院和科研单位,有公共食堂和公共服务设施,有维护社会的治安机构。若干农村围绕城市,全国成为一个大公社。把遥远将来的事情拿到还没有摆脱自然经济的当时的中国来搞,有点急于求成和盲目冒进,这不符合社会主义初级阶段的实际。

第二,限制了社会生产力的发展。一是采取了计划经济体制来建设社会主义。我们这里讲的是指令性计划经济,不是指导性计划经济。计划经济既是一种经济体制,也是一种经济形式;既是一种方针政策,也是一种认识形式。当时人们认为,搞计划经济是社会主义,搞市场经济是资本主义,再加上计划经济是马克思讲的,所以我国在社会主义制度确立后，以计划经济指导社会主义建设就是必然的了。在计划经济体制下，宏观经济计划和微观经济计划都是由国家制订，企业的生产资料由国家调拨，产品由国家销售，企业领导干部由国家任命，人员编制由政府确定，企业生产什么、生产多少由政府决定。计划经济体制在社会主义制度确立的前后起到了一定的积极作用，它可以集中有限的人力、物力和财力进行重点建设。但随着社会主义建设实践的推移和社会主义建设规模的扩大，经济结构的复杂，计划经济体制的弊端就暴露了出来。社会需要的，国家没作计划，社会不需要的却生产了许多，这就造成了生活必需品的匮乏和没用货物的积压。计划经济既成了短缺的经济，也成了多余的经济。计划经济排斥了市场机制，限制了商品经济的发展。政府和企业之间是上下级的关系，政府以行政手段管理企业，这种管理方式很难调动企业和职工的生产积极性、主动性和创造性，社会主义建设很难得到预期的成效。二是以无产阶级专政下继续革命和以阶级斗争为纲的形式推动生产的发展。社会主义改造完成以后，剥削阶级已经消灭，无产阶级和资产阶级之间的矛盾已经解决，它已不再是社会主义的主要矛盾，"我国国内的主要矛盾已经是人民对于建立先进工业国的要求同落后农业国之间的矛盾，已经是人民对于经济文化迅速发展的需要同当前经济文化不能满足人民需要状况之间的矛盾。这一矛盾的实质，在我国社会主义制度已经建立的情况下，已经是社会主义先进制度同落后的社会生产力之间的矛盾"。[①] 1957年10月在党的八届三中全会上，毛泽东否定了党的八届一中全会关于我国社会主义主要矛盾的判断，他认为："无产阶级和资产阶级的矛盾，社会主义道路和资本主义道路的矛盾，毫无疑问，这是当前我国社会的主要矛盾。"[②] 在"文化大革命"中，毛泽东对社会主义主要矛盾的看法逐步演变为"无产阶级专政下继续革命"的理论，这是毛泽东晚年在社会主义社会阶级斗争的问题上"左"倾错误观点的总概括，也是毛泽东发动"文化大革命"的理论基础和指导思想。"抓革命，促生产"这个错误方针就是在无

[①] 《中国共产党第八次全国代表大会文献》，人民出版社1957年版，第810页。
[②] 《毛泽东选集》第五卷，人民出版社1977年版，第475页。

产阶级专政下继续革命理论的指导下制定出来的，这个错误方针就成了"文化大革命"中指导国民经济发展的方针。结果生产没有被促上去，国民经济反而到了崩溃的边缘。

第三，限制了社会主义现代化的实现。毛泽东提出了我国社会主义现代化分"两步走"的战略：第一步，建立一个独立的、比较完整的工业体系和国民经济体系，使我国的工业大体上接近世界先进水平；第二步，全面实现农业、工业、国防和科学技术现代化，使我国经济走在世界的前列。毛泽东提出实现社会主义现代化是完全正确的，可是他通过阶级斗争和无产阶级专政下继续革命来实现社会主义的现代化这种方式错了。

为什么我国传统社会主义道路有这么多的缺陷呢？

第一，我们对社会主义和资本主义的认识有误。什么是社会主义和怎样建设社会主义、什么是资本主义和怎样防止资本主义复辟，我们过去没有完全搞清楚。在我们过去对社会主义的理解中，有对社会主义的正确把握，如我们追求的社会主义是一种公平的社会主义，是一种民主的社会主义，是一种道德高尚的社会主义。在我们过去理解的社会主义中也有片面性，如我们把社会主义和过渡时期混为一谈了，我们认为从资本主义到共产主义之间都是过渡时期。我们的这种理解不符合马克思主义的原意。马克思主义认为，无产阶级夺取政权后到共产主义要经过三个阶段：过渡时期、共产主义社会第一阶段（列宁称之为社会主义）、共产主义社会高级阶段。我们把马克思主义的过渡时期和共产主义社会第一阶段合并为过渡时期，这就离开了马克思主义的原意。我们把马克思主义和列宁讲的过渡时期的阶级斗争理解为整个社会主义时期的阶级斗争，并用这种理解分析和解决社会主义建设时期的问题，这就把大量的人民内部矛盾和党内矛盾当成了阶级斗争，把意见不同的人当成了无产阶级专政的对象，所以说我们过去的社会主义建设思想不能说没有问题。我们过去很欣赏列宁的一个论断：小生产每时每刻都在产生资本主义。实际上列宁的这个论断并不十分准确。因为小生产是封建社会的基础，不是资本主义的基础，社会化的大生产才是资本主义的基础，小生产每时每刻产生的都是封建主义，而不是资本主义。过去我们主张让小生产绝种，这同我们对列宁这个论断的肯定分不开。小生产在发达资本主义国家已经是凤毛麟角，谁也没有见过发达资本主义国家还有种自留地的。这表明什么是资本主义，社会主义和资本主义到底是什么关系，我们过去没有完全搞清楚。防止资本主义复辟是正确的，但如果对社会主义和资本主义的关系没有正确的认识，那么防止资本主义复辟的措施也就不会正确。

第二，夸大了主观能动性，没有按照社会主义建设规律办事。人民群众是历史的创造者，是推动社会主义发展的决定性力量，这个历史唯物主义观点没有错，问题是人民群众不能随心所欲地创造历史。人民群众需要按照社会发展规律创造历史，才是真正地创造历史。没有正确领导的人民群众的活动是自发活动，这种自发活动往往违背了历史发展的规律，不但对历史发展起不到推动作用，反而会对历史发展起阻碍作用。社会主义建设既要发挥人民群众的主观能动性，又要尊重社会主义建设规律，二者缺一不可。把人民群众的主观能动性同社会主义建设规律结合起来，才是历史唯物主义的做法，仅凭借人民群众自发的热情和干劲是建不成社会主义的。1958年发动人民群众搞"大跃进"，就忽视了社会主义建设的规律，结果造成了社会主义建设的失误。没有人民群众参加，社会主义建设就搞不成，夸大人民群众的作用，社会主义建设也会出现失误。

第三，我们过去反对物质刺激，主张精神鼓励。这是正确的，因为精神是人类社会发展的强大精神动力，也是人类实践活动的重要力量，在今后的社会主义建设实践中仍要坚持。但只搞精神鼓励，不搞物质鼓励，对共产党员来说可以，因为共产党员是理想主义者，共产党员必须以一种与众不同的精神面貌区别于普通群众；对于人民群众来说，短时间可以，长期不行，因为人民群众是现实主义者，人民群众需要的是看得见、摸得着的实实在在的利益。我们过去把精神鼓励理想化了，把它看成了社会发展的绝对力量。长期用精神鼓励建设社会主义，人民群众建设社会主义的积极性也就不见了。我们过去建设社会主义的失误不能说与采取这种政策无关。我们过去把物质刺激看成是修正主义，这就错了。物质的决定作用和精神的反作用是结合在一起的，没有物质基础的精神鼓励是行不通的，用它长期调动人民群众的积极性是不现实的，也是会失效的。搞点物质刺激不能叫修正主义。修正主义实质上是对马克思主义的全盘否定，像伯恩施坦，不能说搞点物质刺激就全盘否定了马克思主义。这表明我们过去对什么是修正主义和怎样反对修正主义也没有完全搞清楚。

第四，非此即彼的思维方式也是我们过去对社会主义道路探索失误的一个重要原因。不是社会主义就是资本主义，不是资本主义就是社会主义，这是一种绝对对立的思维方式。社会主义和资本主义是两种根本不同的社会制度，看到二者的区别是正确的，但是社会主义不是在空中建立起来的社会制度，不利用资本主义的资金、技术和经验，社会主义是建设不成的。利用资本主义建设社会主义，这是列宁的思想。非此即彼的思维方式往往会使人们对社会主义和资本主义的认识陷入误区，找不到建设社会主义的正确方式。克服非此即彼这种简单思维方式的主要办法就是提高辩证思维能力，认真学习辩证唯物主义，不是静止地、片面地、零散地、孤立地看问题、分析问题和解决问题，而是发展地、全面地、系统地、联系地看问题、分析问题和解决问题，在矛盾双方的对立统一中把握社会主义的建设规律。辩证思维方式是制定正确路线方针政策的基础，是社会主义建设的领导艺术，是取得社会主义建设成功的保证。

第五，缺乏社会主义建设经验也是我国探索社会主义道路出现失误的重要原因。毛泽东说过："在社会主义建设上，我们还有很大的盲目性。社会主义经济，对于我们来说，还有许多未被认识的必然王国"，"社会主义建设，从我们全党来说，知识都非常不够。拿我来说，经济建设工作中间的许多问题，还不懂得"。[①] 没有社会主义建设的经验，这是客观事实。马克思和恩格斯没说过，斯大林的社会主义经验在很多方面又不可取，其他社会主义国家也没有总结出来，不承认这一点，不是客观主义者。经验很重要，毛泽东说过，我们就是靠总结经验吃饭的。经验来源于实践，我们对实践经验进行了总结，将其上升为正确的理论，它就对社会主义建设具有了指导作用。党的

---

① 中央文献研究室编，主编逄先知、金冲及：《毛泽东传》（1949—1976）（三），中央文献出版社 2003 年版，第 1203 页。

十一届三中全会后，我们很少出现失误，其主要原因就是我们党及时总结经验，可以说，我们党的每次代表大会都是总结经验的大会，在总结经验的基础上提出新的理论和政策，推进改革开放和社会主义现代化建设。

毛泽东对社会主义道路的探索给了我们很多启示，主要有以下几点：第一，要把社会主义道路本身和对社会主义道路的思路（建设社会主义的方式）区别开来。走社会主义道路本身没有错，因为它符合人类社会的发展规律，是人类社会发展的必然趋势。我们过去建设社会主义的方式错了，并不是走社会主义道路错了。划清这个界限很重要，它关系到要不要高举社会主义旗帜，沿着社会主义道路走下去的问题。旗帜和道路至关重要，举什么旗，走什么路，历来是关系党和国家事业发展的根本问题。旗帜是指导思想，是共同理想，是奋斗目标；道路反映历史，决定现实，揭示未来。同过去的历史相比较，中国特色社会主义道路同传统社会主义道路有相同点，也有不同点。不同点是我们取得巨大成就的根本原因。我们要坚定不移地走社会主义道路，特别是要走中国特色社会主义道路。第二，必须坚持毛泽东思想不动摇。毛泽东思想是马克思主义中国化的第一大理论成果，是马克思主义在现代中国的具体运用和发展，是被实践证明了的关于中国革命和建设的正确理论和经验总结，是中国共产党集体智慧的结晶，绝不能因为毛泽东晚年的错误就否定毛泽东思想。对毛泽东晚年的错误也要实事求是地分析，不能夸大他的错误，也不能否定他的错误。他的社会主义建设方式存在着这样或那样的问题，但他走社会主义道路是没有问题的。毛泽东思想不能丢，丢了毛泽东思想，中国共产党就丢了根本，社会主义道路也就走不下去了。第三，建设社会主义要借鉴别国经验，但不能照抄照搬，必须与中国的实际相结合，对中国实际要有准确把握。我国社会主义制度确立以后，人口多，底子薄，耕地面积少，发展不平衡，这是我国经济上的基本国情；剥削阶级已经消灭，阶级矛盾已不再是主要矛盾，这是我国政治上的基本国情；我国社会主义还处在初级阶段，这是我国社会主义发展阶段上的基本国情。过去我们对这个基本国情缺乏深刻的认识，离开这个基本国情建设社会主义必然会出现失误。第四，什么是社会主义和怎样建设社会主义、什么是资本主义和怎样防止资本主义复辟、什么是修正主义和怎样反对修正主义，这些基本问题一定要搞清楚。我们过去抓"走资派"，搞"文化大革命"，就是因为对这些基本问题没有完全搞清楚。历史的教训值得注意。在经济文化落后的国家如何建设社会主义是世界社会主义史上的一大难题，所有社会主义国家都没有解决好这个问题。所有社会主义国家的主要教训就是要研究这些基本问题，把这些基本问题搞清楚了，在社会主义建设上就能少犯或不犯错误。第五，传统社会主义道路探索失败了，但对这种探索必须尊重。因为这种探索也是有意义的，它至少告诉我们，在社会主义的建设上，哪些方面能搞，哪些方面不能搞，为我们的改革开放提供了经验，为新时期的社会主义现代化建设提供了条件。教训和经验之间只是一步之遥，总结教训，教训就可以转化为经验。从一定意义上说，改革开放后的经验就是从改革开放前的教训转化而来的。我们说要尊重过去的探索，其目的就是以史为鉴，使我们更好地前进。尊重过去的探索就是尊重历史。

总之，传统社会主义的合理性要坚持，其局限性要克服，努力找到在中国这块土地上有效建设社会主义的具体道路。

二　中国特色社会主义道路的确立、特点和意义

中国特色社会主义道路是在历史和逻辑的进程中确立起来的。1978年年底，党的十一届三中全会的召开，标志着我国进入了改革开放的新时期，揭开了中国特色社会主义道路的序幕。1980年在党的十二大开幕式上，邓小平指出："把马克思主义的普遍真理同我国的具体实际结合起来，走自己的道路，建设有中国特色的社会主义。"[①] 邓小平在这里讲的"道路"就是中国特色社会主义道路，这标志着我们党又一次对社会主义道路的探索。1987年党的十三大报告的主题就是《沿着中国特色社会主义道路前进》，报告指出："必须从国情出发，把马克思主义基本原理同中国实际结合起来，在实践

---

① 《邓小平文选》第三卷，人民出版社1993年版，第3页。

中开辟有中国特色的社会主义道路。"① 1992年党的十四大报告指出："大会高度评价十一届三中全会以来开始找到建设有中国特色社会主义道路的伟大意义，强调指出，这是马克思主义与中国实践相结合的过程中，继找到中国新民主主义革命道路、实现第一次历史性飞跃之后的第二次历史性飞跃。"② 党的十五大报告指出："在建国以来革命和建设成就的基础上，我们党总结历史经验和教训，成功地走出了一条建设有中国特色社会主义的新道路。"③ 党的十六大报告指出："十一届三中全会以来，我们党找到建设中国特色社会主义的正确道路，赋予民族复兴新的强大生机。中华民族的伟大复兴展现出灿烂的前景。"④ 党的十七大对中国特色社会主义道路的内容进行了概述："中国特色社会主义道路，就是在中国共产党的领导下，立足基本国情，以经济建设为中心，坚持四项基本原则，坚持改革开放，解放和发展社会生产力，巩固和完善社会主义制度，建设社会主义市场经济、社会主义民主政治、社会主义先进文化、社会主义和谐社会，建设富强民主文明和谐的社会主义现代化国家。"⑤ 党的十八大报告对党的十七大报告的内涵略加修改，把"巩固和完善社会主义制度"分离出来，增加了"社会主义生态文明，促进人的全面发展，逐步实现全体人民共同富裕"⑥ 的内容。至此，我们党开创了中国特色社会主义道路。这条道路有很多特点，第一，它紧紧围绕"怎样建设社会主义"这个主题而展开。传统社会主义道路紧紧围绕阶级斗争而展开，而中国特色社会主义道路始终没离开过社会主义建设。"在中国共产党的领导下，立足基本国情"，这是社会主义建设的前提；"以经济建设为中心，坚持四项基本原则，坚持改革开放"，这是社会主义建设的基本遵循；"解放和发展生产力，建设社会主义市场经济、社会主义民主政治、社会主义先进文化、社会主义和谐社会、社会主义生态文

---

① 《十三大以来重要文献选编》（上），人民出版社1991年版，第10页。
② 《江泽民文选》第一卷，人民出版社2006年版，第216页。
③ 《江泽民文选》第二卷，人民出版社2006年版，第3页。
④ 《江泽民文选》第三卷，人民出版社2006年版，第574页。
⑤ 《胡锦涛文选》第二卷，人民出版社2016年版，第620页。
⑥ 《胡锦涛文选》第三卷，人民出版社2016年版，第621页。

明",这是社会主义建设的基本内容;"促进人的全面发展,逐步实现全体人民的共同富裕",这是社会主义建设的基本要求;"建设富强民主文明和谐的社会主义现代化国家",这是社会主义建设的奋斗目标。第二,它体现了社会主义建设思维方式的根本转变。传统社会主义建设是以革命思维方式思考社会主义建设的。革命思维方式就是从革命的角度思考一切问题的思想方法。这种思维方式是在革命和战争年代形成的,在革命战争年代是非常重要的,没有革命思维方式就没有革命行动。在新中国成立初期,这种思维方式也是必要的,它对新生政权的巩固、国民经济的恢复、社会主义改造的完成起到了积极的作用。我国社会主义制度确立后,开始了大规模的社会主义建设,革命思维方式应该转化为建设思维方式,我们却没有实现这个转变,仍然坚持革命思维方式,以阶级斗争为纲,坚持无产阶级专政下继续革命,以革命运动激发人民建设社会主义的积极性,就是仍然坚持革命思维方式的具体表现。这也说明革命思维方式成了惯性,成了一种思维定式。错误的思维方式必然会造成不良的后果。在中国特色社会主义道路的内涵中,连革命思维方式的影子都找不到了,按照"五位一体"的总布局,进行经济建设、政治建设、文化建设、社会建设和生态建设,真正体现了我们党的"聚精会神搞建设,一心一意谋发展"的建设思维方式和发展思维方式。建设思维方式就是从建设角度思考问题的思想方法。在社会主义现代化建设时期,建设思维方式是根本思维方式。正确的思维方式必然会引出正确的行动,它是我们社会主义现代化建设取得成就的重要原因。中国特色社会主义道路内涵的确立也是我们党从革命思维方式向建设思维方式转变的根本标志。第三,中国特色社会主义道路体现了实然社会主义向应然社会主义的靠近。从社会主义的本质讲,社会主义应该是共同富裕的社会主义,这一点,毛泽东也承认,他指出:"现在我们实行这么一种制度,这么一种计划,是可以一年一年走向更富更强的,一年一年可以看到更富更强些。而这个富,是共同的富,这个强,是共同的强。"[①] 承认是一回事,能不能实现是另一回事。从 1956 年到 1976 年这 20 年间,

---

① 《毛泽东文集》第六卷,人民出版社 1999 年版,第 495 页。

人民并没有一天一天富起来，反而普遍贫穷。邓小平指出："我们干革命几十年，搞社会主义三十多年，截至一九七八年，工人的月平均工资只有四五十元，农村的大多数地区仍处于贫困状态。这叫什么社会主义优越性？"① 邓小平在这里讲出了传统社会主义道路下的实然社会主义。按照传统社会主义道路的搞法，实然社会主义和应然社会主义之间的差距会更大。党的十一届三中全会后，我们党重新探索并形成了中国特色社会主义道路，我们在这条道路上取得了社会主义现代化建设的重要成果，这是因为：中国特色社会主义道路，既坚持了以经济建设为中心，又坚持了经济、政治、文化、社会和生态的全面建设，把重点建设和全面建设有机结合起来；既坚持了四项基本原则，又坚持了改革开放，使社会主义的发展方向和发展动力有机结合起来；既坚持了解放和发展生产力，又坚持了促进人的全面发展，使社会主义的发展手段和发展目标有机结合起来。所以实然社会主义向应然社会主义逐步靠近就是必然的了。第四，中国特色社会主义道路揭示了自己的本质属性。有人说，中国特色社会主义道路是打着社会主义旗号的资本主义道路，这种说法是站不住脚的。从价值目标看，这条道路讲了"共同富裕""促进人的全面发展""富强民主文明和谐的社会主义现代化强国"；从价值原则看，这条道路讲了"立足基本国情""在共产党领导下""解放和发展生产力""五位一体"的总体布局。这种价值目标和价值原则，资本主义没有，所以它没有离开马克思主义基本原则，是科学社会主义道路在当代中国的具体体现。中国特色社会主义道路是社会主义道路而不是什么其他的道路。中国特色社会主义道路自己揭示了自己的属性。

中国特色社会主义道路走对了。

第一，中国特色社会主义道路是一条理想之路。实现共产主义是我们的最高理想，要实现共产主义走资本主义道路不行。资本主义道路在经济上以私有制为基础，在政治上以资产阶级专政为基础，在文化上以唯利是图的价值观为基础，这些与共产主义背道而驰。要实现共产主义走传统社会主义道路也是不行的。传统社会主义道路在经济

---

① 《邓小平文选》第三卷，人民出版社1993年版，第10—11页。

上以计划经济为基础,在政治上以高度集权为基础,在文化上以封闭的文化为基础。实现共产主义只能走中国特色社会主义道路。其一,它展现了中国特色社会主义经济的发展前景。党的十八大报告指出:"坚持走中国特色新型工业化、信息化、城镇化、农业现代化道路,推动信息化和工业化深度融合、工业化和城镇化良性互动、城镇化和农业现代化相互协调,促进工业化、信息化、城镇化、农业现代化同步发展。"① 这里揭示了中国特色社会主义经济的发展道路。这条经济发展道路是以工业化、信息化、城镇化和农业现代化为主要内容的。工业化、信息化、城镇化和农业现代化共同发展,形成一股合力,推动了中国特色社会主义经济的发展,展现了中国特色社会主义经济发展的美好前景,为实现共产主义打下了坚实的物质基础。其二,它展现了中国特色社会主义政治发展的广阔前景。党的十八大报告指出:"必须坚持党的领导、人民当家作主、依法治国有机统一,以保证人民当家作主为根本,以增强党和国家活力、调动人民积极性为目标,扩大社会主义民主,加快建设社会主义法治国家,发展社会主义政治文明。"② 这里揭示了中国特色社会主义政治的发展道路。这条政治发展道路是以党的领导、人民当家作主和依法治国为主要内容的。党的领导是保证,人民当家作主是核心,依法治国是途径,三者有机统一,推动了中国特色社会主义政治的发展,为共产主义的实现提供了政治基础。其三,它展现了中国特色社会主义文化发展的美好前景。党的十八大报告指出:"建设社会主义文化强国,必须走中国特色社会主义文化发展道路,坚持为人民服务、为社会主义服务的方向,坚持百花齐放、百家争鸣的方针,坚持贴近实际、贴近生活、贴近群众的原则,推动社会主义精神文明和物质文明全面发展,建设面向现代化、面向世界、面向未来的,民族的科学的大众的社会主义文化。"③ 这里揭示了中国特色社会主义文化的发展道路。这条文化发展道路回答了社会主义文化朝着什么方向发展的重大理论问题,反

---

① 《胡锦涛文选》第三卷,人民出版社 2016 年版,第 628 页。
② 同上书,第 633 页。
③ 同上书,第 637 页。

映了在新形势下中国人民对社会主义文化事业的发展的新期待，为共产主义的实现奠定了文化基础。从这三个方面来看，中国特色社会主义道路是一条理想之路。

第二，中国特色社会主义道路是一条成功之路。中国特色社会主义道路是相对于传统社会主义道路而言的。传统社会主义道路和中国特色社会主义道路有共同点：都坚持社会主义制度、人民民主专政、共产党领导和马列主义、毛泽东思想。这两条道路也有很大区别。一是道路的经济体制基础不同。传统社会主义的经济体制是计划经济体制，中国特色社会主义道路的经济体制是社会主义市场经济体制。计划经济体制使国民经济走到了崩溃的边缘，社会主义市场经济体制使传统社会主义有了新的出路。二是道路的政治体制基础不同。传统社会主义政治体制是高度集权的政治体制，中国特色社会主义政治体制是社会主义民主政治体制。高度集权使党和国家失去了活力，社会主义民主政治体制使党和国家焕发了生机。三是道路的文化体制基础不同。传统文化体制是僵化封闭型体制，中国特色社会主义文化体制是开放创新型体制。僵化封闭型文化体制使社会主义文化出现了停滞状态，开放创新型文化体制带来了社会主义文化的大发展、大繁荣。这两条道路的区别说明了传统社会主义道路转变为中国特色社会主义道路的必要性，这两条道路的相同点说明了传统社会主义道路转变为中国特色社会主义道路的可能性。传统社会主义道路必须向中国特色社会主义道路转变，表明了中国特色社会主义道路是一条成功之路。

第三，中国特色社会主义道路是一条幸福之路。中国共产党带领人民群众历经千辛万苦，付出了各种代价，终于找到了一条幸福之路，即中国特色社会主义道路。中国必然会在这条道路上崛起，中国必然会在这条道路上复兴，中国必然会在这条道路上迈入世界强国之列。这条道路必然会给中国人民带来一个强大的中国、幸福的中国，国家的富强、民族的振兴和人民的幸福都定在了这条道路的坐标上。这条道路的本质是国家富强、民族振兴和人民幸福。人民对幸福的期待就是这条道路的目标。

中国特色社会主义道路具有重要意义。首先，它引领中国人民走向中华民族伟大复兴和实现社会主义现代化之路。中国特色社会主义道路是中华民族伟大复兴和社会主义现代化的实现途径。实现中华民族伟大复兴和社会主义现代化的任务很艰巨，必须学习和借鉴其他国家实现社会主义现代化的好经验和好做法。但这还不是根本的，最根本的还是我们要用自己的双脚走出的这条中国特色社会主义道路。这条道路为实现中华民族伟大复兴和社会主义现代化勾画出了一条整体的思路：任务是以经济建设为中心，进行经济、政治、文化、社会和生态全面建设，解放和发展生产力；目标是把我国建设成为富强、民主、文明、和谐的社会主义现代化国家；目的是实现全体人民的共同富裕和促进人的全面发展；方向是坚持四项基本原则；动力是改革开放；前提是立足于基本国情和坚持党的领导。这条道路最基本的特点就是现代化和社会主义紧密结合在一起。其次，它为广大发展中国家提供了经验。广大发展中国家的现代化发展存在着不少难题：既要发展经济，又有资金不足的问题；既要实现现代化，又有技术落后的问题；既要增强国力，又要解决民生问题，等等。中国特色社会主义道路为广大发展中国家解决这些问题提供了经验。第一个经验就是解放思想。中国特色社会主义道路就是在解放思想中闯出来的，是在摸着石头过河中摸出来的，没有解放思想，没有敢于实践，就不会有中国特色社会主义道路。广大发展中国家也要解放思想，破除依赖于发达国家实现现代化的心理，树立本民族有能力实现现代化的自信心，这是实现现代化的前提。第二个经验是走适合本国国情的现代化道路。每个国家的国情不同，这决定了不同国家要走不同的现代化道路。照搬发达国家的现代化道路是不行的，直到现在还没有一个照搬发达国家的道路获得成功的。第三个经验是利用资本主义发展本国经济。广大发展中国家也可以利用资本主义国家的资金、技术和经验实现本国的现代化。第四个经验是把对内改革和对外开放有机结合起来。广大发展中国家要走赶超型现代化道路，一要对内改革，二要对外开放。对内改革要有重点、有步骤地进行，对外开放要全面开放。第五个经验是处理好改革、发展和稳定的关系。广大发展中国家一定要认识到，没有稳定的社会环境，改革开放和发展也实现不了。第六个经验是抓住机遇，加快发展，用发展的办法解决前进中的问题。广大发展中国家一定要认准发展机遇，机遇一旦出现就绝不能放过。以上列举了中国特色社会主义道路成功的几个方面,当然我们不是在搞中国特色社会主义道路输出,提出这些经验只为广大发展中国家参考。最后,它对世界社会主义运动的复苏也有重要意义。20世纪80年代末90年代初,东欧剧变、苏联解体,世界社会主义运动走向了低潮。中国没有步苏联的后尘,反而高举了中国特色社会主义旗帜,顶住了来自国内和国际的压力。我国的社会主义之所以在国际风云变幻中站稳了脚跟,就是因为中国走的是一条特色社会主义道路。走中国特色社会主义道路,不仅仅是中国的事情,也是世界社会主义运动的事情。邓小平说:"坚持社会主义,是中国的一个很重要的问题。如果十亿人的中国走资本主义道路,对世界是个灾难,是把历史拉向后退,要倒退好多年。"① 他还说:"只要中国社会主义不倒,社会主义在世界将始终站得住。"② 他又说:"只要中国不垮,世界上就有五分之一的人口在坚持社会主义。"③ 为什么中国特色社会主义道路对世界社会主义有这么重要的意义呢?因为这条道路是一种继承和创新的道路。坚持四项基本原则,是继承了传统社会主义道路的合理内核;党的基本路线、"五位一体"总体布局、解放和发展生产力、人的全面发展、共同富裕和富强、民主、文明、和谐,是社会主义道路的创新。这条道路给世界社会主义运动指明了方向,它既立足于中国,又面向世界,使世界社会主义运动走向复兴之路。

总之,中国特色社会主义道路是中国共产党依据马克思主义基本原理同中国实际相结合而提出来的,是对传统社会主义道路的继承和超越,是一条具有广阔发展前景的社会主义道路。

三 道路自信是传统社会主义道路转向中国特色社会主义道路的推动力

这里的道路自信是指中国共产党和中国人民对中国特色社会主义

---

① 《邓小平文选》第三卷,人民出版社1993年版,第158页。
② 同上书,第346页。
③ 同上书,第321页。

道路的立场和态度，是对中国特色社会主义道路的正确理解、普遍认同和充分肯定。道路自信不是想当然，而是来自中国特色社会主义道路的正确性。

第一，中国特色社会主义道路既符合科学社会主义的基本原理，又符合中国国情。科学社会主义的基本原理很多：社会主义必然代替资本主义；无产阶级革命是人类历史上最深刻的革命，它的根本任务是推翻资本主义制度，建立社会主义制度；无产阶级政党是无产阶级的先锋队，是社会主义事业的领导核心；在推翻资产阶级政权后，必须要实行无产阶级专政；社会主义国家的一切权力都属于人民；民族问题是社会主义革命和社会主义建设的重要问题；社会主义国家在对外关系上坚持爱国主义和国际主义相结合；社会主义制度确立后，实行公有制和按劳分配；社会主义的主要任务是发展生产力；人类社会最终将走向共产主义。中国特色社会主义道路符合科学社会主义原理，是科学社会主义原理在中国创造性的应用，而不是对科学社会主义原理的照抄照搬。我国的基本国情是：人口多，耕地少，底子薄，发展不平衡，经济文化落后，社会主义正处在初级阶段。对中国特色社会主义道路的思考就是从这种基本国情出发的，正符合这种基本国情。我们党既坚持了马克思主义的指导，又没有用马克思主义的现成结论建设社会主义；既利用资本主义建设社会主义，又没有走资本主义道路；既肯定了传统社会主义道路的合理性，又不回头走传统社会主义的老路；既自力更生，又不拒绝人类文明的成果；既没有用改革开放后的30年否定改革开放前的30年，又没有用改革开放前的30年否定改革开放后的30年。对中国特色社会主义道路的这些辩证思考就是从我国的基本国情出发的，与中国的基本国情相一致。

第二，中国特色社会主义道路是马克思主义基本原理同中国实际相结合的产物。党的十七大报告讲了"十个结合"："把坚持马克思主义基本原理同推进马克思主义中国化结合起来，把坚持四项基本原则同坚持改革开放结合起来，把尊重人民群众首创精神同加强和改善党的领导结合起来，把坚持社会主义基本制度同发展社会主义市场经济结合起来，把推进经济基础变革同推动上层建筑变革结合起来，把发展社会生产力同提高全民族文明素质结合起来，把坚持提高效率同参与促进社会公平结合起来,把坚持独立自主同参与经济全球化结合起来,把促进改革发展同保持社会稳定结合起来,把推进中国特色社会主义伟大事业同推进党的建设新的伟大工程结合起来。"① 这"十个结合"的核心结合就是马克思主义基本原理同中国实际的结合,每一个结合的前半句讲的都是马克思主义基本原理,每个结合的后半句讲的都是中国实际。这"十个结合"直接或间接地阐述了中国特色社会主义道路的基本内涵。这"十个结合"体现了马克思主义真理,所以中国特色社会主义道路是正确的道路。

第三,中国特色社会主义道路的正确性已被改革开放的实践所证明。党的十一届三中全会作出了改革开放的历史性决策。20世纪80年代,我国的改革开放全面展开。在改革开放的实践中,中国共产党已经召开了七届全国代表大会:党的十二大提出"走自己的道路,建设有中国特色的社会主义",标志着中国特色社会主义道路探索的重新开始;党的十三大提出"沿着中国特色社会主义道路前进",并制定了党的基本路线,标志着中国特色社会主义道路的成功开辟;党的十四大提出"建立社会主义市场经济体制",标志着中国特色社会主义道路的拓展;党的十五大提出"社会主义初级阶段的基本纲领",标志着中国特色社会主义道路又向前拓展了一步;党的十六大提出"社会主义建设十条基本经验",标志着中国特色社会主义道路的整体推进;党的十七大"对中国特色社会主义道路作出初步概括",党的十八大"对中国特色社会主义道路进行了补充和完善",标志着中国特色社会主义道路的形成。中国改革开放的过程就是中国特色社会主义道路形成和发展的过程。改革开放给中国带来了前所未有的变化,这也是中国特色社会主义道路给中国带来的前所未有的变化。这种变化证明了中国特色社会主义道路的正确性。中国特色社会主义道路的正确性是中国共产党和中国人民树立道路自信的基础。道路自信是中国共产党和中国人民的一种精神状态,是中国共产党和中国人民的一种精神力量,就是这种精神状态和精神力量把传统社会主义道路推向了中国特色社会主义道路。

---

① 《胡锦涛文选》第二卷,人民出版社2016年版,第620页。

道路自信来自于中国特色社会主义道路的生命力。通过比较就可以知道传统社会主义道路和中国特色社会主义道路谁更有生命力：传统社会主义道路，从经济上说，它阻碍了生产力的发展；从发展战略上说，它是按照"重工轻农"安排国民经济发展的，优先发展重工业，压缩轻工业，牺牲农业，导致了国民经济比例严重失调和经济结构畸形；从资源配置上说，它以计划经济配置资源，排斥市场机制的作用；从经济增长方式上说，它采取粗放型经营和封闭式发展，导致国民经济的质量和效益下降；从治理方式上说，传统社会主义道路主张人治，轻视法治；在政治上，它以阶级斗争为纲，把人民内部矛盾当成敌我矛盾；在文化上，只允许"一花独放"和"一家独鸣"；在社会上，它忽视民生，长期不抓生产，导致人民群众的生活水平下降，人民群众的根本利益无法实现。而中国特色社会主义道路不同。其一，它追求的是人民的共同富裕。共同富裕是指在发展生产力的基础上逐步实现全体人民的普遍富裕。共同富裕是社会主义的本质要求，是社会主义始终不变的奋斗目标，是社会主义和资本主义的根本区别，是社会主义的最大优越性。共同富裕不是同步富裕，不是绝对平均，它是一个逐步实现的过程，第一步是解决温饱，第二步是实现小康，第三步是人民逐步过上比较富足的生活。中国特色社会主义道路指明了共同富裕的途径：以经济建设为中心，大力发展生产力，坚持公有制为主体、多种所有制经济共同发展的基本经济制度，坚持按劳分配为主体、多种分配方式并存的分配制度，让发展的成果惠及全体人民。所以我们说，中国特色社会主义道路是追求共同富裕的道路。其二，它追求的是社会的全面进步。江泽民指出："必须坚持物质文明与精神文明的共同进步。社会主义社会作为人类历史上崭新的社会形态，是以经济建设为重点的全面发展、全面进步的社会。经济、政治和文化的协调发展，两个文明都搞好，才是有中国特色社会主义。"[①] 从江泽民的论述看，物质文明和精神文明都搞好，经济、政治和文化协调发展，就是社会的全面进步。从发展的观点看，物质

[①] 《江泽民论有中国特色社会主义》（专题摘编），中央文献出版社2002年版，第383页。

文明、政治文明、精神文明、社会文明（狭义）和生态文明都搞好，才是社会全面进步。中国特色社会主义道路内涵中的"五位一体"总体布局中包含着社会全面进步的意蕴：通过社会主义市场经济建设搞好物质文明，通过社会主义民主政治建设搞好政治文明，通过社会主义先进文化建设搞好精神文明，通过社会主义和谐社会建设搞好社会文明，通过生态建设搞好生态文明。所以我们说，中国特色社会主义道路是追求社会全面进步的道路。其三，中国特色社会主义道路追求的是人的全面发展。人的自由而全面发展是共产主义社会的根本原则，是在社会发展的基础上人类社会追求的终极价值目标。在社会主义初级阶段，人的自由发展的条件还不具备，所以中国特色社会主义道路讲的是人的全面发展。人的全面发展在内容上是人的素质和能力的全面提高，在现实中是指经济生活、政治生活、文化生活和社会生活的全面改进。中国特色社会主义道路，通过经济建设提高人们的经济生活水平，通过政治建设提高人们的政治素质，通过文化建设提高人们的文化素质，通过社会建设提高人们发展的保障条件。所以我们说，中国特色社会主义道路是追求人的全面发展的道路。从传统社会主义道路和中国特色社会主义道路的比较中可以看出，中国特色社会主义道路是最有生命力的道路。中国特色社会主义道路的生命力是中国共产党和中国人民树立道路自信的基础。道路自信是一种自觉意识，它具有自觉能动性，就是这种自觉意识和自觉能动性推动传统社会主义道路走向了中国特色社会主义道路。

　　道路自信来自于中国特色社会主义道路所代表的人民的根本利益。以邓小平为核心的第二代中央领导集体把人民的根本利益作为这条道路的根本点。邓小平认为，"社会主义现代化建设是我们当前最大的政治，因为它代表着人民的最大的利益、最根本的利益"[①]。邓小平还认为，要坚持社会主义方向，这是人民根本利益的政治保障；贫穷不是社会主义，社会主义就是要消灭贫穷；社会主义优越性就是要发展生产力，提高人民的生活水平；社会主义的目标就是达到共同富裕。以江泽民为核心的第三代中央领导集体把人民的根本利益作为

---

① 《邓小平文选》第二卷，人民出版社1994年版，第163页。

这条道路的目的。江泽民提出了"三个代表"重要思想。"三个代表"以生产力为逻辑起点，以先进文化为纽带，以人民的根本利益为归宿。以江泽民为核心的第三代中央领导集体1994年制定了《国家"八七"攻坚计划》，1996年作出了《关于尽快解决农村贫困人口温饱问题的决定》，1999年制定了《中共中央国务院关于进一步加强扶贫开发的决定》，这些计划和决定都是以解决民生问题为出发点的。以胡锦涛为总书记的党中央提出了"科学发展观"。科学发展观强调以人为本，强调把实现好、维护好和发展好广大人民群众的根本利益作为一切工作的出发点和落脚点，保障人民群众的权益，强调以民生建设为重点，把民生福利摆在突出位置，提出建设社会主义新农村问题，不断增加农民收入。以习近平同志为核心的党中央提出了"国家富强、民族振兴、人民幸福"的中国梦。中国梦归根到底是人民的梦，人民的梦必须紧紧依靠人民来实现，必须不断为民造福。习近平总书记认为，中国特色社会主义道路是唯一能使中华民族伟大复兴的道路，是真正让广大人民群众得利益、得实惠的道路。从以上可以看出，中国特色社会主义道路是代表人民的根本利益的道路。人民的根本利益是中国共产党和中国人民树立道路自信的基础。道路自信是一种综合素质，是一种认识能力，就是这种综合素质和认识能力，使传统社会主义道路走向了中国特色社会主义道路。

总之，中国特色社会主义道路的正确性、生命力和利益性是中国共产党和中国人民道路自信的基础，道路自信是传统社会主义道路走向中国特色社会主义道路的推动力。

四 结语

只有中国特色社会主义道路可持续发展，中国特色社会主义事业才能可持续发展。只有道路自信，才能把传统社会主义道路推向中国特色社会主义道路。我们要自信地走中国特色社会主义道路，没有必要左顾右盼，从左边顾恋走传统社会主义道路，从右边盼望走资本主义道路。不同的道路有不同的前景，只有坚定不移地走中国特色社会主义道路，中国特色社会主义事业可持续发展才有美好的前景。

第二章

理论自信是中国特色社会主义事业可持续发展的理论支撑力

理论自信是对科学理论的一种正确态度，是科学理论的灵魂，是科学理论深处的一种力量。我们这里所说的理论自信是指对中国特色社会主义理论体系（邓小平理论、"三个代表"重要思想、科学发展观和中国梦）的自信，这种自信是中国特色社会主义事业可持续发展的理论支撑力。

一 对邓小平理论自信是中国特色社会主义事业可持续发展的第一个理论支撑力

邓小平理论是马克思主义中国化第二次历史性飞跃的第一大理论成果，是在改革开放和社会主义现代化的历史条件下发展了的马克思主义，是中国特色社会主义理论体系的最初状态，是中国特色社会主义理论体系的重要组成部分。邓小平理论的形成并不是偶然的，它以和平与发展的时代主题为历史背景，以我国社会主义建设和其他国家社会主义建设的经验教训为历史依据，以我国改革开放和社会主义现代化建设实践为现实基础，是在以邓小平为核心的第二代中央领导集体的共同努力下形成的。邓小平理论的形成有一个历史过程，这个历史过程大致经历了四个阶段：从1978年党的十一届三中全会到1982年党的十二大召开，是邓小平理论的酝酿阶段。在这个阶段，邓小平支持和领导了关于真理标准的大讨论，批判了"两个凡是"的错误方针，重新确立了解放思想、实事求是的思想路线，把"以阶级斗争为纲"转变为社会主义现代化建设，做出了改革开放的历史性决策，提出了走自己的路，建设有中国特色的社会主义的命题。从1982年党的十二大以后到党的十三大的召开，是邓小平理论的基本形成阶段。党的十二届三中全会通过了《关于经济体制改革的决定》。《决定》肯定了社会主义经济是有计划的商品经济，对经济体制改革做出了部署。党的十二届六中全会通过了《关于社会主义精神文明建设指导方针的决议》。《决议》阐明了精神文明建设的战略地位、精神文明和物质文明的关系。党的十三大系统地提出了社会主义初级阶段的理论，提出了"一个中心、两个基本点"的基本路线，第一次提出了"建设有中国特色的社会主义理论"，初步回答了社会主义建设的一系列基本问题。从党的十三大以后到1992年邓小平"南方谈话"和党的十四大召开，是邓小平理论的成熟阶段。1992年2月，邓小平视察南方，发表了著名的"南方谈话"。1992年10月，党的十四大召开。党的十四大报告从九个方面对邓小平理论作出了系统的总结。党的十四大以后，是邓小平理论的进一步发展阶段。党的十五大把邓小平理论确定为我们党的指导思想。邓小平理论围绕"什么是社会主义、怎样建设社会主义"这个基本问题展开了论述。

邓小平理论对中国特色社会主义事业的可持续发展具有重要意义，它是中国特色社会主义事业可持续发展的理论指南。

第一，社会主义本质的理论突破了传统社会主义的观念，使我们正确地认识了中国社会主义建设首要的基本问题。1980年5月邓小平提出了社会主义本质的概念，以后又多次提到了社会主义本质。1992年2月邓小平在视察南方发表的"南方谈话"中阐述了社会主义本质，他指出："社会主义的本质，是解放生产力，发展生产力，消灭剥削，消除两极分化，最终达到共同富裕。"[①] 邓小平对社会主义本质的界定有三层意思：第一句和第二句（解放生产力、发展生产力）是生产力的目标，这是实现社会主义本质的基本条件；第三句和第四句（消灭剥削、消除两极分化）是生产关系的目标，这是社会主义和资本主义的主要区别，也是实现社会主义本质的基本条件；第五

---

① 《邓小平文选》第三卷，人民出版社1993年版，第373页。

句（最终达到共同富裕）是社会主义的价值目标，是社会主义的最终目的，也是社会主义和资本主义的根本区别。邓小平的社会主义本质论突破了传统社会主义的观念表现在：其一，它突破了把公有制作为社会主义本质的思维模式。马克思反复强调，公有制是社会主义的特征。他这样说是有道理的，因为公有制是受生产力制约的，是社会主义的基本要求。我们过去把社会主义的特征和社会主义的本质混为一谈了，错把公有制当成了社会主义的本质。社会主义的本质和社会主义的特征是有区别的，社会主义的本质是指社会主义存在的根据，社会主义的特征是指社会主义和资本主义的区别，这样就破除了把公有制当成社会主义本质对人们思想的束缚。这样说并不是贬低公有制，公有制为主体是中国特色社会主义必须坚持的根本原则，这一点是不能含糊的。其二，它突破了把计划经济当成社会主义本质的思维模式。马克思把计划经济看成是社会主义的特征，但并没有把计划经济当成社会主义的本质。当然把计划经济当成社会主义的特征的观点在今天看来也是不正确的。不管是资本主义经济学家，还是社会主义经济学家，当时都认为计划经济就是社会主义的，因此传统社会主义把计划经济当成了社会主义的本质。实际上计划和市场都是资源配置的方式，不是社会主义和资本主义的本质区别，这就是从根本上解除了计划经济属于社会主义的思想对人们的禁锢。其三，它破除了把平均主义当成社会主义本质的思维模式。平均主义思想在我们国家根深蒂固，它和当时我们党领导人的思想巧妙地结合在一起，被当作是社会主义固有的东西，被认为是社会主义本质的体现。实践证明，搞平均主义只能共同落后，共同贫穷，而不能共同富裕，所以不能认为平均主义是社会主义的本质。这就解除了把平均主义当成社会主义本质对人民思想的禁锢。邓小平的社会主义本质论从最高层次上回答了什么是社会主义这个基本问题，回答了中国特色社会主义建设的首要问题，同时也回答了中国特色社会主义事业可持续发展的前提问题，使我们对社会主义的认识，特别是对中国特色社会主义的认识达到了一个新的水平，避免了我们在建设中国特色社会主义的过程中陷入盲目性。

第二，社会主义初级阶段理论破除了超越发展阶段的"左"的思想，使中国特色社会主义建设有了立足点。社会主义初级阶段理论是邓小平理论的重要组成部分。1981年党的十一届六中全会第一次明确提出了社会主义初级阶段的概念；1982年党的十二大初步描述了社会主义初级阶段的特征；1987年党的十三大对社会主义初级阶段作了系统的阐述，形成了社会主义初级阶段的理论；1992年党的十四大把社会主义初级阶段的理论成为邓小平理论的重要理论基础。社会主义初级阶段有两层含义：一、我国社会已经是社会主义，我们必须坚持而不能离开社会主义；二、我国的社会主义还处在初级阶段，我们必须从这个实际出发，而不能超越这个阶段。党的十五大对社会主义初级阶段的特征作了九点论述：社会主义初级阶段，是逐步摆脱不发达的状态，基本实现社会主义现代化的历史阶段；是由农业人口占很大比重、主要依靠手工劳动的农业国，逐步转变为非农业人口占多数，包括现代化农业和现代化服务业的工业化国家的历史阶段；是由自然经济、半自然经济占很大比重，逐步转变为经济市场化程度较高的历史阶段；是由文盲半文盲人口占很大比重、科技教育文化落后，逐步转变为科技教育文化比较发达的历史阶段；是由贫困人口占很大比重，逐步转变为全体人民比较富裕的历史阶段；是由经济文化很不平衡，通过有先有后的发展，逐步缩小差距的历史阶段；是通过改革和探索，建立和完善比较成熟的充满活力的社会主义市场经济体制、社会主义民主政治体制和其他方面体制的历史阶段；是广大人民牢固树立有中国特色社会主义的共同理想，自强不息，锐意进取，艰苦奋斗，勤俭建国，在建设物质文明的同时努力建设精神文明的历史阶段；是逐步缩小同世界先进水平的差距，在社会主义的基础上实现中华民族伟大复兴的历史阶段。党的十一届三中全会以前，我们对我国的社会主义处在一个什么样阶段的认识还不完全清醒，所以制定的路线方针政策超出了社会主义初级阶段的实际。我们过去提出的"跑步进入共产主义"，提出的"让资本主义在地球上绝种"的思想，主张的精神崇高的社会主义思想，等等，都超越了社会主义初级阶段的实际，使社会主义建设出现了严重的失误。社会主义初级阶段理论使我们对中国特色社会主义的历史方位有了一个比较符合实际的认识，这是明确中国特色社会主义一切问题的根据，使中国特色社会主义建设找到了立足点。

第三，社会主义市场经济论突破了把计划和市场作为制度属性的传统社会主义观念，为社会主义经济达到现代水平开辟了道路。社会主义市场经济理论是邓小平理论的重要组成部分。邓小平的社会主义市场经济理论的形成有一个过程，这个过程经历了三个阶段：第一个阶段是计划经济为主、市场调节为辅的阶段。1979年邓小平指出："说市场经济只存在于资本主义社会，只有资本主义的市场经济，这肯定是不正确的。社会主义为什么不可以搞市场经济，这个不能说是资本主义。我们是计划经济为主，也结合市场经济。"① 邓小平的这个论断第一次打破了传统社会主义只能实行计划经济的僵化思想，把市场经济和社会主义联系在一起。1982年党的十二大提出了"计划经济为主，市场调节为辅"的改革取向。虽然这里还没有甩掉计划经济，市场调节还被定在辅助地位，但这已经为市场发挥调节作用奠定了现实基础，为社会主义市场经济体制的确立开辟了一条通道。第二阶段是有计划的商品经济阶段。1984年党的十二届三中全会提出了社会主义经济是公有制基础上的有计划的商品经济的论断，我们党第一次肯定了商品经济是社会主义经济的内在属性。党的十三大前邓小平指出："计划和市场都是方法嘛。只要对发展生产力有好处，就可以利用。它为社会主义服务，就是社会主义的；为资本主义服务，就是资本主义的。"② 党的十三大明确了社会主义有计划的商品经济体制应该是计划与市场内在统一的体制。第三阶段是社会主义市场经济体制确立的阶段。1990年邓小平指出："我们必须从理论上搞懂，资本主义与社会主义的区分不在于是计划还是市场这样的问题。社会主义也有市场经济，资本主义也有计划控制。"③ 1992年邓小平指出："计划经济不等于社会主义，资本主义也有计划；市场经济不等于资本主义，社会主义也有市场。计划和市场都是经济手段。"④ 邓小平的论断为我国社会主义市场经济体制的确立奠定了理论基础。邓小平

---

① 《邓小平文选》第二卷，人民出版社1994年版，第236页。
② 《邓小平文选》第三卷，人民出版社1993年版，第203页。
③ 同上书，第364页。
④ 同上书，第373页。

把制度和体制区分开来,没有把计划和市场看作制度范畴,而是看作体制范畴,看作是资源配置方式,这是对现代化经济运行方式的概括,为社会主义经济达到现代水平开辟了新的道路,也为中国特色社会主义经济可持续发展找到了正确的途径。

第四,改革开放论是中国特色社会主义事业可持续发展的动力。党的十一届三中全会作出了改革开放的历史性决策,邓小平反复强调改革开放。在改革方面,先是进行农村改革,后是进行城市改革;先是进行经济体制改革,后是进行政治体制和其他体制改革。在开放方面,先是打开窗户,后是打开国门;先是引进来,后是走出去。改革对中国特色社会主义事业可持续发展具有重要意义,它是中国特色社会主义事业可持续发展的直接动力。对于社会主义发展动力的问题,无论是苏联,还是党的十一届三中全会前的中国,都没有很好地解决。1936年苏联宣布建成社会主义,斯大林否定了社会主义生产关系和生产力还存在着矛盾,他认为"道义上、政治上的一致"[①]是社会主义社会发展的动力。斯大林晚年虽然勉强承认社会主义生产关系和生产力之间是有矛盾的,但他仍然没有把这个矛盾看作是社会主义社会的基本矛盾。毛泽东比斯大林前进了一大步,他认为社会主义社会的基本矛盾仍然是生产力和生产关系之间、经济基础和上层建筑之间的矛盾,正是这种基本矛盾推动了社会主义社会的发展。毛泽东的这个论断是正确的。但是社会主义社会基本矛盾的表现是什么,如何解决社会主义社会的基本矛盾,我没有找到毛泽东的具体论述。从他的实践活动看,他把阶级斗争看作是社会主义社会基本矛盾的体现,用大规模的群众运动来解决社会主义社会的基本矛盾。实践证明,他的这种认识和做法是错误的。邓小平第一次正确阐明了社会主义社会基本矛盾的具体表现和解决的具体办法。他认为在社会主义基本矛盾的运动中,由于社会主义制度的确立,生产关系对生产力、上层建筑对经济基础的适应是主要的,不适应是次要的,是制度上的适应和体制上的不适应,所以社会主义社会的基本矛盾表现为僵化的体制与现实生产力发展的要求的矛盾。解决这一具体矛盾的方法是改革,通过

[①] 《斯大林文集》(1934—1952),人民出版社1985年版,第263页。

改革用充满活力的新体制代替僵化的旧体制,把被旧体制束缚的生产力解放出来,使社会主义社会生产力快速的发展。所以改革是社会主义社会发展的直接动力,也是中国特色社会主义事业可持续发展的动力。对外开放是中国特色社会主义事业可持续发展的重要条件。当今世界是开放的世界,开放的世界要求中国对外开放。中国的发展离不开世界,中国也需要对外开放。邓小平指出:"一个国家要取得真正的政治独立,必须努力摆脱贫困。而要摆脱贫困,在经济政策和对外政策上都要立足于自己的实际,不要给自己设置障碍,不要孤立于世界之外。根据中国的经验,把自己孤立于世界之外是不利的。"[①] 改革之初,我们利用资本主义促进我国的发展,把对外开放定为基本国策,并贯穿于社会主义现代化的全过程。对外开放解决了我国社会主义建设所需要的资金、技术、管理经验和人才的问题,在社会主义现代化建设中取得了良好的效果。没有改革开放就没有今天的中国生产力的快速发展,就没有中国综合国力的提高,就没有中国人民生活的巨大改善,就没有中国特色社会主义事业的新局面,可以说改革开放是中国特色社会主义事业可持续发展的持久动力。

第五,"三步走"发展战略纠正了现代化建设急于求成的错误思想,克服了传统社会主义发展战略的缺陷,为实现社会主义现代化指明了方向,为中国特色社会主义事业可持续发展奠定了基础。它既体现了社会主义现代化建设的实事求是的精神,也体现了社会主义发展的目的。社会主义发展战略思想是邓小平理论的重要组成部分。1979年2月,在和日本首相大平正芳谈话时,邓小平对毛泽东的"两步走"战略作出了调整,把20世纪末实现四个现代化改为总体上达到小康水平。1982年党的十二大提出,为了实现20年的奋斗目标在战略部署上要分为两个十年:前十年主要是打好基础,积累力量,创造条件;后十年要进入一个新的经济振兴时期。1987年党的十三大把邓小平提出的"三步走"战略发展思想表述为:第一步实现国民生产总值比1980年翻一番,解决人民的温饱问题;第二步到20世纪末,使国民生产总值再增长一倍,人民生活达到小康水平;第三步到21世纪中叶,人均国民生

[①] 《邓小平文选》第三卷,人民出版社1993年版,第202页。

产总值达到中等发达国家水平，人民生活比较富裕，基本实现现代化。以上就是邓小平的"三步走"的发展战略构想，这种构想是实事求是的：他把原定的 20 世纪末实现四个现代化推到了 21 世纪中叶，这是从中国实际情况出发的，纠正了 1958 年"大跃进"时期提出的"用 15 年至 20 年时间超英赶美"的急于求成的错误。"三步走"战略的每一步既有国民经济的指标，也有人民生活的指标，克服了"重发展轻消费""重速度轻效益"的偏差，体现了中国特色社会主义提高人民生活水平的目的。"三步走"发展战略正确反映了社会主义现代化建设的规律，是实现社会主义现代化的行动纲领。社会主义现代化的实现能为中国特色社会主义事业可持续发展奠定基础。以上列举了邓小平理论主要内容的实践意义，这也代表了邓小平理论对中国特色社会主义事业可持续发展的意义。

总之，邓小平理论科学地分析了社会主义的本质，第一次比较系统地回答了在经济文化比较落后的中国如何建设社会主义、如何巩固和发展社会主义的一系列的基本问题，同时也回答了中国特色社会主义事业如何可持续发展的问题，这足以使我们产生对邓小平理论的自信。这种理论自信是中国特色社会主义事业可持续发展的第一个理论支撑力。坚定对邓小平理论自信就是坚定对中国特色社会主义事业可持续发展的自信。

二 对"三个代表"重要思想自信是中国特色社会主义事业可持续发展的第二个理论支撑力

"三个代表"重要思想是马克思主义中国化的第二次历史性飞跃的第二大理论成果，是中国特色社会主义理论体系的重要组成部分，是对"建设什么样的党和怎样建设党"问题的创造性回答。

"三个代表"重要思想的形成是必然的。东欧剧变，苏联解体，世界社会主义运动出现了严重曲折，中国特色社会主义事业还能不能可持续发展？我们顺利实现了"三步走"战略的前两步目标，进入了全面建设小康社会阶段，改革进入了攻坚阶段，发展处于关键时期，社会主义现代化建设能不能保持良好的发展态势？党的执政环境发生了变化，党的历史方位发生了变化，党的干部队伍发生了变化，中国共产党如何根据这些变化，加强党的自身建设，巩固党的执政地位，从而保证党始终站在时代前列？"三个代表"重要思想就是对这一系列问题的及时回应，它从新的实际出发，回答了社会主义现代化建设和党的建设所面临的重大理论和现实问题。

"三个代表"重要思想的形成有一个过程，这个过程经历了三个阶段：2000年2月到2001年6月，这是"三个代表"重要思想的提出阶段。2000年2月，江泽民在广东视察"三讲"教育活动情况时提出："要把中国的事情办好，关键取决于我们党，取决于党的思想、组织、作风、纪律状况和战斗力、领导水平。"[1] 并说，只要我们党始终成为中国先进生产力的发展要求、中国先进文化的前进方向、中国最广大人民的根本利益的忠实代表，我们党就能永远立于不败之地，永远得到全国各族人民的衷心拥护并带领人民不断前进。2000年5月，在江苏浙江上海党建工作座谈会上，江泽民强调："推进党的思想建设、政治建设、组织建设、作风建设，都应该贯穿'三个代表'要求"，"把'三个代表'要求贯彻落实到党的基层组织建设的各项工作中去。"[2] 2000年10月，江泽民指出："我们开展的各项工作，都要贯彻落实'三个代表'要求，看看我们所采取的措施、所做的工作是不是符合'三个代表'要求，符合的就毫不动摇地坚持，不符合的就勇于实事求是地纠正。"[3] 第二阶段是从2001年7月到2002年11月，这是"三个代表"重要思想的形成时期。2001年7月1日，在中国共产党成立80周年大会上，江泽民深刻阐述了"三个代表"重要思想的科学内涵和精神实质。2002年5月31日，江泽民在中央党校省部级干部进修班毕业典礼讲话中指出："贯彻'三个代表'要求，关键在坚持与时俱进，核心在保持党的先进性，本质在坚持执政为民。"[4] 第三阶段是从2002年11月党的十六大召开到党的十

---

[1] 《江泽民文选》第三卷，人民出版社2006年版，第1页。
[2] 同上书，第15页。
[3] 同上书，第129页。
[4] 《江泽民论有中国特色社会主义》（专题摘编），中央文献出版社2002年版，第583页。

七大前，这是学习和贯彻"三个代表"重要思想的阶段。

"三个代表"重要思想的内涵是：始终代表中国先进生产力的发展要求，就是我们党的理论路线方针政策和各项工作，必须努力符合生产力发展的规律，体现不断推动社会生产力的解放和发展的要求，尤其要体现推动先进生产力发展的要求，通过发展生产力不断提高人民群众的生活水平；始终代表中国先进文化的前进方向，就是我们党的理论路线方针政策和各项工作，必须努力体现发展面向现代化、面向世界、面向未来的、民族的、科学的、大众的、社会主义文化的要求，促进全民族思想道德素质和科学文化素质的不断提高，为我国经济发展和社会进步提供精神动力和智力支持；始终代表最广大人民的根本利益，就是我们党的理论路线方针政策和各项工作，必须坚持把人民的根本利益作为出发点和归宿，充分发挥人民群众的积极性、主动性和创造性，在社会不断发展进步的基础上，使人民群众不断获得切实的经济、政治、文化利益。以上三点是"三个代表"重要思想的核心内容。"三个代表"重要思想是对马克思主义、毛泽东思想的继承和发展，是与邓小平理论一脉相承的，反映了当今世界和中国的发展变化对中国共产党的新要求。

"三个代表"重要思想对中国特色社会主义事业可持续发展具有重要意义，它是中国特色社会主义事业可持续发展的第二个理论指南。

第一，"三个代表"重要思想为中国特色社会主义事业可持续发展指明了总方向和实现途径。中国特色社会主义事业可持续发展的总方向是：实现物质财富的极大丰富、人们精神境界的极大提高、每个人自由而全面发展的共产主义社会。共产主义社会只有在中国特色社会主义充分发展的基础上才能实现。中国特色社会主义充分发展需要雄厚的物质基础、强大的文化支撑和广泛的群众基础。按照代表中国先进生产力的要求发展中国特色社会主义经济，建设社会主义物质文明，同时要深化经济体制改革，不断完善社会主义市场经济体制，从根本上消除生产力发展的体制性障碍，解放和发展生产力；按照代表中国先进文化的要求发展社会主义文化，建设社会主义精神文明，不断提高全民族的科学文化素质，在全社会形成共同理想和精神支柱，为经济发展和社会进步提供精神动力和智力支持;按照代表广大人民的根本利益的要求以人为本,把人民的根本利益作为党和国家一切工作的出发点和落脚点,不断满足人民群众日益增长的物质、文化、生活的需要,处理好各种利益关系,让发展的成果由人民共享,不断促进人的全面发展。"三个代表"重要思想从物质基础、文化根基、群众支撑等方面揭示了中国特色社会主义事业充分发展的现实途径。也只有在雄厚的物质基础、深厚的文化根基、广泛的群众基础上,才能使中国特色社会主义事业可持续发展向着共产主义目标不断前进。"三个代表"重要思想要求我们积极主动地投身于社会主义现代化建设实践中去,把为实现中国特色社会主义事业可持续发展的创新精神和科学态度结合起来,把发挥主观能动性和开拓进取精神结合起来,从实际出发,脚踏实地地为实现共产主义理想创造条件。

第二,"三个代表"重要思想能增强人民群众对中国特色社会主义事业可持续发展的信心。邓小平理论提出了中国特色社会主义建设的任务,即社会主义现代化建设要做些什么呢,而"三个代表"重要思想则提出了实现中国特色社会主义任务的方法,即实现社会主义现代化应该怎样做。"三个代表"重要思想在邓小平理论的基础上进一步回答了什么是社会主义和怎样建设社会主义的问题,创造性地回答了建设什么样的党和怎样建设党的问题,准确反映了中国特色社会主义在现阶段的客观要求,成为了中国特色社会主义事业可持续发展的新的指导思想。"三个代表"重要思想揭示了社会主义建设的规律,正确地预测了中国特色社会主义发展的趋势,规划了中国特色社会主义发展的蓝图,提出了中国特色社会主义发展的整套规划,为中国特色社会主义事业可持续发展指明了方向;"三个代表"重要思想揭示了共产党的执政规律,提高了党的执政能力、创造力、凝聚力和战斗力,巩固了党的阶级基础,扩大了党的群众基础,使党在深刻变化的世界形势中始终走在时代的前列,在应对国内外风险考验的历史进程中始终成为全国各族人民的主心骨,在中国特色社会主义建设的历史进程中始终成为坚强的领导核心;"三个代表"重要思想依据改革开放和社会主义现代化建设的实践,紧紧把握社会生活和社会结构的深刻变化,扩大了中国特色社会主义依靠力量的范围,提出了新的社会阶层也是中国特色社会主义事业的建设者的论断;"三个代表"重要思想全面审视了当今世界格局的变化,准确判断了国际形势的发展趋势,深刻分析了国际社会各种力量的对比,提出了适合中国特色社会主义发展的国际战略;"三个代表"重要思想以立党为公、执政为民为本质,坚持了实现人民群众根本利益的政治立场和价值取向,始终把反映人民意愿、满足人民需要、维护人民利益作为一切工作的出发点和落脚点。"三个代表"重要思想有充分的理由让中国人民对中国特色社会主义事业可持续发展充满信心。

第三,"三个代表"重要思想对中国特色社会主义事业可持续发展提出了新要求。党的十六大报告总结了十三年来中国特色社会主义建设的基本经验:坚持以邓小平理论为指导,不断推进理论创新;坚持以经济建设为中心,用发展的办法解决前进中的问题;坚持改革开放,不断完善社会主义市场经济体制;坚持四项基本原则,发展社会主义民主政治;坚持物质文明和精神文明两手抓,实行依法治国和以德治国相结合;坚持稳定压倒一切的方针,正确处理改革发展稳定的关系;坚持党对军队的绝对领导,走中国特色社会主义的精兵之路;坚持团结一切可以团结的力量,增强中华民族的凝聚力;坚持独立自主的和平外交政策,维护世界和平与促进世界共同发展;加强和改进党的领导,全面推进党的建设新的伟大工程。以上是党领导人民建设中国特色社会主义的十条基本经验,也是对中国特色社会主义事业可持续发展的新要求。

一、中国特色社会主义事业可持续发展要不断推进理论创新。邓小平理论是发展了的马克思主义,是被实践证明了的中国特色社会主义的指导思想,因此必须毫不动摇地坚持。但是任何理论都是发展着的理论,邓小平理论只是初步比较系统地回答了"什么是社会主义和怎样建设社会主义"的基本问题,并没有也不可能彻底回答中国特色社会主义事业可持续发展的一切问题。中国特色社会主义事业可持续发展会遇到许多新问题和新情况,还需要有创新的理论,用创新的理论指导发展了的社会主义建设实践,"三个代表"重要思想就是创新了的理论。

二、中国特色社会主义必须用发展的办法解决前进中出现的问题。中国特色社会主义事业可持续发展必须有雄厚的物质基础,这雄厚的物质基础就是社会主义经济建设的成果,所以必须坚持以经济建设为中心的原则。中国特色社会主义事业可持续发展中会遇到层出不穷的问题,不能用一些老办法解决新问题,发展要有新思路,要用新办法解决新问题。所以"三个代表"重要思想要求在中国特色社会主义事业可持续发展中用发展的办法解决前进中的问题。

三、中国特色社会主义事业可持续发展必须不断完善社会主义市场经济体制。改革开放是中国特色社会主义发展的动力,是社会主义的强国之路,所以必须深化改革,不断扩大对外开放。在改革开放中,我们建立了社会主义市场经济体制,使市场在资源配置中起决定性的作用,解放和发展社会生产力。我们建立的社会主义市场经济体制是不完善的,由于我们缺乏建设社会主义市场经济的经验,没有完全摸清社会主义市场经济的规律,所以"三个代表"重要思想要求我们在改革开放中不断积累经验,研究社会主义市场经济的新特点,使中国特色社会主义市场经济的自觉前行。

四、中国特色社会主义事业可持续发展中必须发展社会主义民主政治。坚持四项基本原则是立国之本,是中国特色社会主义事业可持续发展的保障,这个原则在任何时候、任何情况下都是不能动摇的。没有民主就没有社会主义和社会主义现代化。发展社会主义民主政治,既是社会主义发展的目标,也是实现社会主义现代化的保证。所以"三个代表"重要思想要求在中国特色社会主义事业可持续发展中必须发展社会主义民主政治。

五、中国特色社会主义事业可持续发展必须实行依法治国和以德治国相结合。物质文明构成了人类社会的物质基础,精神文明构成了人类社会的思想上层的建筑,因此社会的全面进步决定了这两个文明要协调发展,也就是两手抓,两手都要硬。在当今历史条件下,党和人民的意志主要是通过法律形式加以确认的,党对国家的治理主要通过依法治国来实现,依法治国是党对国家治理的基本方略。党对国家的治理仅仅依靠法治是不够的,还需要德治。法治和德治是相辅相成,互相促进的。法治是以法律的权威性、强制性来规范社会成员的行为的,德治以道德的说服力和感召力提高社会成员的道德觉悟,进而调整人们的关系，规范人们的行为。"三个代表"重要思想要求中国特色社会主义事业可持续发展必须坚持依法治国和以德治国相结合。

六、中国特色社会主义事业可持续发展必须处理好改革、发展和稳定的关系。社会主义现代化目标的实现要有一个稳定的社会环境，这个社会环境是实现社会主义现代化目标的必要条件，所以中国特色社会主义事业可持续发展必须坚持稳定压倒一切的方针。处理好改革发展稳定的关系是实现社会稳定的关键。改革是动力，发展是目的，稳定是前提，有了改革我们才能走上中国特色社会主义道路，有了发展社会主义现代化才出现了美好前景，有了稳定，改革发展才能顺利进行。所以"三个代表"重要思想要求在中国特色社会主义事业可持续发展中必须处理好改革、发展、稳定的关系，以改革发展促稳定，在稳定中推进改革发展。

七、中国特色社会主义事业可持续发展必须走中国特色的精兵之路。只有坚持党的绝对领导，才能保证人民军队的无产阶级本色，才能使军队在中国特色社会主义建设中发挥坚强柱石的作用。在现代战争中，兵不在多而在精，兵精是政治合格、军事过硬、作风优良、纪律严明、保障有力的总要求。精兵之路既有利于军队的自身建设，也有利于促进国家的经济建设。所以"三个代表"重要思想要求中国特色社会主义事业可持续发展要走中国特色的精兵之路。

八、中国特色社会主义事业可持续发展必须不断增强中华民族的凝聚力。团结一切可以团结的力量，就是把一切社会主义的劳动者、社会主义的建设者、拥护社会主义的爱国者、拥护国家统一的爱国者都团结起来，不断增强中华民族的凝聚力，使整个中华民族在中国特色社会主义的旗帜下形成合力，这是中国特色社会主义事业可持续发展的广泛、强大、持久的力量支持。所以，"三个代表"重要思想要求中国特色社会主义事业可持续发展要不断增强中华民族的凝聚力。

九、中国特色社会主义事业可持续发展要维护世界和平、促进共同发展。中国特色社会主义是和平的社会主义，所以我国一贯奉行独立自主的和平外交政策。维护世界和平、促进共同发展是我国外交的宗旨，它为我国在激烈的国际竞争中牢牢把握加快我国发展的主动权营造了良好的国际环境。所以"三个代表"重要思想要求中国特色社会主义事业可持续发展要维护世界和平、促进共同发展。

十、中国特色社会主义事业可持续发展要全面推进党的建设新的伟大工程。没有共产党的领导就没有中国特色社会主义，党的领导是改革开放和社会主义现代化建设顺利进行的根本保证，所以必须加强党的领导。党的领导方式很大一部分是在战争年代形成的，对于改革开放和社会主义现代化建设还没有完全适应，所以要不断改善党的领导。为此我们党提出了党的建设新的伟大工程，即把党建设成为用邓小平理论武装起来、全心全意为人民服务、思想上政治上组织上完全巩固、能够经受住各种风险、始终走在时代前列、领导全国人民建设有中国特色社会主义的马克思主义政党。这个新的伟大工程使党有了新面貌，使党有了更强大的战斗力，对中国特色社会主义事业可持续发展起到了保证作用。所以"三个代表"重要思想要求中国特色社会主义事业可持续发展要推进党的建设新的伟大工程。

总之，"三个代表"重要思想是以江泽民为核心的第三代中央领导集体智慧的结晶，是中国特色社会主义理论体系发展的新阶段，它反映了中国特色社会主义对理论创新的新要求，这足以使我们对"三个代表"重要思想产生自信，这种理论自信是中国特色社会主义事业可持续发展的第二个理论支撑力。坚定对"三个代表"重要思想自信，就是坚定对中国特色社会主义事业可持续发展的自信。

三 对科学发展观自信是中国特色社会主义事业可持续发展的第三个理论支撑力

科学发展观是马克思主义与当代中国实际和时代特征相结合的产物，是马克思主义中国化的第二次历史性飞跃第三大理论成果，是对中国实现"什么样的发展和怎样发展"的科学回答。它的形成不是偶然的。其一，它是根据当代国际形势提出来的。当今世界，经济全球化深入发展，科技革命方兴未艾，各种战略资源、人才资源、科技资源已成为各国的争夺对象。我国要实现社会主义现代化和中华民族的伟大复兴，就必须科学地认识各种战略资源、人才资源、科技资源在中国特色社会主义事业可持续发展中的重要性，科学规划各种战略资源、人才资源、科技资源的合理利用。科学发展观就是在这种国际背景下提出来的。其二，它是根据世界发展进程的规律提出来的。在人均国内生产总值达到500—1000美元时，就意味着经济和社会发展进入了社会矛盾的凸显期，这些矛盾如果处理不好就会引起社会动荡，这是世界发展的一个重要规律。2003年我国国内人均生产总值超过1000美元，到2020年我国国内人均生产总值将达到或超过3000美元，为了避免拉美国家重复出现的社会动荡现象，我们党提出了科学发展观。其三，它是根据国内问题提出来的。我国改革开放取得了巨大的成就，但也积累了不少矛盾和问题，同时也发生了不少重大事件，在对这些矛盾和事件进行反思的基础上，提出了科学发展观。

科学发展观的形成有个过程。2003年8月28日至9月1日，胡锦涛在江西考察时明确提出了科学发展观的概念。2003年10月党的十六届三中全会通过了《中共中央关于完善社会主义市场经济体制若干问题的决定》，《决定》正式提出要树立科学发展观。2004年3月，在全国人口资源环境座谈会上，胡锦涛对以人为本、全面协调可持续发展作了阐述。2005年10月，党的十六届五中全会通过了《中共中央关于制定国民经济社会发展第十一个五年规划的建议》，《建议》提出了坚持全面贯彻落实科学发展观，坚持以科学发展观统领经济社会全面发展。2006年12月，在全国经济工作会议上，胡锦涛对科学发展观提出了六个"必须"。2007年6月，在中央党校重要讲话中，胡锦涛对科学发展观的内涵作了概括。2007年10月，在党的十七大报告中，胡锦涛对科学发展观的时代背景、科学内涵作了系统的阐述，对贯彻落实科学发展观提出了明确的要求。2012年党的十八大阐述了科学发展观的精神实质。至此科学发展观形成了一个完整的体系。

科学发展观是有明确的含义和内容的。科学发展观是对我国经济和社会发展的科学看法和科学观点，它能在思想理论和发展理念上进一步概括和提出了我国经济和社会的发展原则和发展战略，它是对传统发展观的超越，主要回答了我国经济社会为什么发展、实现什么样的发展和怎样发展等重大的发展问题。科学发展观有丰富的内容：科学发展、以人为本、全面协调可持续发展、统筹兼顾、解放思想实事求是与时俱进求真务实的精神、构建和谐社会、建设和谐文化、建设社会主义的核心价值体系、树立社会主义的核心价值观、树立社会主义荣辱观、中国特色社会主义道路、中国特色社会主义理论体系、中国特色社会主义制度、建设和谐世界、走和平发展道路、加强党的执政能力建设、实施人才强国战略,等等。这些内容构成了科学发展观的理论体系。

科学发展观对中国特色社会主义事业可持续发展有重要意义,它是实现中国特色社会主义事业可持续发展的第三个行动指南。

第一,科学发展观为中国特色社会主义事业可持续发展提供了总体思路。其一,中国特色社会主义要走科学发展的道路。科学发展就是以科学理论、科学方法为指导的发展。科学发展既是科学发展观的第一要义,也是中国特色社会主义事业可持续发展的基本途径。发展是硬道理的本质要求就是科学发展。改革开放以来,我们党之所以能得到全国各族人民的认同和支持,我们的社会主义事业之所以能经受住各种风险的考验,就是因为我国实现了科学发展。没有科学发展就没有中国的新面貌,就没有中国共产党的新面貌,就没有社会主义的新面貌。中国特色社会主义事业可持续发展的核心问题是科学发展。要建成中国特色社会主义是一个漫长的过程,旧的问题解决了,新的问题又会产生,不断解决又不断产生,这就是中国特色社会主义事业可持续发展的辩证法。只要我们坚持科学发展,就能为各种问题的解决创造条件。过去我们把科学发展作为党执政兴国的第一要务,将来也要把科学发展作为党执政兴国的第一要务。在中国特色社会主义事业可持续发展道路上,要抓住科学发展不放松,着力把握发展规律,创新发展理念,转变发展方式,破解发展难题,提高发展质量和效益,实现又好又快的发展,为中国特色社会主义事业可持续发展打下坚实的基础。其二,中国特色社会主义事业可持续发展要坚持以人为本。以人为本既是科学发展观的核心,也是中国特色社会主义事业可持续发展的核心。历史唯物主义认为,人民群众既是历史的创造者,又是推动社会主义历史发展的决定性力量;它既创造了物质财富,又创造了精神财富。人民群众始终是中国特色社会主义事业的主体,人民群众积极性的充分发挥是中国特色社会事业可持续发展的不竭动力和源泉。坚持以人为本就是充分发挥人民群众的积极性，努力创造发挥人民群众积极性的社会环境。坚持以人为本就是要尊重人民的主体地位，发挥人民的首创精神，保障人民的权益，维护公平正义，走共同富裕的道路，解决好人民群众最关心的利益问题；以人为本就是要坚持立党为公、执政为民，就是要坚持权为民所用、情为民所系、利为民所谋，就要反映不同群体的利益，妥善处理好不同方面的关系。抓住了以人为本就是抓住了中国特色社会主义事业可持续发展的核心。其三，中国特色社会主义事业可持续发展要全面协调。全面协调既是科学发展观的基本要求，也是中国特色社会主义事业可持续发展的基本要求。全面发展就是要推进经济建设、政治建设、文化建设、社会建设、生态建设，实现经济发展和社会的全面进步；协调发展就是社会主义现代化各方面、各环节要相互适应，就是生产关系和生产力、上层建筑和经济基础要相互促进。党的十六大以后，我国社会主义建设走过了不平坦的道路，战胜了一系列重大挑战，创造了科学发展的"中国奇迹"，把中国特色社会主义事业推进到全面建成小康社会阶段，在社会主义的发展史上写下了科学发展的新篇章，靠的是全面协调发展；党的十六大以后，我国的经济实力、科技实力迈上了一个崭新的台阶，综合国力、国际竞争力也迈上了一个崭新台阶，靠的是全面协调发展；我们能有效地应对国际金融危机的冲击，妥善处理一系列突发事件，巩固了改革开放的成果，靠的是全面协调发展。中国特色社会主义事业可持续发展仍然要靠全面协调发展。其四，中国特色社会主义事业可持续发展要坚持统筹兼顾。统筹兼顾既是科学发展观的根本方法，也是中国特色社会主义事业可持续发展的根本方法。统筹兼顾就是统筹城乡发展、区域发展、经济社会发展、人与自然和谐发展、国内发展与对外开放。统筹城乡发展的实质就是改变城乡二元经济结构；统筹区域发展的实质就是实现区域的共同发展；统筹经济社会发展的实质就是在经济发展的基础上实现社会的全面进步，增进全体人民的福祉；统筹人与自然和谐发展的实质就是人口要适度增长、资源能持续利用；统筹国内发展和对外开放的实质就是更好地利用国内、国外两种资源、两个市场，使我国的经济顺利发展。

在改革开放中，我们妥善地处理了公有制为主体、多种所有制经济共同发展的关系，妥善地处理了宏观经济和微观经济的关系，妥善地处理了经济体制改革和其他体制改革的关系，靠的就是统筹兼顾的方法。所以统筹兼顾既是科学发展观的基本方法，也是中国特色社会主义事业可持续发展的一种思维方式。其五，中国特色社会主义事业可持续发展要坚持解放思想、实事求是、与时俱进、求真务实的精神。解放思想、实事求是、与时俱进、求真务实既是科学发展观的精神实质，也是中国特色社会主义事业可持续发展的一种精神状态。解放思想就是在马克思主义的指导下，打破主观偏见和习惯势力的束缚，研究新情况，解决新问题，使思想和实际、主观和客观相符合；实事求是就是研究事物发展的规律，按照客观规律办事；与时俱进就是理论要随着时代和实践的发展而发展；求真务实就是求社会主义建设规律、共产党执政规律、人类社会发展规律之真，务本国国情、艰苦奋斗、人民群众的根本利益之实。解放思想、实事求是、与时俱进、求真务实既是一种世界观，也是一种方法论；既是一种精神实质，也是一种精神状态，我们党正是运用这种世界观和方法论，坚持和弘扬这种精神，才能使一代又一代的中国共产党人，在开创中国特色社会主义事业的历史进程中，不断研究新情况，解决新问题，把中国特色社会主义事业推向新阶段。中国特色社会主义事业可持续发展肯定会面临难以预料的风险和挑战，还要进行新的实践和新的探索。应对风险和挑战，进行新的实践和新的探索，没有解放思想、实事求是、与时俱进、求真务实的精神状态是不行的。

第二，科学发展观是中国特色社会主义事业可持续发展的战略思想。1989年5月举行了第十五届联合国环境署理事会期间，经过反复磋商，会议通过了《关于可持续发展的声明》。1992年6月，在巴西里约热内卢召开了世界环境与发展大会，会议通过了《21世纪议程》，即全球可持续发展的战略，会议要求各国根据本国的实际，制定各国的可持续发展战略计划和对策。1994年7月1日，我国国务院批准了我国的第一个国家级可持续发展的战略，即《中国21世纪人口、环境与发展白皮书》。我国的"九五"计划、"十五"计划、"十一五"规划都体现了可持续发展思想。科学发展观将可持续发展作为重要内容。这里的可持续发展是指既满足当代人的需要，又不削弱子孙后代满足其需要之能力的发展。可持续发展的核心思想是：正常的经济发展应建立在生态可持续发展能力的基础上。它所追求的目标是：既要使当代人的各种需要得到满足，个人得到充分的发展，又要保护自然环境，不对后代人的生存和发展构成威胁。它所关注的问题是：各种经济活动的合理性，强调对资源环境有利的经济活动应给予鼓励。从可持续发展的基本内涵、核心内容、追求目标、基本要求来看，它适用于中国特色社会主义事业，我们把这称之为中国特色社会主义事业可持续发展。科学发展观是中国特色社会主义事业可持续发展的重要战略思想。其一，落实科学发展观使发展思想更辩证。科学发展观认为，经济的发展、社会的发展和人的发展是一个互为前提、互相结合、互相促进的过程，有了科学发展观，才有了社会主义从片面发展向全面发展的转变；科学发展观认为，社会主义大系统和各子系统要相互适应，有了科学发展观才有了社会主义从不协调向协调发展的转变；科学发展观认为，人、社会和自然是一个相互依赖、不可分割的整体，有了科学发展观才有了社会主义从一时发展向可持续发展的转变；科学发展观认为，人是发展的主体、发展的动力和发展的目的，有了科学发展观才有了社会主义从以物为本向以人为本的转变。其二，科学发展观使发展的内涵更加丰富。科学发展观认为，发展不仅仅是经济的发展，也是政治、文化、社会、生态和人的发展。其三，科学发展观使发展的思路更加开阔。科学发展观认为，一切妨碍发展的思想观念都要坚决破除，一切束缚科学发展的做法都要坚决改变，一切影响发展的体制和机制都要坚决革除，一切有利于发展生产力的形式都可以利用。其四，科学发展观使发展的眼光更加深远。这困难那困难，发展就不困难了；这问题那问题，发展就没有大问题了；这变化那变化，发展才有新变化了。其五，科学发展观使发展的成果更加显著。科学发展观从我国经济、社会的发展实际出发，理清了发展思路，创新了发展模式，提高了发展质量，夯实了发展基础，增强了发展后劲，解决了我国当前经济和社会发展中的诸多矛盾和问题，加快了发展方式的转变，提高了自主创新能力，促进了城乡区域经济的协调发展，推动了经济建设、政治建设、文化建设、社会建设和生态建设的全面发展。

第三，科学发展观蕴含着中国特色社会主义的深远的理性思考。科学发展观是以当前中国的经济和社会发展为思考对象的，如产业结构、生态环境、教育卫生、"三农"问题、城乡差距、区域差距、收入差距、突发事件等，这些问题解决不好，经济就容易失调，社会就容易发生动荡，人们的心理就容易失衡，伦理道德就容易滑坡，社会矛盾就容易激化，这些现象会阻碍经济和社会的发展，因而也就成为了科学发展观思考的对象。科学发展观既以当前中国的经济和社会问题为思考对象，但又不限于这些问题的思考，它蕴含着对中国特色社会主义事业更深远的理性思考。在"什么是社会主义"的问题上，科学发展观又进行了理论和实践的创新。中国特色社会主义发展的目标是把我国建设成为富强民主文明和谐的社会主义现代化国家，这里蕴含着对"什么是社会主义"的新回答，也就是说中国特色社会主义是和谐的社会主义。在"怎样建设社会主义"的问题上，科学发展观又作了进一步的回答。科学发展观认为，社会主义建设要坚持以人为本，实现人民群众的利益，尊重人民群众的主体地位，发挥人民群众的首创精神，促进人的全面发展；要按照社会主义建设总体布局，全面推进经济建设、政治建设、文化建设、社会建设、生态建设；要建设资源节约型、环境友好型社会，使人民在良好的环境中生产和生活；要加强战略思维，从国际形势的变化中把握发展机遇，应对各种风险和挑战。在"建设什么样的党"的问题上，科学发展观强调，要使党始终成为立党为公、执政为民、求真务实、改革创新、艰苦奋斗、清正廉洁、富有活力、团结和谐的马克思主义政党，始终成为中国特色社会主义事业的坚强领导核心。在"怎样建设党"的问题上，科学发展观强调把提高党的执政能力建设作为主线，以坚定理想重点，贯彻为民、务实、清廉的要求，提高党员和干部队伍的素质，保持党同人民群众的密切联系，把党建设成为马克思主义政党。在"实现什么样的发展和怎样发展"的问题上，科学发展观强调发展的全面性、协调性和可持续性，实现经济又好又快的发展；强调发展是第一要务，不断解放和发展生产力，着力把握发展规律，创新发展理念，转变发展方式，提高发展效益；努力实现科学发展、和谐发展、和平发展，使社会成员和睦相处；强调发展社会主义民主，保护公民政治权益；强调加强文化建设，提高全民族的文明素质；强调加快社会事业建设，全面提高人民的生活水平；强调生态文明建设，保护生态环境。科学发展观对"什么是社会主义和怎样建设社会主义"，"建设什么样的党和怎样建设党"，"实现什么样的发展和怎样发展"的问题的回答，体现了我们党对社会主义建设规律、共产党执政规律、人类社会发展规律的新认识，这三大规律是进行中国特色社会主义建设的遵循，是中国特色社会主义事业可持续发展的动力，是中国特色社会主义立于不败之地的源泉。这就是科学发展观所蕴含的对中国特色社会主义事业的深远的理性思考。

总之，科学发展观创造性地回答了"实现什么样的发展和怎样发展"这个关系到我国社会主义前途和命运的重大问题，它是把中国特色社会主义事业不断推向前进的世界观和方法论。这足以使我们对科学发展观产生自信，这种理论自信是中国特色社会主义事业可持续发展的第三个理论支撑力。

四　对习近平新时代中国特色社会主义思想自信是中国特色社会主义事业可持续发展的第四个理论支撑力

习近平新时代中国特色社会主义思想是以中国梦为主要内容的。

2012年11月29日，习近平总书记带领新的中央领导集体参观国家博物馆《复兴之路》展览时指出："实现中华民族伟大复兴，就是中华民族近代以来最大的梦想。"后来他在不同地点、不同场合从不同的角度阐述了中华民族伟大复兴的中国梦，形成了中国梦重要战略思想。中国梦重要战略思想的提出是有历史背景和现实背景的。习近平总书记指出，它是在改革开放30多年的伟大实践中走出来的，是在中华人民共和国成立60多年的持续探索中走出来的，是对近代以来170多年中华民族发展历程的深刻总结中走出来的，是在对中华民族5000多年悠久历史文明的传承中走出来的。习近平总书记在这里道出了中国梦战略思想的历史背景和现实背景。从历史背景看，其一，中国梦重要战略思想是对中华民族 5000 多年历史文明的深刻理解。中华民族是一个古老的伟大民族，一直到 18 世纪末期，无论是在农业还是在手工业上，中国在世界上都是处于领先地位的，它的经济规模是世界上最大的，可以说中国开创了古老的农耕文明新时代。中国古代还有四大发明，为人类的科技发展作出了重大贡献。只有创造过辉煌的民族才懂得中华民族复兴的真正意义。中国梦重要战略思想就是对中华民族 5000 多年历史文明的肯定和敬仰。其二，中国梦重要战略思想是对中华民族 170 多年发展历程的准确认识。近代以来，中国由兴盛走向了衰落。1840 年的鸦片战争敲开了中国的大门，随后，其他列强接踵而来，瓜分中国领土，签订不平等条约，使中国变成了半殖民地半封建社会的国家，中国人民生活在水深火热之中，中华民族到了亡国灭种的边缘，从此中华民族复兴就成了近代中国革命的主题，就成了近代中国人的梦想。无数志士仁人提出了他们的救国方案，并为之进行了一次又一次的反抗和斗争，却都没有取得成功。中国共产党成立后，肩负起中华民族伟大复兴的历史使命，带领中华民族与帝国主义和它们的走狗展开了殊死搏斗，前仆后继，浴血奋战，最终推翻了帝国主义和封建主义的统治，终结了半殖民地半封建社会的历史，实现了民族独立和人民解放，扫清了中华民族复兴前进道路上的障碍。只有经历过苦难的民族才有中华民族复兴的渴望与奋斗。中国梦重要的战略思想是近代中国革命的真实写照。以上两点就是中国梦重要战略思想提出的历史背景。从现实背景看，其一，中国梦重要战略思想是对中华人民共和国成立 60 多年历史的正确把握。中国共产党为了改变国家落后的面貌，领导中国人民进行了社会主义改造，确立了社会主义制度，为中华民族的伟大复兴奠定了制度基础。其后中国共产党领导中国人民开始了大规模的社会主义建设，使得中国从一穷二白到初步繁荣，为中华民族的伟大复兴提供了物质基础。尽管在社会主义建设中出现过失误，但这并没有改变中华民族伟大复兴的决心。只有经历过艰苦奋斗的民族才会深知中华民族复兴的来之不易，才会倍加珍惜。中国梦的重要战略思想就是对中华人民共和国成立后中国共产党引领中华民族走上人间正道的执着追求的科学表述。其二，中国梦重要战略思想是对改革开放后 30 多年实践经验的自觉概括。党的十一届三中全会后，中国共产党领导中国人民开始了改革开放的伟大实践活动，加快了全面建设小康社会的步伐，推进了社会主义现代化建设，开辟了中国特色社会主义道路，形成了中国特色社会主义理论体系，确立了中国特色社会主义制度，使我们接近了中华民族的伟大复兴的彼岸。只要中国人民不松懈，继续奋斗，中华民族复兴就会到达彼岸。只有胸怀理想的民族，才能把民族复兴的中国梦变成现实。中国梦重要战略思想就是激励中华民族一鼓作气，克服前进道路上的各种困难，最终实现中华民族伟大复兴的强劲动力。以上两点就是中国梦的重要战略思想提出的现实背景。

中国梦的重要战略思想的内容是丰富的。在基本内涵方面，习近平总书记认为，中国梦是国家富强，民族振兴，人民幸福。在奋斗目标方面，习近平总书记认为，到中国共产党成立100周年时全面建成小康社会的目标一定能实现，到新中国成立100周年时建成富强民主文明和谐的社会主义现代化国家的目标一定能实现，中华民族伟大复兴的中国梦一定能实现。在战略意义方面，习近平总书记认为，中国梦既深深体现了中国人的理想，也深深反映了先人们不懈奋斗、追求进步的光荣传统；我们要实现的中国梦，不仅能造福中国人民，而且也能造福各国人民。在实现途径上，习近平总书记认为，实现中国梦必须走中国道路，就是中国特色社会主义道路；实现中国梦必须弘扬中国精神，就是以爱国主义为核心的民族精神和以改革创新为核心的时代精神；实现中国梦必须凝聚中国力量，就是中国各族人民共同团结的力量。在实现条件上，习近平总书记认为，改革开放是决定"两个一百年"的奋斗目标、实现中华民族伟大复兴的关键一招，全面深化改革的总目标是完善和发展中国特色社会主义制度、推进治理体系和治理能力的现代化；实现中国梦归根到底是人民梦，必须紧紧依靠人民来实现；实现"两个一百年"奋斗目标的中国梦，必须把我们党建设好。在基本要求方面，习近平总书记认为，实现中华民族伟大复兴的中国梦是一项光荣而坚定的事业，需要一代又一代的中国人的共同努力；实现中华民族伟大复兴的中国梦，全国各族人民一定要增强对中国特色社会主义的理论自信、道路自信和制度自信；实现中华民族伟大复兴的中国梦，我们将坚持把发展作为第一要务，坚持以人为本，坚持改革开放，全面推进经济建设、政治建设、文化建设、社会建设、生态文明建设，促进现代化建设的各个方面、各个环节相协调；全国各族人民一定要牢记使命，把13亿人的智慧和力量汇集成不可战胜的磅礴力量。中国梦重要战略思想的最大特点就是既没有离开中国特色社会主义而又区别于中国特色社会主义。二者的共同点是：它们都以中国特色社会主义道路为实现途径，以中国特色社会主义理论体系为行动指南，以中国特色社会主义制度为根本保障，强调共同点是为了防止离开中国特色社会主义来谈论中国梦。二者的区别是：中国梦的重要的战略思想和中国特色社会主义的表现形式不同，中国梦的重要战略思想是以生动形象的语言来表述的，非意识形态色彩鲜明，富有亲和力和感染力；中国特色社会主义是用政治语言来表述的，意识形态色彩鲜明。二者回答的基本问题不同，中国梦的重要战略思想回答的是"树立什么的理想、怎样实现理想"这个基本问题，中国特色社会主义回答的是"什么是社会主义、怎样建设社会主义"这个基本问题。二者实现的过程不同，中国梦的重要战略思想要实现的是"两个一百年"的奋斗目标，这两个目标是社会主义初级阶段的奋斗目标，是走出社会主义初级阶段的历史过程。这样讲并不意味着中国梦重要战略思想不包括共产主义崇高理想的奋斗目标，理想主义必须以现实主义为基础，离开现实主义的理想主义就是空谈，空谈误国，实干兴邦。中国特色社会主义包括初级阶段、中级阶段、高级阶段，它是走出马克思主义设想的共产主义社会第一阶段的过程。强调区别是为了防止把中国梦的重要战略思想与中国特色社会主义混为一谈。

习近平新时代中国特色社会主义思想初步形成了比较系统的思想体系，是中国特色社会主义理论体系的重要组成部分，是中国特色社会主义事业可持续发展的重大指导思想。第一，它以新观点、新论断丰富了中国特色社会主义理论体系，使中国特色社会主义理论体系更具有指导性。在中国特色社会主义的问题上，习近平总书记认为，中国特色社会主义是社会主义而不是其他什么主义；不能用改革开放后的历史时期否定改革开放前的历史时期，也不能用改革开放前的历史时期否定改革开放后的历史时期；而是要继续把中国特色社会主义这篇大文章写下去。在深化改革开放的问题上，习近平总书记认为，只有社会主义才能救中国,只有改革开放才能发展中国;我国的改革已经进入了攻坚期和深水区,必须坚定信念,凝聚共识,统筹谋划,协同推进;以更大的政治勇气和智慧,不失时机地深化重要领域的改革,聚合各项相关改革协调推进的正能量,抓住重点,围绕解决好人民群众反映强烈的问题,回应人民群众的呼声和期待,突出重要领域和关键环节,突出经济体制改革的牵引作用;要把握好改革开放的方向,既不走封闭僵化的老路,也不走改旗易帜的邪路。在推动科学发展的问题上,习近平总书记认为,制约发展的体制、机制障碍大多都集中在经济领域,经济体制改革的任务远远没有完成,经济体制改革的潜力还没有充分释放出来,要坚持以经济建设为中心,就必须坚持以经济体制改革为重点不动摇;按照稳中求进的总基调,扎实推进我国经济的可持续健康发展。在民主法治的问题上,习近平总书记认为,要使广大干部群众树立法律权威,使人们充分相信法律、自觉运用法律,形成全社会对法律的信仰,弘扬法治精神,提高法治文化,在全社会形成学法、尊法、守法的良好氛围;坚持依法治国、依法执政、依法行政协同推进,坚持法治国家、法治政府、法治社会一体建设,不断开拓依法治国的新局面。在宣传思想工作的问题上,习近平总书记认为,宣传思想工作事关党的前途命运、国家的长治久安和民族的凝聚力和向心力,在集中精力进行经济建设的同时,一刻也不能放松和削弱宣传思想工作;要胸怀大局,把握大势,着眼大事,找准工作的切入点和着力点,以做到因势而谋,应势而动,顺势而为。在国际关系和外交战略的问题上,习近平总书记认为,我们要坚持走和平发展的道路,但决不能放弃我们的正当利益,决不能牺牲国家的核心利益;加强外交工作的顶层设计、策略运筹和底线思维,坚决维护国家的核心利益,加强外事工作的统筹协调,以保证对外工作集中统一领导。在党的建设的问题上,习近平总书记认为,共产党人要坚定理想信念,补好精神上的"钙";党章是我们党的总章程、总规矩,严明政治纪律就要从遵守和维护党章入手;每个党员,特别是党的领导干部都要牢固树立党章意识,自觉运用党章规范自己的言行;坚定不移地惩治腐败,是我们党有力量的表现。以上这些新思维、新观点、新论断既是中国梦的战略思想的内容,也是中国特色社会主义理论体系的最新成果。中国特色社会主义理论体系的最新成果不仅是习近平总书记个人的思想和智慧，也是新一届中央领导集体的执政理念、治国方略和工作思路的集中体现。贯彻和落实最新成果的过程就是运用最新成果指导中国特色社会主义事业可持续发展的过程，就是把中国特色社会主义事业不断地推向前进的过程。第二，中国梦的重要战略思想提出了许多新的思想方法，开辟了中国特色社会主义事业的新视野。下面列举几条习近平总书记提出的新的思想方法。第一个是顶层设计和摸着石头过河相结合的思想方法。习近平总书记认为，顶层设计是为了具体领域的改革开放明确方向和指明路径的，而摸着石头过河是积累经验和探索办法的，能加快顶层设计目标的实现。这种思想方法能有效避免在社会主义现代化建设中出现全局性错误或颠覆性错误，有效避免大范围不良性后果的发生。这一思想方法也开辟了中国特色社会主义事业可持续发展的新视野。第二个是国家治理体系现代化和治理能力现代化相结合的思想方法。习近平总书记认为，国家治理体系是在党的领导下管理国家的制度体系，包括经济、政治、文化、社会、生态文明和党的建设等各领域的体制、机制、法律、法规的安排，也就是一整套紧密相连、相互协调的国家制度；国家治理能力是指运用国家制度管理社会各方面任务的能力，包括改革、发展、稳定、内政、外交、国防、治党、治国、治军的各个方面的能力。习近平总书记认为，国家治理体系和治理能力是一个有机整体，相辅相成，有了好的国家治理体系才能提高治理能力，提高国家治理能力才能充分发挥国家治理体系的效能。这种思想方法为我们做好全面深化改革以及当前的各项工作提供了方法指导，也为中国特色社会主义事业可持续发展提供了方法论的指导。第三个是整体推进和突出重点相结合的思想方法。习近平总书记在党的十八届三中全会上提出进一步解放思想、进一步解放和发展社会生产力、进一步解放和增强社会活力，"三个进一步解放"同时推进，以解放思想为重点。习近平认为，解放思想是前提，是解放和发展社会生产力、解放和增强社会活力的总开关；解放和发展社会生产力、解放和增强社会活力是解放思想的必然结果。习近平在党的十八届三中全会上还提出，三中全会用"六个紧紧围绕"描绘了全面深化改革的路线图，突出强调以经济体制改革为重点。习近平总书记认为，经济体制改革的任务还远远没有完成，经济体制改革的潜力还没有充分释放出来，经济体制改革对其他方面的改革是有重要的影响和引导作用的，重大经济体制改革的进度决定着很多其他方面体制改革的进度，具有牵一发而动全身的作用。整体推进和突出重点相结合的思想方法体现了事物发展的辩证法。整体推进是从全局视角看问题、从整体思路上把握问题、从长远思考问题的方法；突出重点是找准"牵一发而动全身"的重点领域，抓住"落一子而盘活全局"的关键环节。这种方法能收到以点带面、纲举目张的效果。它不仅提高了改革开放的科学性，也提高了中国特色社会主义事业可持续发展的自觉性。第四个是市场和政府相结合的思想方法。习近平总书记在党的十八届三中全会上提出了使市场在资源配置中起决定性作用和更好地发挥政府的作用。习近平总书记认为，市场的决定性作用和更好地发挥政府作用是一个有机的整体，既要用市场调节的功能去抑制"国家调节失灵"，也要用国家调节的正功能来纠正"市场调节失灵"，从而形成高效市场和高效政府。市场和政府相结合的思想方法，有利于全党和全社会树立关于政府和市场关系的正确观念，有利于转变经济发展方式，有利于转变政府职能，有利于抑制、消极腐败的发生，有利于中国特色社会主义事业可持续发展。

习近平新时代中国特色社会主义思想提出了许多新思想、新观念、新论断，也提出了许多新的思想方法，这是我们对习近平新时代中国特色社会主义思想自信的两点理由。对习近平新时代中国特色社会主义思想自信是中国特色社会主义事业可持续发展的第四个理论支撑力。

五　结语

从以上分析可以看出，有了理论自信，中国特色社会主义事业可持续发展就有了理论源泉，就能坚定对中国特色社会主义事业可持续发展的理想信念，就能使中国特色社会主义事业可持续发展更加自觉。理论自信是中国特色社会主义事业可持续发展的理论支撑力，坚持中国特色社会主义事业可持续发展必须坚持理论自信。

第三章

制度自信是中国特色社会主义事业可持续发展的保障力

中国特色社会主义事业可持续发展的另一个关键就是中国特色社会主义制度的可持续发展。中国特色社会主义制度就是中国特色社会主义的社会关系的存在方式和社会规范体系。中国特色社会主义制度可持续发展的基础是制度自信。制度自信就是对中国特色社会主义制度的认同和肯定,就是对中国特色社会主义制度根本保障的坚定信念。只有制度自信才能发挥中国特色社会主义制度对中国特色社会主义事业可持续发展的根本保障作用。

一 毛泽东确立的社会主义制度不容易使人们树立彻底的制度自信

毛泽东确立的社会主义制度是个好制度,但又是个不完善的社会制度。邓小平指出:"我们建立的社会主义制度是个好制度,必须坚持。"[1] 他又指出:"我们的党和人民浴血奋斗多年,建立了社会主义制度","这个制度还不完善。"[2] 邓小平在这里用两点论看待传统社会主义制度,体现了他的唯物辩证的思想方法。

毛泽东确立的社会主义经济制度是个好制度,但还很不完善。社会主义改造完成后,我国建立起单一公有制的经济制度。从本质上

---

[1] 《邓小平文选》第三卷,人民出版社1993年版,第116页。
[2] 《邓小平文选》第二卷,人民出版社1994年版,第337页。

说，社会主义公有制度比资本主义私有制度更有优越性。其一，社会主义公有制经济消灭了剥削制度，使工人阶级和其他劳动人民成为国家和生产的主体。在资本主义社会，资本家占有生产资料，他们凭借手中的生产资料剥削工人阶级和其他劳动人民。工人阶级和其他劳动人民因为不占有生产资料而成为被剥削者。工人阶级和其他劳动人民要活下去就要到资本家的工厂去做工，他们劳动得越多，创造的剩余价值就越多，剥削他们的异己力量也就越大。资本主义私有制成了剥削工人阶级和其他劳动人民的工具。从这个意义上说，资本主义经济制度是剥削工人阶级和其他劳动人民的制度。与此相反，社会主义公有制经济消灭了资本主义私有制，铲除了剥削工人阶级和其他劳动人民的基础。工人阶级和其他劳动人民不再是被剥削的对象，而是国家和生产资料的主人，工人阶级和其他劳动人民为自己、为国家、为社会而劳动，劳动成了社会主义光荣的事业，他们的积极性、主动性和创造性为社会主义事业带来了巨大的成就，促进了社会主义事业的发展，这是社会主义公有制代替资本主义私有制的结果。其二，社会主义公有制经济改变了资本主义的生产目的。资本主义私有制的生产目的是实现利润的最大化。什么生产能给资本家带来利润它就生产什么，什么生产能实现利润的最大化它就拼命生产什么。利润是资本家的命根子，资本家的生产就是围绕着利润而展开的。资本家根本不关心工人阶级和其他劳动人民的需要。而以公有制为基础的社会主义生产则不同，它是以满足工人阶级和其他劳动人民的物质文化需要为目的的。社会主义的生产依靠人民，社会主义的生产为了人民，社会主义的生产成果由人民共享。社会主义国家把人民的根本利益作为一切工作的出发点和落脚点。为了人民的根本利益而生产，这是社会主义公有制经济生产的一条根本原则。其三，社会主义公有制消灭了资本主义生产过程中的对抗性矛盾。在资本主义私有制生产中存在着对抗性矛盾：无产阶级和资产阶级的矛盾、个别企业生产有序性和整个社会生产无政府状态的矛盾、生产无限扩大的趋势和消费能力有限性的矛盾。这些矛盾是对抗性矛盾，这些对抗性矛盾尖锐化的结果就是爆发经济危机，最终对生产力的发展造成巨大的破坏。资本主义本身解决不了这些对抗性矛盾，社会主义公有制却能消灭这些对抗性矛盾。

社会主义公有制经济制度的确立，意味着无产阶级和资产阶级之间的矛盾已经解决了，国家通过国民经济和社会发展计划，对社会主义生产实行间接管理，进行宏观调控，它能有效地解决生产和消费的关系问题，使社会生产不再出现对抗性矛盾。社会主义公有制经济比资本主义私有制经济具有一定的优越性，这是毫无疑义的。讲到这里有人会问，既然社会主义公有制经济有一定的优越性，那么为什么社会主义公有制经济的优越性却没有发挥出来呢？的确如此，从1956年到1978年，社会主义公有制经济的优越性确实没有发挥出来，这不是公有制经济本身的问题，而是因为我们对公有制经济所采取的方针政策有问题。从理论上讲，公有制经济的优越性是成立的。外国有"理想"和"乌托邦"之说，中国自古以来就有"小康"和"大同"之说。"小康"比"大同"的水平低一些，所以"大同"一直是中国人追求的目标。"大同"的内涵很丰富，其中"天下为公"是重要的内容，这里就含有公有制思想。如果公有制经济没有一定的优越性，它就不会成为古今中外一直追求的理想。如果公有制经济没有一定的优越性，马克思主义就不会把它当成社会主义社会的特征和社会主义社会的经济制度。所以社会主义的优越性没有发挥出来，不是公有制经济本身的问题，而是因为我们对它采取的方针政策不当。这也是我们在下边要谈的我国公有制经济还不完善的地方。1956年我国社会主义改造完成后，我国确立的公有制是"一大二公三纯"的公有制。"一大"就是公有制的规模大，"二公"就是公有制经济的公有化程度高，"三纯"就是不允许私有经济成分存在。"一大二公三纯"是社会主义高级阶段的经济形式和经济制度，把社会主义高级阶段的经济形式和经济制度当作社会主义初级阶段的经济形式和经济制度，这就违背了马克思主义的一条基本原理：生产关系一定要适合生产力的发展水平、公有化程度要与生产社会化程度相协调。虽然毛泽东讲过："我们的根本任务已经由解放生产力变为在新的生产关系下面保护和发展生产力。"[①] 可"一大二公三纯"的公有制经济并没有做到保护生产力的发展。我国社会主义改造完成后，"一大二公三纯"的

---

① 《毛泽东选集》第五卷，人民出版社1977年版，第377页。

社会主义经济制度就确立下来。我们说社会主义公有制有优越性,并不是说公有制越大、越公、越纯就越好。我们说我国原有的公有制经济形式和经济制度阻碍了生产力的发展,但这并不是公有制经济本身造成的,而是"一大二公三纯"的经济形式和经济制度造成的。我们一定要把公有制经济本身和我们对它实施的错误方针政策区别开来。另外,我国对公有制经济采取的经济体制也有问题。我国的公有制经济在很长一段时间内采取了计划经济体制,国家利用指令性的计划掌握和控制人财物资源,所有的经济活动都在指令性的计划规定的范围内进行。计划经济是通过计划机制的调节发挥作用的,计划经济就是计划调节下运行的经济。计划经济在社会主义公有制经济确立后的一段时间里发挥过积极的作用,它保障了我国的重点建设,使国民经济在有限的资源中很快得到恢复。但是随着我国经济建设的发展,它的弊端也逐渐地暴露出来:政企不分,条块分割,国家对企业统得过多过死;忽视了商品生产、价值规律、市场机制的作用;分配中平均主义严重;经济形式、经济手段简单划一。这些弊端使企业和职工失去了积极性、主动性和创造性,阻碍了生产力的发展,这也是公有制经济的优越性没有发挥出来的重要原因。所以邓小平说不要以为搞计划经济就是社会主义。

　　毛泽东确立的社会主义政治制度是个好制度,但也是个不完善的制度。毛泽东确立的社会主义政治制度包括人民代表大会制度、中国共产党领导的多党合作和政治协商制度、民族区域自治制度。

　　第一,人民代表大会制度是个好制度,又是个不完善的制度。各国没有普遍适用的唯一的政治制度,不同的国家可以采取不同的政治制度。资本主义社会实行两院制。有的资本主义国家把两院分成参议院和众议院,有的资本主义国家把两院分成上议院和下议院。两院制适用于资本主义国家,它有利于调整资产阶级内部的各党派、各利益团体之间的利益冲突,有利于维护资本主义制度,有利于保持资本主义社会的稳定。但两院制也有严重的弊端:参议院和众议院或上议院和下议院之间是分权制衡的关系,经常发生矛盾和冲突,争论不休,拖延法案通过;绝对分权,容易造成权力对立,影响权力的正常运行,权力之间牵扯过多,互相扯皮和推脱责任,造成工作效率低下。

我国并没有实行这弊端过多的两院制，而是实行人民代表大会制度一院制。一个国家实行什么样的政治制度，只能由这个国家的国情来决定。我国实行人民代表大会制度一院制，是近代以来中国社会历史发展的必然选择。以毛泽东为核心的第一代中央领导集体，把马克思主义国家学说同我国国情结合起来，科学地分析我国社会的性质，认为新民主主义革命胜利后建立的政权，只能是工人阶级领导的以工农联盟为基础的人民民主专政政权，与这一政权相适应的政权组织形式只能是人民代表大会制度的一院制。1954年8月，我国第一届全国人民代表大会召开，标志着我国人民代表大会制度的正式建立，它既不同于俄国十月革命胜利后建立的苏维埃制度，也不同于资本主义国家的两院制，它有很突出的特点和优势：一、在人民代表大会制度中立法权、司法权和行政权是分设的，没有不加区分地把这"三权"混在一起，但这"三权"又不是互相扯皮的，它能防止权力滥用，又能形成合力，保证权力的正常运行。二、人民代表大会制度有广泛的代表性和人民性，它既反映了广大人民的意愿，又有利于形成全体人民的意志，保证了人民能当家作主。三、人民代表大会体现了国家领导人和代表之间的平等关系，国家领导人与代表平起平坐，共同讨论国事，领导人能直接听到代表的声音，最终形成代表人民利益的决议。四、政府向人民代表大会报告工作，对人民代表大会负责，体现了议政合一的原则，既有利于集中统一和协调发展，又能调动人民群众的积极性。人民代表大会制度一院制的特点和优势表明，人民代表大会制度是人民掌握国家权力的根本途径和最高实现形式，是个好制度。但这个制度又是一个不完善的政治制度。首先，宪法规定人民代表大会是国家权力机关，但在现实生活中，人民代表大会没有达到宪法赋予的国家权力机关的地位。其次，政府由人大产生，对人大负责，但在现实生活中实行的是党委领导下的政府首长负责制，政府对人大负责和政府对党委负责虽然是一致的，但还是有区别的，这种区别还需要厘清。再次，人大具有监督权，但在现实生活中，这种监督权并不十分明显。最后，在人大讨论政府工作报告时，基本上是肯定性的一边倒，提出不同意见的人很少，这是好事，容易形成建设发展的政策和措施，但也有缺点，听不到不同的意见就看不到政府的决策和措施中不完善的地方。

第二，中国共产党领导的多党合作和政治协商制度是个好制度，但又是个不完善的制度。中国共产党领导的多党合作和政治协商制度是在新民主主义革命中形成的。毛泽东指出："共产党的这个同党外人士实行民主合作的原则，是固定不移的，是永远不变的。"[①] 1946年1月，中国共产党同中国国民党、中国青年党、中国民主同盟、无党派贤达共38人在重庆召开了旧政治协商会议，就改组政府、整编军队等问题达成五项协议，开启了中国政治协商的先河。1949年9月21日召开了新政治协商会议，标志着我国多党合作和政治协商制度的形成。1954年，我国第一届全国人民代表大会召开，中国人民政治协商会议作为我们国家的政治机构保留下来。毛泽东指出："有了人大，并不妨碍我们成立政协进行政治协商。各党派、各民族、各团体的领导人物一起来协商新中国的大事非常重要"，"人大的代表性当然很大，但它不能包括所有的方面，所以政协仍有存在的必要。"[②] 中国共产党领导的多党合作和政治协商制度是我国独具特色的政治制度模式，也是我国独具特色的政党制度。它与西方国家的两党制或多党制是不同的。西方国家的两党制或多党制是"竞争和对立"的关系，它通过选举的方式单独执政或联合执政，目的在于掌控国家政权，满足各政党所代表的阶级的利益。在中国共产党领导的多党合作和政治协商制度中，民主党派不是在野党，不是反对党，而是中国共产党领导下的参政党，是同中国共产党通力合作的亲密友党。我国多党合作的方式有：各民主党派和无党派人士参加人大、政协参政议政，吸收各民主党派和无党派人士中的优秀分子到国家机关担任领导工作。政治协商是指中国共产党有关国家事务和地方事务的重大问题同各民主党派和无党派人士进行充分讨论，集中各方面的意见，采取协商一致的原则解决问题。中国共产党领导的多党合作和政治协商制度与其他一些社会主

[①] 《毛泽东选集》第三卷，人民出版社1991年版，第809页。
[②] 《建国以来毛泽东文稿》1953年1月—1954年12月，中央文摘出版社1990年版，第632—634页。

义国家的一党制也不同。有的社会主义国家不允许其他民主党派存在，而我国允许民主党派存在。中国共产党领导的多党合作与政治协商制度有很多的优越性：它有利于我们党科学执政、民主执政和依法执政，提高执政水平；有利于维护国家政局的稳定，使党和国家的事业顺利发展；有利于调动民主党派的积极性，广开言路，广纳群贤，集中民主党派的智慧，拓宽决策视野，保证党和国家决策的正确性和进一步完善，避免和减少决策的失误；有利于共产党同民主党派协商议事，共同代表中华民族的利益，促进中华民族的伟大复兴。这些优越性证明，中国共产党领导的多党合作和政治协商制度是个好制度。但这个制度也是个不完善的制度。首先，毛泽东时代的政治协商随意性很大，政治协商形式上的存在大于实际意义上的存在。说民主党派组织上独立、政治上平等，实则不然，"文化大革命"让民主党派停止活动，协商会议长期不召开，民主党派参政监督、民主协商的权利被取消。其次，毛泽东时代的政协委员的参政消极性大于积极性。1957年以后，我们党的指导思想出现了"左"的倾向，让民主党派帮助共产党整风，却又把提意见的成员打成了右派，在"文化大革命"中，民主党派及其成员又成了专政的对象，政治协商本来是一件有积极意义的事，却成了民主党派消极应付的事。再次，毛泽东时代的政治协商存在着质量不高的问题。在政治协商中歌功颂德的多，提建设性意见的少，提反对性意见的更少。最后，在毛泽东时代，担任国家机关和地方政府重要职务的民主党派人士无权无责，形同虚设。

第三，民族区域自治制度是个好制度，但也是一个不完善的制度。自古以来我国就是一个多民族国家，各民族的发展在地区上相互交织，形成了以汉族为主体的大杂居、小聚居的局面，形成了中华民族大家庭。在历史的长河中，汉族和少数民族共同创造了中华民族的历史。近代以来，我国各民族在长期的反帝反封建的伟大斗争中密切合作，在经济政治文化上形成了一个命运共同体。中国共产党根据我国的社会和历史情况，采取了民族区域自治制度，这是马克思主义民族理论和国家结构形式理论在中国的创造性应用和发展。邓小平说："解决民族问题，中国采取的不是民族共和国联邦制度，而是民族区域自治的制度。我们认为这个制度比较好，适合中国的情况。"① 民族区域自治制度之所以是个好制度，这是由它的优越性决定的：它有利于少数民族当家作主，有利于把国家集中统一和民族自主平等结合起来，有利于维护民族团结和国家稳定，有利于把党的路线方针政策和少数民族的具体情况结合起来，有利于巩固平等团结互助和谐的新型的民族关系，有利于把国家富强和民族繁荣结合起来，有利于各民族为实现社会主义现代化和中华民族的伟大复兴作出贡献。以上这些有利于就是我国民族区域自治制度的优越性的具体表现。民族区域自治制度的优越性表明，民族区域自治制度是个好制度。但这个制度也是一个不完善的制度：大力培养和大胆使用少数民族干部不够，特别是培养有专业知识和管理才能的干部不够；民族自治地方的经济文化教育科技发展落后，人民的生活水平比较低；社会主义民族观的教育不够，在少数民族分裂势力存在的情况下，这种教育显得特别重要。

总之，1956年我国确立的社会主义制度是个好制度，我们必须坚持，这是人们树立制度自信的基础。但这个制度又不完善，容易使人们对制度自信打折扣。我们把打折扣的制度自信叫不彻底的制度自信。

二 中国特色社会主义制度容易使人们树立彻底的制度自信

中国特色社会主义制度是不断自我完善和自我发展的制度。

首先，中国特色社会主义基本经济制度和具体经济制度是不断自我完善和发展的制度。中国特色社会主义基本经济制度经历了"绝对对立—有益补充—共同发展"的过程。改革开放前，我们认为公有制经济和非公有制经济是绝对对立的，公有制越大越公越纯，才是社会主义经济。党的十一届三中全会后，非公有制经济被提升到有益补充的地位。1982年党的十二大报告认为，私营经济是"公有制经济的

---

① 《邓小平文选》第三卷，人民出版社1993年版，第257页。

必要的、有益的补充"①"利用外资,吸引外商来我国举办合资经营企业、合作经营企业和外商独资企业,也是对我国社会主义经济必要的有益的补充"②。1982年宪法确定了个体经济的合法地位。党的十三大指出:以往形式过分单一的所有制结构和僵化的经济体制严重地束缚了生产力和商品经济的发展,在公有制为主体的前提下,继续发展包括私有经济在内的多种所有制经济,是初级阶段发展生产力和商品经济的要求。这就奠定了非公有制经济存在和发展的理论基础。党的十四大指出:"全民所有制和集体所有制为主体,个体经济、私营经济、外资经济为补充,多种经济成分长期共同发展。"③党的十四届五中全会指出:"坚持公有制的主体地位,是社会主义的一项根本原则","允许和鼓励个体、私营、外资等非公有制经济发展","使它们成为社会主义经济的必要补充。"④党的十五大后,公有制经济和非公有制经济被提升到基本经济制度的地位。党的十五大指出:"公有制为主体、多种所有制经济共同发展,是我国社会主义初级阶段的一项基本经济制度。"⑤2002年党的十六大指出:"根据解放和发展生产力的要求,坚持和完善公有制为主体、多种所有制经济共同发展的基本经济制度","第一,毫不动摇地巩固和发展公有制经济","第二,必须毫不动摇地鼓励、支持和引导非公有制经济发展","第三,坚持公有制为主体,促进非公有制经济发展,统一于社会主义现代化建设的进程中,不能把这两者对立起来"⑥。2007年党的十七大指出:"坚持和完善公有制为主体、多种所有制经济共同发展的基本经济制度,毫不动摇地巩固和发展公有制经济,毫不动摇地鼓励、支持、引导非公有制经济发展。"⑦2012年党的十八大指出,要"完善公有制为主体、多种所有制经济共同发展的基本经济制度"⑧。由此

---

① 《十二大以来重要文献编》(中),人民出版社1986年版,第581页。
② 同上。
③ 《江泽民文选》第一卷,人民出版社2006年版,第227页。
④ 同上书,第468—469页。
⑤ 《江泽民文选》第二卷,人民出版社2006年版,第19页。
⑥ 《江泽民文选》第三卷,人民出版社2006年版,第547—548页。
⑦ 《胡锦涛文选》第二卷,人民出版社2016年版,第632页。
⑧ 《胡锦涛文选》第三卷,人民出版社2016年版,第627页。

可见，党的十五大以后，社会主义初级阶段的基本经济制度就不断完善和发展起来。中国特色社会主义具体经济制度也是不断自我完善和发展的。中国特色社会主义具体经济制度（经济体制）是中国特色社会主义基本经济制度派生出来的，是中国特色社会主义基本经济制度的表现形式。它经历了"计划经济为主、市场调节为辅—计划经济和市场经济相结合—社会主义市场经济体制"的发展过程。从1978年到1984年，我们党认为社会主义经济是"计划经济为主、市场调节为辅"的经济，是有计划的商品经济。1979年邓小平说过："说市场经济只存在于资本主义社会，只有资本主义的市场经济，这肯定是不正确的。社会主义为什么不可以搞市场经济，这个不能说是资本主义。我们是计划经济为主，也结合市场经济，但这是社会主义的市场经济。"① 1982年党的十二大提出了"计划经济为主，市场调节为辅"的改革取向。1984年10月党的十二届三中全会通过了《中共中央关于经济体制改革的决定》，《决定》提出："改革计划经济体制，首先要突破计划经济同商品经济对立起来的传统观念，明确认识社会主义计划经济必须自觉依据和运用价值规律，是在公有制基础上的有计划的商品经济。"② 这就突破了完全排斥市场调节的观点，承认了商品经济在社会主义经济中的地位。1985—1991年，我们党的认识有了进一步的提高，认识到社会主义经济是"计划经济和市场经济的结合"。1985年10月邓小平指出："社会主义和市场经济之间不存在根本矛盾。问题是用什么方法才能更有力地发展社会生产力。我们过去一直搞计划经济，但多年的实践证明，在某种意义上说，只搞计划经济会束缚生产力的发展。把计划经济和市场经济结合起来，就更能解放生产力，加速经济发展。"③ 1987年2月邓小平指出："计划和市场都是方法嘛。只要对发展生产力有好处，就可以利用。它为社会主义服务，就是社会主义的；为资本主义服务，就是资本主义的。"④ 1987年党的十三大明确提出："社

---

① 《邓小平文选》第二卷，人民出版社1994年版，第236页。
② 《十二大以来重要文献选编》（中），人民出版社1986年版，第568页。
③ 《邓小平文选》第三卷，人民出版社1993年版，第148—149页。
④ 同上书，第203页。

会主义有计划商品经济的体制，应该是计划和市场内在统一的体制。"①1989年党的十三届五中全会通过了《中共中央关于进一步治理、整顿和深化改革的决定》，《决定》指出："改革的核心问题，在于逐步建立计划经济和市场调节相结合的经济运行机制。"②这就突破了计划和市场对立的错误观念。1992年至现在，中国共产党对中国特色社会主义经济体制的认识已经成熟和定型，认为中国特色社会主义经济体制是社会主义市场经济体制。1992年初邓小平在"南方谈话"中指出："计划多一点还是市场多一点，不是社会主义和资本主义的本质区别。计划经济不等于社会主义，资本主义也有计划；市场经济不等于资本主义，社会主义也有市场。计划和市场都是经济手段。"③1992年党的十四大提出："我国经济体制改革的目标是建立社会主义市场经济体制。"④1993年党的十四届三中全会通过了《中共中央关于建立社会主义市场经济体制的若干问题的决定》，《决定》确立了社会主义市场经济体制的框架。2003年党的十六届三中全会通过了《中共中央关于完善社会主义市场经济体制若干问题的决定》，全面部署了完善社会主义市场经济体制的各项任务。2013年11月，党的十八届三中全会通过了《中共中央关于全面深化改革若干重大问题的决定》，《决定》提出了"必须积极妥善从广度上和深度上推进市场化改革，使市场在资源配置中起了决定性作用和更好发挥政府的作用，以健全社会主义市场经济体制"。社会主义市场经济体制在人类历史上首次成功地把社会主义和市场经济结合起来，解决了中国特色社会主义基本经济制度的表现形式问题。

其次，中国特色社会主义政治制度也是不断地自我完善和自我发展的。

其一，人民代表大会制度是不断地自我完善和自我发展的。1954

---

① 《十三大以来重要文献选编》（上），人民出版社1991年版，第23页。
② 《十一届三中全会以来历次全国代表大会中央全会重要文献选编》（下），中央文献出版社1997年版，第32页。
③ 《邓小平文选》第三卷，人民出版社1993年版，第373页。
④ 《江泽民文选》第一卷，人民出版社2006年版，第226页。

年我国第一届全国人民代表大会召开，通过了中华人民共和国第一部宪法，标志着人民代表大会制度在我国正式确立。1957年反右扩大化后，我们党的"左"倾思想抬头，国家一些重大事情很少提交全国人大及常委会审议，宪法规定的一些原则，如公民在法律面前一律平等、法院独立行使审判权、检察院独立行使检察权等都被当作资产阶级法权来批判。我国在第三届人大后的十年都没有召开过全国人民代表大会，最高指示代替了全国人大的职能，这证明我国人民代表大会制度的不完善性。1982年第五届全国人民代表大会第五次会议通过了修改后的宪法，这部修改后的宪法总结了1954年以来的经验教训，加强和完善了人民代表大会制度：一是扩大了人大常委会的职权，把原来全国人大的一部分权力交给了人大常委会行使；二是加强了全国人大及常委会的组织，增设了法律委员会、财政经济委员会、教科文卫委员会、外事委员会，保证了全国人大及常委会的经常性工作；三是恢复了国家主席和副主席职位，设立了国家中央军事委员会，规定国家领导人任职不得超过两届，国务院实行总理负责制，取消领导职务终身制；四是规定了中央和地方的国家机构职权的划分，遵循在中央的统一领导下，充分发挥地方的积极性、主动性的原则；五是赋予了省级人大常委会制定地方性法规的权利；六是在县级以上各级人大设立常委会；七是改革和完善选举法。1986年全国人大常委会通过了关于选举法和地方组织法的决议，把原来的等额选举改为差额选举，把人民代表直接选举扩大到县一级。1992年颁布了人民代表法，对人民代表和选民的关系作了规定。2002年党的十六大提出要坚持和完善人民代表大会制度，保证人大及其常委会履行职能。2004年胡锦涛在全国人民代表大会成立50周年大会的讲话中指出：当前坚持和完善人民代表大会制度，主要是完善人大的立法制度、决策制度、监督制度和选举制度，使这些制度按照宪法和法律的规定有效运转。2008年中央转发了《中共全国人大常委会党组关于进一步发挥全国人大代表作用，加强全国人大常委会制度建设的若干意见》，《意见》强调当前坚持和完善人民代表大会制度的重点有两个方面：一是进一步发挥全国人大代表的作用，二是加强全国人大常委会制度建设。2014年1月，全国人民代表大会制度研究会正式成立，其任务是研究人大制度的理论和实践问题，这使人民代表大会制度能够更好地体现时代性、把握规律性和富于创造性。可见，人民代表大会制度是不断自我发展和自我完善的制度。

其二，中国共产党领导的多党合作与政治协商制度也是不断自我完善和自我发展的。1949年9月21日，中国人民政治协商会议第一届全体会议召开，会议通过了《中国人民政治协商会议共同纲领》和《中国人民政治协商会议组织法》，为多党合作与政治协商制度奠定了政治基础和组织基础。1956年毛泽东在《关于正确处理人民内部矛盾的问题》中，明确提出与民主党派"长期共存、互相监督"①的方针，从根本上解决了中国共产党与民主党派的关系问题。在1957年反右扩大化和"文化大革命"中，共产党领导的多党合作与政治协商制度遭到破坏，民主党派及其成员遭到了迫害。改革开放后，这项政治制度得到了恢复和发展。民主党派有了新的定位，他们已是社会主义劳动者和拥护社会主义的爱国者的政治联盟，是参政党。这种政治制度也有了新的定位，它是我国政治制度的重要组成部分。我们党对民主党派的方针也有发展：长期共存、互相监督、肝胆相照、荣辱与共。民主党派的内容也有新的变化：把对民主党派成员的思想改造变成了为人民服务。1989年12月31日，中共中央发表了《关于坚持和完善中国共产党领导的多党合作和政治协商制度的意见》，《意见》明确回答了中国共产党领导的多党合作和政治协商制度要不要坚持下去、能不能坚持下去、如何坚持下去的问题。1993年全国人大八届一次会议通过了立法修正案，明确将中国共产党领导的多党合作和政治协商制度长期共存和发展写入宪法。2005年2月，中共中央颁布《关于进一步加强中国共产党领导的多党合作和政治协商制度建设的意见》，《意见》既保留了方针政策的连续性和稳定性，又提出了一些新的政策。2009年9月胡锦涛在中国人民政治协商会议成立60周年大会的讲话中指出："人民通过选举、投票行使权利和人民内部各方面在重大决策之前进行充分协商，尽可能就共同性问题取得一致意见，是我国社会主义

---

① 《毛泽东选集》第五卷，人民出版社1977年版，第388页。

民主的两种重要形式。"2012年党的十八报告指出："坚持和完善中国共产党领导的多党合作和政治协商制度，充分发挥人民政协作为协商民主重要渠道作用，围绕团结和民主两大主题，推进政治协商、民主监督、参政议政制度建设"，"把政治协商纳入决策程序，坚持协商于决策之前和决策之中，增强民主协商的实效性。"① 可见，中国共产党领导的多党合作与政治协商制度是不断自我完善和自我发展的。

其三，民族区域自治制度也是不断自我完善和自我发展的。1952年2月政务院第125次会议通过《民族区域自治实施纲要》。1952年8月中央人民政府委员会批准实施《民族区域自治实施纲要》。1954年颁布的宪法肯定了民族区域自治制度。至此我国民族区域自治制度确立。在"文化大革命"中，民族区域自治制度遭到了破坏。1981年6月党的十一届六中全会通过了《关于建国以来若干历史问题的决议》，《决议》指出："必须坚持实行民族区域自治，加强民族区域自治制度建设，保证少数民族地区根据本地区的情况贯彻和执行党和国家政策的权益。"1984年颁布《中华人民共和国民族区域自治法》。2001年2月，对《民族区域自治法》作了适当修改，通过修改使民族区域自治制度变得更加完善，使民族区域自治制度成为国家的一项基本政治制度，这样就以法律形式确立了民族区域自治制度在我国政治制度中的地位。2003年3月，胡锦涛指出："要抓紧制定《民族区域自治法》的实施细则，把法律的一些原则规定具体化，确保这一法律得到全面贯彻落实。"② 2005年国务院制定《实施〈中华人民共和国民族区域自治法〉若干规定》，明确规定上级人民政府的职责和义务，并对违法责任和监督机制作出明确规定。2007年党的十七大进一步强调坚持和完善"民族区域自治制度"③，"坚持各民族一律平等，保证民族自治地方依法行使自治权"④。2012年党的十八大报告指出："全面正确贯彻落实党的民族政策，坚持和完善民族区域自治

---

① 《胡锦涛文选》第三卷，人民出版社2016年版，第634页。
② 《民族工作文献选编》，中央文献研究室编2010年版，第6页。
③ 《胡锦涛文选》第二卷，人民出版社2016年版，第635页。
④ 同上书，第636页。

制度,牢牢把握各民族团结奋斗、共同繁荣发展的主题,深入开展民族团结进步教育,加快民族地区发展,保障少数民族合法权益,巩固和发展平等团结互助和谐的社会主义民族关系,促进各民族和睦相处、和衷共济、和谐发展。"①

其四,基层群众自治制度也是不断自我完善和自我发展的。基层群众自治制度来自新中国成立初的城市居民委员会。1953年6月,彭真向中央提交《关于城市街道办事处居民委员会组织和经费问题的报告》,《报告》强调城市街道居民委员会是群众自治组织。1953年12月第一届全国人大常委会第四次会议制定并颁布了《城市居民委员会组织条例》,第一次用法律形式肯定了城市居民委员会的性质、地位和作用。1956年年底,城市居民委员会在全国普遍建立。在"文化大革命"中,城市居民委员会遭到了破坏。党的十一届三中全会以后,城市居民委员会普遍恢复起来。1980年1月,全国人大常委会重新公布了《城市居民委员会条例》。1989年12月,全国人大常委会第十一次会议通过了《城市居民委员会组织法》,这标志我国城市居民委员会建设进入了一个新阶段。改革开放后,又出现了农村村民委员会。1982年全国人大常委会在起草宪法修正案时,把村民委员会和居民委员会一起写进了宪法。1987年11月全国人大常委会第23次会议通过了《村民委员会组织法(试行)》。1998年11月第九届全国人大常委会第5次会议通过了《村民委员会组织法》。2007年党的十七大把基层群众自治制度与人民代表大会制度、中国共产党领导的多党合作和政治协商制度、民族区域自治制度一起作为我国政治制度的范畴。2010年10月,第十一届全国人大常委会通过了修正的《村民委员会组织法》,全国村民委员会得到巩固和发展。可见,基层群众自治制度也是在不断地自我完善和自我发展的。

最后,中国特色社会主义制度的自我完善和自我发展不是自发实现的,而是在中国共产党的解放思想、总结历史经验、提高认识中实现的。解放思想就是从那些旧观念、旧做法和旧体制中解放出来,从

---

① 《胡锦涛文选》第三卷,人民出版社2016年版,第636页。

对马克思主义错误的教条式的理解中解放出来，从主观主义和形而上学的桎梏中解放出来。过去我们停留在对马克思主义教条式的理解上、停留在对社会主义初级阶段的超越上、停留在对社会主义扭曲的认识上，把本来不是社会主义的东西当成是社会主义的本质加以固守，所以社会主义制度出现了扭曲的现象。解放思想既是一种精神状态，也是一种思想方法，我们坚持这一精神状态和思想方法，把本来不是社会主义的东西去掉，把本来是社会主义的东西恢复起来，并加以补充和完善。中国特色社会主义制度的自我完善和自我发展就是解放思想的结果。我们党是善于总结历史经验的党。党的十八大报告在回顾过去五年工作的基础上，又对党的十六大以来的实践历程和重大成就进行了总结。这十年来，社会生产力、经济实力、科技实力迈上了一个大台阶，人民的生活水平、居民收入、社会保障水平也迈上了一个大台阶，综合国力、国际竞争力、国际影响力同样迈上了一个大台阶。这个大台阶彰显了中国特色社会主义制度的优越性和强大生命力。党的十八大提出的中国特色社会主义制度是历史教训和实践经验的总结，中国特色社会主义制度的自我完善和自我发展也是党的认识能力不断提高的认识成果。党的十一届三中全会后，我们党对我国社会主义所处的历史阶段进行了再认识。1981年党的十一届六中全会明确提出了"我们的社会主义制度还处在初级阶段"。1982年党的十二大提出了"我国的社会主义现在还处在初级阶段"。1987年党的十三大召开前夕，邓小平指出："我们党的十三大要阐述中国社会主义是处在一个什么阶段，就是处在初级阶段，是初级阶段的社会主义。"[①] 正确认识社会主义初级阶段是正确认识社会主义制度的首要问题。我们党从社会主义初级阶段出发来思考我国的社会主义制度问题。党的十八大把我国当前的社会主义制度称之为中国特色社会主义制度。中国特色社会主义制度的自我完善和自发展是我们党认识水平提高的结果。

总之，中国特色社会主义制度的自我完善和自我发展是制度自信的基础，它容易使人们树立彻底的制度自信。

[①] 《邓小平文选》第三卷，人民出版社1993年版，第252页。

三 不同的制度自信对中国特色社会主义事业可持续发展的保障作用是不一样的

制度自信来源于中国特色社会主义制度的经济价值。中国特色社会主义制度的经济价值就是它能解放和发展生产力。从科学社会主义理论讲，公有制经济是有优越性的经济。其一，公有制经济代表了社会生产力发展的要求，特别是先进生产力发展的要求，它遵循了生产力的发展规律；其二，公有制经济克服了资本主义私有制的弊端，消灭了资本主义制度存在的根基，挖掉了资产阶级存在的土壤；其三，社会主义公有制经济为人的全面发展创造了物质条件，为共产主义的实现创造了物质基础；其四，社会主义公有制经济调动了生产者和管理者的积极性，发挥了劳动者和管理者的才能，为生产力的发展提供了保障；其五，社会主义公有制经济创造了劳动效率和分配公平。社会主义公有制的优越性在理论上是成立的。党的十一届三中全会以后，中国特色社会主义基本经济制度和具体经济制度对生产力发展的保障作用印证了科学社会主义讲的公有制经济的优越性。我们在前边讲过，公有制为主体、多种所有制经济共同发展，是中国特色社会主义基本经济制度，社会主义市场经济体制是中国特色社会主义具体经济制度。公有制为主体对生产力的解放和发展的保障作用是不言而喻的。解放和发展生产力是需要条件的。我国原有的单一公有制经济已不适应我国当前生产力的发展，我们党在坚持公有制的基础上，把单一公有制经济变成了公有制为主体、多种所有制经济共同发展，把计划经济体制变成了社会主义市场经济体制。这种经济制度的变化为解放生产力破除了体制性的障碍。生产力的发展需要人、财、物。改革开放后，公有制经济产值不断提升，这为生产力发展提供了物的支持；改革开放后，公有制的主体地位不断提升，解放和发展生产力任务的实现就有了保证；改革开放后，国有资产管理体制不断完善，这种管理体制有利于解放和发展生产力；改革开放后，公有制经济保障了社会稳定、国家安全、自主发展，这为解放和发展生产力创造了制度条件。非公有制经济对解放和发展生产力的作用也是明显的。改革开放后，我国的非公有制经济迅速发展，非公有制经济的产值占国内生产总值的30%，非公有制经济领域从业人员近2亿人，解决了全国80%城镇人口和新增加人口的就业问题，这就有力调动了这一部分人的积极性和社会各方面的力量，也为解放和发展生产力创造了条件。非公有制经济的科技创新也不断增强，科技创新推动了生产力的发展。混合所有制经济对解放和发展生产力有举足轻重的作用。混合所有制经济是多种所有制经济的融合。这种所有制经济中的公有制经济和私有经济相互促进，共同发展，相得益彰，有力地发挥了各种所有制经济的优势，对生产力有解放和发展的作用。社会主义市场经济是社会主义和市场经济的有机结合，它克服了市场经济本身的自发性、盲目性和滞后性的缺陷，使市场在资源配置中发挥决定性作用，促进了生产力的极大发展；社会主义市场经济是对内改革和对外开放相结合的经济，它能充分利用国内外两个市场、两种资源，是最具有活力的经济，是解放和发展生产力的重要力量。生产力的解放和发展为中国特色社会主义事业可持续发展提供了经济支持。人们从理论和事实上认同了中国特色社会主义经济制度，也就增强了人们对中国特色社会主义制度的自信。这种制度自信应该说是彻底的制度自信。彻底的制度自信对中国特色社会主义事业可持续发展的保障作用是有力的。传统社会主义制度，由于公有制的单一性和计划性，造成我国的生产力发展处于停滞状态，布局不合理、发展不平衡的局面一直维持到1978年。由于我们党在当时反复宣传"社会主义好"，所以人们还是朴素地接受了这种宣传，还是认定了社会主义制度，不过这种制度自信是不彻底的。不彻底的制度自信对社会主义事业可持续发展的保障作用是乏力的。

制度自信来源于中国特色社会主义制度的政治价值。中国特色社会主义政治制度的政治价值是实现人民民主。人民民主是社会主义的生命，是社会主义的本质属性，它有两个特点：一、它是通过共产党对国家政权的领导来实现的；二、人民广泛参加国家管理。人民民主的要求是：一、国体和政体的有机结合。国体是指国家政权的性质，政体是指国家政权的组织形式。我国的国体是人民民主专政，我国的政体是人民代表大会制度。我国的人民代表大会制度充分反映了人民民主专政的政权性质，没有人民代表大会制度，人民民主专政的性质就无法充分体现出来。所以人民民主要求国体和政体的有机结合。二、民主内容和民主形式的有机结合。我国民主的内容是丰富的，包括民主选举、民主决策、民主管理和民主监督等；我国民主的形式是多样的，有选举民主和协商民主、有直接民主和间接民主、有程序民主和实质民主、有高层民主和基层民主、有党内民主和党外民主等。内容决定形式，形式反映内容。所以人民民主要求民主内容和民主形式的有机统一。三、理论与实践的有机结合。从理论上讲，人民民主强调主权在民，即国家权力属于人民；强调人民的主体地位，把人民放在最高位置上；强调人民群众的作用，人民群众是历史的创造者、社会进步的推动力量。在实践上，人民民主强调人民群众的知情权、参与权、表达权和监督权，最大限度地体现人民群众的意愿，维护人民群众的利益。四、民主和法治的有机结合。民主是法治的前提，没有民主就没有法治；法治是民主的保障，没有法治民主就实现不了。所以人民民主要求民主和法治的有机统一。人民民主具有巨大的优势：第一，它有利于中国共产党在中国特色社会主义事业中的领导地位不动摇，使党充分发挥总揽全局、协调各方的作用。社会主义政治制度是中国共产党创立的，中国共产党是中国特色社会主义事业的领导者。能保证中国共产党的核心地位和领导作用的就是人民民主。一是因为人民民主能调动人民群众的积极性。只要进行社会主义民主政治建设，人民的民主权利就能充分实现，政治创造性和主动性精神就能得到充分发挥。人民群众有无穷的智慧和力量，这是我们党有效领导的强大社会力量。二是因为人民民主坚持民主集中制原则。民主集中制是民主基础上的集中和集中指导下的民主的有机结合，它保证了党的正确领导。第二，人民民主是实现社会主义现代化的保证。社会主义现代化是指从传统到现代、从不发达到发达的转化过程，具体地说，现代化是人类社会从传统农业社会向现代工业社会和信息社会的转变过程，它包括两个阶段：工业化阶段和信息化阶段。通过人民民主推进社会主义现代化不仅是必要的，也是可能的。说它是必要的，是因为没有人民民主就不可能有现代化。人民民主和社会主义现代化是密不可分的，社会主义现代化是全面的现代化。社会主义现代化的目标是富强、民主、文明、和谐。这四个方面必须协调推进，不可偏废。社会主义现代化也不能离开人民民主，只有人民民主才能为社会主义现代化扫平道路，才能使社会主义现代化获得政治保证，才能推进社会主义现代化的全面发展。说它是可能的，是因为新中国成立后，现代化就进入了共产党执政的理念中，1954年，第一届全国人民代表大会提出了建设"一个强大的社会主义现代化国家"的目标，1964年，第三届全国人民代表大会提出在20世纪末把中国建设成为一个具有现代化农业、现代化工业、现代化国防和现代化科学技术的社会主义强国，1975年，第四届全国人民代表大会重提了这个目标。十一届三中全会后我们党把实现社会主义现代化推迟到21世纪中叶。中国共产党搞社会主义现代化不会搞单打一，它会把社会主义现代化建设同社会主义民主政治建设有机结合起来，使社会主义现代化建设的实现有了可能。第三，人民民主确保了社会主义各项事业的社会主义方向。人民民主保证了人民群众在经济和政治上的主人翁地位，保证了人民群众合法权益的实现，激发了人民群众的主人翁意识，使他们更好地受到党的基本理论的引领，使社会主义事业沿着正确的方向发展。中国特色社会主义制度的政治价值使中国共产党和中国人民对中国特色社会主义制度深信不疑。这种制度自信应该说是彻底的。彻底的制度自信对中国特色社会主义事业可持续发展的保障作用是有力的。传统社会主义制度是建立在"大民主"（大鸣、大放、大字报、大辩论）基础上的。这"四大"是根据毛泽东的建议被载入1975年修改的《中华人民共和国宪法》中的。在"文化大革命"中，人民民主专政成了群众专政，人民代表大会制度的职能被最高指示取代，人民民主被"大民主"取代。实践证明，"大民主"不是人民民主，它歪曲了人民民主的本来面目，破坏了人民内部的团结，造成了国家的混乱和人民的灾难。尽管如此，人民对社会主义制度的自信心没有改变。应该说这种制度自信是不彻底的，这种不彻底的制度自信对社会主义事业可持续发展的保证作用是乏力的。

制度自信来源于中国特色社会主义制度的思想价值。中国特色社会主义制度的思想价值就是能坚定人们正确的理想信念。中国特色社会主义是全国各族人民的共同理想，实现共产主义是我们党的远大理想。中国特色社会主义正在建设中，它的建成是一个长期的历史过程，要经历很多阶段，所以建设中国特色社会主义就成了全国各族人民的共同理想。共产主义社会是生产力高度发达、物质财富极大丰富、人们精神面貌极大提高、人自由而全面发展的社会，所以它就成了中国共产党的远大理想。中国特色社会主义是实现共产主义的必经阶段，实现共产主义社会绝不能超越这个阶段。中国特色社会主义制度就是共产主义社会在当下阶段的具体体现。为什么中国特色社会主义制度能坚定人们的正确理想信念呢？第一，中国特色社会主义制度是社会主义制度和中国特色的有机结合，它既体现了社会主义的普遍性，又体现了社会主义的特殊性。传统社会主义制度只看到了社会主义的普遍性，而没有看到它的特殊性，因此一直没有去完善它。而中国特色社会主义制度既看到了社会主义的普遍性，又看到了社会主义的特殊性，因此我们就不断完善它，为党和社会事业的发展、人民的幸福安康、社会的和谐稳定、国家的长治久安提供了一整套系统完备、科学规范、运行有效的制度体系，这套制度体系使人们看到了走向共产主义的希望。第二，中国特色社会主义制度是马克思主义中国化的最新成果，它体现了中国共产党对社会主义发展规律的深刻认知，解决了中国特色社会主义制度从理论走向实践、从理念变成行动的问题，保障了中国社会的进步。第三，中国特色社会主义制度比传统社会主义制度更适合中国国情，它既保持了社会主义制度的优势，又避免了资本主义制度的弊端，使13亿中国人的智慧、潜力和积极性发挥出来。它正处在一个光辉灿烂、前景无限的新的历史起点上，会对中国人民作出更大的贡献。第四，中国特色社会主义制度，既是一种放眼世界、具有巨大包容性的制度，也是一种引领时代潮流、促进世界共同发展的制度。它把中国和世界联系起来，它的意义已经超出了中国范围，具有了世界意义。所以我们把中国特色社会主义制度的思想价值定位在了能坚定人们的正确理想信念上，这也是中国共产党和中国人民的制度自信的重要原因。这种制度自信应该说是彻底的，彻底的制度自信对中国特色社会主义事业可持续发展的保障作用是有力的。传统社会主义制度也是有理想目标的制度，这个理想目标就是实现共产主义。1958年我们提出"跑步进入共产主义社会"就是为了实现这一理想目标。当时我们之所以提出这一口号，就是因为我们认为已经找到了实现共产主义的最好途径，这一途径就是人民公社，当时我们认为人民公社是工农兵学商为一体的共产主义大学校，是通向共产主义的桥梁。"共产主义是天堂，人民公社是桥梁"就是这个意思。提出"共产主义在我国的实现已经不是什么遥远将来的事情了"，应该说这也是一种制度自信，没有制度自信就不会提出这样的口号、做出这样的事情。但是这种制度自信是一种"听得懂""讲不清"的制度自信。所谓"听得懂"就是人们都知道当时要做什么，所谓"讲不清"就是人们不知道做这种事情的科学根据是什么。所以我们把这种制度自信叫不彻底的制度自信，这种不彻底的制度自信对社会主义发展的保证作用是乏力的。

制度自信来源于中国特色社会主义制度的社会价值。中国特色社会主义制度的社会价值就是实现社会和谐。社会和谐是中国特色社会主义的本质要求，这种本质要求是在中国特色社会主义制度的保护下实现的。第一，中国特色社会主义制度能维护和实现社会公平。公平就是经济利益、政治利益和其他利益在全体社会成员之间的合理分配。按劳分配为主体、多种分配方式并存是中国特色社会主义的分配制度，这种分配制度保障了全体社会成员经济权益的实现。人民代表大会制度是我国的根本政治制度，这种政治制度保障了全体社会成员政治权益的实现。改革开放后，形成了许多中国特色社会主义具体制度，这些具体制度保障了全体社会成员其他权益的实现。社会公平是社会和谐的基础，它必然能促进社会和谐。第二，中国特色社会主义制度能使社会管理科学化，促进社会有序运行。党的十六届四中全会提出了"健全党委领导、政府负责、社会协同、公众参与的社会管理格局"。党委领导是前提，政府负责是主导，社会协同是条件，公众参与是关键，这四者有机结合，形成了社会管理的合力。这表明我们社会管理的科学化水平的提高。我们党实现了社会管理的规范化，把以前依靠人格魅力管理转化为科学制度管理，在科学管理中实现了社会和谐。第三，中国特色社会主义制度能解决好新形势下的人民内部矛盾。新形势下的人民内部矛盾主要是指利益关系矛盾。我们党通过科学执政、科学决策，从源头上减少了利益冲突，避免了利益矛盾的发生，通过细致的思想工作化解已有的利益矛盾，在化解利益矛盾中实现社会和谐；我们党通过健全各种制度，用规范性的体制、机制，化解利益矛盾，在解决利益矛盾中实现社会和谐；我们党完善了信访责任制，健全了矛盾纠纷预警和应对机制，实现了处理人民内部矛盾的常态化和规范化，有利于社会和谐。中国特色社会主义制度的社会价值就是增强了中国共产党和中国人民对中国特色社会主义制度的自信。这种制度自信是彻底的，这种彻底的制度自信对中国特色社会主义事业可持续发展的保障作用是有力的。1956年我国社会主义制度确立，制度是政治组织和社会成员共同遵守的组织规范和行为规范，在新的社会制度刚确立的一段时间里，我国社会是和谐的。1957年下半年至1976年，在反右扩大化和"文化大革命"中，出现了一种"天下大乱才能达到天下大治"的理论，在这种理论的指导下，社会出现了不和谐现象，这种不和谐现象使人民对社会主义制度的自信打了折扣。我们把这种制度自信称之为不彻底的制度自信，但这种不彻底的制度自信对社会主义事业发展的保障作用是乏力的。

从以上对比可以看出，只有彻底的制度自信，才是中国特色社会主义事业可持续发展的有力保障。

四　结语

彻底的制度自信在于中国特色社会主义制度在中国是行得通和有生命力的。我们要树立彻底的制度自信，但这不等于中国特色社会主义制度的故步自封，它还需要在不断改革中更加完善、更加成熟，以便更好地成为中国特色社会主义事业可持续发展的保障力量。

中　篇

中国特色社会主义事业可持续发展所需要的硬实力条件

　　硬实力是指经济层面的市场力、科技层面的科技力、国防层面的军事力、生态层面的资源力、建设者层面的主体力等有形力量的总称，它是中国特色社会主义事业可持续发展的坚固基石。

　　1. 市场经济力量是中国特色社会主义事业可持续发展的经济支撑

　　2. 科学技术力量是中国特色社会主义事业可持续发展的重要动力

　　3. 体现军事力的强大人民军队是中国特色社会主义事业可持续发展的后盾

　　4. 体现资源力的社会主义生态文明建设为中国特色社会主义事业可持续发展提供资源支撑

　　5. 体现主体力的当代社会主义建设者是中国特色社会主义事业可持续发展的主体条件

第四章

市场经济力量是中国特色社会主义事业可持续发展的经济支撑

这里的市场经济力量是指社会主义市场经济力量。当今世界，大多数国家搞的都是市场经济，但不是所有搞市场经济的国家都能繁荣起来。所以市场经济不都是有力量的市场经济。我国的社会主义市场经济是社会主义基本经济制度和市场经济相结合的社会主义市场经济，社会主义基本经济制度为市场配置资源创造了有利条件。社会主义市场经济既不同于社会主义计划经济，也不同于资本主义市场经济，它是一种好的市场经济，是一种有力量的市场经济。

一 社会主义市场经济力量从哪里来

社会主义市场经济是有力量的经济，它的力量来源于国内和国外两个方面。从国内方面说，社会主义市场经济力量主要来源于市场主体。市场主体是指能独立作出经济决策并负完全经济责任的市场活动的当事人。市场主体有以下几点特征：具有参与经济活动的经济性，具有财产和意志的独立性，具有经济利益的最大性。市场主体主要是指公司制企业。我国大中型企业都采取了公司制形式，因为公司制企业既是物质产品的主要生产、经营者，又是各种生产要素的主要消费者；既是物质生产的组织者，又是技术进步的推动者；既是劳动者和生产资料相结合的场所，又是组织分配和消费的集体。公司制企业比计划经济体制下的企业有活力。在高度集中的计划经济体制下，国家对企业统得过多，管得过死，企业既不拥有财产权，也不拥有经营权，即使拥有的部分财产使用权，也是国家计划安排好的。企业的决策都是上级主管部门提出的。企业是国家机关的附属品，不是独立的商品生产者和经营者，没有任何积极性，它不可能有生机。而公司制企业则不同，它充满了活力。公司制企业是以盈利为目的的商品生产者和经营者，它享有法律赋予的各种权利。公司制企业的活力，首先来源于企业劳动者的积极性。劳动者是企业生产的主体，劳动者的积极性是企业活力的源泉。企业劳动者之所以有积极性：一是因为在社会主义生产环节上，劳动者与生产资料直接结合，创造的物质财富归公共所有、按劳分配、满足劳动者个人和家庭生活的需要。二是因为在社会主义分配环节上，企业把积累的公共基金直接或间接地用于劳动者身上，在消费基金的分配中，实行按劳分配和按生产要素分配相结合的原则。按劳分配调动了劳动者的生产积极性，有利于提高企业的经济效益，既巩固和发展了公有制经济，又促进了生产力的发展；按生产要素分配承认了生产要素所有者和占有者给人们带来收入的合理性，也有利于发挥各种生产要素在生产中的作用，让一切创造财富的源泉充分涌流。三是因为在社会主义交换环节上，等价交换体现了劳动的平等权利和共同利益，这对于企业来说，既达到了实现利润的目的，又满足了劳动者的需要。四是因为在社会主义消费环节上，劳动者既是物质财富的创造者，又是物质财富的享受者。作为生产最终环节的消费体现着社会主义的生产目的，劳动者消费水平和消费能力的提高是推动企业发展的强大动力。所以劳动者的积极性是公司制企业活力的源泉。公司制企业的活力，其次来源于企业的创新行为。这里的创新是指企业在微观生产经营和资本运营过程中对生产要素重新组合所产生的新成果，包括原材料来源创新、产品创新、工艺创新。创新既是企业发展的动力，也是企业活力的关键。企业创新给企业发展带来了新的优势。原材料来源创新创出了成本优势，即产品的单位成本低于其他生产同类产品的企业的生产成本；产品创新创出了市场优势，即企业开拓了某一市场上的最大份额；工艺创新创出了竞争优势，即企业能生产出其他企业无法生产出的产品。企业创新优化了企业的生产要素。创新使劳动者的素养不断提高，促使企业中拥有科学知识、生产经验和劳动技能的劳动者增多；创新促使企业生产工具的先进化和高效化，促使劳动对象范围的扩大，促进企业管理方式的革新；创新提高了企业的竞争力，谁在创新方面占优势，谁就能在竞争中处于主动地位。企业通过创新形成新原材料、新产品、新工艺，开拓新市场，从而在市场竞争中处于有利地位。创新对公司制企业越来越重要，企业活力的奥秘就在这里。公司制企业的活力，再次来源于它所采取的现代企业制度。现代企业制度是社会化大生产和市场经济条件下企业经营管理的基本形式，包括企业法人制度、有限责任制度、企业领导和组织制度等。现代企业制度对增强企业活力具有重要意义：一是产权清晰的现代企业制度能使企业有效运转，合理配置资源。产权清晰是现代企业制度的根本要求。产权清晰包括主体清晰、结构清晰、关系清晰和作用清晰。主体清晰是指要有代表国家和集体行使法人财产权利的特定机构。结构清晰是指按投资比例享有相应的责任和利益的多元投资主体。关系清晰是指投资者的所有权和企业的经营权界限分明。作用清晰是指投资者对企业的监督和激励。产权清晰是影响产权功能和企业效率的关键性因素。产权清晰的现代企业制度是企业有序而高效运转的根本保障，是企业按劳分配和按生产要素分配相结合的具体制度保障，是企业富有活力的保障。二是权责明确的现代企业制度，能调动企业各方面的积极性，提高企业的劳动效率和经济效益。权责明确是指国家和企业的权利和责任明确。国家按投入企业的资本额享有所有者权益，对企业的债务承担有限责任；企业依法自主经营、自负盈亏、照章纳税，对所有者的资产承担保值增值的责任。权责明确才能造就出具有高度责任感、强烈事业心、有熟练经营能力的企业管理人员，特别是总经理，只有这样的管理人员才能按照市场的需求组织生产和经营活动，提高企业的劳动生产率和经济效益。较高的劳动生产率和经济效益是企业活力的基础。政企分开的现代企业制度搞活了企业，解放了生产力。政企分开就是政府的行政职能和企业的管理职能分开，也就是政府把经营职能交还给企业，企业把住房、医疗、养老职能交还给政府和社会。政企分开是建立现代企业制度的前提，它意味着政府不再插手企业的经营管理，意味着企业是独立的商品生产者和经营者，是具有独立的经济利益的经济实体。政企分开意味着企业具有充分的决策权，可以根据市场的信息变化进行自主决策。企业从事生产和经营的目的就是实现利润的最大化。利润就是企业的收益和成本之差。利润最大化就是企业的总收入超过总成本的余额。按照市场经济的逻辑，国家应该承认企业的经济利益。企业利润最大化是企业生产经营的目标和动力，也是检验企业生产经营能力的标准。在企业利润最大化的驱动下，企业不断改进技术、创新管理、提高产品质量和技术含量，这就调动了企业生产的积极性、主动性和创造性，搞活了企业，解放和发展了社会生产力，进而推动了整个社会经济的发展和进步。管理科学的现代企业制度能保证企业发展目标的实现。管理科学是指采取科学的制度和手段获取更高的经济效益，包括人事管理、生产管理、经营管理、质量管理和研发管理的科学化。现代企业一般都是由具有管理知识的职业经理控制，职业经理以追求企业长期稳定的发展、实现自身利益最大化为目标，以市场导向为经营理念，这有利于企业适应市场和不断创新，有利于企业生产经营和进步。由此可见，采取产权清晰、权责明确、政企分开、管理科学的现代企业制度的企业必然具有活力。公司制企业的活力，最后来源于企业的法人治理结构。法人治理结构是指在所有权与经营权分离的情况下，由股东大会、董事会、经理层和监事会组成的管理结构和制约机制。股东大会是由公司全体股东组成的企业最高权力机构，是企业内部行使股东权的法定组织，它决定着公司的重大决策。股东大会的决定由董事会执行。董事会是公司的常设机构和决策机构，是公司的法定代表，设董事长一人，作为公司常设业务的执行者和法定代表人。董事会执行股东大会的决议，审定公司的规章制度，审定公司的生产经营计划、财务预算和决策，具体负责召开股东大会，行使公司规章规定的其他权利。经理层是公司的执行机构，由总经理、副总经理、经理组成，这些人由董事会聘任，并在董事会授权范围内负责公司的生产经营管理工作。监事会由股东大会选举产生，并对股东大会负责。监事会具有检查公司财务、列席董事会会议、监督董事和经理等权利。法人治理结构对增强企业活力具有重要意义。一是这种治理结构要求权力机构、决策机构、执行机构和监督机构既相互独立、又相互制约，这种要求体现了所有权、经营权、劳动者之间的关系，这种关系形成了激励与约束相统一的企业生产运作机制，它既有利于调动企业经营者的积极性，也有利于调动企业劳动者的积极性；二是这种治理结构是公司制企业生产运行的可靠保证，它使企业各部门各司其职，各负其责，协调运转，这就保证了企业生产的正常运行；三是这种治理结构可以提高企业决策的科学性、管理的有效性、经营的效益性；四是这种治理结构坚持了所有者、经营者和劳动者的长期利益和短期利益相结合的原则，它克服了经营者的短视行为，有效增强了企业的发展能力和抵御风险的能力；五是这种治理结构追求企业长期稳定的发展，以求自身利益的最大化，这会促进企业发展目标的实现；六是这种治理结构有利于企业适应市场，不断创新。所以采取法人治理结构的企业必然具有活力。

总之，从国内方面说，社会主义市场经济力量主要来自于作为市场主体的公司制企业。从国外方面说，社会主义市场经济力量主要来自经济全球化。经济全球化是指生产要素在世界范围内的自由流动与合理配置的过程以及各国经济相互影响和相互依赖的现象，包括生产全球化、贸易全球化和金融全球化。经济全球化具有客观必然性，它是世界生产力发展的必然趋势。世界生产力的发展促进了市场经济总量的增大和程度的加深，使生产要素在世界范围内自由流动与合理配置，逐步形成了经济全球化。经济全球化是世界科技发展的产物。随着世界第四次科技革命的发展，交通通信方式的不断革新，为全球贸易、金融投资业务的开展提供了方便，扩大了国际市场和国际分工，最终形成了全球化的经济。经济全球化是跨国公司发展的产物。跨国公司是经济全球化的主体，它具有生产国际化、经营多样化、决策世界化的特点。跨国公司是当今世界集生产、投资、金融、技术开发和其他服务于一体的经营实体，它促进了全球的生产、交换、分配和消费，推动了各国的分工与协作，实现了生产要素的重新组合，形成了全球经营战略。经济全球化对我国发展社会主义市场经济具有重要意义，它为增强我国社会主义市场经济力量提供了外部条件。第一，生产全球化是经济全球化的重要内容。生产全球化是指各国通过贸易所进行的跨国生产，包括生产分工和生产要素流动的全球化。生产全球化促进了生产领域的国际分工与协作，国际分工与协作使全球生产连为一体。当今世界，生产全球化有了长足发展，国际分工与协作程度越来越高，各国逐渐成为世界生产体系的一部分。随着信息技术的发展，世界各国生产的联系更加紧密，分工越来越细，协作范围越来越广，各国的生产活动逐渐形成共同的发展趋势。随着国际资源流动的加快，跨国公司的生产活动，越来越有国际化趋势。生产国际化有利于我国生产力的发展。当今世界，任何一个国家的生产都不能离开世界生产体系而孤立进行，我国还没有完全实现工业化和现代化，所以我们必须积极参与生产全球化的进程，充分利用生产全球化的成果，加快我国的工业化和现代化进程。生产全球化为我国的生产发展提供了前所未有的发展机遇。跨国公司的成功经验和这些企业积累起来的科学技术、生产工艺、机器设备、组织结构、管理经验、各类人才等成果，有利于我国经济获得后发优势。第二，贸易全球化是经济全球化的重要内容。贸易全球化是指各国在对外开放中形成的流通领域中的国际交换。随着各国关税的下调和贸易壁垒的减弱，使包括货物、技术和服务在内的国际贸易快速发展起来。在各贸易国的努力下，世界贸易组织最终形成。有了世界贸易组织，世界贸易逐渐规范化、自由化。我国已经加入了世界贸易组织，这意味着我国已经参与了贸易全球化进程。贸易全球化有利于我国对外贸易的发展。我们可以利用贸易全球化提供的条件从外部获取短缺的生产要素，继续扩大利用外资。我们不断引进外国的先进技术，通过消化、吸收和再创新，把创新的技术与我国的劳动力结合起来，生产出在国际市场上有价值优势的产品，增强我国的国际竞争力。我国人力资源丰富，可以通过生产全球化提供的条件，向发达国家输出劳动力，这既可以解决发达国家劳动力不足的问题，也减轻了我国的就业压力，同时还增加了我国的国际收入。我们可以利用贸易全球化，实现我国的跨国生产，使"走出去"战略落到实处。第三，金融全球化也是经济全球化的重要内容。金融全球化是指世界各国在金融业务和金融政策等方面的交往和渗透，包括金融资本全球化、金融机构全球化和金融市场全球化。金融资本全球化是指金融资本在全球的流动。随着各国对外开放程度的深化和范围的拓展，金融资本在国际上流动的速度加快，国际的直接投资是金融资本国际化的基础。近些年来，世界各国对外直接投资规模迅速扩大。金融机构国际化是指各国在国外设立的金融分支机构。一些国家先后不同程度地放开了对别国金融机构在本国设立分支机构的限制，促进了各国金融机构向海外扩展，使各国金融机构逐渐成为一个有机整体。金融市场全球化是指金融市场跨越时空限制的对外开放。近些年来，各国金融业和保险业在市场准入方面放宽，金融资本流通的障碍减少。金融全球化有利于我国金融业的发展。近些年来，各国金融业和保险业放宽了对我国金融业和保险业的限制，这为我国金融业走出去创造了条件。金融全球化有利于我国金融体制改革，有利于我国建立和健全金融体系，有利于提高我国金融的整体实力，有利于发挥金融在我国社会主义市场经济中的核心作用，有利于提高我国的金融控制能力，有利于提高我国应对金融危机的能力。

总之，经济全球化为增强我国社会主义市场经济力量创造了良好的外部条件。当然经济全球化对我国社会主义市场经济的发展也有不利的一面，它给我国经济安全带来了一定的负面影响，也难免使我国付出一定的代价。但是问题不在于经济全球化的消极作用，而在于我们趋利避害的能力。社会主义市场经济在国家的宏观调控下，有能力使利最大化，使害最小化。

社会主义市场经济力量既来源于国内因素，也来源于国外因素。国内因素是主要方面，国外因素是次要方面。世界上所有的发展中国家（包括中国在内），要使本国市场经济有力量，都必须以国内因素为主，以国外因素为辅。世界上没有一个国家的市场经济是依靠国外因素发展起来的，所以社会主义市场经济力量也主要来自于国内因素。国外因素是次要的，但这并不意味着国外因素不起作用。任何一个国家要发展市场经济，包括中国发展社会主义市场经济，完全依靠国内因素是不可能的，也必须得依靠国外因素。即使资源比较丰富的中国，也难以具备发展社会主义市场经济的一切资源，还需通过国际市场配置所需资源。不依靠国际市场力量来发展社会主义市场经济，是不可想象的。国内因素和国外因素相辅相成，所以社会主义市场经济力量来源于国内因素和国外因素的合力。

二 为什么社会主义市场经济有力量

从竞争方面说，社会主义市场经济是有力量的。市场经济是竞争经济。竞争是企业之间经济实力的较量和经济利益的争夺。竞争是商品经济发展的产物，只要有商品经济存在就必然有竞争。市场经济是发达的商品经济，竞争也是市场经济的重要特征，没有竞争也就没有了市场经济。从这个意义上说，市场经济是竞争经济。竞争分为正当竞争和不正当竞争。正当竞争是指企业采用改进生产技术、创新管理方式、降低生产成本和产品价格所进行的竞争。不正当竞争是指企业生产伪劣产品、制造虚假广告和商标、甚至采取暴力手段所进行的竞争。不论在资本主义条件下，还是在社会主义条件下，企业之间的关系都是竞争关系，不过社会主义企业之间的竞争和资本主义企业之间的竞争是不同的。资本主义企业之间竞争是过度的竞争，不正当的竞争。而社会主义企业之间的竞争是平等的竞争，正当的竞争。社会主义反对不正当的过度的竞争。要正当竞争就要给正当竞争创造条件：企业必须是真正的市场主体和法人，自主经营，自负盈亏；企业必须有自主竞争的能力，即实现利润最大化的能力；要形成统一开放的市场体系；制定市场法律法规，反对垄断和不正当竞争的行为。

正当竞争对于增强社会主义市场经济力量是有重要意义的。第一，它有利于企业合理配置资源。资源是指人和财物。任何国家的资源都是有限的，都不可能完全满足企业生产的需要。我们国家的企业也不例外。所以企业必须合理配置资源。所谓合理配置资源是指资源没有被闲置，也没有被浪费，都能被有效地利用。在社会主义市场经济中，合理配置资源也是通过竞争来实现的。竞争的结果是优胜劣汰，这样资源就会从失败者那里流向优胜者。合理配置资源最终会增加社会财富，促进经济繁荣。第二，它有利于企业生产力的发展。部门内部的竞争给企业以压力和动力，迫使企业改进生产技术，采用先进的生产方法，提高劳动生产率。部门之间的竞争能够保证市场机制对企业的调节作用，保持部门之间按比例协调发展，避免资源浪费。正当竞争是生产力发展的动力。第三，它有利于整个社会经济的发展。企业之间既有合作关系，也有竞争关系，只有合作而没有竞争，企业就失去了活力。竞争意味着自己的企业比别人的企业做得更好，自己的企业比别人的企业更具有活力。从竞争方面说，竞争给社会主义市场经济以力量，所以从竞争中获得力量的社会主义市场经济是有力量的。

从开放方面说，社会主义市场经济是有力量的。社会主义市场经济是开放经济。开放分为对内开放和对外开放。对内开放就是不同企业之间以及不同行业之间以及不同地区之间要相互开放，对外开放就是国内市场与国际市场接轨与交流，包括"走出去"与"引进来"两种形式。"走出去"就是到境外投资办厂、对外承包工程和劳务输出。"引进来"就是引进资本、技术、人才和管理经验。市场经济是在开放中形成的。开放客观上要求打开国门，面向国际市场，参与国际竞争与合作，加快市场经济的发展。没有开放就没有市场经济。所以说社会主义市场经济是开放经济。

开放给社会主义市场经济以力量。第一，对内开放能促进企业分工与协作的发展。扩大国内交换的空间和范围，能在全国的空间和范围内合理配置资源，能实现企业的扬长避短、优势互补和利润最大化。第二，对外开放为我国社会主义市场经济的发展创造了外部条件。中国的发展离不开世界。我们搞社会主义市场经济主要依靠自己的努力、自己的资源和自己的基本条件，但也离不开人类文明发展所提供的积极成果。离开人类文明发展，大道孤立来发展社会主义市场经济是不可能的，这已被我国过去闭关锁国的教训所证明。离不开世界的中国需要对外开放。现代市场经济，发展要求不断开拓国际市场。国际市场可以实现国际生产要素的优化配置，加强大型企业的对外投资，形成跨国生产和经营，这样既可以利用外国资源获得最大的效益，又可以广泛参与国际竞争，提高我国的综合国力和国际竞争力；既可以发展国际分工和国际交换，与各国互通有无、取长补短，又可以利用发达国家的资金、技术和管理经验来弥补我国基础薄弱和管理经验的不足，为我国社会主义市场经济带来后发优势，为加快社会主义市场经济建设提供支持和帮助；既可以获得有利于我们民族生存发展的信息，又可以打破禁锢我们多年的传统思维方式，实现经济价值观的变革。总之，对内开放和对外开放对于发展社会主义市场经济是有利的。对内开放和对外开放是相辅相成，相互促进的。对内开放而不对外开放，对外开放而不对内开放都不是真正意义上的开放。开放给社会主义市场经济以力量，所以从开放方面说，社会主义市场经济是有力量的。

从法治方面说，社会主义市场经济是有力量的。社会主义市场经济是法治经济。法治是以法制为基础的，法制是法律制度的简称。现代市场经济与早期的市场经济不同，早期的市场经济是自由放任的市场经济，而现代市场经济则是法治市场经济，是在法律制度的保护下进行的市场经济。市场主体在市场上绝不是想怎么干就怎么干，市场准入、市场交易和市场竞争都必须有法律的引导、规范和保障，这样的市场经济才能成为有序的市场经济。市场活动涉及市场主体之间的经济关系和经济利益，要处理他们之间的经济关系，确保他们之间的经济利益，就必须有法律制度的保障，对违反市场经济规则的行为进行法律追究。如果对违反市场经济规则的行为不进行法律追究，不给予必要的惩罚，那么法律制度就是空的，市场秩序就会走向混乱。法治是保证市场规范运行的基础性条件。从这个意义上说，社会主义市场经济是法治经济。

法治给社会主义市场经济以力量。第一，它对违反社会主义市场经济规则的行为有制裁作用。法治使市场主体在法律面前成为平等的一员，使市场主体的行为合乎法律规范。谁违反市场经济规则谁就要受到法律惩治。对违反市场经济规则的行为熟视无睹就会削弱社会主义市场经济力量。第二，它对产权和契约有保护作用。市场经济从内容上说，它贯彻着产权规则；从形式上说，它承认契约的自由性。产权即资产的归属，也就是出资者拥有的所有权和企业拥有的法人财产权。产权是现代企业制度的核心。在经济活动中，市场主体会发生各种各样的经济关系，这种经济关系就形成了各种各样的契约。法治对产权和契约都有保护作用。第三，它对市场经济中冲突双方有裁定作用。无论是国有企业还是民营企业，无论是生产者还是消费者，无论是买方还是卖方，他们之间的矛盾都是不可避免的，法治是解决矛盾和冲突双方的裁判者，为社会主义市场经济的健康发展提供了良好的法治环境，创造了良好的法治氛围。第四，它有促进政府宏观调控的作用。市场经济不是万能的，它也有明显的缺陷和弱点，弥补这种缺陷和弱点的就是政府的宏观调控，政府的宏观调控是在法律允许的范围内，通过合法途径和必要程序进行的，法律使政府的宏观调控功能充分发挥出来。法治给社会主义市场经济带来了力量，所以，社会主义市场经济是有力量的。

从信用方面说，社会主义市场经济是有力量的。社会主义市场经济是信用经济。信用是市场主体的一种行为规范，是对市场主体的无形约束，是市场主体的基本理念。信用经济是商品经济发展的产物。信用关系是市场主体之间的一种借贷关系，即债权人具有要求债务人到期还债的权利，债务人具有到期还债的义务。信用关系是市场经济的基本关系，信用制度是规范和保持信用关系的一套制度，是规范市场主体信用活动的行为规范。信用理念、信用关系和信用制度构成了信用经济的基本内容，没有这些内容就不能叫信用经济。从这个意义上说，社会主义市场经济是信用经济。

信用给社会主义市场经济以力量。这是由信用的特点决定的。第一，信用是以道德为支撑的。在社会主义市场经济中，对市场的主体是有明确道德准则的，这些准则虽然不具有强制力，但具有明显的约束力，这种约束力是对市场主体的内在约束力，它使信用关系、信用制度稳定发展。社会主义市场经济越发展，信用关系就越复杂，道德的支撑和维系作用就越突出。以道德为支撑的信用是社会主义市场经济的软环境。第二，信用是以产权为基础的。产权就是市场主体的财产所有权，包括物权、债权、股权、知识产权等。产权有两个特征：一是产权主体在同一时间内必须是唯一的；二是产权必须有一个明确的范围。市场中的交换实际上就是不同产权的交换。没有产权或产权不明晰是不能交换的。以产权为基础的信用为社会主义市场交换创造了条件。第三，信用是以法律为保障的。信用关系不是直接的物物交换关系，它的特点是各市场主体之间在一个较长的时间里保持的一种关系，要使这种关系规范地保持下去，就要有法律的保证，这是对市场主体的外在约束。法律是信用关系发展的重要保证。以法律为保证的信用是社会主义市场经济的重要基础。信用给社会主义市场经济以力量表现在以下几个方面。其一,它对生产和投资有促进作用。在经济活动中,有的企业资金有盈余,有的企业资金是短缺的,通过信贷关系,可以使闲置资金流向需要方。资金的合理流动可以扩大生产和投资的规模。其二,它能使社会主义市场经济充满活力。信用关系是市场主体经济活动的纽带,它能活跃市场,拉动经济增长,使社会主义市场经济繁荣起来。其三,它可以扩大交易范围,促进社会主义经济增长。信用关系能使市场经济活动的各种关系不断发展,使商品购销、投资和融资活动的范围不断扩大,企业可以充分利用信用关系为生产经营活动创造有利条件,提高生产水平,促进经济增长。信用给社会主义市场经济以力量,所以从信用方面说,社会主义市场经济是有力量的。

从信息方面说,社会主义市场经济是有力量的。社会主义市场经济是信息经济。随着社会主义市场经济的发展,我国各类市场主体对信息的需求越来越迫切。信息既是一种经济活动中的要素,也是一种生产要素。有信息需要就必须有信息提供者。信息提供者通过对信息的搜集、整理和加工,有针对性地提供信息需求。沟通信息需求者和信息提供者的场所叫信息市场。随着电子计算机和互联网的发展,我国的信息市场逐步形成。市场经济有盲目性的一面,没有信息和信息市场,市场经济的盲目性就更加明显。所以信息和信息市场就成为了市场经济的构成要素。从这个意义上说,社会主义市场经济是信息经济。

信息和信息市场给社会主义市场经济以力量。第一,信息和信息市场有利于市场在配置资源中决定作用的发挥。市场经济作为资源的一种配置方式,其实质就是市场在资源配置中起决定作用。市场在资源配置中的决定作用就是市场信息在资源配置中的决定作用。市场价格的变化反映出资源在市场上的稀缺程度,它是重要的市场信息。市场主体就是根据这种市场信息到市场上出售或购买资源的。市场经济是高效配置资源的方式,之所以说它高效,是因为这种高效是与市场信息相关联的。第二,信息和信息市场有利于市场主体作出正确的微观决策。企业生产要顺利进行,要实现效益的最大化,就必须使决策科学化,决策科学化需要把握各方面的信息,根据信息对生产什么、生产多少和怎样生产作出科学决策。所以信息和信息市场是企业科学决策的重要保证。第三，信息和信息市场有利于政府的宏观调控。市场信息首要的是价格信息，价格信息灵敏地反映出市场供求的状况。如果市场处于资源短缺状态，那么商品就会供不应求，物价就会上涨；如果市场处于疲软状态，那么商品就会供过于求，物价就会下跌。政府应该根据这样的市场信息，采取正确的宏观调控政策，抑制物价大幅度上下波动，这既有利于市场经济平衡，也有利于社会稳定。信息给社会主义市场经济以力量，所以从信息方面说，社会主义市场经济是有力量的。

从逐利性方面说，社会主义市场经济是有力量的。社会主义市场经济是逐利性经济。这里的利是指经济利益。市场关系是交换关系，交换关系是市场主体的利益交换。社会主义市场主体的经济利益是通过市场来实现的。市场对社会主义市场主体的经济利益的实现起决定作用。市场主体追求经济利益导致了社会财富的增加和社会生产力的发展，进而促进了市场经济的繁荣和发展。从这个意义上说，社会主义市场经济是逐利性经济。

逐利性给社会主义市场经济以力量。马克思说过，人们奋斗所争取的一切，都同他们的利益有关。马克思在这里告诉我们，利益是人们奋斗的动力。在社会主义市场经济条件下，经济利益是市场主体从事经济活动的主要动力。企业是社会主义市场经济的首要主体，是生产性组织。第一，企业的一切经济活动都是围绕着经济利益进行的。企业的投资行为是企业利用所控制的资金购买生产要素的行为，其目的是为了实现经济利益的最大化。企业的生产行为是优化组合生产要素进行生产的过程，其目的是为了实现经济利益的最大化。企业的创新行为提供了产品优势和市场优势，其目的是为了获得更多的经济利益。第二，企业收益大于企业成本就是企业的利润，利润体现了企业的经济利益。经济利益是企业生死存亡的关键性因素，它激励着企业从事正当的经济活动，激励企业管理者和劳动者以正当的手段和途径进行生产和经营，提高产品质量和技术含量，提高企业劳动生产率，使企业生产个别耗费低于其他企业耗费，降低物质成本，进而降低产品价格，扩大产品的市场占有优势和销售量，实现自己的经济利益。所以追求经济利益是企业发展的动力。第三，企业追求经济利益的过程就是社会财富增加和社会生产力发展的过程,也是社会主义市场经济不断完善和发展的过程,是社会主义市场经济发展动力的具体体现。逐利性给社会主义市场经济以力量,所以从逐利性方面说,社会主义市场经济是有力量的。

以上讲的竞争性、开放性、法治性、信用性、信息性和逐利性对社会主义市场经济的作用都是在社会主义国家宏观调控下的积极作用,没有涉及它的消极作用,但这不等于它们没有消极作用。从竞争、开放、法治、信用、信息和逐利中获得力量的社会主义市场经济是有力量的。

三 为什么说社会主义市场经济力量是中国特色社会主义事业可持续发展的经济支撑

第一,社会主义市场经济力量与社会主义基本经济制度相联系,这有利于中国特色社会主义事业可持续发展。公有制为主体,多种所有制经济共同发展,是社会主义初级阶段的基本经济制度。公有制为主体是社会主义初级阶段基本经济制度的主干部分。所谓公有制为主体,是指公有制在量上和质上的优势。在量上占优势就是使国有经济和集体经济在所有资产中占优势;在质上占优势就是国有经济在关系国家经济命脉的主要部门和关键领域占优势,就是对整个经济对的发展起主导作用,就是适应社会主义市场经济的发展不断壮大。占主体的公有制对我国宏观生产力的发展具有独特的作用,它可以促进自然资源的合理开发与可持续利用。虽然我国自然资源丰富,但人均占有量较少。不可再生资源是有限的,没有足够的自然资源,社会主义建设就不能顺利进行。在我们社会主义国家里,自然资源由国家占有,它的开发和利用由国家作出合理的安排,这就保证了自然资源的合理开发和可持续利用,为宏观生产力的发展奠定了基础。占主体的公有制比资本主义私有制更适合社会化大生产的需要。资本主义私有制曾对生产力发挥过解放和发展的作用,不过它对生产力的解放和发展的作用是有限的。这是因为社会化大生产客观要求生产资料和劳动产品归社会占有,然而资本主义私有制是做不到的,所以它必然会阻碍生产力的进一步发展。占主体的公有制则不同，它实现了生产资料和劳动产品的社会共同占有，保证了社会生产的协调发展，为宏观生产力的发展开辟了道路。占主体的公有制有利于提高经济效益。社会生产力的发展主要表现在经济效益的提高上。占主体的公有制是产生宏观经济效益的前提。占主体的公有制具有在资源上的优势，可以集中力量发展关于全局性的公共生产力。占主体的公有制有利于科技生产力的发展。科技是生产力，这是马克思的思想，科技是第一生产力，这是邓小平的思想。在经济全球化的今天，高科技对整个国民经济素质的提高起着推动作用，它决定着我们国家在全球化中的核心竞争力。我国大中型企业在引进科技项目和重大科研项目开发方面占有明显的优势，充分发挥我国大中型企业在高新技术的主导和引导作用是我国生产力跳跃式发展的必然选择。占主体的公有制有利于调动劳动者的生产积极性。劳动者是最基本的生产力，是社会财富的创造者。在社会主义公有制中，劳动者成了生产资料和劳动过程的主人，成了国家和社会的主人，劳动者的这种地位决定了他们能发挥出主人翁的积极性、主动性和创造性。当前我国的劳动者素质有很大的提高，他们至少是中等职业和高中毕业生，在生产经营过程中能逐步认识经济发展规律，并按照经济发展规律建设社会主义市场经济，促进生产力的发展。占主体的公有制之所以能在宏观生产力方面发挥独特的作用，一是它代表了先进生产力发展的需求，符合生产力发展的规律；二是因为它适合我国生产力发展的水平，从而解放和发展了社会生产力。非公有制也是我国社会主义初级阶段基本经济制度的重要组成部分。在坚持公有制为主体的前提下，我国的非公有制经济也发展起来了。我国的非公有制经济与资本主义的私有制不同，它是社会主义条件下的非公有制经济。它之所以成为社会主义初级阶段基本经济制度的重要组成部分，不是因为它的性质发生了变化，非公有制经济的私有性质没有改变，而是因为它在社会主义初级阶段对社会生产力的发展还有积极作用。其一，它已成为我国国民经济发展的新的增长点。在一般性竞争领域，非公有制经济已超过80%，在我国生产总值中所占的比重从1979年的不足1%提高到目前的30%以上。其二，它为社会提供了大量的劳动产品和劳务，满足了人民群众的基本生活需要。其三，它增加了社会资本和社会财富。其四，它以承包、租赁、特权许可、合作、参股等形式参与公有制的基础产业建设，促进了公有制的改革和发展。其五，它已成为社会主义市场经济的重要组成部分，成为社会主义市场经济的参与者和建设者，有利于通过竞争促使资源的合理配置和有效利用。非公有制经济之所以对中国微观生产力能够发挥积极作用，是因为我国生产力落后，发展不平衡，社会化程度低，它正适合了这种落后的不平衡的社会化程度低的生产力。当然非公有制经济也有消极作用的一面，这就要靠我们政府的积极引导了。

　　占主体的公有制经济和非公有制经济的有机结合，构成了我国社会主义初级阶段的基本经济制度。占主体的公有制经济和非公有制经济是对立的统一。说占主体的公有制和非公有制是对立的，是因为二者的经济性质不同。占主体的公有制是社会主义性质的，而非公有制是非社会主义性质的。有人说，非公有制经济是社会主义市场经济的重要组成部分，已由社会主义体制外进入社会主义体制内了，这不就具有社会主义性质了吗？这种说法是把社会主义经济与社会主义市场经济混为一谈了。社会主义经济讲的是经济性质，社会主义市场经济讲的是经济运行方式，所以社会主义市场经济和社会主义经济是不同的，不能混为一谈。把非公有制经济作为社会主义初级阶段基本经济制度的一个重要组成部分，并不意味着非公有制经济的性质就变了，主要是因为它对发展社会主义社会生产力有积极的作用。在我国，非公有制经济的消灭是一个很漫长的过程，当前我国还不具备一下子消灭非公有制经济的条件，所以我们必须允许非公有制经济的存在，而且还要支持、鼓励和引导它发展，利用它为发展社会主义生产力服务。人为地让非公有制经济绝种是非常有害的，这已被我国改革开放前的失误所证明。占主体的公有制经济和非公有制经济又是统一的。这里的统一不是指公有制经济变成了非公有制经济，也不是指非公有制经济变成了公有制经济，而是指占主体的公有制经济适合了生产力的社会性质，非公有制经济适合了生产力的发展水平，在社会主义实践中发挥了各自的优势，为社会主义经济的发展作出了各自的贡献。占主体的公有制经济和非公有制经济相互促进、共同发展主要表现在：一方面，公有制经济对非公有制经济有支持和引导作用。占主体的公有制经济实力雄厚，可以吸收非公有制经济参股，为非公有制经济提供物质帮助；占主体的公有制经济可以为非公有制经济提供原材料、机器设备、人才技术、信息咨询和供销渠道，支持非公有制经济的发展。另一方面，非公有制经济对公有制经济也有促进和协调作用。非公有制经济可以协调和配合公有制改革，参与国有资产重组，为公有制企业的联合、兼并、改组和改造提供有利条件；非公有制经济把相关配套的辅助工作做好，使公有制经济，特别是使大中型企业集中精力开发和创新，提高它们在高新技术领域的竞争力；非公有制经济进入的领域，竞争会更加激烈，这会使国有企业管理体制改革深入发展。公有制为主体，多种所有制经济共同发展符合生产关系一定要适应生产力发展的规律。唯物史观认为，生产力决定生产关系，生产关系反作用于生产力；一定水平的生产力要求一定水平的生产关系与它相适应，生产关系不适应生产力的发展时要做一定的调整和变革。我国社会主义改造完成以后，建立了单一的公有制所有制结构，实践证明这种单一的公有制所有制结构已不再适应我国现阶段生产力的发展。党的十一届三中全会以后，我们党对我国的单一公有制结构进行了调整，建立了公有制为主体、多种所有制经济共同发展的所有制结构。实践证明，这种所有制结构适应了我国生产力的发展，促进了我国生产力的发展。所以我国社会主义初级阶段的基本经济制度正确反映了人类社会发展的规律，既保证了我国社会主义的性质，又符合我国的基本国情。由此可见，社会主义初级阶段的基本经济制度是有力量的经济制度，与这种基本经济制度相联系的社会主义市场经济是有力量的市场经济，这为中国特色社会主义事业可持续发展作了制度安排。

第二，社会主义市场经济力量与市场经济运行机制相联系，这有利于中国特色社会主义事业可持续发展。市场经济运行机制就是市场调节，市场调节对生产力的发展具有促进作用，它满足了生产力发展的要求。社会主义生产力发展的第一个要求是合理有效地配置资源。合理有效地配置资源是指资源没有闲置，也没有浪费，得到了充分的利用。生产要顺利进行需要两个条件：一是企业所需要的资源在市场上都能买到，二是企业所生产的产品在市场上都能卖出去。市场调节能够满足这两个条件，因为市场具有集中的功能，即能把分散的资源集中起来。在现实经济发展中，资源是处于分散状态的，市场调节能把分散的资源都集中在市场上。同时市场调节又具有扩散功能，即通过市场把企业生产的产品扩散到经济的各个领域。市场调节的集中功能满足了企业对资源的需要，也就是说企业所需的资源在市场上都能买到。没有市场集中功能就没有市场交换，没有市场交换，企业就不能从其他企业那里得到自己所需要的资源，企业生产活动也就不能正常进行。市场集中功能满足了企业生产需要的第一个条件。市场调节的扩散功能满足了企业生产需要的第二个条件，即企业生产出来的产品能够及时地在市场上卖掉，实现自己企业的利润。市场调节的扩散功能解决了企业产品的销路问题，同时也达到了企业生产的目的。当然市场调节的集中和扩散功能与市场规模有关，市场规模越大，集中和扩散功能就越大，企业就能在更大的范围内配置资源和销售产品。市场调节的集中和扩散功能保证了企业生产的顺利进行。社会主义生产力的第二个要求是生产力要素的优化组合。生产力要素包括劳动者、劳动资料和劳动对象。生产力要素优化组合就是对生产力要素作出合理的安排。在市场经济条件下，市场需要什么，企业就生产什么，市场需要多少，企业就生产多少。为此，劳动者、劳动资料和劳动对象必须保持一定的比例关系，如果劳动者、劳动资料和劳动对象中的某一项缺少，就要到市场上及时加以补充。生产力要素的优化组合是通过市场调节来实现的，所以市场调节满足了生产力发展的第二个需要。社会生产力发展的第三个要求是合理调整市场经济活动参与者之间的经济关系。在现代市场经济中，市场经济活动的参与者也会发生一定的矛盾和冲突，这种矛盾和冲突不利于市场经济的稳定、健康发展，也不利于企业的生产、发展。市场规则是调节市场经济活动的参与者之间关系的行为准则。市场规则是对市场经济参与者的最高要求，规则会产生一种无形的约束力，迫使市场经济活动的参与者遵循市场规则参与市场经济活动，形成良好的经济秩序，使现代市场经济稳定发展，为生产力的发展提供良好的市场氛围。市场规则规范了市场主体的市场行为，使市场主体遵循市场规范的意识不断增强，也使市场经济运行的阻力减小，使市场经济运行效率不断提高，为企业生产力的发展提供了保证机制。市场调节使生产力发展的要求不断得到满足，它必然有促进生产力发展的积极作用。社会主义市场经济力量就是借助市场调节对生产力发展的积极作用表现出来的。

第三，社会主义市场经济力量是与社会主义基本经济制度和市场经济的相容性联系在一起的，这有利于社会主义事业可持续发展。社会主义基本经济制度和市场经济的相容性是指二者的有机结合。社会主义基本经济制度可以和市场经济结合。首先，社会主义基本经济制度并不排斥市场经济。我国的社会主义处于初级阶段，是初级阶段的社会主义，公有制经济还没有达到成熟社会主义的要求，所以它不是初级阶段社会主义的唯一经济形式。市场经济与不成熟社会主义是相适应的，是不成熟社会主义经济的一种必然形式。社会主义的生产目的是满足人们日益增长的物质文化生活的需要，而市场经济是达到社会主义生产目的的重要途径。其次，市场经济也不排斥社会主义基本经济制度。市场经济是一种资源配置方式，是一种市场运行机制，它没有社会制度的属性，可以和资本主义制度相结合，也可以和社会主义制度相结合。市场经济和社会主义基本经济制度相结合，就是社会主义市场经济。社会主义市场经济是社会主义发展不可逾越的阶段。我国可以越过资本主义发展阶段，但不能越过市场经济发展阶段，因为它是发展社会主义生产力的有效方式。市场经济排斥的是计划经济体制下的单一公有制，而不排斥多种所有制经济共同发展的公有制经济。在社会主义条件下，社会主义基本经济制度需要市场经济，市场经济也需要社会主义基本经济制度，所以二者具有相容性，不能只讲市场经济而不讲社会主义基本经济制度，也不能把市场经济与社会主义基本经济制度机械地结合在一起。社会主义市场经济的相容性并不意味着社会主义基本经济制度和市场经济的基本特征发生了变化，实际上社会主义基本经济制度和市场经济的基本特征并没有发生什么变化。在社会主义基本经济制度方面，仍然要坚持公有制为主体和按劳分配为主体，否则就不是社会主义了。企图放弃公有制和按劳分配，实行私有化和按资分配的做法是错误的，是极其有害的。在市场经济方面，企业自主经营、自负盈亏和自主决策，商品价格由市场供求关系决定，市场对资源配置起决定作用，这些也并没有发生变化，否则就不是市场经济了。社会主义基本经济制度和市场经济的相容性只意味着它们基本特征的表现形式发生了变化。在社会主义基本经济制度方面，把国家所有、国家经营改为国家所有、企业自主经营和自负盈亏，这样社会主义基本经济制度就与市场经济相适应了。在市场经济方面，把你死我活的资本主义竞争变成既竞争又合作，把保护知识产权变成既保护知识产权又推广新技术，把完全由市场决定的投资方向变为根据市场变化、国家的产业政策和宏观调控政策来决定投资方向，这样市场经济就适应了社会主义基本经济制度的要求了，简单照搬资本主义市场经济的形式不可取。社会主义基本经济制度和市场经济的相容性既体现了社会主义市场经济是以市场为基础的运行机制，又指明了它为社会主义服务的基本方向；既坚持了社会主义市场经济的共性，又坚持了社会主义市场经济的特殊性；既体现了公有制经济的优越性，又体现了市场配置资源的有效性。实践证明，这种相容性盘活了社会主义经济，使经济活力明显增强，经济发展态势比较好。这种相容性不但没有破坏社会主义基本经济制度，反而巩固和发展了社会主义基本经济制度。社会主义基本经济制度和市场经济的相容性给社会主义市场经济带来了力量，社会主义市场经济比资本主义市场经济运转得更好、更有成效，保证了公有制经济的主体地位，防止了两极分化，正确处理了公平和效率的关系，逐步实现了全体人民的共同富裕，为中国特色社会主义事业可持续发展创造了有利的条件。

四 结语

社会主义市场经济是一种好的市场经济，是一种有力量的市场经济。如果不坚持和发展社会主义市场经济，那么就可能导致社会主义的失败。社会主义的出路在于坚持和发展社会主义市场经济，这是中国特色社会主义事业可持续发展的出路也在于坚持和发展社会主义市场经济，这是因为社会主义市场经济的力量是中国特色社会主义事业可持续发展的经济支撑。

第五章

科学技术力量是中国特色社会主义事业可持续发展的重要动力

科学属于认识范畴，是人类认识自然、社会和人自身所形成的理论性知识体系；技术属于实践范畴，是人类改造世界的实践性知识体系。科学和技术相互联系，互相渗透，所以人们把二者简称为科技，科技是人类认识世界和改造世界的工具。科技强则国家强，科技弱则国家弱，这是人所共知的道理。1999年联合国可持续发展委员会指出，没有科学就没有可持续发展。同样我们也可以说，没有现代科学技术力量就没有中国特色社会主义事业可持续发展，只有依靠现代科学技术才能实现中国特色社会主义事业可持续发展。

一 没有科技力量的社会主义是没有生命力的社会主义

弗朗西斯·培根说知识就是力量，我们也可以说现代科学技术知识是最强大的力量。西方发达国家的"发达"就是得益于科学技术的力量，这已被世界科技革命史见证。在这里我们有必要简要回顾一下世界科技革命史。第一次科技革命是第一次科学革命和第一次技术革命的总称。近代科学革命发生在16—17世纪。近代自然科学是实验科学。罗杰·培根是最先提倡实验科学的，他认为任何科学都没有像实验科学那样更有说服力，只有实验科学才能给出科学的确定性，从而使自然科学成为科学的起点。哥白尼用了30年时间写成《天体运行论》，证实了"日心说"的正确性，开启了天文学革命。开普勒在第谷观测的基础上进行了艰苦的研究，提出了"行星运动三定律"，写成了《新天文学》。伽利略第一个发明了望远镜，成为伟大的天文学家。天文学革命成为第一次科学革命的重要内容。后来，哈维在临床发现了人体血液循环，写成了《心血运动论》，开启了近代生理学革命。生理学革命也是第一次科学革命的重要内容。牛顿在 1689 年写成了《自然哲学的数学原理》，该书标志着经典力学理论体系的最终形成。1704 年牛顿又写了《光子》一书，构建了完整的力学体系，提出了著名的"牛顿三定律"和"万有引力定律"，奠定了经典物理学的基础。拉瓦锡提出了"氧化燃烧说"，波义耳发现了"化学物质反应"，奠定了化学基础。物理学和化学也是第一次科学革命的重要内容。第一次科学革命带动了第一次技术革命。第一次技术革命是从 18 世纪后半叶开始的，它以蒸汽机的广泛应用为标志，以纺织机的革新为起点，实现了工业生产从手工工具到机械化的转变，使手工工场变成了机械化工厂。人类从此进入了"蒸汽时代"，出现了轮船和火车、钢铁工业和机械制造业，化学工业也发展起来。英国抓住了第一次科技革命的机遇，实现了资本主义工业化，建立并巩固了资本主义制度。我们再回顾一下第二次科学革命和第二次技术革命。第二次科学革命是从 18 世纪开始的，以法拉第、麦克斯韦创立的"电磁理论"为主要内容。法拉第发现了"电磁效应"，创立了电磁理论；麦克斯韦对电磁波进行了数学研究。电磁理论拉开了第二次科学革命的序幕。第二次科学革命引发了第二次技术革命。第二次技术革命是从 19 世纪 70 年代开始的，以"电力"的广泛应用为标志。电力动力取代了蒸汽动力，人类从此进入了电气时代。电机和内燃机的广泛应用，产生了电力工业、汽车制造业、通信工业、石油工业和有机合成工业，实现了产业结构从资本密集型向技术密集型的转变。第二次技术革命使一般机械化向电气化和自动化转变。社会生产力又一次大解放和大发展。德国、法国、美国、日本等国家抓住了这次科技革命的机遇，迅速崛起，德国成了领头羊。我们再回顾一下第三次科学革命和第三次技术革命。第三次科学革命发生在 19 世纪末 20 世纪初，以"相对论"和"量子论"为主要内容。普朗克提出了"能量子"，标志着量子力学的诞生。爱因斯坦在 1905 年创立了狭义相对论，在

1915年创立了广义相对论，同时他也是量子理论的主要创立者之一，他提出的光量子理论和光波粒子性，证实了能量子假说，充分反映了能量的连续向不连续的转变，突破了传统物理学的根基，从此人类对物质世界的认识从宏观进入了微观。第三次科学革命带动了第三次技术革命。第三次技术革命从20世纪中叶开始，以原子能和电子计算机、空间技术为标志，是现代技术革命的开始。这次技术革命席卷了整个世界，解放了人们的脑力，从此人类进入了电子时代，人们的生产方式、生活方式和社会结构发生了深刻的变化。美国在这次技术革命中成为世界上最强大的国家，德国和日本凭借这次技术革命的成果发动了第二次世界大战，给人类带来了极大的灾难。我们再回顾一下第四次科学革命和第四次技术革命。第四次科学革命发生在20世纪50年代。20世纪50年代，科学发展出现了高度分化和高度综合的趋势，学科之间互相渗透、互相交叉，出现了大量的横断科学和交叉科学、边缘科学，如粒子物理学、核物理学、半导体物理学、量子化学、现代宇宙学、分子生物学、信息论、控制论、系统论、耗散结构论、协同学、生物遗传学、材料科学等。第四次科学革命也带动了第四次技术革命。第四次技术革命几乎与第四次科学革命同时开始，以信息技术、生物技术、新材料技术、新能源技术、激光技术、空间技术和海洋技术为标志，实现了传统产业的现代化升级。在这次技术革命中，美国和苏联成为两个超级大国，联邦德国和日本从战败的阴影中走了出来，新加坡、韩国、中国台湾和中国香港成为"亚洲四小龙"了。我们回顾世界四次科技革命的历史[①]是想证明西方发达国家的"发达"凭借的是科技革命的成果，同时也想说明另外一个问题：科学革命和技术革命，科学和技术没有阶级性，谁抓住了它谁就能够发展起来。尽管科技革命挽救不了资本主义的灭亡，但它可以延缓资本主义的灭亡。

我国社会主义制度确立的时候正是第四次科技革命开始的时候。世界上很多资本主义国家和发展中国家都抓住了这次科技革命的机遇，发展本国的科学技术，特别是发展本国的高科技，从而都兴旺发

[①] 参见胡显章、曾国屏主编《科学技术概论》，高等教育出版社2006年版。

达起来了，而我国却无视了这次科技革命，发起了一次又一次的政治运动。特别是1966年我国又掀起了抓"走资派"的"文化大革命"运动，错过了有利的科技发展机会，使我国与发达国家的差距越来越大。我国科技落后的原因有很多，其中把科学技术政治化是一个重要的原因。1949年11月1日，中国科学院正式成立。从此形成了以科学院为中心、以政府各部门和高校科研机构为辅的科技体制。1956年2月制定了《1956—1967年科学技术发展远景规划纲要（修正案）》，毛泽东提出了"重点发展，迎头赶上"的科学技术发展方针。1962年3月，在广州召开的科技工作会议上又部署了《1963—1972年科学技术发展规划》，毛泽东确立了"自力更生，迎头赶上"的科学技术发展方针。至此我国第一个科学技术发展规划提前完成，使得第二个科学发展规划有了一个良好的开端，并取得了"两弹一星"的伟大成就。但是由于"文化大革命"的开始，没有得到很好的实施，故而没有取得良好的结果。从此我国拉开了与发达国家之间的差距。在毛泽东的科技思想中有一个重要的观点，就是把群众运动看成是科学技术发展的唯一形式。毛泽东主张搞技术革新和技术革命，他认为这是一场群众性的革命运动，是一场非打不可的人民战争，不发动群众就无法真正取得胜利。主张搞技术革新和技术革命没有错，问题是他用群众运动（包括"文化大革命"）搞技术革新和技术革命，过于看重群众运动的力量，忽视了科学技术的发展规律，这表现了毛泽东的科学技术政治化的倾向，束缚了我国科技事业的发展。毛泽东把科学技术政治化是他的政治思维造成的。政治思维已经成为毛泽东的一种思维定式。政治思维就是从政治角度看待一切问题的思维方式。在革命战争时期，政治思维是必要的，因为那个时期大多数问题都带有政治性。但是在社会主义建设时期很多问题不应带有政治性，如果还把一切问题都看成是政治问题，那么就会造成错误的判断，就会把想象当成现实，把假象当成真相。

科学技术的落后使本来生机盎然的社会主义事业失去了原有的活力。第一，科学技术的落后必然导致生产力的落后。人们都知道，"科学技术是第一生产力"，邓小平这个观点的意思是，科学技术在生产力的发展中起主导作用。生产力是社会发展的决定性力量，社会主义制度确定后，利用科学技术发展生产力应该成为社会主义现代化的重中之重。然而我们却没有把主要精力放在科学技术这个第一生产力上，而是把主要精力放在了抓政治运动上。1957年"反右派"，1959年"反右倾"，1964年搞"四清"，1966年搞"文化大革命"，一个政治运动接一个政治运动，政治运动没完没了。改革开放前的20年，用"抓革命促生产"的方针搞社会主义经济建设，结果生产不但没有促上去，国民经济反而到了崩溃边缘，社会主义失去了生命力。第二，科学技术的落后导致了思想僵化，迷信盛行。人类社会的历史是从愚昧走向文明的历史，科学技术是从愚昧走向文明的桥梁。"文化大革命"是煽动愚昧的造神运动。1958年3月在成都会议上，毛泽东指出："个人崇拜有两种，一种是正确的崇拜，如对马克思、恩格斯、列宁、斯大林正确的东西，我们必须崇拜，永远崇拜，不崇拜不得了。真理在他们手里，为什么不崇拜呢？我们相信真理，真理是客观存在的反映。另一种是不正确的崇拜，不加分析，盲目服从，这就不对了。"[①] 在成都会议上柯庆施说："对主席就是要迷信"，"我们相信主席要相信到迷信的程度，服从主席就要服从到盲目的程度。"[②] 在"文化大革命"中，毛泽东又把个人崇拜分成马克思主义个人崇拜和反马克思主义个人崇拜。所以个人崇拜在"文化大革命"中达到了登峰造极的地步。从农村到城市，从工厂到街道，从学校到机关，从部队到地方，人人挥动《毛主席语录》，人人背诵最高指示，大人小孩大唱特唱"语录歌"，男女老少跳起"语录舞"，人们早晨起来要"早请示"，晚上睡觉前要"晚汇报"，一天又一天，整整混了十年。造成这种造神运动兴起的原因有很多，其中愚昧是重要的原因。新中国成立以后，几千年的封建忠君思想并没有清除，我们党也没有把反封建思想当成一项重要任务来抓。有朴素忠君的陈旧观念，就会有陈腐的思维方式。我国历史上积淀下来的愚昧的各种陈旧观念，在林彪和"四人帮"的煽动下，沉渣泛起，与造神运动巧妙地

[①] 《毛泽东文集》第七卷，人民出版社1999年版，第369页。
[②] 薄一波：《若干重大决策和事件的回顾》（下），中央党校出版社1991年版，第13、32页。

结合在一起,严重地束缚了人们的思想,造成了人们思维方式的僵化。思想僵化,迷信盛行是人们思维方式僵化的表现。愚昧既不可能接受现代科学技术创造的新的思维方式,也不可能接受现代科学思想的熏陶和影响,更不可能有自我意识的觉醒,进而从文明向愚昧退化。还是邓小平说得好:"一个党,一个国家,一个民族,如果一切从本本出发,思想僵化,迷信盛行,那它就不能前进,它的生机就停止了,就要亡党亡国。"① 第三,科学技术的落后导致了我国在20世纪末没有实现社会主义现代化。新中国成立的时候,西方发达国家已经实现了现代化,这种现代化引起了世界经济、政治格局的变化,这种变化对落后国家构成了潜在和现实的威胁。落后国家为了生存和发展,为了应对这种威胁,必须实现现代化。为此,我国第一届全国人民代表大会提出了农业现代化、工业现代化、国防现代化和科学技术现代化。1964年第三届全国人民代表大会和1975年第四届全国人民代表大会又重申了在20世纪末基本实现社会主义现代化的目标。按理说,20世纪末我国基本实现社会主义现代化是没有多大问题的,因为新中国已经成立,强大的人民民主专政政权为实现社会主义现代化提供了保证,社会主义制度的确立为实现社会主义现代化提供了独特条件。虽然我国科技落后,但我国已经有了以钱学森为代表的一支科技力量。西方发达国家已经有了实现现代化的成熟经验,虽然我们不能照搬,但可以参考。本来社会主义现代化应该比资本主义现代化来得更好些、更快些,然而好些、快些的现代化在我国却并没有出现,反而出现了更糟糕的现象。难道说党和国家不重视社会主义现代化吗?显然不能这么说,因为社会主义现代化是毛泽东提出来的、并不断强调和重申的。那原因是什么呢?主要原因就是没有抓住科学技术现代化的机遇。科学技术现代化是实现农业、工业和国防现代化的关键。难道说党和国家不重视科学技术现代化吗?显然也不能这么说。以毛泽东为核心的第一代中央领导集体在社会主义制度确立以后,就提出了"向科学进军"的号召和进行技术革命的任务,并强调技术革命这一仗一定要打,而且必须打好。那问题到底出在什么地方

---

① 《邓小平文选》第二卷,人民出版社1994年版,第143页。

呢？问题就出在毛泽东的科学技术思想中的阶级意识思想，他把科学技术主体的知识分子阶级化了。知识分子在社会主义改造实践中接受了共产党的领导，愿意为社会主义服务，所以周恩来在1956年关于知识分子的讲话中和党的八大中都提出了"知识分子已经是工人阶级的一部分"。毛泽东却推翻了党的八大的决议和周恩来对知识分子属性的界定。党的八大二次会议把知识分子看成了剥削阶级，"文化大革命"把知识分子看成是没有改造好的资产阶级知识分子，并成为专政的对象。有的知识分子说，地主改造三年还可以摘掉帽子，难道我们知识分子的这顶资产阶级帽子就摘不掉了？顶着资产阶级帽子的知识分子能有积极性、主动性和创造性吗？没有知识分子的积极性、主动性和创造性，科学技术落后就是必然的了，社会主义现代化实现不了也是必然的了。没有科学技术现代化的社会主义能有生命力吗？第四，科学技术的落后影响了人民根本利益的实现。根本利益是人民群众追求的目标，那么到底什么是人民群众的根本利益？过去我们错误地把阶级斗争看成是人民群众的根本利益，认为搞阶级斗争就是在维护人民群众的根本利益。然而阶级斗争却并没有给人民群众带来任何利益，人民群众也根本不需要这种根本利益，他们需要的是看得见、摸得着的实实在在的经济利益、政治利益和文化利益，这些利益才是人民群众的根本利益，人民群众的利益存在于知识分子的科技活动中。现代农业技术让人们吃饱了饭，现代工业技术让人们穿上了衣、有了现代的日用品，现代国防技术保卫了国家和人民的安全。知识分子的科学技术活动从一定意义说就是从国家利益和人民群众的根本利益出发的，科学技术本身就具有经济价值、政治价值和文化价值，科学技术是实现人民群众根本利益的主要途径。离开了科技进步，特别是离开了以高科技发展为核心的先进生产力和先进文化，就不会有强大的经济和繁荣的文化，也就不能很好地实现人民群众的根本利益。

总之，从以上分析中不难看出，我们过去没有抓住第四次科技革命的机遇，没有运用现代科学技术建设社会主义，使传统社会主义失去了生命力。

二 要增强社会主义生命力就必须提高现代科学技术实力

科学技术不是万能的，但是社会主义离开科学技术也是不行的，要增强社会主义生命力就必须提高科学技术实力。

目前我国的科技实力怎么样呢？与改革开放前相比，我国的科学技术实力有了很大的提高。1977年恢复高考后，我国的高等教育事业有了很大的发展，目前在校的本科生和研究生居世界首位，我国的科技人员每年都在大量增加，我国的科技论文排在了世界的前列。我国每年都要引进大量外籍科技人员和外国先进技术，增加科技投资，同时建立了工程院和大学城，以及不少类似中关村的科技园，加大了知识产权的保护力度，这些都保证了我国科技的发展。我国的科技取得了长足发展，载人飞船成功上天，瓦良格号航母出海试航，蛟龙号深水试验成功，新能源汽车已经上市，杂交水稻开创了一条水稻高产之路。我国的科技创新取得了重要成果，"863计划""火炬计划""973计划""211工程""985工程"都取得了重大进展。《国家中长期科学和技术发展规划纲要（2006—2020年）》正在实施中。所以说与改革开放前相比，我国的科学技术有了突飞猛进的发展。但是与发达国家相比，我国的科技实力还有很大的差距。世界排位前100名的大学，中国一所都没有，北京大学排在第192位，清华大学排在第196位。有人把世界各国按科技实力分成五类：美国为第一类，日本、法国、德国、英国为第二类，加拿大、意大利、俄罗斯、荷兰、西班牙、丹麦、韩国、奥地利为第三类，印度、中国、巴西、墨西哥、阿根廷为第四类，非洲大多数国家为第五类。在自然科学方面诺贝尔奖的获得者在中国刚出现。中国和发达国家相比，科学技术的差距是很大的。差距表现在哪些方面呢？科技创新能力不足，科技竞争能力不强，关键技术、核心技术受制于人，国民科技素质差。所以我们必须针对这些实际情况，提高我国的科技实力。

第一，不断增强科学技术创新能力。科技创新包括科学创新和技术创新。科学创新和技术创新不是一回事。科学创新标志着人类对客观世界和主观世界的新认识，揭示出自然界、社会和人自身的新规律；技术创新是将科学研究的新成果应用到企业生产中，实现产业化和商品化，带来新的经济价值和社会价值的实践活动。科学创新和技术创新又是互相联系的。科学创新是技术创新的理论基础，没有科学对自然、社会和人自身的本质和规律的新揭示，就不可能有新技术在生产领域的新应用；技术创新对科学创新也有促进作用，它为科学创新获得更多的精确的科学事实，能更严格、更可信地检验科学创新。我国的科技创新能力不足就是指这两方面的不足。新中国是在旧中国的基础上建立的，社会主义是从半殖民地半封建社会脱胎而来的，新中国成立之初，全国科技人员不足 5 万人，科研机构有 30 多家，但都已名存实亡，我们的科技创新能力不强也不足为怪。这只是一种客观原因，也有主观原因，那就是我们将科学技术政治化了。科学技术是没有阶级性的，资本主义可以用，社会主义也可以用，而我们却用政治的观点看待科学技术。这有我们自身的原因，同时也受到了当时苏联的影响。在生物学界，苏联的李森科，以坚持辩证唯物主义为名，粗暴地宣判摩尔根学派的遗传学是反社会主义的伪科学。这种把科学技术政治化的行为，不仅影响了苏联科学技术的发展，也影响了中国科学界，使得中国也出现了对某些自然学科的批判。这种自然科学政治化是中国科技创新不强的一个重要原因。改革开放后，科学技术政治化的现象不存在了，这为我国科学技术创新能力的提高创造了良好的环境。

首先，要掌握现代科技创新的思维方式。科学技术与科学人员的思维方式有关。科学思维是复杂性思维，是各种思维方式的综合运用，如系统性思维方式、交叉性思维方式、发散性思维方式、聚集性思维方式、怀疑性思维方式、逆向思维方式等等，这些思维方式是现代科技活动的必然产物，又对科技创新起着重要的作用。科技创新离不开思维方式的创新，思维方式是人类思维活动最高级、最复杂的思维形式，是科技人员破除旧的思维方式，发现事物的本质和规律的重要思维活动形式。科学技术人员要进行科技创新，就要先研究一下这些思维方式。

其次，要加强科技创新的团队建设。现代创新规模不断扩大，学科的交叉性和渗透性不断增强，我们并不否认个体性创新，但个体性创新越来越难，所以出现了多学科的团队创新。现代科技创新是以研究和开发为主要内容的，科技创新团队组成人员的知识结构不同，创新团队需要知识、技能互补，这样容易产生创新思想，提高创新效率。

再次，要促进科技与文化的融合。科技与文化是相互联系又相互促进的：一方面科技需要文化，文化自觉对科技创新有引领作用，文化创新影响着科研人员对客观世界总的认识，也影响着技术人员对客观世界的改造，没有文化的总体提升，科学技术就难以得到发展的条件和应用的空间；另一方面文化也需要科技，科技创新能丰富文化的内涵，提升文化创新能力，促进产业的发展。科技和文化之所以能互相融合，是因为科学技术知识是文化的一部分，文化包含着科学、技术和知识。我们这里之所以说科学要与文化相融合，是因为这种融合是科技创新的途径。其一，创新文化为科技研发指明方向和提供方法。创新文化体现了世界观、物质观、自然观、科技观和价值观的统一，科技人员如果没有各种文化观念的指导，就很有可能在认识世界和改造世界中迷失方向。创新文化也为科技人员提供了正确的方法，它要求科技人员把运用方法论和创造方法结合起来，树立方法论意识，即要理解和掌握蕴含在科研中揭示事物本质所运用的方法。如果不能树立方法论意识，缺乏归纳方法的自觉行为，那么就不会出科研成果。其二，创新文化为科学技术的发展创造良好的社会氛围。新中国成立后，我国制定了《1956—1967年科学技术发展远景规划》《1963—1972年科学技术发展规划》，在这两个科学技术发展规划的指导下，我国的科学和技术取得了一定的成绩，如"两弹一星"，但没有达到预期的目标，其原因就是缺乏创新文化的有力支持。改革开放后，我国的科学技术发展规划顺利实施，并取得了重大成果，其原因就是有了创新文化的支撑。创新文化与文化创新不同，文化创新是人的思想行为的创新和能力素质的提升，是一系列文化活动要素的系统创新；创新文化则是以创新意识和创新行为为核心、以创新政策为引导、以创新体系为保障的文化范式。科技发展规划的实现、科技创新活动离不开创新文化，这是因为创新文化是实现科技发展规划和科技创新活动的基础,它形成的内力是无形的,也是深刻而持久的。

最后,是培养一定数量的科学家和领军人才。科学家和领军人才已成为我们这个时代最核心的科技资源,是科技创新和科技进步的关键。没有科学家和领军人才,科技创新和科技进步就无法实现。改革开放后,我国的高校已有 2000 多所,每年的毕业生有几百万,再加上引进的科技人才,可以说我国的科技人才队伍已基本形成。根据党的十七大的要求,我国制定了《人才规划纲要》,《纲要》提出的目标是:培养和造就规模庞大、结构优化、布局合理和素质优良的人才队伍,确立国家人才竞争优势,进入世界人才强国行列,为 21 世纪基本实现现代化奠定人才基础。我国的科技人才队伍按照《纲要》的要求可以说是规模宏大的,但在这个人才队伍中,能突破关键性、发展高新产业和创建新兴学科的具有国际化水平的科学家和领军人才却不多。没有这样的科学家和领军人才,就谈不上我国创新优势和创新实力的质的飞跃。培养这样的科学家和领军人才有一定的难度,必须付出巨大的努力。其一,要把像北京大学和清华大学这样的知名高等大学打造成为学术型、科技型大学,教师要有学术成就,学生进校就要树立起学术和科研观念,一般人才的培养让普通大学去做。教育资金不要平均使用,加大对这些高校的投入。其二,创造条件,把在国外有成就的留学人员和学者吸引回来,用高薪聘请外国科学家和领军人才来华创业,我们现在已经有了这个条件。其三,不仅要树立相对优势观念,而且更要树立绝对优势观念,没有绝对优势这种自信,我们就永远赶不上发达国家的科技水平。

第二,不断提高科技竞争力。首先要抓住科技全球化的机遇。当前世界科技革命蓬勃发展,科技全球化已成为世界发展的必然趋势。科技全球化包括科技活动内容全球化、科技活动范围全球化、科技活动主体全球化和科技活动影响全球化。面对科技全球化,各国都在调整自己的科技政策,积极参与科技全球化进程,提高自身的科技竞争力。科技全球化对我们来说既是一种挑战,又是一种机遇,我们一定要抓住这个难得的机遇,参与科技全球化进程,充分利用科技全球化提供的科技资源,把引进与创新结合起来,借助科技引进促进科技创新,逐渐摆脱核心技术对发达国家的依赖。在科技全球化的过程中,我们要与发达国家开展双边或多边合作，共同研究和解决共同的复杂的难题，以最优的智力结构、最优的实验条件和合理的技术手段投入到共同课题的研究中，做到扬长避短，优势互补，取得最佳成果。这是当前世界科学技术发展的一个重要特点和必然趋势，也是攻克世界性科学技术难题的一种重要形式。参与双边和多边合作对我国有好处，我们可以享有科研成果的权利，为我国科技发展创造难得的机遇。其次要实现科学技术的商品化和产业化。1985年3月13日，《中共中央关于科技体制改革的决定》进一步提出了"促进科技成果商品化、开拓技术市场"。技术是科学劳动成果，同其他商品一样，具有使用价值和价值。技术商品的价值同一般劳动产品的价值又有差别，它提供的是知识、技能和由知识所创造的劳动产品，其中创造性的智力劳动是价值形成的质的因素。我们党多次提出"发展高科技，实现产业化"。科技产业化是指以盈利为价值取向，把技术成果转化为产业的实践过程，包括高新技术成型后的对外转让，高新技术物化为商品而成为产业和高新技术在传统产业中的应用。科技成为商品和产业，可以直接参与国际竞争，成为国际竞争中成败的重要因素。科技的商品化和产业化是在社会分工中形成的，也是竞争的产物。科技的商品化和产业化是我国科技工作的目标和方向，也是提高科技竞争的重要动力。再次要培育战略性新兴产业。经过改革开放的多年发展，我们国家已经建立起比较完整的科技体系，科学技术发展水平明显提高，科技创新明显增强，为提高科技竞争力奠定了基础。科技竞争已成为国际竞争的一个重要趋势。一个国家的科技竞争力是同国际竞争密切联系在一起的，科技竞争在国际竞争的拉动下与新兴产业紧密结合，已成为提高我国科技竞争必须要考虑的一个问题。培育战略性新兴产业，实现产业优化升级，抢占新一轮国际竞争先机和优势，对提高我国科技竞争力具有重要意义。最后要树立科技竞争理念。当今世界是竞争的世界，科技竞争已成为国际竞争的焦点，没有竞争就没有世界的发展，也就没有世界的科技进步，所以世界科技竞争十分激烈。当今中国的科技与发达国家相比处于劣势，面对发达国家科技优势的压力如果没有强烈的科技竞争意识，那么就有可能在国际竞争中败下阵来。这对我国的科技发展十分不利，对中国特色社会主义事业可持续发展也十分不利。所以树立科技竞争理念是提高我国科技竞争力的一个重要动力。

第三，努力突破关键与核心技术。我国的关键与核心技术之所以受制于人，主要是因为我国跟踪模仿多，原始创新少。原始创新是指科技人员独立完成的新的科学发现和新的技术发明。原始创新意味着在基础研究上突破前人并有新发现，在高新技术领域有新突破并有新发明。这标志着科学技术领域的质的飞跃。我国在原始创新上取得的成果并不多，就是因为原始创新少，跟踪模仿多。跟踪模仿也就是引进消化吸收再创新。这种创新对科技不发达的中国来说是必要的，也是提高我国科技水平的有效途径。但关键的核心的技术，发达资本主义国家不会卖给我们，我们花多少钱也买不来。如果我们总是处在跟踪模仿阶段，那么我国的关键与核心技术就不容易得到解决。我国的基础科学与前沿技术要取得重大进展，还得靠原始创新。一、科技人员要具备原始创新素质、积极的创新自信心、饱满的创新热情、坚定的创新意志、明确的创新目标和超人的智慧，这些都是科技人员原始创新必备的素质，没有这些素质，就不可能进行原始创新。二、科技人员要有科技献身精神。纵观世界科技发展就可以知道，凡是能原始创新的人都具备科技事业献身精神，如开普勒几乎贫困潦倒，但这并没有中断过他对行星运动规律的研究。原始创新是一种复杂而艰难的创造性劳动，在创新研究中会遇到难以想象的困难，会出现一次又一次的失败，没有献身精神，就会半途而废，无果而终。献身精神是攻克难关的关键因素。三、要不断补充新知识。当今世界，新知识层出不穷，知识更新速度加快，现代科研对象日益复杂，需要综合运用各种知识，所以不断补充新知识对原始创新很重要。四、要不断总结科研经验。原始创新是一种探索性的实践活动，有失败也有成功。原始创新要处理好失败和成功的关系，不断总结失败的教训，不断寻找成功的经验。总结经验教训是科研取得重大突破的重要条件。五、要加强合作。现在的科学研究，个体进行的也有，但大多数人是合作完成的，合作研究可以实现知识互补，发挥最佳潜能，提高科研效率。六、加大知识产权的保护力度。知识产权不仅是一项法律制度，也是推动科学研究和技术发明的保障制度。当今时代是知识经济时代，以知识为基础的产业在国民经济中的比重越来越大，谁掌握了知识，谁就掌握了经济发展的主动权，所以知识产权保护被提升到了前所未有的高度。知识产权保护和核心技术独有是一致的，核心技术在市场化过程中表现为独有，从而在法律上作为一种权利被确定下来。知识产权保护能保障关键与核心技术的突破，也保证了国家利益的实现。加强知识产权保护，一要坚决实施国家知识产权战略；二要坚持知识产权在先权利和保护在先权利原则；三要不断完善知识产权制度；四要建立知识产权法院，依法审理侵犯知识产权案件。

第四，大力提高国民科技素质。我国的国民科技素质怎么样呢？《中国科协全民科学素质行动计划大纲》对我国国民科技素质做了正确判断：我国公民的科学素质不仅远低于发达国家的水平，而且多年停滞不前，对经济、政治和文化发展的羁绊和影响逐步显现。相对于科学文化知识的普及教育状况而言，科学精神的培育尤为落后。由于缺乏科学态度，在统计、决策和生产生活中违反客观规律、凭片面性事实和主观意志轻率马虎办事乃至弄虚作假的情况经常可见；由于缺乏科学的世界观，有些富裕起来的人们热衷于封建迷信，一些党员干部成为唯心论和有神论的俘虏。《大纲》指出了我国国民科技素质存在的三个主要问题：一是缺乏科学精神；二是缺乏科学态度；三是缺乏科学的世界观。科技素质是国民素质的重要组成部分，国民素质整体水平低下，不仅影响着我国科技的发展，还制约着我国国民经济的发展。为此我们党和国家采取了不少措施，除去《大纲》的要求外，从2001年开始，每年5月的第3周为科技活动周，发行科普期刊，进行网络科普活动，出版科普读物，建立科普场馆。就此本书还想提出几点建议：一是在小学开设科学家故事课，培养小学生的科学精神和科学态度；在初中开设科普课，使初中生掌握一些科学知识与创造方法；在高中开设一些像法国那样的"动手做"课程，搞一些小发明和小创作；在大学文科中开设一些创意课程，在理科中开设一些人文课程。二是在城市，员工就业前要加强有针对性的培训；在农村开办一些科普图书室，对农民进行科技培训。三是在职业大学开设与就业相关的操作课程。最近有的职业大学把8位大国工匠现场请进校园，这8位大国工匠现场讲解并实际操作，受到大学生的好评。职业大学应该开设实际操作课程，请像这 8 位大国工匠那样具有高超技艺的人才做兼职教师。这样做既有利于大学生的就业，也有利于提高国民科技素质。

总之，科学技术是一种最高意义的革命力量，是增强社会主义生命力的重要前提和重要保证。

三 以现代科学技术推动中国特色社会主义事业可持续发展

马克思主义认为，科学技术是推动历史前进的有力杠杆。同样我们也可以说，现代科学技术是推动中国特色社会主义事业可持续发展的有力杠杆。

第一，现代科学技术是发展社会主义生产力的有力杠杆，为中国特色社会主义事业可持续发展奠定了雄厚的物质基础。生产力是人们从事生产的能力，包括劳动者、劳动工具、劳动对象、劳动管理和科学技术。有的专家把生产力中的劳动者、劳动工具、劳动对象、劳动管理和科学技术的关系归结为这样一个公式：生产力 = （劳动者 + 劳动工具 + 劳动对象 + 劳动管理）× 科学技术。从这一公式可以看出，科学技术的进步直接影响生产力内部诸要素的变化。这个公式中的劳动者是掌握一定科学技术的劳动者，是最革命、最活跃的生产力，科学技术可以增强劳动者的劳动技能，劳动者掌握的科学技术知识越多，生产力发展就越快。这个公式中的劳动工具是最重要的劳动资料，它是科学技术的物化形式，它的革新是与技术发明联系在一起的，劳动工具革新越快，生产力发展就越快。原有的机器体系分为三个部分：发动机、传动机和工作机，电子计算机技术使机器体系又增加了一个自动控制，使生产力跃进到一个新的阶段。这个公式中的劳动对象是劳动加工和改造的东西，劳动对象的来源和范围取决于科学技术，空间技术的发展使劳动对象扩展到了外层空间，海洋技术使劳动对象扩展到了海底，纳米技术使劳动对象扩展到了微观领域。科学技术改变了劳动对象，也促进了生产力的发展。这个公式中的劳动管理是指生产中的组织管理。科学技术与劳动管理相结合，可以提高劳动管理的科学化水平，降低管理成本，也促进了生产力发展水平的提高。科学技术渗透到生产力诸要素当中，使生产力发生了质的飞跃。这一点正被当代科学技术所证实。当今时代是高科技发展的时代。这里的高科技包括：微电子科学和电子信息技术、生命科学和生物工程技术、能源科学和新能源技术、生态科学和环保技术、地球科学和海洋技术、医药科学和生物医学工程，这些新兴科学和新兴技术，使我国生产力又好又快地发展。现代科学技术揭示了生产力发展的新规律，创立了生产力发展的新理念，破解了生产力发展的新难题，提高了生产力发展的质量和效益，使生产力持续健康发展，为中国特色社会主义事业可持续发展打下了坚实的物质基础。

第二，现代科学技术是提高综合国力的有力杠杆，能增强中国特色社会主义事业的整体实力。综合国力是一个国家硬实力和软实力的总称，是由经济力、政治力、文化力、国防力、资源力和科技力形成的一股合力。经济力是综合国力的基础，政治力是综合国力的核心，文化力是综合国力的支撑，国防力是综合国力的保证，资源力是综合国力的条件，科技力是综合国力的主导。经济力、政治力、文化力、国防力、资源力和科技力的相互联系，互相渗透，形成了一个国家的综合国力。科技力对经济力、政治力、文化力、国防力和资源力都具有深远的战略意义。其一，科学技术具有促进经济发展的功能。科技发展和经济发展是相互促进的，经济发展需要科技进步，科技进步可以促进经济发展。科技进步促进经济发展表现在，它可以改变经济发展方式，使粗放型的发展方式转变为集约型的发展方式，使经济发展方式与生产力发展相适应；它可以改变农业结构和工业结构，使传统农业向现代农业转变，使传统工业向现代工业转变（如电子工业、原子能工业、宇航工业和信息工业），使经济结构与生产力相适应。其二，科学技术具有推动政治发展的功能。这里的政治指的是国事。当前我国最大的国事就是"全面建成小康社会"。全面建成小康社会有六项重点工作：实现新兴工业化、提高全社会的信息化水平、加快城镇化进程、实现农业现代化、建立和健全循环经济发展模式、构建服务型的产业结构和组织结构。这六项任务的实现都需要现代科学技术与科技创新的支持，没有现代科学技术与科技创新的支持，全面建成小康社会的目标就无法实现。现代科学技术具有满足全面建成小康社会的科技需求的功能。从这个意义上说，科学技术具有推动政治发展的功能。政治力的提高是中国特色社会主义事业可持续发展的政治条件。其三，现代科学技术对现代文化事业的发展具有引领和提升的作用。现代科学技术和科技创新有力地支撑了现代文化的生产和文化产品质量的提高。现代科学技术和科技创新给文化产业的生产提供了新的生产方式和生产手段，使文化产品的生产效率不断提高。文化产品要赢得市场就要提高文化产品的质量，现代科学技术和科技创新，增强了文化产品的表现力、吸引力和影响力，使文化产品的质量大大提高。现代科学技术与科技创新有力地支撑了文化创意产业的发展。文化创意产业是以科技进步为发展原动力、以信息和信息技术为载体和与科技相融合的文化产业形态。现代科学技术和科技创新为文化创意产业提供了科技支持。文化力的提升是中国特色社会主义事业可持续发展的文化条件。其四，现代科学技术有提升国防力的功能。一个民族、一个国家要生存和发展，要在激烈的国际竞争中站稳脚跟，就要有强大的国防。没有现代化的强大国防，一旦战争爆发就会陷入被动挨打的局面。未来的战争都是高科技战争，所以加强国防建设就是要建立起高科技的现代化的强大国防，提高部队现代化装备水平。现代军事科学技术是提高军队装备水平的唯一途径。有了国防力，中国特色社会主义事业可持续发展就有了坚强的后盾。其五，现代科学技术可以增强资源力。随着社会主义现代化的发展，我国的生态、环境和资源问题凸显出来，生态失衡、环境污染和资源紧缺已经制约了中国特色社会主义事业的可持续发展。为了解决这个问题，我们国家借助现代科学技术手段，拯救濒临灭绝的物种，使生态系统逐渐恢复平衡；利用现代科学技术治理环境污染，保护人类赖以生存的地球家园；利用现代科学技术提升资源、能源的有效生产，扩展资源、能源的利用价值，提高资源、能源利用效率。资源力是中国特色社会主义事业可持续发展的资源条件。从科技力与经济力、政治力、文化力、国防力、资源力的关系看，科技力是综合国力的关键性因素，综合国力是中国特色社会主义事业可持续发展的基础。

第三，现代科学技术是促进人的发展的有力杠杆，为中国特色社会主义事业可持续发展创造了主体条件。科学技术蕴含着人的发展，离开了人的发展，科学技术也就失去了意义。所以科学技术对人的发展有促进作用。科学具有认识世界的功能。科学分为自然科学、社会科学和人文科学。自然科学给人提供的是自然知识，自然知识是人们认识自然现象和自然本质的武器；社会科学给人提供的是社会知识，社会知识能使人们正确地认识社会的现象和社会的本质。人文科学给人提供的是人文知识，人文知识能使人们正确地认识人自身的现象和人自身的本质。新中国成立后，由于科学的落后，我国的文盲和半文盲很多，又没有把封建迷信彻底清除，使人们摆脱愚昧无知的状态，所以一些封建迷信思想在一些群众中还有一定的市场。后来又出现了一些新形态的迷信和伪科学，更加严重地影响了人们的思想。要摆脱愚昧无知的状态，就要发挥科学的认识功能，坚持不懈地普及科学知识。发展科学很重要，科学知识、科学精神和科学方法能促使人们牢固地树立起正确的世界观、人生观和价值观，引导人们奋发向上，在全社会形成学科学、用科学的良好氛围，这会使封建迷信和伪科学没有市场，使人们在健康的社会环境中生活。技术有改造世界的功能。如果说科学是认识世界，那么技术就是改造世界；如果说科学关注的是"是什么"，那么技术关注的就是"怎么做"；如果说科学的成果是理论知识体系，那么技术的成果就是物质产品。所以说技术的功能与科学的功能不同，技术的功能是改造世界。科学家和技术人员的强烈责任感和集体主义精神深刻地影响着当代人和后来人。科学家的每个重大发现、技术人员的每个重大发明，都会对人类历史进程产生深远的影响；科学家对真理的执着追求和对未来知识的探索结出了科学精神和科学知识的硕果，技术人员的劳动彻底改变了人们的思想方式、生活方式和工作方式。科学家和技术人员在科学研究和技术发明中形成了一种独特的精神：攀登高峰与脚踏实地精神、独立思考与团结协作精神、艰苦奋斗与开拓创新精神。这些精神是一种无形的力量，这种力量能熔铸于人的生命力中，内化为人的品格、气质、能力和教养，使人生科学化。一种科学理论一旦被人民群众所掌握，就有了认识世界的作用；一种技术方法一旦被人民群众所掌握，就有了改造世界的作用。在科学技术飞速发展的今天，科学与迷信、知识与愚昧的斗争并未停止。近些年来,一些地方的迷信活动死灰复燃,一些人传播伪科学,散布歪理邪说,蛊惑人心。我们有些党员干部不但不制止,反而支持和参与这类活动,起到了推波助澜的作用。这种不正常的现象,既阻碍了社会发展,也阻碍了人的发展。科学技术是战胜愚昧的强大力量,是反对封建迷信和邪教的锐利武器。我们必须以科学技术知识、科学精神和科学方法为武器,旗帜鲜明地反对封建迷信、伪科学活动,提高人们的科学文化水平,按照科学发展规律办事,使人的发展成为健康的发展,为中国特色社会主义事业可持续发展创造主体条件。

第四,现代科学技术是提高我国国际竞争力的有力杠杆,为社会主义最终代替资本主义创造了条件。马克思认为,生产力决定生产关系,生产关系必须适应生产力的发展,生产力是社会历史发展的最终决定力量。资本主义战胜封建主义证明了这一原理的正确性,社会主义代替资本主义也是建立在这一原理的基础上的。资本主义的生产力和生产关系之间的矛盾与社会主义的生产力和生产关系之间的矛盾不同。我们这里暂且不论证这两对矛盾的性质的区别,只讲它们的不同状况。在资本主义制度确立前,先进的生产力和落后的封建生产关系的矛盾是当时生产力和生产关系之间矛盾表现的主要形式。因为资本主义生产关系在封建社会末期已经产生,但封建统治阶级阻碍了资本主义生产关系的发展,所以资产阶级利用科技革命的成果发展生产力,使生产力的发展展现出一个质的飞跃。资产阶级利用科技成果发展起来的生产力,最终战胜了封建统治阶级,建立和巩固了资本主义制度。这个经验值得社会主义的注意。资本主义制度确立后,生产力和生产关系的矛盾表现为社会化大生产和资本主义私人占有制之间的矛盾。这个矛盾的对抗性,在资本主义制度确立后的一段时间内并不明显,但是随着资本主义的发展,这个矛盾的对抗性逐步显现出来。这个矛盾资本主义本身是解决不了的,社会主义代替资本主义就成为了历史的必然。究竟社会主义怎样代替资本主义,这只能由未来的历史来决定。按照马克思主义理论,这种代替是通过暴力革命的形式来实现的。即使如此,这也只能由资本主义国家的人民去做,社会主义国家的人民不可能跑到资本主义国家去闹革命，因为革命不能输出。在现实情况下，社会主义国家只能与资本主义国家搞和平竞争。过去我们把和平竞争叫修正主义，现在看来，这个观点值得商榷。只要资本主义愿意与社会主义和平共处，我们就与它展开和平竞争。在这场和平竞争中，我们是处于劣势的，主要是因为我们的科技总体水平落后，生产力不发达。新中国成立后，我国生产力落后，半殖民地半封建的生产关系还存在着，所以社会主义革命应该是生产力革命和生产关系革命的统一。当时我们认为，社会主义革命就是生产关系革命，所以就一个劲地变革生产关系，建立起单一公有制的生产关系。这种超前的生产关系同我国落后的生产力的矛盾凸显出来，再加上我们没搞生产力革命，就使得生产力更加落后。社会主义制度确立以后，毛泽东已经意识到了这一点，所以提出了技术革新和技术革命，技术革新和技术革命实质上就是生产力革命。但是我国的生产力仍然没有发展上去，因为搞技术革新和技术革命的方法不对头，以大规模的群众运动来搞技术革新和技术革命，结果生产力落后的问题还是没有得到解决。党的十一届三中全会后，我们通过改革改变了不适合生产力发展的单一公有制生产关系，建立了公有制为主体，多种所有制经济共同发展的生产关系，这种生产关系适合了我国当前的生产力状况。但适合生产力不等于综合生产力的发展，生产力的发展只能靠科学技术。依靠科学技术，我国的生产力才实现了一个质的飞跃，这是我们同资本主义竞争的资本。社会主义与资本主义竞争的实质就是科技竞争，谁掌握了现代科学技术，谁就掌握了国际竞争的主动权，立于不败之地。现在我们与发达国家在科技上还有很大的差距，只要我们抓住新科技革命的历史机遇，利用新科技革命的成果，瞄准世界科技前沿，加强团队攻关，我们的科技在21世纪中期就会赶上发达资本主义国家。社会主义代替资本主义的形式可以变，但社会主义代替资本主义必须建立在作为第一生产力的科学技术的基础上这个原理不能变。我们有理由相信，科学技术是社会主义代替资本主义的有力杠杆。

四 结语

中国特色社会主义事业可持续发展每前进一步都和现代科学技术相关联,现代科学技术日益成为推动经济和社会发展的革命性力量,现代科学技术从来没有像现在这样如此深刻地影响着我国经济的发展和社会的进步,我们必须高度重视以现代科学技术推动中国特色社会主义事业可持续发展。

第六章

体现军事力的强大人民军队是中国特色社会主义事业可持续发展的后盾

新世纪新阶段，在中国共产党的领导下，在改革开放的推动下，我们夺取了中国特色社会主义事业的新胜利。中国特色社会主义事业是可持续发展的事业，它的可持续发展需要建立一支强大的人民军队。只有强大的人民军队才能成为中国特色社会主义事业的坚强后盾，才能彰显出它存在的实际意义。

一 中国特色社会主义事业可持续发展需要一支什么样的强大人民军队

中国特色社会主义事业需要一支革命化、现代化和正规化的人民军队。这支强大的人民军队应该是一支革命化的人民军队。革命化是强大的人民军队的根本方向。这里的革命化是什么意思呢？它包含三层含义：第一层含义是要坚持党对军队的绝对领导。社会主义国家的军队与资本主义国家的军队不同，它是党的军队，因此必须坚持党的绝对领导。毛泽东有句名言："党指挥枪"。他指出："我们的原则是党指挥枪，而决不容许枪指挥党。"[①] 这句名言讲的就是党对军队的绝对领导，这是毛泽东的一大创造。邓小平坚持了毛泽东的这一思想，他反复强调"我们这个军队永远是党领导下的军队"，"是党的军队"。这就使人民军队保持了自己的性质。江泽民把"党对军队的

---

① 《毛泽东选集》第二卷，人民出版社1991年版，第547页。

绝对领导"看成是我军永远不变的军魂，并把党对军队的绝对领导与走中国特色社会主义精兵之路联系起来，确保军队永远忠于党、忠于人民和忠于社会主义。胡锦涛把"党对军队的绝对领导"看成是"基本军事制度""党和国家的基本政治优势"，这就揭示了我国军队建设的规律性。习近平总书记认为，"保证党对军队的绝对领导，关系到我军的性质和宗旨、关系到社会主义的前途和命运、关系到党和国家的长治久安"，必须"建设一支听党指挥、能打胜仗、作风优良的人民军队"。习近平总书记在这里揭示了"听党指挥"和"打胜仗"之间的逻辑联系。历史证明，有了党对军队的绝对领导，我军才能从无到有、从小到大、从弱到强；有了党对军队的绝对领导，我们才取得了抗日战争和解放战争的胜利，才有了新中国；有了党对军队的绝对领导，人民军队才能出色地完成保卫社会主义祖国的任务。党对军队的绝对领导，使人民解放军成为一支新型的人民军队，成为始终保持统一意志、坚强团结和铁的纪律的军队，成为一支有战斗力的军队。不管军队建设的环境怎样变化，不管军队组织的形式怎样调整，不管今后的战争形态怎样演变，党对军队的绝对领导原则不能动摇。

第二层含义是要始终把思想政治工作放在军队建设各项工作的首位。把思想政治工作放在军队建设各项工作的首位特别重要，这样做人民军队的性质和发展方向就有了保障，就能使人民军队经受住各种严峻考验，就能使人民军队成为一支革命军队；把思想政治工作放在军队建设各项工作的首位，军人的核心价值观就可以转化为战胜敌人的巨大战斗力，人民军队就可以成为一支战之必胜的军队；把思想政治工作放在军队建设各项工作的首位，就能使军队保持政治上的坚定性和思想上的纯洁性，人民军队就可以成为一支永不变质的军队；坚持把思想政治工作放在军队建设各项工作的首位，就要坚持全心全意为人民服务的宗旨。为人民服务是我们党的宗旨，也是我军的宗旨。坚持全心全意为人民服务，军队就要坚决维护人民群众的根本利益。人民群众不需要那些虚无缥缈的东西，他们需要的是看得见摸得着的实实在在的物质利益、政治利益和文化利益。人民军队就是这些权益的捍卫者。要加强思想政治教育，引导广大官兵树立坚定的理想信念和正确的世界观、人生观和价值观是广大官兵思考现实人生的思想武器。

第三层含义是发扬我军的优良革命传统和作风。我军在长期的民主革命实践中形成了优良的革命传统和作风，这些革命传统包括坚持党对军队的绝对领导、坚持维护军队的团结统一、坚持严格的组织纪律性、坚持一切行动听指挥、坚持顾全大局；这些革命作风包括艰苦奋斗的作风、实事求是的作风、密切联系群众的作风、批评与自我批评的作风。这些革命传统和革命作风是我国军队建设的宝贵的精神财富，是我国军队建设成功的力量源泉。在当前的新形势下，这些优良的革命传统和革命作风不能丢，仍要发扬光大。

这支强大的人民军队应该是一支现代化的军队。军队现代化就是传统军队向现代军队转化的过程。军队现代化包括五层含义：

第一层含义是军事理论现代化。军事理论现代化是由军事理论创新来实现的。军事理论创新是对传统军事理论的突破和超越。现代战争形态发生了重大变化，传统战争形态是敌我双方机械化对抗，而现代战争形态是高新技术的对抗；现代作战形式发生了变化，传统作战是兵团作战，现代作战是陆海空一体化作战；作战范围也发生了变化，传统作战是攻城掠地、保卫疆土，现代作战范围则已扩展到太空、电磁、网络。这些变化表明，传统的机械化军事理论已经不能完全适应现代战争，所以必须进行军事理论创新。要进行军事理论创新，就必须解放思想，不唯书、不唯上、不唯洋，研究军事领域的新情况、新问题，揭示军事领域的新规律，将其概括为新的军事理论；要不断总结我军军事训练的经验、教训，从中引申出新观点和新论断；要研究美国的军事理论，因为我们主要的军事对手就是美国。20世纪90年代以后，美国打了几场信息化条件下的局部战争，我们在这里暂且不评论美国这几场战争的性质。与其说美国在这几场战争中取得了胜利，不如说是新的军事理论的胜利。我们对这些军事理论加以研究，形成自己的新的军事理论。军事理论现代化是我军现代化的思想武器和行动指南。

第二层含义是武器装备现代化。武器装备现代化是军队现代化的主要标志，是打赢未来战争的物质技术基础。如果不提高军队武器装备现代化水平，一旦打起仗来，那么我军就有可能陷于被动，更难以取得战争的胜利。我军的武器装备水平比改革开放前有所提高，但与美军相比，差距还是很大的。要做好军事斗争的准备，就必须有目的地发展高科技武器装备，提高武器装备的科技含量，尽快使我军拥有克敌制胜的"撒手锏"，尽快使我军在战备上迈上一个新台阶。提高武器装备的科技含量从国外引进一些武器装备是必要的，但关键性武器装备是引进不来的，必须下决心集中人、财、物和科研力量，组织攻关，力争有所突破、有所创新。武器装备要配套，开展现有武器装备系统化、实战化改造与综合性能的提升，大力提高武器装备的效能。建立新的武器装备管理体系，实现全军主要武器装备集中统一管理。

第三层含义是军事训练现代化。军事训练现代化是我军现代化的根本途径，对提高军队战斗力具有重要意义。要开展科技练兵，向科技要战斗力；提高军队科技素质，向科技要训练质量。开展科技练兵必须围绕解决军事斗争准备的重点和难点问题，紧贴实战需要，从难、从严。要开展陆海空一体化演练，因为未来战争是陆海空一体化的战争，所以合成训练就成为了应对现代高科技战争的主要训练方式，诸军兵种在战略和战术上合成演练要制度化的常态化。虽然联合作战不是一个新问题，但是我军还是缺乏经验的。既要掌握联合作战的知识，又要在联合训练中搞清楚如何协同作战的问题，把训练重点放在提高军队干部联合训练的指挥能力上。

第四层含义是军队后勤现代化。军队后勤现代化是打赢现代化战争的坚强有力保证，没有军队后勤现代化，打赢信息化条件下的局部战争是不可能的。改革开放以后，我国军队的后勤现代化有了明显进展，军队后勤的保障能力和保障水平都有大幅度的提高，但也有明显的不足：以陆军为主导的传统保障体制还没有完全转变，机械化半机械化保障手段还存在，经验管理模式还没有完全被科学管理模式所代替，封闭式的保障方式难以适应瞬息万变的战场形式。现代化战争是陆海空一体化的战争，它的特点是强度高、节奏快、消耗大、高科技武器多。为了适应这种战争的特点，就必须实现后勤保障体制、保障方式、保障手段现代化，以陆军为主导的后勤向三军一体化后勤转变，由封闭性后勤向开放性后勤转变，由人力密集型后勤向科技型后勤转变，由经验管理后勤向现代管理后勤转变。为打赢信息化条件下的局部战争做好准备。

第五层含义是军事管理现代化。军事管理现代化就是从传统军事管理向现代军事管理转变，就是运用现代军事管理理论和方法所进行的计划、组织、协调、指挥和控制活动。军事管理现代化可以使军队现代化建设又好又快地发展。实现军事管理现代化，一要转变传统军事管理观念，从不计效益的管理向高效益管理转变，从人治管理向法治管理转变，从粗放管理向精确管理转变。二要改革军事管理的体制和机制。军事管理体制是军事管理的龙头，军事管理机制是军事管理的枢纽。只有改革军事管理体制，才能推动军队的现代化进展，才能提高军队管理的综合效益，才能形成统一的领导体制。只有改革军事管理机制，才能形成竞争、评价、监督、激励机制，有效推动军事管理现代化。三要引入先进、适用的管理技术、方法和手段，建立和健全军事管理数据库、系统动力学模型和管理信息网络系统。四要端正管理指导思想，改进管理方法，学习新的管理知识，总结新的管理经验，增强管理本领，不断提高军事管理的科学化水平。

这支强大的人民军队应该是一支正规化的军队。人民解放军是在红军、八路军、新四军的基础上发展壮大起来的，由于战争环境的特殊性，不允许人民解放军有正规的军事训练，所以人民解放军的正规化水平比较低。新中国成立后，人民解放军的正规化建设有了长足的进展，有了一套较完整的规章制度。可惜这套制度在"文化大革命"中又受到了严重破坏。所以邓小平在改革开放后特别强调军队的正规化建设。军队正规化是一个历史范畴，在不同的历史时期和不同的国家，军队正规化的内涵是不同的。当前新的历史条件赋予了我军正规化新的内涵。军队正规化是指军队的组织、管理和军制的规范化。军队正规化是军队发展到一定历史阶段的客观要求，也是军队由低级阶段向高级阶段发展的重要标志。随着世界军事变革向纵深发展，随着我国军事变革的需要，必须推动我国军队正规化建设向更高水平发展。一、必须坚持统一指挥。在社会主义中国，人民解放军必须由中国共产党和中央军委统一指挥，因为人民解放军是党的军队、人民的军队和社会主义国家的军队，所以人民解放军必须由中国共产党和中央军委统一指挥。坚持统一指挥是人民解放军正规化的根本保证。二、必须坚持统一制度。统一制度包括军队领导和管理制度、作战指挥制度、兵役制度、后勤保障制度、干部培养晋升制度、军事人才培养制度、军队联合训练制度，等等，这些制度是军队正规化的主要内容。三、坚持统一编制。军队的编制主要是指军队的规模和结构。在军队内部，规模越适度、结构越合理，军队的战斗力就越大，军队的职能发挥得就越充分，军队履行新使命能力就越强。统一编制也是军队正规化的重要内容。四、坚持统一纪律。这里的纪律既包括军队管理规定，也包括政治纪律、组织纪律和群众纪律。纪律是军队的一种约束性规范，是军队的生命，是军队战斗力生成的源泉，也是军队正规化的重要保障。五、坚持统一训练。统一训练就是诸军兵种之间的联合训练，也是把各种作战力量、作战单位、作战要素融合成为一个结构合理、协调运行的训练。仗怎么打就怎么练，打什么仗就练什么兵，军事训练要服从战争的实际，战争形态发生了变化，军事训练的内容和形式就要跟着变。练不是为了看而是为了战。军事训练也是军队正规化的重要内容。六、坚持统一管理。军事管理是指对军队的组织管辖治理与对直接同武装斗争相联系的军务协调处理。现代军事管理就是把现代管理理论、现代管理制度、现代管理方法运用到部队管理的实践活动，是由传统管理（人财物管理）向现代系统管理（协调好训练管理、作战管理、政治工作管理、武器装备管理、后勤管理、军事院校管理的综合管理）的转变，能节约管理成本，提高军队管理效益。统一管理也是军队正规化的重要内容。总之，军队正规化在军队建设中是具有重要意义的。有了它，军队才能成为一个战斗整体；有了它，军队才会有强大的战斗力；有了它，军队才能适应现代战争作战的需要。

这支强大的人民军队应该是一支信息化军队。信息化是现代化的重要内容，但它与现代化又有区别，为了叙事清晰，就把它从现代化中分离出来单独加以论述。军队信息化建设必须以提高打赢信息化条件下的局部战争的能力为核心。信息化条件下的局部战争是我军信息作战体系与对方信息作战体系之间的对抗，离开了有效的信息作战体系，再先进的武器也难以发挥作用。如在南联盟战斗中，南联盟的米格-29飞机，起飞一架就被打落一架，就是因为南联盟的作战体系不是信息化的作战体系。所以要打赢信息化条件下的局部战争，就必须以现代信息技术为主导，以信息化的作战方式为主要作战方式，以信息化的武器装备为主要作战工具，以信息化的部队为主要作战力量。一个国家的军事实力首先体现在打赢信息化条件下的局部战争的能力上。在当今世界，只有打赢了信息化条件下的局部战争，才算是完成了核心的军事任务。要打赢信息化条件下的局部战争，一要建立健全科学的军事体制和规模适度、结构合理的编组；二要加强打赢信息化条件下局部战争的军事训练，不断探索联合作战训练的内容和方法，不断探索信息化条件下局部战争的规律和特点；三要提高打赢信息化条件下局部战争的武器装备水平，形成一体化指挥、侦察、预警、远程打击、战略传递、网络对抗、远海防卫、立体攻防、精确保障的武器装备体系；四要提高打赢信息化条件下局部战争的保障能力，即力量投递能力、立体化的综合保障能力；五要培养打赢信息化条件下局部战争所需要的高素质型军事人才。这种人才包括联合作战的指挥人才、信息化建设的管理人才、信息技术的专业人才、新型武器装备操作与维护保养人才。高素质的新型军事人才是打赢信息化条件下局部战争的关键性因素。培养高素质的军事人才，既要发挥军事院校的主渠道作用，也要从非军事院校征召一些大学生入伍，更要在军事训练实践中培养这种人才。总之，信息化军队是根据我国的实际，以机械化为基础，以信息化为主导，充分运用现代信息技术、基础平台、网络环境、信息资源，推动陆海空一体化融合具有中国特色的军队。

以上讲的军队革命化、现代化（包括信息化）、正规化是一个有机整体，军队革命化是军队现代化、正规化的方向，军队现代化是军队革命化、正规化的核心，军队正规化是军队革命化、现代化的保证。革命化、现代化、正规化的军队才是中国特色社会主义事业可持续发展所需要的军队。

二 中国特色社会主义事业可持续发展决定了怎样建设一支强大的人民军队

建设一支强大的人民军队在不同的历史时期有不同的要求。在中国特色社会主义事业可持续发展的条件下，我们党为强大的人民军队建设设计了总的方略，这个总的方略决定了人民军队建设的方向。

第一，要以我们党的军事思想为指导。我们党的军事思想包括毛泽东的军事思想、邓小平的军事思想、江泽民的军事思想、胡锦涛的军事思想和习近平的军事思想。以毛泽东为代表的中国共产党在新民主主义革命中形成了人民军队建设的主要思想，如全心全意为人民服务是人民军队唯一宗旨的思想、坚持党对军队绝对领导的思想、把思想政治工作放在军队建设首位的思想、在军队中实行民主制度的思想、军队要有严格的组织纪律的思想，等等。以邓小平为核心的第二代中央领导集体在改革开放和社会主义现代化建设中，总结了以往的历史经验教训，形成了人民军队建设的重要思想，如必须建立强大的革命化、现代化的正规军队，建立合成化的军队，部队要成为贯彻党的路线方针政策的模范，军队建设不仅要研究作战问题也要研究训练问题，把教育训练提高到战略地位、军队也要整顿和改革等等。以江泽民为核心的第三代中央领导集体，根据世界形势的发展变化、国家安全遇到的新问题，提出了一系列新的军事思想，如坚定不移地走中国特色精兵之路、迎接世界军事变革的战略思想，军队建设分"三步走"战略思想，实行积极的防御的战略思想，打赢高科技条件下局部战争的战略思想，实施科技强军的战略思想，按照"政治合格、军事过硬、作风优良、纪律严明、保障有力"总要求全面加强军队建设的战略思想，建设符合我国国情并反映时代特征的现代化国防的战略思想，等等。以胡锦涛为总书记的党中央为适应新世纪、新阶段的国内外形势和军事实践的要求，对军队建设提出了一系列新思想，如"四为"历史使命的思想，军队建设要以科学发展为主题、以转变战斗力生成模式为主线的思想，以信息化为主导、以新型作战力量为增长点、以提高打赢信息化条件下局部战争能力为核心的完成多样化任务能力的思想，建设与我国国际地位相称、与国家安全和发展利益相适应的巩固的国防和强大军队的思想，走军民融合式发展路子的思想，等等。以习近平同志为核心的党中央着眼于发展中国特色社会主义、实现中华民族伟大复兴的中国梦，对加强国防和军队现代化建设作出了一系列论述，如建设一支听党指挥、能打胜仗、作风优良的人民军队的思想；依法治军、从严治军的思想；必须按照打胜仗这个标准搞军队建设、做好军事斗争准备，确保军队招之即来、来之能战、战之必胜的思想；要坚持按照标准更高、走在前列的要求不断把部队作风建设引向深入，努力实现作风建设根本好转的思想，等等。毛泽东、邓小平、江泽民、胡锦涛和习近平关于军队建设的论述，正确回答了"建设一支什么样的军队和怎样建设军队"这个基本问题，科学地揭示了我国军队建设的本质和规律，是我国军队建设的基本遵循。

第二，要研究我国军队建设的主要矛盾和主要问题，有针对性地加强我国军队建设。我军的现代化水平和打赢信息化条件下局部战争的要求还不相适应，军事能力与履行新世纪新阶段历史使命的要求还不相适应，这两个"不相适应"就是当前我国军队建设的主要矛盾和主要问题。那么如何解决好我国军队现代化水平和打赢信息化条件下局部战争要求的不相适应的问题呢？一、要理解信息化条件下局部战争的特点。未来的战争不再是纯机械化战争。机械化战争就是利用坦克、飞机和大炮所进行的战争。信息化战争与纯机械化战争不同，它是运用信息网络把卫星、坦克、飞机、舰艇、潜艇、导弹和大炮直接联系在一起，在广阔空间内选择最佳的武器，打击对方目标的战争。信息化战争比的是谁能掌握对方的信息并快速处理信息。谁能掌握并快速处理对方的信息，谁就能有效地打击对方的要害和薄弱环节，使对方的军事系统陷入瘫痪或失去整体战斗力，并取得最后的胜利。信息化战争是立体攻防、陆海空一体、非战接触和非对称性作战。二、要准确把握我军现代化水平的情况，特别是信息化水平的情况。我军的现代化水平，特别是信息化水平已经有了很大的提高，但与信息化战争的要求还相差甚远，各领域的网络联通、战场实际感知、多源信息融合、综合信息服务、指挥控制保障、电磁频谱管理等方面还有不少缺陷。三、要明确这个主要矛盾的主要方面。从以上两方面的分析可以看出，我军的现代化水平，特别是信息化水平不高是这个矛盾的主要方面。我们要紧紧抓住这个主要方面，加强我军的现代化建设，特别是信息化建设，以信息系统为支持，利用信息技术的联通性、渗透性，把各种作战要素、作战单元和作战系统融合起来，形成整体作战能力。那么如何解决好军事能力与履行新世纪新阶段历史使命的要求不相适应的矛盾呢？其一，要明确新世纪新阶段我军的历史使命是什么。为巩固党的执政地位提供重要的力量保证，为维护国家发展的重要战略机遇期提供坚强的安全保障，为维护国家利益提供有力的战略支撑，为维护世界和平与促进共同发展发挥重要的作用，是新世纪新阶段军队的历史使命。要完成这"四为"的历史使命实属不易，因为当今世界仍不安宁，各种矛盾相互交织在一起，西方敌对势力从来没有放弃过对我国的遏制，霸权主义和强权政治仍然威胁着我们国家的安全与稳定。其二，要正确把握我军的军事实力，特别是把握在信息化条件下作战的能力。军事能力有两种：一种是战争军事能力，另一种是非战争军事能力。军队的主要职能是打仗，军队必须以战争军事能力为主。我军的军事能力，特别是作战能力已经有了很大的提高，但与美国相比还有不小的差距，主要是因为我军的军事能力建设还不够系统，军事能力建设落点不实，对军事能力建设规律还缺乏清醒的认识，解决军事能力问题的措施还不够有力。其三，要确立这个主要矛盾的主要方面。从以上分析可以看出，我国的军事实力是这个主要矛盾的主要方面，我们要紧紧抓住这个主要方面，提高我军的战斗力，构建我军的军事力量体系。在未来的信息化战场上，信息技术是军队战斗力的主要因素，军事双方的斗争主要是信息技术的斗争。所以广大官兵一定要掌握好现代信息技术，这就好比如虎添翼。其四，要向武器装备要战斗力。唯武器论不对，但在现代化战争的条件下，没有足够的武器装备，也难以打胜仗。在未来的战争中，高科技武器将成为主要的作战武器，武器装备水平高的一方将获得战场的主动权。所以我们要千方百计把武器装备现代化搞上去，向武器装备要战斗力。其五，向训练要战斗力。从一定意义上说，训练就是战斗力。训练要实战化、模拟化、网络化和对抗化，把训练的基点放在提高战斗力上。总之，军队建设抓住了"两个不相适应"的主要矛盾就抓住了军队建设的根本，也就抓住了军队建设的大思路，军队建设的各项工作都要围绕这个大思路来进行。

第三，要处理好军队建设中的几个关系。其一，要处理好军队建设中的机械化和信息化的关系。我国的军队建设与西方的军队建设不同，他们走的是先机械化后信息化的道路。我国的军队建设不能再走这条道路，因为现代战争的形态已经发生了变化，而我国军队的机械化建设任务还没有完成，所以我们既不能抛弃机械化，也不能单独搞信息化建设，只能走机械化和信息化复合式的发展道路。这条道路能走得通吗？答案是肯定的，因为在当代机械化与信息化是密切联系在一起的。一方面，军队机械化是军队信息化的基础，有了军队机械化才有了军队信息化，军队机械化发展到高级阶段后才出现了军队信息化，高质量的机械装备是信息化装备的重要组成部分，有了机械化武器装备质量的提高，军队信息化水平才会提高；另一方面，军队信息化是军队机械化发展的方向，有了军队信息化才能提高军队机械化水平，军队信息化是军队机械化的更高发展，军事信息技术的广泛应用使军队的武器装备威力、作战性能有了整体性提升。军队机械化和军队信息化的这种关系决定了我国军队现代化建设必须走一条复合式的发展道路：一是军队现代化建设必须以机械化为基础。机械化并不意味着机械化的方方面面都要搞，我们可以越过机械化的某些环节和方面，实现军队机械化的跨越式发展。二是军队现代化建设必须以信息化为主导，把军队信息化建设放在军队现代化建设的首位并作为重点，以信息化技术改造和武装机械化，使机械化的信息技术含量逐步提高，以适应信息化条件下局部战争的特点。三是转变思维方式，突破军队机械化建设的思维定式，确立与信息化建设相适应的思想理念，把军队机械化的基础地位和军队信息化的主导作用统一起来，避免和防止军队机械化建设和军队信息化建设在实体组合上的脱节。思维方式不转变，军队的机械化信息化复合式发展就难以取得实质性进展。其二，处理好军队建设中的科学发展与转变战斗力生成模式的关系。党的十八大报告指出了"以推动国防和军队建设科学发展为主题，以加快转变战斗力生成模式为主线"的重大战略思想。要贯彻与落实好这一重大战略思想就必须处理好科学发展和转变战斗力生成模式的关系。国防和军队科学发展讲的是国防和军队建设的科学化水平问题，即国防和军队建设的质量和效益的问题；转变战斗力生成模式讲的是提高国防和军队建设的质量和效益的途径，即国防和军队建设由人力密集型向科技密集型转变，由数量规模型向质量规模型转变。科学发展和转变战斗力生成模式两者联系很紧密，科学发展是转变战斗力生成模式的出发点，转变战斗力生成模式是科学发展的落脚点。如果只讲军队建设的科学发展，不讲转变战斗力生成模式，那么科学发展就是一句空话；如果只讲转变战斗力生成模式，不讲军队建设的科学发展，那么转变战斗力生成模式就会迷失方向。所以在军队建设中，既要讲科学发展，又要讲转变战斗力生成模式，科学发展和转变战斗力生成模式是决定和被决定的关系。要处理好科学发展和转变战斗力生成模式的关系，一要以科学发展观为指导。科学发展是转变战斗力生成模式的基本要求，所以转变战斗力生成模式要以科学发展观为指导。首先要坚持以人为本。在军队建设中坚持以人为本就是坚持以官兵为本。广大官兵是根本的战斗力，广大官兵的积极性、主动性、创造性是战斗力生成的源泉，只有尊重广大官兵的主体地位和创造性，军队战斗力才有不竭的动力。其次要坚持全面协调可持续发展。转变战斗力生成模式就是把机械化军队的战斗力转变为信息化军队的战斗力。信息化军队战斗力主要是指信息系统的体系作战能力。这里的信息系统包括军事信息系统和信息化空战装备系统以及与此相应的配套条件。这两大系统又由若干要素构成。要使体系作战能力不断提升，这两大信息系统就要全面协调可持续发展。最后要坚持统筹兼顾。江泽民说过："我们一定要努力建设一支政治合格、军事过硬、作风优良、纪律严明、保障有力的战斗力很强的人民军队。"[①] 江泽民这"五句话"抓住了我军战斗力生成的五个基本要素，揭示了各要素之间的辩证统一关系。所以转变战斗力生成模式要统筹兼顾到政治、军事、作风、纪律保障等方方面面。二要重视战斗力生成模式的转变。战斗力是我国军事建设的着眼点，是打赢信息化条件下局部战

[①]《江泽民论有中国特色社会主义》（专题摘编），中央文献出版社2002年版，第466页。

争的关键。要提高战斗力就要把机械化军队的战斗力转变到信息化军队的战斗力上来，转变思维方式，破除一切不利于战斗力生成的旧的体制机制，确立有利于战斗力生成的新的体制机制，使战斗力生成模式的转变取得实质性的进展。三要以科学发展牵引战斗力生成模式的转变，使转变有方向；以加快战斗力生成模式转变推动科学发展，使发展有动力。围绕主题主线这个中心形成整体合力，使主题主线这一战略思想的意义凸显出来。其三，要处理好学习外国军队的建设经验和保持我军本色的关系。我国的军队是社会主义军队，我国的军队建设有自己的独特优势：一是我国军队坚持党的绝对领导，招之即来，来之能战，战之必胜，党指向哪里，军队就打向哪里。二是我军坚持强有力的思想政治工作，从思想政治上建设人民军队是我军建军、治军的宝贵经验，也是我军特有的政治优势。三是我军建设走的是一条军民融合式发展的路子。军民融合，寓兵于民，这是我国军队建设的特点。四是借鉴外国军队的建设经验，开创中国特色军队建设新路子。虽然没有必要言必称美国，但美国毕竟是我国未来作战的主要对手，所以讲我国军队建设还是得联系到美国。美国的军队建设走的是先机械化后信息化的道路，信息化建设更加成熟。我国军队建设的机械化阶段还没有走完，机械化装备占有很大的比重，武器装备高中低多层次并存，战略预警、战场感知、信息融合与美国相比还有较大的差距，太空、电磁、空间控制能力较弱，我们没有打信息化条件下局部战争的经验。我国军事力量的不足决定了我国的军队建设必须借鉴外军建设的经验，特别是美国军队建设的经验。借鉴外国军队的建设经验和作战经验是为了提高自己，从外军的经验中开阔视野，而不是照抄照搬，因为未来的每一场战争都会有自己的特点，不可能重复进行，盲目照抄照搬毫无意义。借鉴外国军队建设的经验要与我国的自主创新结合起来，开创具有中国特色的军队建设的新路子。借鉴外国军队建设的经验并不意味着改变我军的本色，也不会改变我军的本色。

第四，坚决反对西方敌对势力散布的"军队非党化""军队非政治化""军队国家化"的错误论调。西方敌对势力为了和平演变社会主义，大力鼓吹"军队非党化""军队非政治化""军队国家化"的谬论。在社会主义国家，"军队非党化"根本就不可能，因为军队是党的军队，军队必须接受共产党的领导，这是人民军队的军魂和胜利之本，是人民军队完成历史任务的根本保证。所以在我国军队不可能脱离党的领导。在资本主义国家，从表面看军队不属于某个党派，实际上军队是属于整个资产阶级政党的。在政党政治的条件下，政党是国家政治生活的核心，行使着领导国家和管理国家的政治权利，它必然要通过一定的方式掌握军队，不管是资本主义国家还是社会主义国家一概如此。所以西方资产阶级反动势力散布"军队非党化"是妄图挑拨人民解放军和共产党的关系，达到不战而胜的目的。在社会主义国家，"军队非政治化"也是不可能的，因为军队是社会主义国家的重要组成部分，属于政治上层建筑，是无产阶级专政的坚强柱石，是完成党的政治任务的武装集团。只要国家没有消亡，军队的政治属性就不会消失。西方资本主义国家标榜军队不参与政治，实际上西方国家军队在本质上也没有摆脱政治，资产阶级对军队的政治控制比社会主义国家还要厉害，他们很重视对军队的政治教育，他们鼓吹军队要"为价值而战"，实际上就是为资产阶级的利益而战，为霸权主义和强权政治而战。在资产阶级社会里，军队是资产阶级的暴力工具，军队接受本阶级的领导，这是阶级社会发展的规律，资本主义国家的军队也逃不出这个规律。西方资产阶级反动势力散布"军队非政治化"实质上就是要从思想上、政治上腐蚀人民解放军，使其在政治上失去战斗力。西方资产阶级反动势力散布"军队国家化"，意思是让军队保持中立，不偏不倚。在社会主义国家，军队保持中立不可能，军队必须站在党的一边，站在人民的一边，这是由人民解放军的性质和宗旨决定的。在资本主义国家，军队保持中立也是不可能的，谁上台军队就听谁的，不管哪个党在台上，党都是资产阶级政党，资本主义国家的军队服从和服务于资产阶级整体利益的本质不会改变。还是列宁说得好："军队不可能而且也不应当保持中立。"[①] 西方资产阶级反动势力散布"军队非党化""军队非政治化""军队国家化"，就是要搞垮共产党、搞垮人民解放军、搞垮社会主义，我国在军队建设上对这

[①] 《列宁选集》第一卷，人民出版社1995年版，第669页。

"三化"必须保持高度的政治警惕。

总之,只有加强我国军队的革命化、现代化(包括信息化)、正规化建设,才能建立起与中国特色社会主义事业可持续发展相适应的人民军队。

三 中国特色社会主义事业可持续发展凸显了建立一支强大人民军队的意义

中国特色社会主义事业可持续发展将面临四大历史性难题,分别是祖国和平统一的问题;"藏独"和"疆独"分裂势力;西方的霸权主义;东海南海争端问题和中印边界争端问题。

解决以上四大历史性难题的唯一出路就是充分发挥人民解放军的维护国家统一、维护国家利益和安全、维护国家领土领海的职能,中国人民解放军有能力完成这种职能。

第一,我军已经做好了军事斗争的准备。党的十八大报告指出了"不断拓展和深化军事斗争准备"的要求。军事斗争包括同分裂势力的斗争、同霸权主义的斗争以及维护海洋权益和领土的斗争,甚至还包括太空和网络安全的斗争。在党的报告中提出这个问题,表明我们党对军事斗争的清醒认识和做好军事斗争准备的高度自觉。中国人民解放军把军事斗争准备摆在了军事建设的龙头地位,表明了我军建设抓住了维护国家安全和国家利益的重点和关键;把军事斗争摆在军事建设的龙头地位,意味着我国的军事斗争是有针对性的,就是针对分裂势力、霸权主义、维护国家领土和海洋权益的,这种针对性会使全体官兵方向明确,不断提高自身的军事斗争准备水平,不断提升自身的实战能力;把军事斗争摆在军事建设的龙头地位,蕴含着军事斗争准备对军队建设的带动作用,军队建设不能全面铺开,武器装备系统的研发不能平均用力,要有所为和有所不为,要解决最现实、最重要、最要紧的问题,确保有限的投入用在刀刃上。有了军事斗争准备,就不怕分裂势力闹独立,就不怕霸权主义向我国发难,就能坚决维护我国的领土、领海和领空。

第二,我国的军队建设走的是一条军民融合发展的路子。军民融合就是实现军民信息互通、信息资源共享、军民两大体系互动、平时战时一体，把国防工业和民用工业结合起来，满足国防和民用两种需求的路子。军民融合路子是毛泽东的军民兼顾、邓小平的军民结合、江泽民的寓军于民等思想的坚持和发展。新中国成立后，我国的军队建设采取了苏联式"军民分离"的体制，但这种体制已不适应信息化条件下局部战争的需要，所以我党对这种体制作了调整，提出了"建立和完善军民结合、寓军于民武器装备科研生产体系、军事人才培养体系和军队保障体系，坚持勤俭建军，走一条中国特色军民融合式发展路子"[①]。军民融合式发展路子对于我们做好军事斗争准备有重要意义。其一，它有利于打赢信息化条件下的局部战争。在当今时代，随着科技革命的发展，一些高新技术领域，既适于民用，也适于军用，企业平时为民用生产，战时为军用生产，许多生产工具在战时可以转变为武器装备。当前我们国家很重视军民融合型企业和军民一体化的设施建设，逐渐形成军民融合的现代国防体系，这既增强了国民经济的实力，也增强了我国军事的实力，还适应了信息化条件下局部战争的需要。其二，它有利于富国和强军的统一。军民融合式发展既是富国的路子，也是强军的路子。军民融合既可以借助军事科技发展生产力，建立雄厚的物质技术基础，使国家富强起来，又可以以国家的经济实力作为物质支撑，利用国家的信息化技术为军队建设提供技术力量，使军队强大起来。国富和军强是维护国家利益和保证国家安全的两块基石，没有军强，国家就难以维护自己的利益和安全；没有国富，军队也难以持久维持，维护国家利益和安全也就成了一句空话。国富和军强的统一决定了国家的未来，决定了中国在国际体系中作用的发挥，也决定了中国在外交活动中的话语权。其三，军民融合式发展有利于国防动员和增强军队的后备力量。民兵预备役是现役部队的强大后备力量，民兵预备役要保持适度规模，只要我们平时建设好民兵应急营、专业技术应急分队和各类专业队，建立和完善各种制度和应急预案，加强经常性和有针对性的各种演练，在战争国防动员时，就会有足够的后备力量；只要我们平时做好地域编组、联片编

[①] 《胡锦涛文选》第二卷，人民出版社2016年版，第646页。

组、跨地编组，战时就可以应对各种形式的战争；只要我们做好由参与作战向作战支援保障转变，由补充一般人员向补充技术兵员转变，民兵预备役就可以成为现役部队的得力助手和强大的后备力量。其四，军民融合式发展体现了科学发展，实现了军民优势互补、互利共赢，有利于实现国家效益和军队效益的最大化。

第三，人民解放军是由当代革命军人核心价值观武装起来的军队。忠诚于党、热爱人民、报效国家、献身使命、崇尚荣誉，是当代革命军人核心价值观的主要内容。其一，忠诚于党是当代革命军人的本质属性，也是社会主义军人和资本主义军人的显著区别。人民解放军是共产党领导下的军队，军队为党而存在，为党而发展，在任何时候都接受共产党的领导，树立当代革命军人"忠诚于党"的军魂意识。忠诚于党的军魂意识越强，共产党执政地位就越稳固。其二，热爱人民是当代革命军人的政治品质，也是当代社会主义军人与资本主义军人的重要区别。人民军队来源于人民，为人民的利益而来，坚定地和人民站在一起，这是当代革命军人的政治立场；全心全意为人民服务，代表人民的根本利益，这是当代革命军人的宗旨。除了人民的利益，革命军人没有自己的特殊利益。热爱人民彰显出革命军人的宗旨意识，热爱人民是当代革命军人受到人民尊敬的根本原因。其三，报效国家是当代革命军人的精神境界，是当代革命军人的天职。军队是国家政权的重要组成部分，是国家的力量支撑，军队没有超出国家利益以外的政治职能，军队的政治职能就是维护国家利益、保卫国家安全。对于革命军人来说，报效国家是无条件的、彻底的，包括战场上的牺牲和平时利益的牺牲，也就是为国家的利益而牺牲个人的一切。报效国家彰显了当代革命军人的责任意识，有了这种责任意识，革命军人在严峻考验面前面不改色，在艰难险阻面前不退缩，我们国家就不怕来自各方面的挑战。其四，献身使命是对当代革命军人的政治要求，是当代革命军人的历史定位，是当代革命军人的革命精神产生的动力。在新世纪、新阶段，我们党提出了"四为"新的历史使命，这一使命反映了当代革命军人的历史定位。献身使命彰显了当代革命军人的使命意识，这种使命意识能使国家走向辉煌，能使民族走向富强。有了这种使命，当代革命军人才有了实践的归宿。其五，崇尚荣誉是当代革命军人的价值追求，是当代革命军人的立足点和努力的方向，是当代革命军人净化心灵、走向卓越的重要途径。崇尚荣誉彰显了当代革命军人的荣誉意识。荣誉意识是当代革命军人对自己称呼的认同，这种荣誉意识是当代革命军人革命力量的源泉。以上五个方面是党从不同的角度对当代革命军人作出的质的规定，这五个方面是互相联系的有机整体。当代革命军人的核心价值观属于软实力，但软实力并不软，它是我军战斗力生成的源泉，蕴藏在当代革命军人心灵的深处，发挥着行为导向的作用。一旦战争发生，我军就会有高昂的战斗精神和强大的战斗力。辩证唯物主义认为，精神可以变为物质，同样，当代革命军人的核心价值观也可以转化为强大的战斗力。

第四，我军的军事防卫能力有了明显提升。军事防卫能力是打赢信息化条件下局部战争的根本保证，要完成现代化军事任务就要有相应的军事防卫能力。进入新世纪、新阶段后，我军的军事防卫能力有了明显的增强。陆军兵种现代化建设取得了重大进展，陆上作战系统（直升机、装甲突击车、防空武器）初步形成。有了新型武器和现代武器装备，炮兵战略、战术体系向纵深发展。火箭部队，即原第二炮兵形成了远程地地导弹为骨干的地地导弹装备体系，精确打击、综合毁伤、防卫作战能力逐步提高。空军作战体系初步形成，具备了侦察、打击、控制能力。陆军空军加快推进保障型向主战突击型转变。新型雷达、指挥信息系统、中空地空导弹形成了弹炮结合火力拦截体系，具备了较强的对空作战能力。陆海空进行了联合作战训练，作战实力有了很大的提升。在信息化条件下，军队防卫作战能力就是信息系统体系作战能力，即以信息系统为支撑，利用信息技术把各种作战要素、作战单元、作战系统融合起来。军队防卫作战能力不仅仅是武器装备硬实力，也是体制编制的软实力，当前我军已注意到军队的体制编制问题，正在加以调整，使其更加合理。提高军队防卫作战能力主要是提高核心军事能力，核心军事能力是指战斗力诸要素通过信息技术的有机结合，形成能够打赢信息化条件下局部战争的能力。当前，我军的核心军事能力要素构成发生了深刻变化，已超越了传统意义的军事能力，这种核心军事能力有了很大提高。我国的军队建设正向打赢信息化条件下局部战争的战略目标聚焦，正向实施信息化条件下联合作战的要求聚焦，正向形成信息系统体系作战的能力聚焦，军队各级党委和领导干部把全部心思向打仗聚焦，把各项工作向打胜仗方向使劲。

总之，建设一支强大的人民军队，关乎国家的主权和领土的完整，关乎着国家的根本利益，关乎着中华民族的伟大复兴，它推动中国特色社会主义事业可持续发展的职能和意义正在凸显出来。

四　结语

中国特色社会主义事业可持续发展需要建立一支强大的人民军队，中国共产党也能建立一支强大的人民军队，这支强大的人民军队是人民民主专政的坚强柱石，是捍卫社会主义祖国的钢铁长城，是建设社会主义的重要力量，它能应对当前的各种威胁和未来的各种挑战，它有打胜信息化条件下局部战争的能力，是中国特色社会主义事业可持续发展的坚强后盾。

第七章

体现资源力的社会主义生态文明建设为中国特色社会主义事业可持续发展提供资源支撑

作为一个发展中的社会主义国家，中国经历了30多年的改革开放，社会主义现代化建设取得了巨大成就，同时也出现了生态、环境、资源等问题。这些问题不是改革开放造成的，而是传统工业化道路造成的。这些问题解决不好，就会影响中国特色社会主义事业可持续发展。加强社会主义生态文明建设是医治传统工业化道路带来的"生态病"所采取的战略决策，它对中国特色社会主义事业可持续发展具有资源支撑的作用。

一 传统工业化道路难以实现中国特色社会主义事业可持续发展

1953年我们党提出了"过渡时期的总路线"，这条总路线的核心内容是"一化三改"。这里的"一化"就是指工业化；这里的"三改"就是对农业、手工业和资本主义工商业进行社会主义改造。1956年我国社会主义改造的任务基本完成，但工业化的任务没有实现。1954年第一届全国人民代表大会提出了"把我国建设成为农业现代化、工业现代化、国防现代化和科学技术现代化的社会主义强国的任务"。在这里把"工业化"提升为"工业现代化"。1964年第三届全国人民代表大会强调"在20世纪末基本实现社会主义现代化的任务"。1975年第四届全国人民代表大会再一次强调"要在20世纪末实现社会主义现代化的任务"。在新的历史时期,我们党已经看到,在20世纪末实现社会主义现代化已经成为不可能,于是就把实现社会主义现代化推迟到21世纪中期。到2010年,我国已经成为世界第二大经济体,农业比重下降到10%,工业比重上升到46.8%,按传统标准,我国已经实现了工业化,我国已经从传统农业国转变成了工业国。工业化不等于工业现代化,这里的工业化是相对于农业比重下降,工业比重上升而言的,是低水平的现代化,不是具有现代意义的现代化。从这个意义上讲,我国的工业化刚进入工业化中期阶段,工业现代化还远远没有实现。

改革开放后,我们缺少建设社会主义现代化的经验,不自觉地走上了"先污染后治理"的传统工业化的道路。这条工业化道路给我国带来了巨大的变化,使我们改造和利用自然的能力有了很大的提高,为我们创造了巨大的物质财富和精神财富,使人民的生活水平不断提高。传统工业化道路带来的成果表明,我们已经对自然规律和社会发展规律有了一定的认识,这标志着人类社会的进步。但传统工业化道路也给我们带来了"生态病":一是生态系统退化,我国水土流失面积扩大,土壤沙化扩大,草原退化,森林面积减少。二是环境污染严重。首先,水污染严重。我国工业污水、城市生活污水排放量大,大都排进了江河湖海,在全国1200多条河中有850条受到污染,我国的湖泊和近海也遭到了污染。其次,我国的空气污染也很严重。我国的能源生产和消费以化石能源为主,化石能源使用效率低,二氧化碳和二氧化硫都排进了空气。我国的汽车拥有量居世界第一位,汽车尾气也都排进了空气。空气污染又造成了雾霾天气的增多和酸雨的增多。最后,土壤污染也很严重。我国的土壤污染主要来自企业生产排放的有害化学物质和农业上的化肥、农药和农膜。土壤污染又造成了农产品污染和地下水污染。我国人均资源占有量少,是资源短缺的国家,但资源浪费又十分严重。据有关资料统计,我们创造一万美元的经济价值所消耗的原料是日本的7倍、美国的6倍。高消耗、低产出已经超出了我国资源的承受力,而科技也难以在短时间内开发出替代资源。在我国经济高速发展的情况下,对自然资源的需求压力越来越大,生态环境的负荷量也越来越重。传统工业化道路带来的"生态病"表明，这条道路并不是一条成功的道路。

传统工业化道路之所以带来了"生态病"，是因为：

第一，这条道路是一条人类中心主义的道路。人类中心主义认为人类是自然界的中心和主宰，人可以征服自然，人的需要是唯一的价值标准，人类保护自然生态环境是为了满足人的需要，它不考虑人的需要是否合理。在人与自然的关系上，片面强调人的能动性和主体性，把自然万物看作是消极的、被动的、被征服的存在物，片面夸大了科学技术消极方面的作用，主张用科学技术征服自然。在价值关系上，它把主客体的价值对立起来，把人的价值凌驾于自然万物的内在价值之上，认为人是唯一的价值主体，自然万物只有在满足人的生存和发展时才具有相应主体的使用价值。随着科学技术的发展和人的本质力量的发展，人类及其社会实践逐渐成为在自然生态系统中起支配、征服和控制作用的主要因素，人类在自然生态系统演化中没有承担起自己应尽的义务和责任。新中国成立后，我们国家不自觉地重演了"人类中心主义"的一幕。最典型的例子就是"向地球开战"、围湖造田、毁林开荒、毁草种地、把崩平虎头山的大寨作为全国农业学习的榜样。"向地球开战"的主观意图是好的，但客观上造成了全国的森林、草原、湖泊、矿产等自然资源的严重破坏，使得水土流失严重，土壤沙化，自然灾害频发，自然平衡被破坏。所以说，人类中心主义是导致我国"生态病"的重要根源。

第二，这条道路是一条粗放型增长方式的道路。从18世纪末期的工业革命以来，工业化就成了经济社会发展的主要途径。工业化和国内生产总值被看作衡量社会发展的主要标准，并形成了粗放型经济增长方式。经济增长方式有两种：一种是集约型增长方式，即依靠科学和技术进步实现经济增长的方式；另一种是粗放型增长方式，即依靠"增投资，上项目，铺摊子"实现经济增长的方式。改革开放前后，我国大部分企业都是设备落后、生产工艺简单、管理水平低下、经济效益差的企业，所以这些企业大都采取了粗放型增长方式来发展生产。企业在发展的过程中没有技术力量和足够的资金进行技术改造，更谈不上对环境的治理。由于我国在工农业生产中广泛存在着粗放型增长方式，对资源和能源的需求量大而利用率低，产生了大量污染而又没有及时治理，于是积累了不少生态方面的矛盾和问题。在粗放型增长方式中，人对自然的消耗大于自然的供给，人对自然的破坏力大于自然的修复力，人的发展力大于自然的支持力，所以人与自然关系失衡就是必然的了。新中国成立60多年，我国的国民生产总值增长了近10倍，但矿产资源消耗却增长了40倍。这直接或者间接都与粗放型增长方式有关。这种粗放型增长方式直到目前还没有完全扭转。粗放型增长方式是我国出现"生态病"的重要原因。

第三，这条道路是一条不合理的消费主义道路。在资本主义社会，资本家为了积累财富，在群众中倡导消费主义。所谓消费主义就是认为消费就是一切，消费就是目的，个人的消费权利是至高无上的，它标志着个人自由和价值的体现。鼓励群众更多的消费，势必会导致大量的资源和能源的投入、环境污染、资源紧张。随着我国现代化的发展，我国有一部分人先富了起来。西方消费主义成为这些富人的指导思想，他们认为消费就是幸福快乐，在衣食住行上炫耀消费。他们无节制的过度的奢靡型消费在全社会产生了极坏的影响，形成了消费攀比之风，不仅浪费了有限的自然资源，还产生了大量垃圾，也给我们国家的生态环境资源造成了巨大压力。由于消费主义盛行，才形成了大量生产、大量消费和大量废弃物。我国出现的"生态病"与消费主义盛行是有关的。

第四，这条道路是一条缺乏生态思维方式的道路。生态思维方式就是从生态角度认识问题的思维方式，是突出自然、人和社会有机整体的思维方式。这种思维方式把自然、人和社会看成是一个相互联系、相互作用、协调发展的复合生态系统，人和社会是这个系统中的一部分，因为人与社会来源于自然界，并与自然界时时刻刻进行物质、能量、信息的交换，人和社会要受自然的制约，要遵循自然的生态规律，不能超出自然生态环境的限制，人和社会对自然生态环境的维护就是对人和社会利益的维护，人和社会对自然生态环境的破坏就是对人和社会利益的损害，人的利益、社会利益和生态利益是统一的。生态思维方式坚持了自然、人和社会协调发展的价值取向。传统工业化道路没有坚持生态思维方式，而是坚持了功利思维方式。功利思维方式就是从眼前的物质利益出发来思考问题的思维方式。功利思维方式趋向于征服自然，无止境地向自然索取和掠夺，无止境地追求物质财富和物质利益，它否定自然生态和人、社会的平等共生关系，片面强调人的价值，否定自然生态万物的内在价值。这种思维方式否定了生态利益，实质上也就否定了人和社会的利益。思维方式直接影响着人们的认识，生态思维方式能正确地认识和处理人与自然的关系，维护生态利益的稳定和发展；功利思维方式不能正确地认识和处理人与自然的关系，破坏了生态系统的存在和发展。功利思维方式是我国产生"生态病"的深层原因。

传统工业化道路带来的"生态病"直接影响了中国特色社会主义事业可持续发展。

第一，因环境问题引发的群体性事件增多。有的企业向河流排放污水，造成了饮用水污染。群众到市委和市政府、省委和省政府、县委和县政府告状，要求惩罚排污企业。然而群众的告状并没有引起各级领导的重视，所以群众示威游行，占领交通要道。有些领导干部却以违反交通秩序为由，联合公安机关对示威游行的群众进行镇压，甚至把一部分游行示威的群众判刑入狱。群众与警察的冲突时有发生，影响了社会的稳定，也影响了中国特色社会主义事业可持续发展。

第二，我国的生态环境资源问题使我国的经济和社会发展的难度加大。我国还没有完全实现社会主义现代化，工业还会加大发展，电力、钢铁、汽车、化工、建材、造纸等仍然是我国工业发展的主要内容。这些行业的发展仍然需要大量的煤炭、钢铁、木材、水、能源，资源短缺不会马上改变。尽管我国加大了污染治理，但废水、废气、废渣不会马上减少，环境问题也不会马上解决。我国的城镇化在加快，中小城市和城镇还会增多，基础设施建设会给中小城市和城镇建设增加更大的难度，垃圾处理是个大问题。这些新兴中小城市和城镇的出现只会产生新的环境问题。农村必须实现农业现代化。当前，化肥、农药、农膜的使用不会马上停止，农业能源档次低，加大了废弃物的排放。农村家庭小汽车不断增加，尾气排放也会增加。农村的垃圾量也在增加，农村干部只有在上级检查卫生时才认真处理这些垃圾，上级不检查卫生，他们很难做到"认真"二字。笔者到过农村，在上级检查卫生时，干部就派人打扫街道和厕所，又冲又刷，厕所有人看管，不许人使用，卫生检查过后，继续臭气冲天。所以乡村的环境是个大问题。乡镇企业发展很快，但大多数都是技术落后的企业，很难处理好废水、废气废渣问题。有的小企业排出的废气三里五村都能闻到刺鼻的气味。所谓"民不举官不究"，只要没人检举，乡镇干部，甚至是县干部也不会主动去解决。贪官可恨，懒官也可恨。对那些不作为的干部不如让他们回家去哄孩子。乡村畜禽养殖也是农村增加收入的主要渠道，养殖业的发展也增加了排放物。解决环境问题，基层政府采取的措施不力。由于资金技术问题，再加上一些懒官，我国的生态环境资源问题在短时间内很难解决。这也使中国特色社会主义事业可持续发展乏力。

第三，"生态病"对后代人的发展构成了威胁。后代人有享受发展的权利，他们的发展同样需要生态、环境和资源，如果传统工业化道路带来的"生态病"解决不好，后代人的发展就成了问题。如果后代人不能持续发展，那么中国特色社会主义事业可持续发展也难以维系。第四，如果传统工业化道路带来的"生态病"治愈不好，那么我们已经取得的社会主义现代化建设成果也会失掉。在改革开放的推动下，我国的社会主义现代化建设取得了巨大的成就。但是这些成就是以生态环境资源为基础的，如果我国出现的"生态病"医治不好，那么经济和社会发展就会出现停滞，甚至倒退，已经取得的成果也会消失，中国特色社会主义事业可持续发展也可能出现倒退。

传统工业化道路带来的"生态病"也引起了我们的思考。

第一，要把工业化、工业文明和传统工业化道路区别开来。笔者发现有的文章或专著把我国产生的"生态病"说成是工业化和工业文明带来的，进而否定了工业化和工业文明。笔者不赞成这种观点。"生态病"不是工业化固有的，也不是工业文明带来的，而是传统工业化道路造成的。工业化是从传统农业社会向现代工业社会转变的过程，它是人类社会必然要经历的阶段，任何国家、任何社会都绕不过这个阶段，它本身不存在"生态病"的问题。工业文明是发展工业的过程中所取得的积极成果。既然是积极成果，那么这积极成果就不可能包括"生态病"。"生态病"只能是传统工业化道路造成的。传统工业化道路也叫资本主义工业化道路，传统工业化道路走的是一条无节制征服自然的道路。资本主义社会是以资本为核心的社会，资本的本性就是追求利润的最大化，资本的本性贯彻于资本主义全过程。资本主义企业根据利润最大化运转，通过大量生产追求利润的最大化，这就决定了它不会考虑在资本主义生产过程中带来的"生态病"问题。资本主义社会有先进的环保技术，可以解决生态环境资源和建设之间的矛盾，但这要付出巨大的成本。只有在生态环境资源威胁到资本家的利益时，资本家才会医治环保方面出现的问题，否则资本家不会自动地去解决生态环境问题，这就决定了资本主义社会即使能解决环保问题也是不彻底的。所以我们说"生态病"是资本主义工业化道路造成的。我们认为要把工业化、工业文明和传统工业化道路区别开来。

第二，传统工业化道路既解决不了我国存在的"生态病"问题，又解决不了中国特色社会主义事业可持续发展的问题。因为这条道路把人的生产活动和生态系统对立起来，它既没有看到人的生产活动对生态系统的依赖性，又没有看到生态系统对人的生产活动的制约性；在生产目的上只考虑人自身短期的经济效益和资本家自身利润的增长，而不考虑生产活动对生态系统的消极作用，这就助长了人类对自然界无止境的掠夺。所以不可能通过这条道路解决我国的"生态病"问题，也不可能解决我国的生态环境资源的不可持续发展问题，反而会使中国特色社会主义事业可持续发展失去资源基础。

第三，要把传统工业化道路转变为社会主义生态文明建设道路。这两条道路有很大的区别。传统工业化道路只关注人自身的经济利益，而否定自然规律和生态系统的承载力；而社会主义生态文明建设道路在生产活动和生态系统的关系上，始终强调生态环境资源是社会生产的前提和基础，要求生产活动遵循自然规律，在生产活动中把人的利益和生态的利益统一起来，关注生态系统的和谐与稳定，关注人与自然的协调发展。这个区别决定了传统工业化道路必须向社会主义生态文明建设道路转换。

二 实现中国特色社会主义事业可持续发展必须加强社会主义生态文明建设

党的十六大提出"推动整个社会走上生产发展、生活富裕、生态良好的文明发展道路。"① 党的十七大把"建设生态文明"② 作为全面建设小康社会的一个要求。党的十八大第一次把"大力推进生态文明建设"③ 作为报告的一个部分（第八部分）加以论述，把生态文明建设与经济建设、政治建设、文化建设、社会建设并列，规划了中国特色社会主义事业的总体部署。社会主义生态文明建设的提出具有深刻的背景。第一，这是我们党对自然规律以及人与自然关系进行再认识所取得的成果。人不是自然的奴隶，也不是自然的主宰，人与自然是平等的友好的关系。我们过去违反了自然规律，出现了人与自然不和谐的现象，于是生态环境资源问题一步步逼近了我们，使我们的生存和发展面临着严峻的挑战，中国特色社会主义事业可持续发展也面临着严重的威胁。这种挑战和威胁引起了我们党的反思。我们党提出的"大力加强生态文明建设"就是应对这种挑战和威胁所采取的战略抉择。第二，这是我们党顺应世界发展新趋势做出的战略抉择。1962年美国海洋生态学家蕾切尔·卡逊出版了《寂静的春天》，标志着人类环保意识的觉醒。1972年联合国首次召开了人类环境会议，1987年联合国世界环境与发展委员会在《我们共同的未来》报告中提出了"可持续发展的概念"，1992年联合国在巴西召开的国际环境与发展大会上发布了《21世纪议程》，从此可持续发展成了世界发展的一种新趋势，绿色发展、循环发展、低碳发展成为可持续发展的内容。在此基础上，生态文明发展道路应运而生。我们党提出"建设生态文明"就是正确认识和把握世界发展新趋势、回应世界环保运动做出的战略抉择。第三，这是我们党对人类文明发展新阶段的集中反映。人

---

① 《江泽民文选》第三卷，人民出版社2006年版，第544页。
② 《胡锦涛文选》第二卷，人民出版社2016年版，第628页。
③ 《胡锦涛文选》第三卷，人民出版社2016年版，第644页。

类文明发展经过了一个漫长的过程,这个过程分为原始文明阶段、农业文明阶段、工业文明阶段,现在又进入了生态文明阶段。原始文明是人与自然和谐相处阶段;农业文明是人类对自然界初步开发阶段,人与自然关系的矛盾处在萌芽阶段;工业文明是人类对自然界大规模开发阶段,随着开发人与自然的关系出现了不和谐现象;生态文明是继承和超越工业文明的一种新型的文明形态,它吸收了工业文明的积极成果。我们党提出"建设生态文明"就是对人类文明发展新阶段和新形态的肯定。建设生态文明必须把握生态、生态文明和建设生态文明的内涵。所谓生态是指生物在一定自然条件下的生存和发展状态。所谓生态文明是指以可持续发展为特征,以生态技术为标志,以自生、再生、竞生、共生为一体,以自然、人和社会和谐发展为逻辑的高级文明形态。所谓建设生态文明不是消极地对待自然和在自然面前无所作为,而是在遵循自然规律的基础上改造自然和利用自然;不是简单地恢复生态和单纯地治理环境污染,而是要找出克服传统工业化道路带来"生态病"的途径,实现人与自然和谐发展的新举措和新办法。

第一,加强社会主义生态文明建设,必须以马克思主义生态思想为指导。马克思和恩格斯没有直接提出生态文明的概念,但在他们的理论中生态思想是丰富的。马克思论述了人与自然的关系,他认为,"人直接地是自然存在物"[1],是"站在稳固的地球上呼吸着一切自然力的人"[2]。马克思在这里的意思是,人类是自然界的一部分,是从自然界长期进化而来的,人和自然是相互联系、相互依存、不可分割的有机整体。马克思还认为,劳动"是为了人类的需要而对自然物的占有,是人和自然之间的物质变换的一般条件,是人类生活的永恒的自然关系,因此,它不以人类生活的任何形式为转移,倒不如说,它为人类生活的一切社会形式所共有的"[3]。马克思的意思是说,劳动是人与自然关系的纽带,人与自然的物质变换是通过劳动来实现的,

---

[1] 《马克思恩格斯全集》第四十二卷,人民出版社1979年版,第167页。
[2] 同上。
[3] 《马克思恩格斯文集》第五卷,人民出版社2009年版,第215页。

在自然界中展开劳动活动是一切社会形态的普遍现象。马克思强调:"只有在资本主义制度下自然界才真正是人的对象,真正是有用物;它不再被认为是自为的力量。"① 马克思在这里认为,在资本主义社会里,人与自然的关系被弄颠倒了。恩格斯也论述过生态问题,他认为:"我们必须时时记住:我们统治自然界,决不像征服者统治异民族一样,决不像站在自然界以外的人类一样,——相反地,我们连同我们的肉、血和头脑都是属于自然界"②,"我们不要过分陶醉于我们对自然界的胜利。对于每一次这样的胜利,自然界都报复了我们。每一次胜利,在第一步都确实取得了我们预期的结果,但在第二步和第三步却有了完全不同的、出乎意料的影响,常常把第一个的结果又消除了"③。恩格斯的意思是,人类改造自然界的活动受自然规律的制约,人在发挥主观能动性满足自己发展需要的同时,还要尊重自然规律,按自然规律行事。恩格斯又认为,生态危机"使土地瘠薄,使森林荒芜,使土壤不能产生其最初的产品,并使气候恶化"④。恩格斯在这里指出了生态危机造成的危害。恩格斯还认为:"只有一个有计划地从事生产和分配的自觉的社会生产组织,才能在社会方面把人从其余的动物中提升出来,正像生产一般曾经在物种方面把人从其余的动物中提升出来一样。历史的发展使这种社会生产组织日益成为必要,也日益成为可能。"⑤ 恩格斯在这里指出了解决生态危机的根本途径,即变革资本主义制度,建立共产主义制度。以上是我们对马克思关于人与自然关系的思想和恩格斯关于生态的思想的简单摘要,这些摘要能体现出马克思主义关于人与自然关系的思想以及关于生态的思想。马克思主义的这些思想是我们党提出"建设生态文明"的理论依据,不了解马克思主义的这些思想就不知道我们党为什么要提出建设生态文明战略,也就不能自觉地建设社会主义生态文明。

第二,加强社会主义生态文明建设,必须以我们党的历届领导人

---

① 《马克思恩格斯文集》第八卷,人民出版社 2009 年版,第 90 页。
② 《马克思恩格斯选集》第三卷,人民出版社 1992 年版,第 518 页。
③ 《马克思恩格斯选集》第三卷,人民出版社 1972 年版,第 517 页。
④ 恩格斯:《自然辩证法》,人民出版社 1984 年版,第 311 页。
⑤ 《马克思恩格斯选集》第四卷,人民出版社 1995 年版,第 275 页。

的生态理论为指导。我们党的历届领导人都非常重视生态建设。毛泽东倡导植树造林、发展林业、加强防洪泄洪，综合利用水利资源。毛泽东对生态建设的重视是以他的深刻认知为基础的。他认为："人类同时是自然界和社会的奴隶，又是它们的主人。"①"人类同时是自然界和社会的奴隶"表明，人类受制于自然界；"又是它们的主人"表明，人类具有主观能动性。这就把人的受动性和主动性结合起来，把人与自然的关系结合起来，这是毛泽东重视生态建设的哲学基础。邓小平主张控制人口，使人口与经济发展、生态资源、环境保护相协调，他强调环境建设要依靠法治。在他的推动下，1978 年修改了《中华人民共和国宪法》，《宪法》规定"国家要保护环境和自然资源，防治污染和其他公害"，为我国环境保护法的制定奠定了基础。1980 年以后，我国加快了《环境法》的制定，1993 年我国《环境法》系统化，第十二届全国人大二次会议通过了环保法修正案。江泽民从自然保护、正确处理人与自然的关系入手，提出了"可持续发展战略"；开创了走生产发展、生活富裕、生态良好的文明发展道路；要使广大干部群众在思想上真正明确，破坏资源环境就是破坏生产力，保护资源环境就是保护生产力，改善资源环境就是发展生产力；保护地球，需要各国共同行动；保护资源，要按照"有序有偿，供需平衡，结构优化，集约高效"的要求进行，依靠科技进步，转变生产方式和消费方式。胡锦涛明确提出了"生态文明和建设生态文明"，建设生态文明实质上就是要建设以资源承载力为基础、以自然规律为准则、以可持续发展为目标的资源节约型、环境友好型社会；全面推进社会主义经济建设、政治建设、文化建设、社会建设以及生态文明建设，努力加快实现以人为本、全面协调可持续的科学发展观；提出了"以工促农、以城带乡、工农互惠、城乡一体"的生态文明建设模式；提出了"优化国土空间开发格局、发展循环经济、保育区域生态环境、完善生态文明制度"的建设方略；提出了"坚持保护优先、节约优先、以自然恢复为主"的方针；提出了"建设美丽中国，实现永续发展"的目标。习近平提出"绿水青山就是金山银山"；良好的生

---

① 《毛泽东著作选读》下，人民出版社 1986 年版，第 846 页。

态环境是最公平的公共产品，是最普惠的民生福祉；生态环境是一个系统工程；要坚持陆海统筹，进一步关心海洋、认识海洋、提高海洋开发能力，保护海洋生态环境，扎实推进海洋强国建设；提出要把"资源消耗、环境损害、生态效益等体现生态文明状况的指标纳入经济社会评价体系，建立责任追究制度"。以上我们简单地摘述了我们党的历届领导人的生态理论。我们党的历届领导人的生态理论是我们建设生态文明的坚实可靠基础，没有这些理论做指导，就不可能正确地建设社会主义生态文明。

第三，加强社会主义生态文明建设，须在全社会进行生态文明的宣传教育。生态文明建设是全社会共同参与、共同建设的事业，必须动员全社会的力量才能搞好，为此必须在全社会进行宣传教育。

其一，在全社会进行生态道德的宣传和教育。现在有些文章在分析我国生态问题产生的原因时，有些认为是一些地方领导人不能正确认识和处理经济发展和环境保护的关系造成的，有些认为是一些企业领导人对环境污染的危害性的认识不够造成的，对此笔者都不认同。连经济发展和环境保护的关系都认识不清，这么低水平的领导人怎么能当地方的领导人呢？与其说对经济发展与环境保护的认识不清，倒不如说是这些地方领导人缺乏生态道德；连环境污染的严重性和危害性都认识不够，这么低水平的企业领导人怎么能领导企业呢？与其说一些企业领导人对环境污染的认识不够，倒不如说这些企业领导人缺乏生态道德；一般群众可能因为缺乏环保知识而导致环保意识差，但也不能差到遛狗时，狗在人行道上大小便影响环境卫生也不知道，这也是缺乏生态道德。所以笔者认为在加强生态文明建设时要在全社会进行生态道德的宣传教育。所谓生态道德，就是调节人与自然关系、实现人与自然关系和谐发展的行为规范。这是由自然的价值决定的。自然价值分为内在价值和外在价值。内在价值是自然对自身的意义，即它创造了生态系统和生命物种；外在价值是自然对人的意义，即它为人类提供了生产和生活资料。传统的观点认为，伦理道德只存在于人与人之间，人与自然之间不存在伦理道德问题，自然界是为了人类而存在的，人类对自然界没有道德责任。在这种观念的指引下，人类成了自然界的主宰，人可以统治自然、征服自然。当前我国出现的生态问题，应该说与这种观点有关，也说明了人与自然之间应该有道德关系。所以我们在全社会进行生态道德的宣传教育是十分必要的。进行这种宣传教育的目的就是为了提高全民的生态道德水平，使人们更好地履行对自然的道德义务，把人与自然和谐统一的理念提升为人类普遍的行为道德准则，这对人和社会以及自然都是有利的。

其二，在全社会进行"做生态人"的宣传和教育。生态问题实际上就是人的问题，它是由人造成的，又要由人来解决，所以解决生态问题的最好办法要从宣传"做生态人"入手。所谓"生态人"就是指具有生态意识、按生态规律办事、为生态文明建设做贡献的人。生态人是具有生态意识的人。生态意识是以人和自然和谐发展为价值取向的意识，包括生态危机意识、生态安全意识、生态责任意识、生态效益意识等。生态意识体现了人的自律和自觉。自律就是自己约束自己，自觉就是理性对待生态环境。有生态意识的人才会不做破坏生态环境的事，才能自觉地节约资源、保护环境、制止浪费现象、监督破坏环境的行为，这有利于使节约资源和保护环境成为全社会的一种自觉行为。生态人是按生态规律办事的人。自然界有自己的发展规律，如果自然界的生成和变化规律、自然界与人类社会之间的对立统一规律、生态平衡规律。自然规律是客观存在的，它不以人的意志为转移，人只能按规律行事，不能逆规律而动。按照生态规律办事就是把人们的生产和生活放在自然界的大格局中去考量，既要考虑人的生存和发展需要，也要兼顾生态环境资源的承受力，实现人与自然的和谐发展、发展与环境的良性循环。按照生态规律办事就是尊重自然、顺应自然、保护自然。尊重自然就是尊重人类自己，顺应自然就是善待人类自己，保护自然就是保护人类自己。按生态规律办事就是使人类的行为符合自然规律，摒弃"人定胜天"的思维方式，抛弃征服自然的理念，放弃"先污染后治理"的传统模式，反对以牺牲环境换取一时的经济发展、片面追求经济效益而不顾生态效益的行为。只有按照生态规律办事的人才能把生态系统、经济系统和社会系统统一起来，使生态文明建设取得显著成效。生态人是为生态文明建设做贡献的人。生态文明建设是公众参与的，动员和激发广大人民群众参与到生态文明建设中来，这是生态文明建设取得成功的根本保证，应该说参与就是贡献；节约资源、保护环境是全国人民共同面对的一个问题，不管你承认不承认、愿意不愿意，这是我们共同的责任和义务，尽到责任和义务就是贡献；生态文明建设有阶段性目标和长远目标，不管有什么困难，我们都要保证目标的实现，保证目标的实现就是贡献。只有愿意为生态文明建设做贡献的人才是生态文明的建设性力量。

其三，"做生态人"的宣传和教育是生态文明建设取得胜利的关键性因素。进行消费生态化的宣传教育。消费生态化就是从生态的角度考虑消费的问题，使消费符合生态的要求。资源是有限的，不管是可再生资源还是不可再生资源都是有限的，所以消费必须控制在资源允许的范围内。造成我国生态问题的原因有很多，其中无节制消费也是一个重要原因。改革开放后，一些人富裕了，他们追求资本主义高消费的生活方式，无节制地消费，无节制地抛弃大量废弃物，这既浪费了资源，又造成了环境污染；既加剧了资源紧张，也使环境恶化。所以我们要遏制住这种无节制的消费现象，使人们认识到无节制消费对生态资源环境的危害性，使人们放弃与生态文明不符合的生活方式和消费模式，树立起与生态文明的要求相适应的生活方式和消费模式，大力宣传消费生态化的典型，让人们认识到理性消费、绿色消费、低碳消费的光荣，过度消费、显富消费、攀比消费的可耻，在全社会形成节约资源、保护环境的生活方式和消费模式的氛围，提高全民消费生态化的自觉性，明白消费生态化也是硬道理，让消费生态化控制着整个社会生活。我们提倡消费生态化并不反对适度消费，从一定意义上说。适度消费是生产发展的一种动力，没有适度消费就没有生产的发展，社会主义的生产目的就是满足人们消费的需要，促进社会主义生产的发展。社会主义的生产目的也决定了人们的生活方式和消费模式指向了生态化，把生活方式和消费模式从排场化转变为生态化。

其四，进行生态安全的宣传和教育。生态安全包括国际生态安全、国家生态安全和国内区域生态安全。我们这里讲的生态安全主要是指国家生态安全和国内区域生态安全。所谓生态安全就是指生态、环境、资源没有被破坏的状态以及生态、环境、资源免遭破坏的能力和水平。生态安全的重要性是人所共知的。生态安全是国家生态安全的重要组成部分,也是国家安全的重要保证,生态安全是终极安全,所以我们国家把它升格为国家安全的屏障。生态安全还是人类生存和发展的保障,破坏了生态安全就破坏了人类生存和发展的条件,没有生态安全就没有人类的生存和发展。当前人们更多关注的是食品安全、饮水安全、空气安全,往往对国家的生态安全重视不够。殊不知国家生态安全比个人生态安全更重要。随着经济和社会的发展,生态、环境、资源成了安全的主要内容,食品安全、饮水安全、空气安全都同生态、环境、资源的安全密切相关,不解决国家生态安全、国内区域生态安全问题,个人生态安全问题也解决不了。为了使国家生态安全和个人生态安全双向互动、互相促进,就必须在全社会进行生态安全的宣传和教育。生态安全的历史是人民群众书写的,生态安全事业是人民群众的事业,所以生态安全建设的成功还得靠人民群众的支持和参与。为了调动人民群众的生态安全建设的积极性、主动性和创造性,必须在全社会进行生态安全的宣传和教育。在全社会进行生态安全的宣传和教育是培育生态安全理念的根基,通过生态安全的宣传和教育,把生态安全的种子播撒在人们的心中,内化为人们的理念,外化为人们的行动,使人们以生态自觉、生态自信积极参与到生态文明建设中,同破坏国家生态安全的行为作斗争,以达到维护国家生态安全的目的。

第四,努力提高实现生态文明建设的能力。党的十七大提出了生态文明建设的目标:基本形成节约资源和保护环境的产业结构、增长方式和消费模式;循环经济形成的较大规模,可再生能源比重显著的上升;主要污染物排放得到有效控制,生态环境质量明显改善;生态文明的观念在全社会牢牢树立。

第五,实现生态文明建设目标必须提高实现这个目标的能力。

其一,提高生态效益的能力。生态效益是指生态环境的保护程度和自然资源利用的程度。如果生态环境保护得好,自然资源利用率高,生态效益就好;如果生态环境保护得差,自然资源利用率低,生态效益就差。提高生态效益的能力很重要,是经济发展的重要目标。经济发展不能只重视经济效益而忽视了生态效益。经济效益是生态效益的基础，生态效益是经济效益的着眼点。没有经济效益作基础的生态效益是没有根基的生态效益，没有生态效益做核心的经济效益不可能是长久的经济效益。经济发展追求的应该是经济效益和生态效益相统一的效益，所以生态效益也是经济发展的重要目标。提高生态效益的能力才能真正实现生态的发展。提高生态效益的能力也是民生的基本保证。我们党历来重视民生问题，而经济和生态是民生之本，没有经济和生态，民生就成了无源之水、无本之木。生态是民生最根本、最基础、最重要的组成部分。改善民生就要解决损害群众健康的突出的生态、环境问题。当前的生态环境问题已经影响了人民的生存和发展。优化生态环境必须从提高生态效益能力入手。生态效益的能力提高了，生态环境就优化了，民生健康也就有了保证。当前提高生态效益的能力主要是提高节能减排的能力。在节能上主要是提高化石能源的利用率，在减排上主要是抓好企业排污设施建设和城镇污水处理。以法律形式明确节能减排责任制，凡是节能减排不达标的企业都要停产整改，整顿后再不达标的企业要关停并转。通过节能减排提高生态效益，实现生产价值和生态价值的统一。

其二，提高发展生态经济的能力。生态经济是指自然生态与人类生态、经济发展与环境保护、生产方式与自然利用高度统一的可持续发展的经济，包括绿色经济、低碳经济和循环经济。生态经济是当今世界经济发展的一种新形态。世界金融危机发生后，西方发达国家都在走生态经济的发展道路，我国不能再落在发达国家的后面，再提出一个追赶的口号，一定要抓住这次机遇，融入这股发展潮流中，逐步提高发展生态经济的能力。首先，提高发展生态经济的能力是我们调整经济结构、转变经济发展方式的需要。我国原有的经济结构不合理，经济发展方式粗放，经济效益和生态效益不高。生态经济是经济发展和生态高效的经济，发展生态经济是改变我国经济结构不合理和经济发展方式粗放的具体措施和实施步骤。其次，提高发展生态经济的能力是我国实现绿色发展、低碳发展、循环发展的需要。发达国家掌握着雄厚的经济实力，掌握着先进的绿色低碳和循环发展技术。我们国家缺少这种技术，我们需要这种技术，但发达国家不卖给我们，我们发展生态经济面临着诸多挑战。我们只有努力研发生态经济的新技术，不断提高发展生态经济的能力，才能推动我国的绿色发展、低碳发展、循环发展。最后，提高发展生态经济的能力是解决我国资源紧缺的需要。我国是资源大国，又是资源小国，人均占有资源量少，同时资源浪费又很严重，这是制约我国经济发展的一个重要因素。解决这个困难的主要途径就是提高我国发展生态经济的能力，发展绿色经济、低碳经济、循环经济。提高我国发展生态经济的能力，一要进行绿色技术、低碳技术、循环技术创新，逐步增加这些技术研发资金的投入，坚持与发达国家进行生态技术的交流与合作，吸引国外投资者参与我国生态经济的发展。二要实现我国传统产业的生态化和发展新型生态产业。按照生态的要求改造我国的传统产业，实现传统产业的升级。借助新一轮的产业革命，发展一批新型生态产业，带动我国经济的发展。三要促进经济发展模式的生态变革，建立与经济发展、资源节约、环境保护相适应的经济发展模式。

其三，提高生态思维创新能力。能不能正确地判断生态形势，能不能有效地化解生态矛盾，能不能顺利推进生态文明建设，关键要看有没有生态思维的创新能力。生态思维的创新能力是指从旧的生态思维向新的生态思维转变的能力。生态思维的创新能力是以生态实践为基础的，生态实践是人类生态存在的基本方式，是人类创造生态世界的基本活动。随着生态实践的发展，人类的生态思维能力也会逐步提高。绿色思维能力、低碳思维能力、循环发展思维能力就是生态思维能力创新的体现。绿色思维能力中的"绿色"不是指颜色中的绿色，它是指象征意义的绿色，即象征着生态没有被破坏、环境没有被污染，资源得到合理利用。绿色思维方式是从绿色的视角思考问题的方式。绿色思维方式是人们生态思维方式的根本转变，它可以把人类的经济活动对自然环境的影响降到最低；低碳思维方式是从低碳的视角思考问题的方式，这种思维方式也是人们生态思维方式的根本转变，它能使能源利用更清洁、更高效；循环发展思维方式是从资源循环利用的视角思考问题的一种方式，这是人们生态思维方式的又一根本的转变，它能使在生产中投入最少的资源而向环境排放最少的废弃物，能对环境以最小的危害而获得最大的经济效益和生态效益。生态思维方式创新决定了生态文明建设的新思路,新思路能使生态文明建设的目标顺利实现。

其四,提高实现生态强国的能力。生态强国是经济强国在生态领域的体现,就是生产发展、生活富裕、生态良好的国家。生态强国不是纯粹生态意义上的国家,它是一个综合性概念,生产发展是生态强国的基础,生活富裕是生态强国的目的,生态良好是生态强国的标志。1992 年我国制定了《中国环境与发展十大对策》,1994 年我国制定了《中国 21 世纪议程》,这是我们建设生态强国的纲领性文件,为我们建设生态强国描绘了蓝图。党的十八大提出了"努力建设出美丽的中国,实现中华民族永续发展",为我国建设生态强国指明了方向。建设生态强国是一个漫长而艰巨的发展过程,它有很多工作要做,一要学习发达国家的先进经验,加大环境治理力度,提高环境治理能力;二要加强低碳发展规划,努力地提高高碳发展向低碳发展转变的能力;三要努力开发新能源,不断提高旧能源(化石能源)向新能源(风能、太阳能、潮汐能、核能)转变的能力;四要发挥创造的优势,努力提高"制造"向"创造"转变的能力;五要加快集约、高效交通运输组织体系建设,提高绿色低碳交通运输管理能力。建设生态强国既是个理论问题,也是个实践问题;既要进行生态理论创新,更要提高生态实践能力。

三 抓住了生态文明建设就抓住了中国特色社会主义事业可持续发展的要害

中国特色社会主义的事业布局,不仅包括了经济建设、政治建设、文化建设、社会建设,而且也包括了生态文明建设,因为生态文明建设是经济建设、政治建设、文化建设和社会建设的根基。其一,生态文明建设是经济建设的生态前提。经济建设的主要任务是发展社会生产力。社会生产和再生产的前提条件是自然界的存在和发展,自然界为社会生产和再生产提供原料,没有足够的原料,生产力发展就受到了制约。江泽民说得好:"要使广大干部群众在思想上真正明确,破坏资源环境就是破坏生产力,保护资源环境就是保护生产力,改善资源环境就是发展生产力。"① 2013 年习近平总书记在中央政治局第六次集体学习时又强调了这一观点。江泽民和习近平在这里既是强调了生态环境对发展生产力的意义，也是强调了生态环境对经济建设的价值。其二，生态文明建设是政治建设的生态杠杆。社会主义民主政治建设需要一定的生态基础，这个基础就是人与自然的和谐环境。生态文明建设的核心问题就是处理好人与自然的关系问题。只要这个关系处理好了，社会主义生态文明道路走多远，社会主义民主政治建设道路就能走多远；生态文明行为多么自觉，社会主义政治文明行为就多么自觉；生态文明意识多么高，社会主义政治文明意识就多么高；生态文明制度多么完善，社会主义政治制度就多么完善。可以说，生态文明建设的程度和水平决定着社会主义政治建设的未来。其三，生态文明建设是文化建设的生态指引。我国文化建设的内容有两项：一项是思想道德建设；一项是科学文化建设。按照发展的观点，文化建设的内容不能只是这两项，应该增加生态文化的内容。生态文化好像是一种全新的文化形态，实际上它在我国的传统文化中早已存在，只不过我们没有把它当作社会主义文化的内容而已。生态文化应该是社会主义文化的重要内容，是和谐文化的重要组成部分，是为人民大众服务的文化，它将通过建立人与自然交往的生态理念、价值取向和行为规范引导了 21 世纪中国社会主义文化的发展。其四，生态文明建设是社会建设的保证。生态文明建设是一种新型文明建设，它有利于社会主义建设开创新局面；生态文明建设把生态建设和社会建设联系在一起，是人、社会、生态相统一的建设，是社会文明的生态表现，它有利于创造社会建设的良好环境；生态文明建设是国家治理理念的新发展，它有利于社会发展目标的实现。从战略布局看，生态文明建设和经济建设、政治建设、文化建设和社会建设是一种并列的关系；从地位看，生态文明建设是经济建设、政治建设、文化建设和社会建设的前提条件和约束性条件。从这个意义上说，抓住了生态文明建设就抓住了中国特色社会主义事业可持续发展的要害。

---

① 《江泽民论有中国特色社会主义》（专题摘编），中央文献出版社 2002 年版，第 282 页。

抓住这个要害对中国特色社会主义事业可持续发展具有重要意义。

第一，它有利于增强中国人民对中国特色社会主义事业可持续发展前景的自信。生态、环境和资源是中国特色社会主义事业可持续发展的生态基础，没有这个生态基础，中国特色社会主义事业可持续发展是不可想象的。社会主义生态文明建设能为中国特色社会主义事业可持续发展创造良好的生态基础。

其一，我国的生态文明建设有中国共产党的领导和人民群众的支持。社会主义生态文明建设是一项长期的、复杂的、艰巨的系统工程，实现这一系统工程需要一个坚强的领导，这个坚强的领导就是中国共产党。中国共产党在改革开放和社会主义现代化建设中积累了丰富的生态文明建设经验，并对这些经验进行了系统的总结，同时上升为科学的生态理论，在这种科学的生态理论的指导下，社会主义生态文明建设必然能顺利进行。社会主义生态文明建设与人民群众的利益直接关联，必然能得到人民群众的支持、配合与参与，这是社会主义生态文明建设的推动力。在共产党的领导下和人民群众的支持下，社会主义生态文明建设必然能取得积极成果。

其二，社会主义生态文明建设有社会主义制度优势。中国开展了大规模的生态环保工程、节能环保工程建设，极大提高了中国环境基础设施建设的能力；中国制定了以节能减排为核心的新时期可持续发展战略，促进了中国向绿色低碳发展的转型，从理念到实践走出了一条生态可持续发展道路；中国政府在生态建设方面作出了一系列制度安排。国家成立了应对气候变化和节能减排的领导小组和专门的管理机构，全国人大还通过了应对气候变化的决定，国民经济和社会发展五年规划都对生态文明建设有明确的要求。社会主义制度优势在生态文明建设中得到了具体体现。

其三，社会主义生态文明既是一次产业结构和生产方式的调整，也是一次利益格局的调整，它既关系到广大人民群众的根本利益，又关系到中华民族发展的长远利益。功在当代，利在千秋，它着眼于人民群众对干净水质、绿色食品、清新空气和优美环境等生态的迫切需求。以上这些可以让人民群众相信，中国的生态文明建设一定能取得成功，以生态文明建设为支撑的中国特色社会主义事业一定能可持续发展，进而增强了人们对中国特色社会主义事业可持续发展的自信心。

第二，它有利于增强人们对中国特色社会主义事业可持续发展立场的坚定性。

其一，生态文明建设有利于发展社会生产力，提高人民的生活质量。人们希望生活质量更高，生活质量成了人们生活的重要内容。生态文明建设追求的就是人们生活的质量，离开了人们的生活质量，生态文明建设也就失去了它的意义。江泽民和习近平讲的"保护生态环境就是保护生产力，改善生态环境就是发展生产力"的观点，说明生态文明建设有利于发展生产力。生态文明建设就是要处理好人、社会和自然的关系，实现经济、社会和生态的可持续发展，这就为社会生产力的可持续发展奠定了基础，也为人们生活质量的提高奠定了基础。

其二，生态文明建设也为人们创造了良好的生活环境。人们希望生活环境越来越好，生活空间山清水秀，生活空间适宜居住，喝上干净的水，呼吸新鲜的空气，吃上放心的食物。生态文明建设就是为了向人们提供清洁的水源、新鲜的空气、宜人的气候和舒适的生活环境，使生态环境更适宜人类的生活。

其三，生态文明建设有利于社会和谐。习近平总书记说过，良好的生态环境是最公平的公共产品。他为什么这样说呢？因为良好的自然环境是全人类共同生存和发展的空间支撑系统，世界上所有的人都平等享有良好生态环境所提供的条件，也就是说，良好的生态环境所提供的条件对任何人来说都是公平的。最公平的良好的生态环境能促进社会和谐发展。首先，公平是和谐社会的重要内容和最重要的特征。社会主义和谐社会有六大内容和特征：民主法治、公平正义、诚实友爱、充满活力、安定有序、人与自然和谐相处。公平是六大内容之一，也是最重要的特征。民主法治的价值取向是公平正义，诚实守信是公平正义的道德认同，充满活力、安定有序、人与自然和谐相处是实现公平正义的结果。其次，公平是社会和谐的价值取向。三大空想社会主义者把社会和谐作为理想价值追求，马克思主义的创始人把社会和谐作为社会主义和共产主义的价值目标，中国共产党人也把社会和谐作为价值的理想。最后，公平是社会和谐的基本要求。社会和谐是社会正常运转和健康发展的条件，公平规定了社会成员的权利和义务，这能保证社会的正常运转和健康发展。和谐社会是包括自然资源在内的合理分配的社会，社会公正对资源作了合理安排。公正对社会和谐来说很重要，它是社会和谐的基础，是社会和谐的深刻根源，没有公平，社会和谐就无从谈起。良好的自然环境是生态文明建设创建的，所以生态文明建设有利于社会和谐。

其四，生态文明建设有利于实现社会主义现代化。社会主义现代化不仅包括：经济现代化、政治现代化、文化现代化和社会现代化，还应该包括生态现代化。生态现代化是指生态理念科学化、环境保护人性化、资源利用合理化、自然生态系统和社会生态系统符合现代标准的最大化、人与自然和谐相处的持续化。经济现代化、政治现代化、文化现代化、社会现代化与生态现代化是密不可分的，生态现代化是其他现代化的资源基础和自然前提，没有生态现代化，其他现代化不管付出多么大的代价也都会步履艰难。在社会主义现代化建设中，必须处理好生态现代化和其他现代化的关系，只有把生态现代化摆在突出的位置上，社会主义现代化才能健康有序地向前发展。建设生态文明，实现生态现代化，是实现社会主义现代化的必然选择。以上几点足以使人们坚定中国特色社会主义事业可持续发展的立场不动摇。

第三，它有利于增强人们对中国特色社会主义事业可持续发展实践的自觉性。

其一，我国的生态文明是社会主义性质的。首先，生态文明建设是社会主义的应有之义。原始社会产生了原始文明，农耕社会产生了农耕文明，资本主义社会产生了工业文明，社会主义社会产生了生态文明。社会主义是以公有制为主体、多种所有制经济共同发展为基本经济制度的，这种基本经济制度为我国的生态文明的产生奠定了经济制度基础；社会主义以人民民主专政为国家政权，以人民代表大会制度为根本政治制度，这为生态文明的产生奠定了政治制度基础；社会主义以先进文化为支撑力，这为生态文明的产生提供了文化支持；社会主义以社会和谐为条件，这为生态文明的建设提供了保障。所以社会主义本身就蕴含着生态文明。其次，我国的生态文明建设是以社会主义意识形态为指导的。社会主义意识形态是以马克思主义为核心的。马克思主义的辩证唯物主义和历史唯物主义是我国生态文明建设的世界观和方法论，马克思主义的生态理论是我国生态文明建设的思想基础，马克思主义的生态价值追求明确了我国生态文明建设的价值取向。以马克思主义为核心的意识形态反映了我国社会主义的经济制度和政治制度以及社会主义社会的本质要求，反映了广大人民群众的根本利益。所以以马克思主义意识形态为指导的生态文明建设必然是社会主义性质的。再次，我国的生态文明建设具有全球共同利益性和公平性的特征。资本主义国家的生态建设只考虑自身利益，根本不考虑其他国家的利益，而我国的生态文明建设与资本主义国家不同，它是从全球共同利益出发的，既考虑自身利益，也考虑其他国家的利益。中国认为，生态问题是全球性的问题，各国都应公平地享有全球生态权益，也应承担相应的生态义务，在解决全球生态灾难上中国愿意担当更多的国际责任。这种特点也体现出了我国生态文明建设的社会主义性质。最后，我国的生态文明建设是以人民幸福为价值取向的。我国不是为了生态文明建设而进行生态文明建设，而是为了人民的幸福而进行生态文明建设的。人民的幸福是我国生态文明建设的出发点和落脚点。我们党身体力行，领导全国人民创造了人民幸福的自然环境。我国的生态文明建设以人民幸福为价值取向和我们党为人民服务的宗旨是一致的，这也体现出了我国生态文明建设的社会主义性质。

其二，我国生态文明建设的目标是人的全面发展。人的全面发展是指人的需要、社会关系、能力等诸多方面的发展。人的需要不仅包括物质和精神需要，也应该包括生态需要。人要从生态环境中得到物质和能量，就必须正确看待人对自然资源的需要。人要在自然环境中生存和发展，这是人对自然环境的需要。生态文明建设就是为了提供人们所需要的自然资源和自然环境。广义的社会关系应该包括人与自然、人与人、人与社会的和谐关系。生态文明建设就是为了解决当前的人与自然关系不和谐的状况，进而为人与人、人与社会之间的和谐关系创造自然的前提。人的能力应该包括生态实践能力。生态实践能力是指修复和保护生态的能力，生态文明建设就是为了提高人们的这种生态实践能力。人的全面发展同生态的发展是共存共生的，是生态保障下的人的全面发展。生态文明建设就是要构建以人的全面发展为核心的生态文明社会。生态文明建设的主体是人，生态文明建设从生态意义上讲也是为了人的全面发展。其三，生态文明建设是以可持续发展为原则的。可持续发展既是生态文明建设的理念，也是生态文明建设的基本方向。可持续发展是以生态为基础的经济和社会的可持续发展，是人与自然和谐相处的可持续发展，是建立资源节约型、环境友好型社会的可持续发展。可持续发展强调不可再生资源的合理开发和利用，强调尽可能利用再生资源，强调力图在不破坏生态环境的基础上利用资源，强调人口增长、经济发展要与生态环境的承受力相适应，强调当代人利用资源要考虑后代人的发展。可持续发展已被世界各国普遍接受，已成为我国经济、社会的发展战略，已经从理论变为实践之，已成为我国生态文明建设的重要原则。我国生态文明建设的社会主义性质、人的全面发展目标、可持续发展原则，足以增强人们对中国特色社会主义事业可持续发展实践的自觉性。

四　结语

我国的生态问题告诉我们，不应该再走传统工业化的老路，解决我国的生态问题必须建设生态文明。生态文明建设已经初步改善了我国的生态环境，提高了资源利用率，缓解了人与自然的紧张关系，增强我国的可持续发展能力。生态文明建设对中国特色社会主义事业可持续发展不仅具有现实意义，更具有长远意义，是中国特色社会主义事业可持续发展的必然选择。

第八章

体现主体力的当代社会主义建设者是中国特色社会主义事业可持续发展的主体条件

当代社会主义建设者包括工人阶级、农民阶级、知识分子、人民解放军和新的社会阶层。中国特色社会主义事业是当代社会主义建设者的事业,中国特色社会主义事业可持续发展靠的就是当代社会主义建设者的智慧和力量,靠的就是当代社会主义建设者的积极性、主动性和创造性,靠的就是当代社会主义建设者同心同德为之奋斗。

一 中国特色社会主义旗帜必然能在当代社会主义建设者中高高飘扬

旗帜主要是指党的纲领,党的纲领的核心问题就是建设一个什么样的社会和国家的问题。在我国建设一个什么样的社会和国家,不同的政党有不同的主张。孙中山主张在中国要建立一个"三民主义"的社会和国家,所以国民党就打起了资本主义的旗帜。这面旗帜不符合历史发展的潮流,不符合社会发展的规律,不代表人民的根本利益,所以这面旗帜很快就倒了。1921年,中国共产党成立。党的一大把实现社会主义和共产主义写进了党纲,所以社会主义和共产主义就成了中国共产党领导全国人民团结奋斗的旗帜。在这面旗帜的指引下,经过28年的艰苦奋战,中国共产党推翻了国民党反动派的统治,建立了新中国,实现了国家独立和民族解放。1956年社会主义改造完成后,按照宪法的规定,我国确立了社会主义制度。社会主义制度确立后,我国开始了大规模的社会主义建设,从此我们党举起了建设社会主义的旗帜。在社会主义建设中,有成绩,也有失误。失误不是社会主义建设的旗帜造成的,而是因为我们把马克思主义关于社会主义的理论简单化了。马克思主义创始人的社会主义理论是建立在发达资本主义基础上的社会主义思想,即高级阶段的社会主义思想,我们用高级阶段的社会主义思想来指导初级阶段社会主义建设,有点急功近利,有点超前。因为不按客观规律办事,所以经济结构扭曲,经济发展倒退,社会主义失去了生机与活力。党的十一届三中全会以后,我国社会主义建设进入了新时期。党的十二大提出了"建设有中国特色的社会主义",从此我们党带领全国人民举起了中国特色社会主义的旗帜。在这面旗帜的指引下,社会主义现代化建设取得了巨大成就,中国人民的面貌发生了历史性变化,社会主义中国的面貌发生了历史性变化,中国共产党的面貌发生了历史性变化。实践证明,中国特色社会主义旗帜是新时期我们党带领全国人民开拓前进的旗帜,它关系到党、国家和民族的前途和命运,关系到中国社会主义的前进方向。

在我们国家也有人主张高举民主社会主义的旗帜。我们能举民主社会主义旗帜吗?让我们看看民主社会主义是什么东西就知道了。民主社会主义是西方社会党、社会民主党、工党的旗帜,这些党的基本理念和价值目标是自由、平等、公正和合作,它们的目的是建设经济民主、政治民主、社会民主和国际民主,实现这个目标的手段是民主。1951年,社会党国际第一次代表大会发表了《法兰克福声明》,在《声明》中把社会民主主义颠倒为民主社会主义,因为在早期的社会主义思想中,社会民主主义和社会主义基本上是一个意思。从此,民主社会主义就成了西方社会党、社会民主党、工党的旗帜。民主社会主义和中国特色社会主义不是一回事,二者有本质区别。在指导思想上,中国特色社会主义是以马列主义、毛泽东思想和中国特色社会主义理论体系为指导思想的,而民主社会主义是以基督教思想、人道主义、康德伦理学、黑格尔历史哲学、法国人权宣言、伯恩施坦的批判马克思主义、马克思主义的资本主义批判和社会主义为指导思想的;在政治上,中国特色社会主义坚持四项基本原则,不搞西方的两党或多党制、三权分立制,而西方民主社会主义反对共产党的领导,反对无产阶级专政,反对实现共产主义;在意识形态上,中国特色社会主义坚持以马克思主义为指导的社会主义意识形态,而民主社会主义坚持自由、平等、博爱的资产阶级意识形态;在性质上,中国特色社会主义是科学社会主义在当代中国的具体形式,而民主社会主义是一种改良主义。从以上的区别来看,民主社会主义不是社会主义,更不是中国特色社会主义。我们这样说并不意味着对民主社会主义的彻底否定,民主社会主义在某些方面有合理成分,如对资本主义态度中的一些思想、混合所有制中的一些思想、民主中的一些思想,我们都可以加以研究、吸收和借鉴。尽管如此,它也不能够成为我们前进中的旗帜。

中国特色社会主义旗帜不是无根的旗帜,而是有支撑的旗帜,共产党领导下的当代社会主义建设者就是它的支撑者,这面伟大旗帜会在当代社会主义建设者中高高飘扬。

第一,当代的社会主义建设者是现代化的建设者。1991年12月26日,克里姆林宫上空飘扬69年的红旗在夜空中悄然落下,这意味着消灭剥削制度和阶级压迫的旗帜消失了。苏联红旗落地的原因有很多,从领导层说,戈尔巴乔夫的人道的、民主的、社会主义思想起了作用;从体制看,封闭僵化的经济体制和政治体制起了作用;从社会主义建设者说,传统的苏联社会主义建设者也起了作用。传统的社会主义建设者有如下的特征:因循守旧,不愿意革新,盲目崇拜政治权威,不思进取,不愿意改变旧的传统观念和行为方式,不愿意接受新事物,思想僵化,政治心理趋于封闭,政治人格趋于摇摆,政治价值取向趋于依附。苏联社会主义建设者的这些特征对苏联封闭僵化的体制起了强本固基的作用。苏联红旗落地也就成了必然。而我们中国当代社会主义建设者就不同了,它已从传统社会主义建设者转化为现代化社会主义建设者了。现代化社会主义建设者有如下的特征:思想解放,实事求是,与时俱进,求真务实,自强不息,开拓创新,思想政治素质、科学文化素质比较高,乐于接受新事物,面向现代化、面向世界、面向未来。现代化社会主义建设者筑牢了高举中国特色社会主义旗帜的根基。

第二，当代中国社会主义建设者是自觉的社会主义建设者。我国社会主义制度确立后的那个年代的社会主义建设者，都知道社会主义好，因为我们党教会了他们一首歌叫"社会主义好"，因此那个年代的社会主义建设者的社会主义观念也很强。不过这种社会主义观念是朴素的，因为那时还没有完全搞清楚"什么是社会主义和怎样建设社会主义"这个基本问题。当代社会主义建设者就不同了，他们基本搞清楚了"什么是社会主义和怎样建设社会主义"这个基本问题，所以当代社会主义建设者是自觉的社会主义建设者。当代社会主义建设者是以中国特色社会主义理论武装起来的建设者，没有中国特色社会主义理论的武装，当代社会主义建设者就不可能成为自觉的建设者。自觉的社会主义建设者与朴素的社会主义建设者之间的差别太大了。朴素的社会主义建设者是叫干什么就干什么，只知其然而不知其所以然；自觉的社会主义建设者不仅知道干什么，而且还知道为什么这样干。朴素的社会主义建设者是靠不住的，自觉的社会主义建设者是靠得住的，中国特色社会主义旗帜可以在他们那里飘扬下去。

第三，当代社会主义建设者是树立社会主义核心价值观的社会主义建设者。社会主义核心价值观包括三个层面的内容：在国家层面是富强民主文明和谐，在社会层面是自由平等公平法治，在个体层面是爱国敬业诚信友善。国家层面的社会主义核心价值观是国家的价值追求，它一旦形成就会成为国家的价值取向，成为党领导全国人民为之奋斗的旗帜和方向，它是中国特色社会主义旗帜在国家层面的表现；社会层面的社会主义核心价值观是全社会的价值追求，它一旦形成就会成为全社会的价值取向，成为全社会的统一价值标准，它是中国特色社会主义旗帜在社会层面的表现；个体层面的社会主义核心价值观是个体的价值追求，它一旦形成就具有稳定性，成为不容易改变的行为方式，它是中国特色社会主义旗帜在个体层面的表现。以上三个方面构成了社会主义核心价值观的有机整体。任何旗帜都有它的具体内容。我们党的党旗是在红色旗帜上画着镰刀斧头，斧头象征着工人阶级，镰刀象征着农民阶级，红色象征着我们党的先进性和纯洁性。我们国家的国旗是在红色旗帜上面画着"五星"，大五星象征着党的领导，其他四星象征着工人、农民等人民群众团结在党的周围，红色象征着这面红旗是用先烈的鲜血换来的。中国特色社会主义旗帜也是有内容的，它的内容就是富强民主文明和谐、自由平等公正法治、爱国敬业诚信友善。树立了社会主义核心价值观就树立了中国特色社会主义的伟大旗帜。树立起社会主义核心价值观的当代社会主义建设者，必然能让中国特色社会主义旗帜高高飘扬。

第四，当代社会主义建设者是理想坚定的社会主义建设者。实现共产主义是中国共产党的远大理想，建成中国特色社会主义是全国各族人民的共同理想，也是当代社会主义建设者的共同理想。有了共同理想，当代社会主义建设者就有了共同意志、共同目标和共同方向。在建设中国特色社会主义的道路上，不管遇到什么困难和风险，社会主义建设者都能团结一致，直面挑战。东欧剧变，苏联解体，与这些国家的社会主义建设者放弃了共产主义理想不能说没有关系。没有理想的建设者是没有希望的建设者、没有出息的建设者、没有眼光的建设者。1989年，我们闯过了"六四"这一关，就是当代社会主义建设者同我们党一起捍卫了中国特色社会主义旗帜的结果。有坚定理想的社会主义建设者是有世界眼光的社会主义建设者，是敢于担当的社会主义建设者，是有前途的社会主义建设者。中国特色社会主义的共同理想就是当代社会主义建设者在中国共产党的领导下，在中国特色社会主义的道路上，实现中华民族的伟大复兴，不断完善中国特色社会主义，进而建成中国特色社会主义，最终实现共产主义的理想。当代社会主义建设者是理想主义者，他们认同和接受中国特色社会主义共同理想，不会轻易改变这个共同理想。实现中国特色社会主义共同理想就要高举中国特色社会主义旗帜，中国特色社会主义旗帜就是实现中国特色社会主义理想的旗帜，所以这面伟大的旗帜会在当代社会主义建设者中高高飘扬。

总之，中国特色社会主义旗帜就是当代社会主义建设者的旗帜，高举中国特色社会主义的伟大旗帜，是当代社会主义建设者义不容辞的政治责任，是当代社会主义建设者义不容辞的社会责任，是当代社会主义建设者义不容辞的历史责任。

二 中国特色社会主义道路在当代社会主义建设者中必然会越走越宽广

当前我国在中国特色社会主义道路前进中也出现了两种不和谐的声音：一种要求是退回到僵化封闭的传统社会主义老路上去，其根据是现在社会上存在着分配不公、腐败蔓延、群体性事件频发、社会道德水准下降的现象，他们认为这些现象是走中国特色社会主义道路和改革开放造成的；另一种要求是走改旗易帜的资本主义邪路，其根据是中国特色社会主义道路解决不了现实问题。

其一，先说说我们能不能退回到僵化封闭的传统社会主义老路上去。大家知道，我国社会主义制度确立以后，究竟怎样搞社会主义建设，我们没有经验，只好效法苏联，走上了苏联式社会主义建设道路。东欧剧变，苏联解体，已经证明传统社会主义建设道路走不下去了。我国社会主义建设上出现的失误也已经证明，传统社会主义道路走不下去了。如果我们退回到传统社会主义的老路上去，那么苏联和东欧的悲剧也会在我国发生。苏联解体、苏联式社会主义失败、苏联共产党垮台，戈尔巴乔夫负有不可推卸的责任，但从历史的高度看，这也不是戈尔巴乔夫一人能造成的，我们不想为戈尔巴乔夫开脱，也没有必要为戈尔巴乔夫开脱，这种开脱毫无意义。从根上说，这是苏联僵化封闭的体制造成的。苏联式社会主义的弊端由来已久，在斯大林时期就已经埋下了弊端的种子：在经济制度上他搞单一公有制，彻底消灭私有制。在经济管理体制上，他长期搞计划经济，计划包罗万象。单一公有制和计划经济把苏联的经济搞死了。在政治上长期搞阶级斗争，搞"肃反"和"大清洗"运动，人为制造矛盾，造成了人间悲剧，极大地败坏了共产党和社会主义的形象。在党内搞家长制，以党代政，以权代法，破坏了党的民主集中制和党法、党规，使苏联的党和国家失去了生机与活力。鉴于此，戈尔巴乔夫开始改革。改革没有错，因为恩格斯讲过，社会主义社会也要改革。问题是改什么，怎么改。戈尔巴乔夫的改革改错了方向，歪向了人道的民主的社会主义道路。再加上苏联体制的弊端，苏联解体、苏联式社会主义失败、苏联共产党垮台也就不可避免了。我国传统社会主义建设出现的失误也折射出了苏联式社会主义的弊端。传统社会主义的经济体制和政治体制，把社会主义搞得死气沉沉，生产力得不到发展，人民的生活得不到改善，苏联如此，中国也如此。所以说倒退是没有出路的，退回到僵化封闭的传统社会主义老路上去，只能是死路一条。历史唯物主义者并不回避当前社会存在的问题，有的问题是很严重的。这些问题有的是历史发展积淀下来的，有的是新出现的。解决这些问题要分轻重缓急，不可能一下都解决，但这些问题是迟早要解决的。这些问题在改革开放后存在，在改革开放前也存在，只是表现形式和程度不同罢了，不是存在不存在的问题；这些问题在中国存在，在外国也存在，不是只存在于社会主义，不存在于资本主义。如果说这些问题与改革开放有什么关系的话，那就只能说改革开放还不够深入。只要全面深化改革开放，这些问题就会得到相应的解决。况且我们党已经着手通过深化改革开放来解决这些问题，深化改革开放是解决这些问题的唯一出路。把当前我国存在的问题归结于改革开放，有点失于偏颇。虽然当前我国社会存在的问题与走中国特色社会主义道路也没有必然的联系，而且这些问题是在中国特色社会主义道路上发生的，但不是中国特色社会主义道路造成的。这就好比我们一不小心在路上栽了一个跟头，不能认为栽跟头是路造成的一样。中国特色社会主义道路是解决我国当前存在的问题的道路，因为它以经济建设为中心，坚持四项基本原则，坚持改革开放，这些内容是解决我国当前社会存在的问题的关键性因素。把我国当前社会存在的问题归结中国特色社会主义道路有点不明智。主张回到僵化封闭的传统社会主义老路上去的人大概有点缺心眼，缺乏具体问题具体分析的思想。具体问题具体分析是认识问题和解决问题的基本方法。首先，要分析产生这些问题的原因，把原因分析清楚了，解决问题的方法也就有了；其次，要分析这些问题的性质，不同性质的问题要用不同的方法来解决；最后，要分析一下有哪些方法能解决问题，找出解决问题的最佳方法。办法都是人想出来的，只要认真分析，不会找不到解决问题的办法。如果不做具体问题具体分析，不但问题解决不了，反而会使问题越来越复杂，给问题的解决增加难度。把我国当前社会存在的问题归结于改革开放和走中国特色社会主义道路是思维简单化的表现。

其二，再说说我们能不能走资本主义道路。凡是思维没有缺陷的人都知道这条路不能走，这里不必多说。我们在这里想说的是，苏联解体后，俄罗斯走的是民主社会主义道路还是资本主义道路。有人认为俄罗斯走的是民主社会主义道路。其根据有两个：一个是戈尔巴乔夫曾经讲过，要建设人道的民主社会主义；另一个是苏联解体后，社会党国际讲过这是民主社会主义的胜利。我认为俄罗斯走的不是民主社会主义道路，而是资本主义道路。因为叶利钦请来的是美国人，给他设计了休克疗法，用休克疗法改造苏联社会。叶利钦的想法很简单，他认为只要走资本主义道路，美国就会帮助俄罗斯强大起来。结果事与愿违，经济崩溃，社会动荡，民不聊生。我国有些人对此视而不见，仍旧主张走资本主义道路，在经济上搞私有化；在政治上搞两党制或多党制、三权分立、军队国家化；在思想上搞资产阶级民主自由平等。资本主义模式是资产阶级国家理念和制度安排，它与资产阶级政治统治相适应。马克思把资本主义模式看成是"资本对劳动作战的全国性武器"[1]。列宁认为它"对富人是天堂，对被剥削者、对穷人是陷阱和骗局"[2]。毛泽东认为"民主政治，实际上都是吃人政治"[3]。邓小平认为"资本主义社会讲的民主是资产阶级的民主，实际上是垄断资本的民主"[4]。从马克思主义者的这些论述中可以看出资本主义社会的本质。鼓吹走资本主义道路的人到底是些什么人呢？是想要改变中国社会主义制度的人，是想要推翻共产党领导和人民民主专政的人，是否定人民选择社会主义道路权利的人。这些人只要有机会，就会兴风作浪，我们一定要警惕他们。

僵化封闭的传统社会主义道路是一条死路，我们不能再走；改旗易帜的资本主义道路是一条邪路，我们不能走；中国特色社会主义道路是一条新路、正路，我们必须得走，这条道路会在当代社会主义建设者中越走越宽广。

---

[1]《马克思恩格斯文集》第三卷，人民出版社 2009 年版，第 153 页。
[2]《列宁专题文集论资本主义》，人民出版社 2009 年版，第 238 页。
[3]《毛泽东选集》第二卷，人民出版社 1991 年版，第 736 页。
[4]《邓小平文选》第三卷，人民出版社 1993 年版，第 240 页。

第一，这条道路是代表当代社会主义建设者利益的一条正路。首先，这条道路是在共产党领导下的道路。社会主义必然代替资本主义，这是中国共产党的基本信念。虽然东欧剧变，苏联解体，但中国共产党的这一基本信念并没有因此而改变。中国共产党不可能领导中国人民走改旗易帜的资本主义邪路，这是由中国共产党的性质和宗旨决定的。中国共产党是中国工人阶级先锋队，中国共产党的这种先进性决定了它不会做违背当代社会主义建设者利益的事。中国共产党是全心全意为人民服务的政党，是始终代表人民根本利益的政党，中国共产党的宗旨决定了它不会把当代社会主义建设者引领到资本主义邪路上去。其次，这条道路是坚持四项基本原则的道路。四项基本原则就是针对资产阶级自由化提出来的。党的十一届三中全会后，有一股势力打着改革开放的旗帜，大搞资产阶级自由化，否定社会主义制度，否定共产党的领导，否定无产阶级专政，否定马列主义和毛泽东思想，企图改旗易帜，照抄照搬资本主义。一贯关注国内外形势的邓小平敏锐地察觉到这股势力的意图，所以他在1979年3月的理论务虚会上发表了《坚持四项基本原则》的讲话，这个讲话强调"必须坚持社会主义道路、必须坚持无产阶级专政、必须坚持共产党的领导、必须坚持马列主义和毛泽东思想"，并把坚持社会主义道路作为四项基本原则的第一条，因为只有社会主义才能救中国，只有社会主义才能发展中国。在"四项基本原则"的指引下，我们彻底平息了1989年的"六四"风波，保证了中国没有走上苏东国家改旗易帜的道路。从不改旗易帜看，中国特色社会主义道路是符合当代社会主义建设者利益的正路。再次，这条道路是人的全面发展的道路。在资本主义社会，人的发展是畸形的发展和片面的发展，因为那里的劳动是异化劳动而不是自由劳动，所以马克思和恩格斯在《共产党宣言》中指出："代替那存在着阶级和阶级对立的资产阶级旧社会的，将是这样一个联合体，在那里，每个人的自由发展是一切人的自由发展的条件。"[①] 人的全面发展是马克思主义关于人的全面而自由发展在当代社会主义的具体展现。人的全面发展是社会主义本质的要求，社会主

[①] 《马克思恩格斯选集》第一卷，人民出版社1995年版，第294页。

义本质为人的全面发展创造了条件。"解放生产力和发展生产力"是人的全面发展的物质基础,"消灭剥削、消除两极分化"是人的全面发展的社会基础,"最终达到共同富裕"是人的全面发展的基本途径。人的全面发展是社会主义的应有之义,是社会主义和资本主义的本质区别之一。从人的全面发展看,中国特色社会主义道路是符合当代社会主义建设者利益的道路。最后,这条道路是合规律性与合目的性相统一的道路。这条道路讲了"解放生产力和发展生产力"这个人类社会发展的一般规律,讲了经济建设、政治建设、文化建设、社会建设、生态建设等全面建设规律,又讲了"共同富裕",做到了合规律性与合目的性的统一。从这种"双合"看,中国特色社会主义道路是符合当代社会主义建设者利益的正路。代表当代社会主义建设者利益的道路必然会在当代社会主义建设者中越走越宽广。

第二,这条道路是代表当代社会主义建设者利益的一条新路。这条新路是相对于传统社会主义老路而言的。

其一,它是立足于中国国情的社会主义道路。传统社会主义之所以没有走好社会主义道路,就是因它离开了中国的国情。当前我国最基本的国情就是我国处在社会主义初级阶段,一切规划的制定都要从这个基本国情出发。我国社会主义制度确立后,因为没有搞清楚我国社会主义的历史方位,所以在社会主义初级阶段搞起了高级阶段的社会主义建设。1958年我们就认为,共产主义在我国的实现已经不是什么遥远将来的事情了,于是提出了"跑步进入共产主义社会"的号召,接踵而来的却是三分天灾七分人祸的灾害。毛泽东从反思1958年"大跃进"中清醒过来,认为社会主义应该分成不发达和发达两个阶段,还认为"在我们这样的国家,完成社会主义建设是一个艰巨任务,建成社会主义不要讲得过早了"①。历史的经验值得注意,党的十一届三中全会后,我们党开始对社会主义发展阶段进行探索,逐步认识到我国社会主义处在初级阶段,一切规划都应从这个阶段出发,于是我们顺利地走上了中国特色社会主义道路。从基本国情看,中国特色社会主义道路是不同于传统社会主义道路的一条新路。

---

① 《毛泽东文集》第八卷,人民出版社1999年版,第116页。

其二，这条道路是以经济建设为中心的道路。传统社会主义道路是以阶级斗争为纲的道路，搞的是无产阶级专政下的继续革命，"抓革命、促生产"成了社会主义建设的唯一形式，结果生产没有促上去，反而使国民经济到了崩溃的边缘。党的十一届三中全会后，我国抛弃了阶级斗争这个不合时宜的"纲"，开始走上了以经济建设为中心的道路。以经济建设为中心不是以经济建设"唯"中心，建设社会主义搞单打一不行，但其他建设都要围绕经济建设这个中心进行，不能干扰经济建设。以经济建设为中心这个原则在任何时候、任何情况下都不能动摇，动摇了这个原则，社会主义的经济基础就塌了，社会主义也就不存在了。即使存在，也只是名存实亡。正是因为我们以经济建设为中心没有动摇，社会主义才出现了生机与活力。从这个角度看，中国特色社会主义道路是与传统社会主义道路不同的一条新路。

其三，中国特色社会主义道路是改革开放的道路。改革开放是对僵化封闭的否定。传统社会主义道路是僵化封闭的道路，僵化封闭使东欧剧变、苏联解体，使中国的社会主义失去生机与活力。实践证明，这是一条死路，一条绝路。所以邓小平说，不改革开放，不发展经济，不改善人民生活，只能是死路一条。所以在党的十一届三中全会以后，中国顺应时代潮流，走上了改革开放之路。这条路是强国之路，是富民之路。从改革开放看，中国特色社会主义道路是与传统社会主义道路不同的一条新路。

其四，这条道路是实现富强民主文明和谐的社会主义现代化道路。传统社会主义认为，"穷则思变富则修"，所以传统社会主义道路搞的是贫穷社会主义道路。贫穷不是社会主义，社会主义就是要消灭贫穷。党的十一届三中全会后，把贫穷的社会主义变成了共同富裕的社会主义。共同富裕是社会主义的本质要求，是社会主义本质的体现，我们今天搞的社会主义是富强的社会主义。传统社会主义认为，民主只是一种手段而不是目的，这种认识决定了传统社会主义不会把民主作为社会主义建设的目标。中国特色社会主义认为，民主既是一种手段，更是一种目的，把社会主义民主看成是社会主义的生命，民主必然会成为中国特色社会主义建设的重要目标，我们今天搞的社会主义是人民民主的社会主义。在传统社会主义中，文明的概念没有展开，它还是一个笼统的概念，是一个很少被提及的概念。在传统社会主义社会里，它不可能成为社会主义建设的目标。在中国特色社会主义社会里，文明的概念十分明确，并且被分为物质文明、政治文明、精神文明、社会（狭义）文明和生态文明，成为了中国特色社会主义的目标，所以中国特色社会主义是文明的社会主义。传统社会主义认为，与天斗其乐无穷，与地斗其乐无穷，与人斗其乐无穷，把斗当成一种乐趣。在你斗我、我斗你的社会里，社会能和谐吗？在中国特色社会主义社会里，不允许人为制造矛盾，不允许人为激化矛盾，更不允许乱斗一气。社会和谐是社会发展所追求的目标，是社会发展的一条重要规律。中国特色社会主义在大原则一致的基础上，海纳百川，兼容并蓄，在不同的生活方式和价值观念中求同存异，实现总体上和谐的局面。所以我们建设的社会主义是和谐的社会主义。从社会主义建设的目标看，中国特色社会主义道路是与传统社会主义道路不同的一条新路。

总之，在从中国国情出发、以经济建设为中心、坚持改革开放、建设富强民主文明和谐的社会主义现代化国家目标的背后，都深藏着对当代社会主义建设者利益的全局性、根本性、长远性的深层思考和战略性谋划，当代社会主义建设者对这条新路有自己的政治立场与责任担当，他会跟着共产党一起推动这条新路的发展，使这条新路越走越宽广。

三 中国特色社会主义理论体系必然能在当代社会主义建设者中越来越完善

党的十一届三中全会以前，我国的社会主义建设出现了严重失误。失误的原因有很多，主要是因为没有完全搞清楚"什么是社会主义和怎样建设社会主义"这个基本问题。党的十一届三中全会以后，以邓小平为核心的第二代中央领导集体对这个问题进行了重新探索和思考，在改革开放和社会主义现代化建设的实践中积累了不少经验，如社会主义的本质就是解放生产力，发展生产力，消灭剥削，消除两极分化，最终达到共同富裕；把马克思主义基本原理同中国实际相结合，走自己的道路，建设有中国特色的社会主义；我国社会主义处在初级阶段，我国社会主义是初级阶段的社会主义；社会主义的根本任务就是发展生产力；坚持四项基本原则是立国之本，坚持改革开放是强国之路；实现社会主义现代化要分"三步走"；中国共产党是社会主义事业的领导核心，人民群众是社会主义事业可以的依靠力量；"一国两制"，实现祖国的和平统一。我们党把这些观点的有机统一叫邓小平理论。邓小平理论是中国特色社会主义理论体系的开篇。党的十三届四中全会后，以江泽民为核心的第三代中央领导集体，按照邓小平的"政治交代"，开始对"建设什么样的党和怎样建设党"这个基本问题进行探索和思考，形成了"三个代表"重要思想，即中国共产党始终代表中国先进生产力的发展要求、始终代表中国先进文化的前进方向、始终代表中国最广大人民的根本利益。"三个代表"重要思想是中国特色社会主义理论体系的第一个续篇。党的十六大以后，以胡锦涛同志为核心的党中央，面对社会主义建设中出现的"非典"和其他问题，开始探索和思考"实现什么样的发展和怎样发展"这个基本问题，形成了以人为本、全面协调可持续发展的科学发展观。科学发展观是中国特色社会主义理论体系的第二个续篇。党的十八大以后，以习近平同志为核心的党中央，开始探索和思考怎样实现"两个一百年"的奋斗目标，初步形成了习近平新时代中国特色社会主义。习近平新时代中国特色社会主义是中国特色社会主义理论体系的第三个续篇。邓小平理论、"三个代表"重要思想、科学发展观、习近平新时代中国特色社会主义思想。它们的侧重点不同，但它们不是四个理论体系，而是一个理论体系，因为它们有共同的理论基础，即马克思列宁主义和毛泽东思想；有共同的实践基础，即改革开放和社会主义现代化建设；有共同的文化渊源，即中国传统文化中的精华部分；有共同的目标，即把我国建设成为富强民主文明和谐的社会主义现代化国家，实现中华民族的伟大复兴。所以我们就把这些理论统称为中国特色社会主义理论体系。

这里需要指出的是，中国特色社会主义理论体系不包括毛泽东思想。第一，这是两个不同的理论体系。这两个理论体系的时代主题不同，毛泽东思想的时代主题是战争与革命，而中国特色社会主义理论体系的主题是和平与发展；这两个理论体系回答的基本问题不同，毛泽东思想回答的"什么是新民主主义革命和怎样进行新民主主义革命"的问题，而中国特色社会主义理论体系回答的是"什么是社会主义和怎样建设社会主义"的问题。第二，实事求是地说，毛泽东的社会主义思想有正确的方面，也有错误的方面，不成熟、不系统，没有形成一个科学的体系。没有把毛泽东思想放到中国特色社会主义理想体系中是否贬低了毛泽东思想呢？我认为没有。因为任何理论都是在特定的历史条件下产生的，理论的作用是发现问题和解决问题。毛泽东思想不可能预见它以后的所有问题，更不可能为一切问题提供答案。马克思、恩格斯、列宁都没有说过，他们的理论绝对正确，理论中有某些不正确的认识是自然的现象，把毛泽东说的每一句话都看成是真理是林彪说的，而不是毛泽东说的。如果不进行理论创新，社会主义就无法发展。中国特色社会主义理论体系是毛泽东关于社会主义思想中正确部分的理论逻辑延伸，并没有任何贬低毛泽东思想之意。理论创新就成为社会主义理论体系发展的新常态。

中国特色社会主义理论体系今后一定要在当代社会主义建设者的实践中发展，也一定能在当代社会主义建设者的实践中发展。一个理论体系确实是以某一领导人为核心的领导集体创立的，邓小平理论是以邓小平为核心的第二代中央领导集体创立的，"三个代表"重要思想是以江泽民为核心的第三代中央领导集体创立的，科学发展观是以胡锦涛为核心的党中央创立的，实现中华民族伟大复兴的中国梦重要思想是以习近平同志为核心的党中央创立的，不承认这一点不是历史唯物主义者。然而以某一领导人为核心的领导集体也不是凭空创立理论的，这个领导集体必须深入社会主义建设者的实践中去，总结他们的实践经验，并把这些经验上升为理性认识，升华为理论或理论体系。邓小平指出："我个人做了一点事，但不能说都是我发明的。其实很多事是别人发明的，群众发明的，我只不过把它们概括起来，提出了方针政策。"[①] 邓小平又指出："农村搞家庭联产承包，这个发明权是农民的。农村改革中的好多东西，都是基层创造出来，我们把它

[①] 《邓小平文选》第三卷，人民出版社1993年版，第272页。

拿来加工提高作为全国的指导。"① 他还指出:"改革开放中许许多多的东西,都是群众在实践中提出来的","报告中讲我的功绩,一定要放在集体领导范围内。可以体现以我为主体,但绝不是一个人脑筋就可以钻出什么新东西来。乡镇企业是谁发明的,谁都没有提出过,我也没有提出过,突然一下子冒出来了,发展得很快,见效也快。家庭联产承包责任制也是由农民首先提出来的。这是群众的智慧,集体的智慧。我的功劳是把这些新事物概括起来,加以提倡。"② 邓小平的这些论述告诉我们一个道理,当代社会主义建设者是实践的主体,他们的实践经验是创立理论或理论体系的源泉,没有当代社会主义建设者的实践,任何理论都是创造不出来的。除非像唯心主义那样胡编乱造,但其实这种理论经不起任何检验,也是毫无意义的。创立中国特色社会主义理论体系需要以当代社会主义建设者的实践为基础,发展中国特色社会主义理论体系也需要以当代社会主义建设者的实践为基础。江泽民指出:"现在,推进改革和建设需要我们解决的问题不少,好办法从哪里来呢?不是从天上掉下来的,也不是我们头脑里固有的,归根到底是来自于人民群众创造历史的丰富多彩的实践。谁深深扎根于人民之中,同广大群众结合在一起,谁就有力量、有智慧、有办法,就能够经受考验,战胜困难,做出突出的成绩。"③ 胡锦涛指出:"尊重人民主体地位,尊重人民首创精神,拜人民为师,把政治智慧的增长、执政本领的增强深深扎根于人民的创造性实践中。"④ 习近平指出:"坚持和发展中国特色社会主义是一篇大文章,邓小平同志为它确立了基本思路和基本原则,以江泽民同志为核心的第三代中央领导集体、以胡锦涛同志为总书记的党中央在这篇大文章上都写下了精彩的篇章。现在,我们这一代共产党人的任务,就是继续把这篇大文章写下去。"⑤ 他还指出:"改革开放在认识和实践上的每一次

---

① 《邓小平文选》第三卷,人民出版社1993年版,第382页。
② 《邓小平年谱(1975—1997)》下,中央文献出版社2004年版,第1350页。
③ 《江泽民论有中国特色社会主义》(专题摘编),中央文献出版社2002年版,第637—638页。
④ 《人民日报》1991年7月2日。
⑤ 《习近平总书记系列重要讲话读本》,学习出版社、人民出版社2014年版,第20—21页。

突破和发展,改革开放中每一个新生事物的产生和发展,改革开放每一个方面经验的创造和积累,无不来自亿万人民的实践和智慧。"①他又指出:"我们要尊重人民首创精神,最大限度集中群众智慧。"②由此可见,邓小平、江泽民、胡锦涛和习近平是在尊重和吸取当代社会主义建设者经验的基础上推进中国特色社会主义理论体系发展的,离开当代社会主义建设者的实践经验,不可能推进中国特色社会主义理论体系的发展。当代社会主义建设者的实践是中国特色社会主义理论体系发展的基点,只要改革开放和社会主义现代化建设实践不停止,中国特色社会主义理论体系在当代社会主义建设者中也会不断完善和发展。

总之,中国特色社会主义理论体系的创立、完善和发展需要具备两个条件:一个是党的领导集体,即这个领导集体的认识能力和理论创新能力以及继承前人又超越前人的与时俱进的能力;另一个是当代社会主义建设者的实践,即当代社会主义建设者的实践是理论的来源,是理论发展的动力。只有党的领导集体的主观条件,而没有当代社会主义建设者的实践,理论体系创造不出来,也完善和发展不了,那种认为理论体系是由党的领导集体创造、完善和发展的观点有些片面;只有当代社会主义建设者的实践,而没有党的领导集体,理论体系创造不出来,也完善和发展不了,那种认为理论是在当代社会主义建设者中自发产生的观点也有些片面。中国特色社会主义理论体系就是在以上两个条件同时具备的基础上创立的,也是在以上两个条件同时具备的基础上完善和发展的,但主要是在当代社会主义建设者的实践中完善和发展的。

四 中国特色社会主义制度必然能在当代社会主义建设者中逐渐趋于成熟和定型

社会主义制度究竟是什么样的,在马克思和恩格斯那里只有观念

---

① 《习近平关于实现中华民族伟大复兴的中国梦论述摘编》,中央文献出版社2013年版,第46页。

② 同上书,第45页。

性和原则性论述,而没有具体论述。苏联按照马克思主义创始人的设想建立了社会主义制度,东欧国家又照搬了苏联的社会主义制度。1956年我国社会主义改造完成后,按照1954年《宪法》的规定确立了社会主义制度。在经济上,把单一公有制确立为我国社会主义的基本经济制度,把单一按劳分配确立为我国社会主义的分配制度,把计划经济确立为我国社会主义的管理体制;在政治上,把人民代表大会制度确立为我国社会主义的根本政治制度,把中国共产党领导的多党合作与政治协商制度确立为我国社会主义的政党制度,把民族区域自治制度确立为我国社会主义的政治制度。可是1957年的反右扩大化,特别是1966年开始的"文化大革命",使社会主义制度遭到了严重破坏。1978年党的十一届三中全会以后,经过拨乱反正,社会主义制度逐渐恢复。1982年党的十二大提出了"建设有中国特色的社会主义",从此以邓小平为核心的第二代中央领导集体开始了中国特色社会主义制度的探索。经过改革开放和社会主义现代化建设30多年的探索,初步形成了中国特色社会主义制度。2011年在庆祝中国共产党成立90周年大会上,胡锦涛提出了中国特色社会主义制度的概念,2012年党的十八大对中国特色社会主义制度作了完整的表述:"中国特色社会主义制度,就是人民代表大会的根本政治制度,中国共产党领导的多党合作和政治协商制度、民族区域自治制度、基层群众自治制度等基本政治制度,中国特色社会主义法律体系,公有制为主体、多种所有制经济共同发展的基本经济制度,以及建立在这些制度基础上的经济体制、政治体制、文化体制、社会体制等各项具体制度。"[①]至此中国特色社会主义制度在我国初步确立起来。

中国特色社会主义制度与传统社会主义制度是否是一回事呢?二者在本质上是一致的,它们都是在马克思和恩格斯设想的共产主义第一阶段(社会主义)的基础上构建起来的社会主义制度的具体形式,但二者也有显著的区别。第一,在基本经济制度上,传统社会主义把单一公有制作为社会主义的经济结构,中国特色社会主义把公有制为主体、多种所有制经济共同发展作为社会主义的经济结构。第二,在

[①] 《胡锦涛文选》第三卷,人民出版社2016年版,第622页。

政治制度上，传统社会主义没有把社会主义政治制度区分为根本政治制度、基本政治制度和具体政治制度，而中国特色社会主义制度对此作了明确区分。第三，在文化制度和社会制度方面，传统社会主义并没有明确讲过文化体制和社会体制，讲文化体制和社会体制是中国特色社会主义制度的创新。第四，在法律上，传统社会主义没有形成完整的法律体系，中国特色社会主义制度明确地把社会主义法律体系作为自己的内容。中国特色社会主义制度和传统社会主义制度的基本精神相同，中国特色社会主义制度对传统社会主义制度进行了完善和发展。

坚持中国特色社会主义制度还需要注意以下几个问题。

其一，坚持公有制为主体并不意味着搞单一公有制。到底公有制为主体好还是单一公有制好呢，这就要看谁有利于发展社会主义社会的生产力，有利于增强社会主义国家的综合国力，有利于提高人民的生活水平。在党的十一届三中全会前，由于误解了马克思主义的公有制理论，我们在实践中脱离了我国当前的生产力水平，搞起了单一公有制，违反了生产关系要适合生产力发展的规律，结果我国国民经济并没有搞上去。改革开放后，我们从我国当前生产力水平的实际出发，坚持了公有制为主体，进一步解放和发展了生产力。坚持以公有制为主体并不等于要搞单一公有制，生产力决定了生产关系的原理在任何时候是都不能动摇，认为生产关系在某种条件下也起决定作用的观点并不准确，如果此时生产关系起了决定性作用，那么生产力又起什么作用呢？生产关系作用再大也只是能动作用，而不是决定作用。

其二，坚持多种所有制经济共同发展并不意味着可以搞私有化。多种所有制经济共同发展是什么意思呢？这个论断是指公有制经济和非公有制经济的长期共存、优势互补、融合共生、平等竞争、互相促进。这是由我国社会主义初级阶段的基本国情决定的。我国社会主义长期处于初级阶段，生产力水平低、多层次、发展不平衡，这种国情决定了我国所有制结构的多样性。允许私有制经济成分存在与私有化不是一回事。我国的私有制经济成分是公有制占主体地位的私有制经济成分，它不会改变公有制经济的性质；我国的私有制经济成分虽有所增加，但它不会占主体；我国的私有经济产值也可能超过公有制经济产值，但它不会控制国家的经济命脉。而私有化就不同了，如果我国经济私有化，这就意味着私有经济在我国占据了主体地位，控制了我国的经济命脉，也改变了我国的社会主义性质。所以多种所有制经济共同发展并不意味着可以搞私有化，也决不允许搞私有化。

其三，我国实行共产党领导的多党合作和政治协商制度并不意味着可以搞多党制。我国的政党制度不是一党制，也不是多党制。一党制就是在一个国家里只允许一个政党存在，不允许其他政党存在。而我国除了共产党外，还有其他八个民主党派，显然我国不是一党制。多党制是指在一个国家中，通常是两党轮流执政或多党联合执政。而我国是共产党执政，其他政党参政，显然我国不是多党制。我国实行的中国共产党领导的多党合作与政治协商制度，是马克思主义政党理论、统一战线学说与我国实际相结合的产物。我国不搞多党制，其主要原因邓小平讲得很清楚："那种多党制是资产阶级互相倾轧的竞争状态所决定的，它们谁也不代表广大劳动人民的利益"，"这种状况是它们的弱点而不是强点，这使它们每个国家的力量不可能完全集中起来，很大一部分力量互相牵制和抵消。"[1]

其四，我们必须坚持人民代表大会制度而不搞"三权分立"制度。人民代表大会制度是我国的根本政治制度，具有广泛的代表性和人民性。它便于"议行合一"，便于中央集中统一领导，便于调动中央和地方两个积极性。我们不反对西方国家搞"三权分立"制度，这种制度与西方国家的国情相适应，但我国不能搞，因为它与我国人民民主专政的政权性质不相适应，与我国人口众多的国情不相适应。这种制度可以使权利互相制衡，防止权力滥用，但也有很多弊端，其中最主要的弊端就是相互扯皮，影响工作效率。有人说这种制度可以防止腐败的发生。我们只能说这种制度可以减少腐败的发生，并不能防止腐败的发生。中国有腐败，西方国家照样也有腐败。如果能防止腐败，那么西方国家就不应该有腐败了，然而事实并非如此。所以防止腐败的关键是把权力关进制度的笼子里。

中国特色社会主义制度是历史的选择和人民的选择，它必将在当

---

[1] 《邓小平文选》第二卷，人民出版社1994年版，第267页。

代社会主义建设者中逐步成熟和定型。

第一，中国特色社会主义经济制度是维护当代社会主义建设者的经济利益的基本保证。传统社会主义经济制度虽然也强调社会主义建设者的经济利益，但单一公有制、单一按劳分配、计划经济体制使社会生产力的发展失去活力，社会主义建设者的利益没有得到实现。而中国特色社会主义的基本经济制度是公有制为主体、多种所有制经济共同发展，基本分配制度是按劳分配为主体、多种分配方式并存，经济体制是社会主义市场经济体制，这种经济制度符合生产关系一定要适合生产力发展的规律，有力地增强了国家的活力，有力地发展了社会生产力。当代社会主义建设者对这种经济制度充满了自信，愿意坚持这种经济制度，并在社会主义建设实践中不断完善它，使它逐渐成熟和定型。

第二，中国特色社会主义政治制度是当代社会主义建设者的基本政治权益的根本保证。社会主义制度是个好制度，但我们过去没有把它的优越性发挥出来。虽然我们注意到了社会主义民主政治建设的极端重要性，但我们长期忽视民主政治建设，实行高度集权的政治体制，使民主渠道不畅，"文化大革命"又搞"大民主"，使社会主义民主变了形，使人民当家作主走了样，所以社会主义建设者的很多政治权利没有得到实现。搞人治不搞法治，人为制造矛盾，人为激化矛盾，没有对立面虚设对立面，大搞阶级斗争，把人民内部矛盾当成敌我矛盾处理，制造了大量冤假错案。每个人的尊严和权利是人权的一般性要求，是人权的普遍性，是人权的实质。在人治的年代里，很多人的人权没有得到保证。社会主义建设者的基本权利就是选举权、决策权、管理权、监督权和表达权，中国特色社会主义政治制度使当代社会主义建设者的这些政治权利得到了实现。当代社会主义建设者对这种政治制度充满自信，会从形式和内容上在社会主义建设实践中不断完善它，使它逐渐成熟和定型。

第三，中国特色社会主义文化制度是当代社会主义建设者的文化权益的基本保证。传统社会主义文化制度带有强烈的政治色彩，把文化变成了纯政治文化。这种纯政治文化，使人们的心理政治化，使人们的人格政治化，使人们的思维政治化，使人们的认知政治化。这种文化制度使一些鲜花变成了毒草,使百家争鸣变成了一家独鸣,甚至把一些作家和学者变了专政的对象。在这种文化制度下,文化成果不多,社会主义建设者享受到的文化权益更不多。党的十一届三中全会后,我们党对传统社会主义文化体制进行了改革,加强了中国特色社会主义文化建设。在中国特色社会主义文化建设中,当代社会主义建设者的思想道德素质和科学文化素质不断提高。在中国特色社会主义文化建设中,文化生产力不断发展,文化生产关系不断调整,文化成果不断涌现,当代社会主义建设者充分享受到了这种文化成果。当代社会主义建设者对这种文化制度充满了自信,他们会在社会主义现代化建设实践中不断完善它,使它逐渐趋于成熟和定型。

第四,中国特色社会主义制度是当代社会主义建设者的社会权益的基本保证。在传统社会主义社会里,没有把社会作广义和狭义的区分,那时讲的社会就是广义的社会,包括经济、政治、文化等领域,没有明确讲过社会权益的概念。改革开放后,把社会作了广义和狭义的区分,我们今天讲的社会建设、社会权益中的"社会"就是狭义社会,也就是同经济、政治、文化相并列的"社会",主要是指人民的社会生活领域。党的十一届三中全会以后,我们特别重视社会建设,尤其重视优先发展教育,实施扩大就业发展战略,深化收入分配制度改革,建立医疗卫生制度,建立覆盖城乡居民的社会保障制度,建立失业的就业和再就业制度,当代社会主义建设者的社会权益得到了保障和实现。中国特色社会主义社会建设以人为本,把以人为本作为社会建设的出发点和落脚点,中国的社会(狭义)制度必然会得到当代社会主义建设者的认同,当代社会主义建设者必将在社会主义建设的实践中逐步完善它,使它逐渐成熟和定型。

总之,中国特色社会主义制度是在经济、政治、文化、社会各领域形成的互相衔接、互相联系的制度体系,是当代社会主义建设者的正确抉择,它必然会在当代社会主义建设者的坚定信仰中逐渐成熟和定型。

五　结语

　　中国特色社会主义旗帜是中国共产党树立起来的，是当代社会主义建设者举起来的，中国特色社会主义事业将在这面旗帜的指引下不断发展；中国特色社会主义道路是中国共产党设计的，是当代社会主义建设者铺起来的，中国特色社会主义事业将沿着这条光明大路走下去；中国特色社会主义理论体系是中国共产党创立的，是当代社会主义建设者提供材料的，中国特色社会主义事业将在这个理论体系的指导下不断前进；中国特色社会主义制度是中国共产党确立的，当代社会主义建设者是这个制度的坚持者和发展者，中国特色社会主义事业将在这个制度、保证下大繁荣、大发展。总的来说，中国特色社会主义事业是当代社会主义建设者的事业，当代社会主义建设者是中国特色社会主义事业可持续发展的主体条件。

下 篇

中国特色社会主义事业可持续发展所需要的软实力条件

软实力是指理论层面的指导力、政治层面的政治力、文化层面的文化力、外交层面的外交力和政党层面的领导力等无形力量的总称,这个软实力是中国特色社会主义事业可持续发展的最持久、最深层的力量。

1. 作为指导力的马克思主义是中国特色社会主义事业可持续发展的理论指南

2. 体现政治力的民主政治是中国特色社会主义事业可持续发展的政治支撑

3. 作为软实力的中国优秀文化是中国特色社会主义事业可持续发展的文化支撑

4. 体现我国外交力的国际发展战略为中国特色社会主义事业可持续发展赢得了外部力量

5. 有领导力的中国共产党是中国特色社会主义事业可持续发展的根本保证

第九章

作为指导力的马克思主义是中国特色社会主义事业可持续发展的理论指南

有人说马克思主义已经过时了，没用了。我们认为马克思主义不但没有过时，而且有用。在这里我们不谈马克思主义哲学和政治经济学基本原理的作用，只谈马克思主义科学社会主义基本原理对中国特色社会主义事业可持续发展的作用。我们认为，马克思主义关于科学社会主义基本原理是中国特色社会主义事业可持续发展的理论支撑。因为马克思主义科学社会主义基本原理揭示了社会主义发展的一般规律，反映了无产阶级和劳动人民的根本利益，是无产阶级和劳动人民解放的思想武器，是实现社会主义和共产主义的行动指南，所以，它仍然是中国特色社会主义事业可持续发展的理论力量。

一 马克思主义无产阶级政党理论对中国特色社会主义事业可持续发展仍然具有重要意义

马克思和恩格斯创立了无产阶级政党理论。其一，他们阐述了建立无产阶级政党的必要性。他们认为无产阶级要作为一个阶级整体的行动，就必须建立无产阶级政党，无产阶级政党是无产阶级解放的条件。其二，他们阐述了无产阶级政党的性质。他们认为无产阶级政党是无产阶级中最先进的部队，是由无产阶级中的先进分子组成的最有觉悟、最有战斗力的队伍。其三，他们阐述了无产阶级政党的特点。

他们认为,在实践方面,共产党人是各国工人中最坚决、始终起推动作用的部分;在理论方面,他们胜过其余无产阶级的地方在于他们了解无产阶级运动的条件、进程和一般结果。其四,他们阐述了无产阶级政党的任务。他们认为无产阶级政党的近期目标是提高无产阶级的觉悟,领导无产阶级用暴力推翻全部现存的社会制度,建立无产阶级政权;最终目标是消灭阶级和阶级差别,实现没有剥削和压迫的共产主义社会。其五,他们阐述了无产阶级政党的一般原则。他们认为无产阶级政党在无产者不同的民族斗争中必须坚持不分民族的利益,无产阶级政党在无产阶级和资产阶级的斗争中所经历的各个发展阶段上,必须始终代表整个运动的利益;无产阶级政党必须始终坚持无产阶级国际主义的原则,团结一切可以团结的力量,争取更多的同盟者;无产阶级政党必须坚持民主制,必须坚持自己的独立性。以上就是马克思主义无产阶级政党理论的主要内容。

坚持马克思主义无产阶级政党理论在当代中国的关键是坚持中国共产党的领导,只有这样,马克思主义无产阶级政党理论才能发挥它对中国特色社会主义事业可持续发展的作用。

在当代中国,坚持中国共产党的领导就是真正坚持马克思主义无产阶级政党的理论。因为,其一,中国共产党是马克思主义无产阶级政党理论和中国革命运动相结合的产物,它的思想基础是马克思主义,它的阶级基础是中国的工人阶级。其二,中国共产党是有鲜明政治纲领的马克思主义政党,这个政治纲领就是为实现共产主义而奋斗。其三,中国共产党是代表人民根本利益的马克思主义政党,它的宗旨就是全心全意为人民服务,这和人民群众的根本利益是一致的。其四,中国共产党是按照民主集中制的原则建立起来的马克思主义政党,民主集中制保证了中国共产党的团结统一。中国共产党的思想基础、阶级基础、政治纲领、宗旨、原则和马克思主义无产阶级政党理论是一致的。所以说在当代中国坚持中国共产党领导就是真正坚持马克思主义无产阶级政党理论。

坚持中国共产党的领导是中国特色社会主义事业可持续发展的根本保证。第一,它保证了中国特色社会主义事业可持续发展是有动力的发展。改革开放是社会主义发展的动力,也是中国特色社会主义事业可持续发展的动力。改革是在坚持社会主义基本经济制度和根本政治制度、基本政治制度的前提下对各种体制的根本性变革，是社会主义发展过程中的量变；开放就是在经济全球化的背景下，积极参与国际经济和科技的交流、合作与竞争，也是社会主义发展过程中的量变。改革开放调动了全国各族人民的积极性，使我国的生产力有了长足的发展，推动了我国国民经济又好又快的发展，使人民的生活水平和质量不断提高，党和国家的活力不断增强。深化改革，扩大开放，是中国特色社会主义事业可持续发展的必由之路。改革开放是中国共产党提出的中国特色社会主义事业发展战略，没有中国共产党就不可能有中国的改革开放，没有改革开放就不可能有中国特色社会主义，更不可能有中国特色社会主义事业的可持续发展。第二，它保证了中国特色社会主义事业可持续发展不受外部干扰。中国特色社会主义事业可持续发展是不会一帆风顺的，仍然会有"左"和右的干扰。"左"的干扰表现在，有人认为中国特色社会主义是中国特色资本主义，还企图使中国特色社会主义回到传统社会主义的老路上去；右的干扰表现在，有人主张私有化，主张"三权分立"和多党制，鼓吹资本主义的普世价值观，主张走资本主义邪路。只有坚持四项基本原则才能抵制"左"和右的干扰，保证中国特色社会主义事业可持续发展的方向。而四项基本原则是中国共产党提出的治国理政的基本方略，没有中国共产党就不会有四项基本原则的坚持，没有四项基本原则的坚持，中国特色社会主义事业可持续发展就会受到干扰。第三，它保证了中国特色社会主义事业可持续发展的全面性和协调性。中国特色社会主义是全面协调发展的社会主义，只有在中国共产党的领导下才能深刻认识社会主义的发展规律；只有按照社会主义发展规律制定才符合中国实际的路线、方针、政策，才能推动社会主义经济建设、政治建设、文化建设、社会建设和生态建设的全面、协调发展。没有中国共产党的领导就不会有中国特色社会主义事业可持续发展的全面性和协调性。第四，它保证了中国特色社会主义事业可持续发展队伍的形成。中国特色社会主义建设需要一支浩浩荡荡的建设大军，它包括工人阶级、农民阶级、知识分子、新兴社会阶层、拥护社会主义和拥护祖国统一的爱国者。工人阶级是社会主义建设的领导阶级，农民阶级是社会主义建设的重要力量，知识分子是社会主义建设的生力军，新兴社会阶层也是中国特色社会主义的建设者，拥护社会主义和拥护祖国统一的爱国者是中国特色社会主义建设成功的保证。生机勃勃的社会主义就是这些人自觉创造的。中国共产党是中国工人阶级的先锋队，同时也是中国人民和中华民族的先锋队，只有中国共产党才能把分散在各领域的力量组织起来，形成中国特色社会主义的建设大军。没有中国共产党的领导，他们就像是一盘散沙，形不成中国特色社会主义事业可持续发展的整体力量。第五，它保证了中国特色社会主义事业可持续发展所需要的环境。当前中国社会中存在的大量矛盾是人民内部的利益矛盾，这些矛盾处理不好，也会影响中国特色社会主义事业可持续发展。中国共产党积累了处理人民内部矛盾的丰富经验，有能力处理好人民内部的利益问题，协调好各阶级、各阶层、各群体的利益关系，进而使人民内部矛盾保持在最低限度内，在全社会形成一个安定的政治局面，为中国特色社会主义事业可持续发展提供了一个稳定的社会环境。

为什么中国共产党对中国特色社会主义事业可持续发展能起保证作用呢？因为中国共产党是以马克思主义和中国化马克思主义为指导、能根据世界发展变化的形势和本国国情制定路线、方针、政策、选择适合中国国情发展道路的马克思主义政党；是立党为公、执政为民、求真务实、改革创新、艰苦奋斗、清正廉洁、团结和谐的马克思主义政党；是久经考验、坚强成熟、有智慧有能力为实现社会主义现代化而奋斗的马克思主义政党；是善于学习、不断总结经验、努力加强自身建设、不断提高自身战斗力的马克思主义政党。

中国共产党在中国特色社会主义事业可持续发展中的作用表明，马克思主义无产阶级政党理论没有过时，只要将马克思主义无产阶级政党理论中国化，它就具有了真正的意义和生命。坚持中国共产党的领导，中国特色社会主义事业可持续发展就有了根本保证。

二 马克思主义无产阶级专政理论对中国特色社会主义事业可持续发展仍然具有重要意义

马克思和恩格斯创立了无产阶级专政理论。马克思认为,这种社会主义就是宣布不断革命,就是无产阶级的阶级专政,这种专政是达到消灭一切阶级差别、达到消灭这些差别产生的一切生产关系、达到消灭和这些生产关系相适应的一切社会关系、达到消灭这些社会关系产生出来的一切观念的必然的过渡阶段。马克思认为,阶级的存在仅仅同生产发展的一定历史阶段相联系、阶级斗争必然导致无产阶级专政、这个专政不过是达到消灭一切阶级和进入无阶级社会前的过渡。马克思和恩格斯认为,工人阶级应当首先掌握有组织的国家政权,并依靠这个政权镇压资产阶级的反抗和按新的方式组织社会。马克思和恩格斯认为,无产阶级专政必须延伸到阶级存在的经济基础被消灭的时候为止。马克思认为,通过用把一切劳动资料转交给生产者的办法消灭现存的压迫条件,从而迫使每一个个体适合于公认为保证自己的生存而工作,这样我们就会消灭阶级统治和阶级压迫的唯一的基础,但必须先实行无产阶级专政,才能实现这种变革,而无产阶级专政的首要条件就是无产阶级的军队。马克思认为,破坏了无产阶级专政,整个胜利最后就一定会重归于失败。马克思和恩格斯认为无产阶级专政的特点,首先是民主和专政的统一,其次是实行民族统一和地方自治相结合的民主共和国,最后是它已经不是原来意义上的国家了,即已经不是少数人压迫多数人的工具了,而是全社会的真正代表。以上就是马克思和恩格斯关于无产阶级专政理论的主要内容。无产阶级专政理论是马克思和恩格斯根据阶级斗争的发展规律和无产阶级的革命经验提出来的,是马克思主义国家学说的实质和主要之点,是马克思主义国家学说科学性的重要标志。

坚持马克思主义无产阶级专政理论,在当代中国关键是坚持人民民主专政理论,只有这样,马克思主义无产阶级专政理论才对中国特色社会主义事业可持续发展具有重要的意义。

在当代中国，坚持马克思主义无产阶级专政理论，主要是坚持人民民主专政理论，因为人民民主专政的实质就是无产阶级专政。二者性质相同，它们都是以工人阶级为领导、以工农联盟为基础的新型民主和新型专政的国家政权；二者职能相同，它们都是对人民实行民主，对敌人实行专政；二者使命相同，它们都肩负着保护社会主义制度、建设社会主义、实现共产主义的历史任务。人民民主专政理论就是马克思主义无产阶级专政理论的中国化，因为人民民主专政理论是马克思主义国家学说与我国革命历史条件相结合的产物，是马克思主义国家学说在中国的具体运用和发展，它在本质上属于无产阶级专政范畴，但它又具有中国革命和中国社会的特点。在当代中国，坚持人民民主专政理论就是真正坚持马克思主义无产阶级专政理论。

人民民主专政是中国特色社会主义事业可持续发展的有力保证。中国特色社会主义事业可持续发展不会一路平坦的，它会遇到各种挑战，第一种就是世界社会主义低潮的挑战。20世纪80年代末90年代初，苏联解体，东欧剧变，世界社会主义运动走向了低潮，因为当前世界社会主义复苏乏力，所以我国内部的反社会主义的人及其势力开始向社会主义发难。在经济上，他们主张私有化；在政治上，他们主张"三权分立"和多党制，否认共产党的领导和社会主义制度；在思想上，他们否定马克思主义的指导思想，鼓吹资本主义，普世价值观。回击他们最有力的武器就是人民民主专政。充分发挥人民民主专政的经济职能，调动人民群众的积极性，解放和发展生产力，把国民经济搞上去，巩固社会主义经济基础，为中国特色社会主义事业可持续发展奠定雄厚的物质基础；充分发挥人民民主专政的政治职能，发展社会主义民主，建设社会主义法治国家，不断完善社会主义法律体系，依法治国，为中国特色社会主义事业可持续发展奠定坚实的政治基础；充分发挥人民民主专政的社会治理职能，对违法犯罪分子、破坏社会主义的敌对分子、贪污盗窃投机倒把的新生剥削分子予以严厉的制裁，形成稳定和谐的政治局面，为中国特色社会主义事业可持续发展提供良好的社会环境。第二种就是发达资本主义国家的挑战。第二次世界大战后，发达资本主义国家出现了一些新变化。在生产资料所有制上，国家资本主义所有制形成并发挥了重要作用；在劳资关系上，垄断资本主义采取了职工参与、职工持股、职工福利等制度，缓和了劳资关系；在社会结构方面，传统资本家的作用在减弱，高级职业经理成为大公司经营活动的实控者，知识型、服务型的劳动者不断增加，劳动者的劳动方式已经从传统走向了现代；在政策方面，资产阶级实行了福利政策，无产阶级和资产阶级之间的矛盾有所缓和；在政治制度方面，国家行政机构的权力不断加强，公民的权利有所增加。发达资本主义国家的这些变化，一是当代科技革命起了重要作用，新科技革命为资本主义注入了新的活力；二是经济全球化也起了作用，经济全球化为资本主义优化配置资源提供了外在条件；三是资本主义国家的政府加强了宏观调控，重视福利政策，不断创新组织机构，缓和了劳资关系。发达资本主义国家的这些变化没有改变资本主义的本质和必然灭亡的趋势。但是发达资本主义国家凭借这些变化给它们带来的有利条件，对社会主义国家发动了一场没有硝烟的战争，也就是对社会主义国家采取和平演变的战略。在东欧剧变、苏联解体后，它们把矛头对准了社会主义中国。防止和平演变的有力武器就是人民民主专政，因为人民民主专政的对外职能就是防止帝国主义的侵略与和平演变，保卫国家的领土主权与安全。第三种就是恐怖主义的挑战。苏联解体后，中亚一些原苏联加盟共和国相继独立，东突势力趁机活跃起来。他们要建立东突共和国，企图把新疆从中国分裂出去。他们在新疆和其他一些地方组织了一系列爆炸、暗杀、纵火、投毒、袭击等恐怖活动，严重危害了新疆各族人民的生命和财产安全，破坏了社会稳定，既对国家和地区构成了威胁，也对中国特色社会主义事业可持续发展构成了威胁。因为东突恐怖活动是有组织、有目的的分裂国家、反对社会主义的极端的疯狂的活动，他们和世界恐怖组织有着千丝万缕的联系，是长期在境外策划和有组织的反华和分裂活动。东突恐怖活动的猖獗与美国对恐怖活动所采取的双重标准有关。美国认为凡是对美国的恐怖活动就是恐怖主义，凡是对其他国家的恐怖活动就不是恐怖主义。美国对恐怖主义的双重标准实际上就是对东突恐怖活动的支持和纵容。对付东突恐怖活动的强大武器就是人民民主专政。依靠人民民主专政的经济职能把新疆的经济搞上去，不断提高新疆各族人民的生活水平，调动新疆各族人民的积极性，形成反恐的铜墙铁壁；依靠人民民主专政的政治职能坚决镇压恐怖分子，维护新疆的和平秩序，这也给中国特色社会主义事业可持续发展提供了保证。

为什么人民民主专政对中国特色社会主义事业可持续发展起保证作用呢？因为人民民主和人民专政这两股力量形成的合力比人民专政的力量更强有力。我们知道人民民主专政是民主和专政的有机结合，只有在人民内部实行民主，才能调动人民群众的积极性，形成更大的阶级统治，使人民专政成为有后盾的专政；只有对敌人实行专政，才能粉碎敌人的破坏活动，维护人民的权益，使人民民主成为有保障的民主。人民民主和人民专政有机结合，相互促进，形成一股合力，这股合力必然大于人民专政的力量，所以人民民主和人民专政形成的合力，是中国特色社会主义事业可持续发展的保证。

人民民主专政在中国特色社会主义事业可持续发展中的作用表明，马克思主义无产阶级专政理论没有过时，在当代中国，坚持人民民主专政理论就是真正坚持马克思主义无产阶级专政理论。

三　马克思主义无产阶级及其历史使命理论对中国特色社会主义事业可持续发展仍然具有重要意义

马克思和恩格斯创立了无产阶级及其历史使命理论。马克思和恩格斯认为，资产阶级不仅锻造了置自身于死地的武器，还产生了将要运用这种武器的人——现代的工人，即无产者，它首先生产的是它自身的掘墓人。马克思和恩格斯认为，在同资产阶级对立的一切阶级中，只有无产阶级才是真正的革命阶级，其余的阶级都会随着大工业的发展而日趋没落，只有无产阶级会随着大工业的发展而发展起来。马克思和恩格斯认为，无产者没有什么自己的东西而必须加以保护的，他们必须摧毁至今保护和保障私有财产的一切。马克思和恩格斯认为，现今的最下层，如果不炸毁官方社会的整个上层，就不能抬起头来，挺起胸来。马克思和恩格斯认为，随着大工业的发展，无产阶级不仅人数增加了，而且结合成了更大的集体，它的力量日益增长，它愈来愈感觉到自己的力量。马克思和恩格斯认为，无产阶级能够而且必须自己解放自己。马克思和恩格斯认为，无产阶级是资本主义的掘墓人，是社会主义的创造者，推翻资本主义和实现共产主义是他们的历史使命。马克思和恩格斯认为，无产阶级运动是绝大多数人的、为绝大多数人谋利益的、自觉的、独立的运动。马克思和恩格斯把无产阶级和大生产联系起来，从他们所处的最下层的角度出发，阐述了无产阶级的历史地位和历史使命，形成了无产阶级及其历史使命理论。

坚持马克思主义无产阶级及其历史使命理论，在当代中国关键是发挥中国工人阶级的领导和主力军的作用，只有这样，马克思主义无产阶级及其历史使命理论对中国特色社会主义事业可持续发展才有现实意义。

马克思主义无产阶级及其历史使命理论只有中国化，才具有真正的意义和生命。充分发挥中国工人阶级的领导和主力军的作用，就是马克思主义无产阶级及其历史使命理论中国化的具体表现。马克思主义无产阶级及其历史使命理论在当代中国已经有了很大变化。当代中国工人阶级已经不是一无所有者，他们和劳动人民一起共同占有生产资料；他们已经不是社会最下层的被剥削者和被压迫者了，而是国家和社会的主人；当代中国的工人阶级队伍不断壮大，知识分子已是工人阶级的一部分，工人阶级的整体素质不断提升，结构优化，先进性不断增强，面貌焕然一新。只有马克思主义无产阶级及其历史使命理论和当代中国工人阶级的实际结合起来，才能彰显出它的生命力。

当代中国工人阶级对中国特色社会主义事业可持续发展的领导和主力军的作用主要体现在以下几个方面：第一，当代中国工人阶级以自己的整体力量领导和推动中国特色社会主义事业可持续发展。当代中国工人阶级是一个包括广大知识分子在内的由各种所有制企业和各种机关事业单位的全体体力劳动者、脑力劳动者构成的整体。当代中国工人阶级之所以能形成一个整体，关键是中国共产党的领导。中国共产党是中国工人阶级的先锋队，工人阶级是中国共产党的阶级基础。中国工人阶级是中国共产党领导下的工人阶级，中国共产党为中国工人阶级指明了奋斗目标，即为全面建成小康社会和实现社会主现代化、中华民族伟大复兴而奋斗，共同的奋斗目标把当代中国工人阶级凝结成为一个整体。当代中国工人阶级之所以形成一个整体，与中国工会的作用分不开。中国工会是工人阶级走向联合的产物，是工人阶级为争取自身利益而团结起来的群众组织，在促进工人团结方面起着特殊的作用，它坚持不分民族、种族、性别、职业、地域、宗教信仰、教育程度，把先进、中间、后进的工人群众都吸收进来，把工人群众最广泛地凝聚起来，形成坚强的、团结的、整体的阶级力量，为实现党的纲领而奋斗。中国工会以自己出色的工作把中国的工人阶级队伍拧成了一股绳。当代中国工人阶级在中国共产党的领导下和中国工会的带领下，以一个整体力量推动了中国特色社会主义事业可持续发展。第二，当代中国工人阶级以自己的劳动推动了中国特色社会主义事业可持续发展。劳动是创造生产资料和生活资料的实践活动。中国工人阶级是劳动阶级，劳动是中国工人阶级的本色。当代中国工人阶级以自己的劳动创造了社会财富，满足了人民群众日益增长的物质文化需要；当代中国工人阶级以自己的劳动推动了我国国民经济又好又快的发展，使我国成为世界第二大经济实体，制造业和出口总量跃居世界第一，使中国特色社会主义经济上了一个新台阶；当代中国工人阶级和其他劳动群众一起，实现了一个又一个国民经济和社会发展计划，为中国特色社会主义事业可持续发展提供了雄厚的物质基础和坚实的社会基础；当代中国工人阶级以自己的劳动完成了三峡工程、青藏铁路、南水北调、西气东输、载人航天等一系列重大工程，为中国特色社会主义建设作出了不可磨灭的贡献。可以说中国特色社会主义是当代中国工人阶级和其他劳动群众在党的领导下、在长期的劳动实践中开创出来的，没有当代的工人阶级和其他劳动群众的辛勤劳动、诚实劳动、创造性劳动，就不可能有中国特色社会主义，更不可能有中国特色社会主义事业可持续发展。第三，当代中国工人阶级以自己的伟大品格领导和推动了中国特色社会主义事业可持续发展。中国工人阶级在革命、建设和改革的伟大实践中，形成了信念坚定、立场鲜明，艰苦奋斗、勇于奉献，胸怀大局、纪律严明、开拓创新、自强不息的伟大品格。"信念坚定、立场鲜明"反映了中国工人阶级的政治本色，"艰苦奋斗、勇于奉献"反映了中国工人阶级的高尚情操,"胸怀大局、纪律严明"反映了中国工人阶级的光荣传统,"开拓创新、自强不息"反映了中国工人阶级的价值取向。当代中国工人阶级的伟大品格是中国工人阶级先进性的体现,它继承了我国工人阶级的优良传统,又彰显了时代气息,它对人民群众具有强大的吸引力、亲和力和感召力,是鼓舞全国各族人民推动中国特色社会主义事业可持续发展的精神力量。第四,当代中国工人阶级以自己的创新推动了中国特色社会主义事业可持续发展。当代中国工人阶级以自己的创新走在中国特色社会主义事业可持续发展的前列。知识分子是当代中国工人阶级的一部分,知识分子的作用是当代中国工人阶级作用的重要体现。知识分子是创新的主体。在新的历史条件下,知识分子不断进行理论创新、制度创新、科技创新和知识创新,就是为了推动中国特色社会主义事业可持续发展。知识分子以创新研究和解决社会主义发展中的理论问题和实践问题,使中国特色社会主义走出困境,也保证了当代中国工人阶级走在中国特色社会主义事业可持续发展的最前列。当代中国工人阶级以自己的创新缩小了我国与发达国家的差距,为中国特色社会主义事业可持续发展减少了外部压力。创新是产生差距的根本原因。当代资本主义之所以发达,主要是因为它们的创新能力强;我国经济文化落后,主要是我们创新能力弱。创新也是消除差距的途径。我国可以通过知识分子的科技创新、知识创新,逐步缩小与发达资本主义国家的差距,这样就可以减轻发达资本主义国家凭借科技实力对中国特色社会主义事业可持续发展造成的压力。知识分子以理论创新推动实践创新,解决了中国特色社会主义事业可持续发展中的新情况和新问题。中国特色社会主义变化很快,如何面对中国特色社会主义的新变化,没有现成的答案,只能依靠知识分子的理论创新推动实践创新,把理论创新转化为实践创新,以实践创新推动社会转型、科学发展与和谐发展,自觉开拓中国特色社会主义事业可持续发展的新视野。

当代中国工人阶级的作用表明,马克思主义无产阶级及其历史使命理论没有过时,在当代中国,发挥中国工人阶级的作用就是真正坚持了马克思主义无产阶级及其历史使命理论。

四 马克思主义未来社会划分阶段理论对中国特色社会主义事业可持续发展仍然具有重要意义

马克思和恩格斯创立了未来社会发展划分阶段理论。马克思和恩格斯认为，未来社会分为两个阶段，即共产主义社会的第一阶段和共产主义社会的高级阶段。共产主义社会的第一阶段是刚刚从资本主义社会中产生出来的，在各个方面，如在经济、道德和精神方面都带着它脱胎出来的那个社会的痕迹的阶段。共产主义社会的高级阶段是在共产主义社会的第一阶段的基础上发展起来的阶段，是在它自身基础上发展起来的阶段。马克思认为，共产主义社会的第一阶段应实行按劳分配，他论述了实行按劳分配的必然性和必要性。共产主义社会的第一阶段是以生产资料共同占有为基础的社会，在那里除了自己劳动，谁都不能提供任何其他东西。生产力还没有达到很高水平，物质产品还没有极大地丰富，还没有达到满足人们全面而自由发展需要的程度；脑力劳动和体力劳动的本质差别还存在，个人天赋的不同与工作能力的不同是天然特权；劳动还是谋生的手段，还没有成为生活的第一需要。因此在这一阶段上个人消费品的分配还必须实行按劳分配的原则。马克思认为在共产主义社会的高级阶段应实行按需分配。因为在共产主义社会的高级阶段上，迫使人们奴隶般地服从分工的情形消失了，而脑力劳动和体力劳动的对立也随之消失；劳动已不仅仅是谋生的手段，而且成为了生活的第一需要；随着个人的全面发展，生产力水平也增长起来，而集体财富的一切源泉充分涌流，只有在那个时候，才能超出资产阶级法权的狭隘界限，社会才能在自己的旗帜上写上各尽所能，按需分配。马克思论述了共产主义社会的一般特征，他认为未来共产主义社会是一个集体的以共同占有生产资料为基础的社会，除了个人消费资料，没有任何东西能够成为个人财产。由于消除了凭借生产资料的占有而剥削他人劳动的条件，从而消灭了剥削制度和剥削阶级，不存在阶级差别，个人劳动直接作为社会总劳动的构成部分而存在。以上就是马克思主义未来社会划分阶段理论的主要内容。

马克思主义未来社会划分阶段理论对中国特色社会主义事业可持续发展仍然具有重要的理论意义和实践意义。从理论上说，第一，中国特色社会主义事业可持续发展的方向就是高级阶段的共产主义社会。中国特色社会主义就是马克思和恩格斯设想的共产主义社会的第一阶段。中国特色社会主义阶段和共产主义社会高级阶段，虽然发展程度不同，但性质是相同的，所以中国特色社会主义迟早要过渡到共产主义社会高级阶段。中国特色社会主义市场经济体制使生产力的发展充满了广阔的空间，使我国国民经济又好又快的发展起来，逐步建立起共产主义社会高级阶段所需要的物质、技术基础。中国特色社会主义的生产目的是不断满足人民群众日益增长的物质文化生活需要，随着生产力的发展和物质产品的不断增加，人民群众的物质文化生活需要不断得到满足，社会主义社会的按劳分配迟早要被按需分配所取代。社会主义生产关系不适应生产力发展的那部分，随着社会主义经济体制改革的深入发展，会逐渐变成适应生产力发展的部分。随着社会主义民主的发展和社会主义法治国家的建立，人民享受充分的民主，积极参与国家和社会的管理，国家的社会管理职能逐步增强。随着社会主义教育水平的不断提高，人民的思想道德水平也会不断提高，人们在改造客观世界的同时，也改造了主观世界，人们的精神境界也会不断提高。中国特色社会主义成熟以后，必然会过渡到共产主义社会高级阶段，这是不以人的意志为转移的客观趋势，那种认为共产主义是乌托邦的思想，是没有任何道理的。第二，它为中国特色社会主义事业可持续发展要经历一系列阶段提供了理论根据。中国特色社会主义事业可持续发展的过程，就是中国特色社会主义的建立到建成的过程。我们已经知道，现阶段的社会主义是初级阶段的社会主义，正如实现共产主义高级阶段不能越过共产主义社会的第一阶段（社会主义社会）一样，中国特色社会主义也不能超越初级阶段，因为共产主义社会高级阶段是建立在生产力充分发展、物质产品极大丰富的基础上的，社会主义还不具备这样的条件，所以进入共产主义社会高级阶段以前，必然要经历很长的社会主义阶段，社会主义社会和高级阶段的共产主义社会的关系就是量变和质变的关系。放弃了社会主义社会也就放弃了高级阶段的共产主义社会。中国特色社会主义也是如此，它是从半殖民地半封建社会脱胎而来的，是建立在经济文化落后的基础上的，还不具备进入社会主义社会高级阶段的条件，还是没有达到消灭一切阶级和阶级差别的社会主义，所以中国特色社会主义也要经历一个很长的初级阶段。过去我们犯过超越社会主义初级阶段的错误，给社会主义现代化建设造成了不可挽回的损失。我们必须按照党的基本路线、基本纲领脚踏实地建设初级阶段的社会主义。社会主义社会不会永远处于初级阶段，随着经济的全面发展和社会的全面进步，社会主义初级阶段的九大特征实现以后，社会主义就会进入下一个阶段。按照马克思主义未来社会划分阶段理论，中国特色社会主义事业可持续发展要经历一系列阶段，下一阶段很可能就是社会主义中级阶段，其依据就是我们党的文件的谨慎用语。我们党的文件上说，到 21 世纪中期基本实现社会主义现代化，也就是说还没有完全实现社会主义现代化。只要没有完全实现社会主义现代化，进入社会主义社会高级阶段的条件就还不具备，所以中国特色社会主义事业可持续发展还要经历一个很长的中级阶段，在社会主义中级阶段创造条件，为过渡到社会主义高级阶段做准备，这和资本主义灭亡后不能马上进入共产主义社会高级阶段的道理是一样的。从实践上看，第一，马克思主义未来社会划分阶段理论使我们明确了社会主义的发展战略。第一步是建设初级阶段的社会主义，第二步是建设中级阶段的社会主义，第三步是建设高级阶段的社会主义。这样就可以防止在条件不成熟的时候，过早提出社会主义社会高级阶段的要求。我们过去犯"左"倾错误，其中一个重要原因就是没有真正领会马克思主义关于未来社会划分阶段的理论。这个教训值得注意。第二，马克思主义未来社会划分阶段理论要求我们立足于现实，着眼于未来。立足于现实就是我们要紧紧把握住社会主义初级阶段的最后 30 多年的时间，深化改革开放，为基本实现社会主义现代化而奋斗。着眼于未来，就是把社会主义初级阶段和中级阶段联系起来，当条件具备时，把社会主义初级阶段推进到社会主义中级阶段。只要把社会主义初级阶段最后 30 多年时间的工作做好了，就可以增强我们进入社会主义中级阶段的决心，就可以增强人们对中国特色社会主义事业可持续发展的信心。当然着眼于未来也包括社会主义高级阶段和共产主义社会高级阶段。只是社会主义中级阶段还没有到来，就谈论社会主义社会高级阶段和共产主义社会高级阶段有点不现实。

马克思主义未来社会划分阶段理论没有过时，对中国特色社会主义事业可持续发展仍然具有深远的意义。

五　马克思主义人的自由而全面发展理论对中国特色社会主义事业可持续发展仍然具有重要意义

马克思和恩格斯创立了人的自由而全面发展理论。马克思根据人的变化发展和社会变化发展的关系，把人的历史发展过程划分为三个历史阶段。第一个历史阶段是人的依赖关系占统治地位的历史阶段。在这个历史阶段中，人没有独立性，直接依赖于一定的社会共同体。原始社会受生产力和自然条件的制约，人不可能自由而全面发展；奴隶社会的奴隶过着牛马不如的生活，也谈不上人的自由而全面发展；封建社会的生产是在狭窄的范围内孤立地点进行的，因此社会关系仍然是人的依赖关系。第二个历史阶段是以物的依赖关系为基础的人的独立性阶段。在这个历史阶段中，人的社会关系异化为物的关系，所以资本主义社会冲破了人的依赖关系，又陷入了物的依赖关系中。资本主义社会的人的独立性只是片面的低级的独立性，人的发展仍然受到资本主义生产关系的束缚，所以资本主义社会也谈不上人的自由而全面发展。但是资本主义社会为人的全面发展走向高级阶段不自觉地创造了条件。第三个历史阶段是建立在个人的全面发展的基础上的自由而全面发展阶段。在这个历史阶段中，社会关系不再是异己力量，在这种社会关系下，人们的、物质的、精神的、生命的个性和能力获得了自由而全面发展。马克思的论述还蕴含了人的自由而全面发展的内涵。人的自由而全面发展首先是人的活动及其能力的发展。人的自由而全面发展最后是人的个性的全面发展。人的个性发展包括生命有机体各种构成要素的均衡协调发展、个人的情感认知意志等心理因素的发展、个人的思想道德和科学文化水平的提高、个人各种需要的不断丰富。马克思论述了人的自由而全面发展的重要性。马克思和恩格斯认为，代替那存在着阶级和阶级对立的资产阶级旧社会的，将是这样一个联合体。在那里，每个人的自由发展是一切人的自由发展的条件。以上就是马克思主义人的自由而全面发展理论的主要内容。马克思主义人的自由而全面发展理论是建立在历史发展趋势的基础上的，是社会发展规律和历史主体创造的有机结合。

六　结语

从以上五个方面的分析可以看出"马克思主义是放之四海而皆准的真理"这句话并不十分准确，马克思主义和各国实际相结合才是放之四海而皆准的真理，马克思主义才不会过时。在当代中国，只要把马克思主义中国化，它就永远不会过时；只要把马克思主义的理论力量和人民群众的物质力量结合起来，它就能转化为推动中国特色社会主义事业可持续发展的能动力量。

第十章

体现政治力的民主政治是中国特色社会主义事业可持续发展的政治支撑

这里的民主政治是指社会主义民主政治。近代以来，民主化已成为世界的一股潮流，中国也被卷进这股潮流中来。孙中山先生说，"世界潮流，浩浩荡荡；顺之者昌，逆之者亡"。中国共产党成立后，高举民主大旗，把民主确定为人民民主（社会主义民主），并为人民民主（社会主义民主）的实现奋斗了几十年。人民民主（社会主义民主）对社会主义，特别是对中国特色社会主义事业可持续发展具有特别重要的意义，是中国特色社会主义事业可持续发展的政治力量。

一 作为社会主义奋斗目标的民主是中国特色社会主义事业可持续发展的前提

中国共产党始终不渝地把人民民主（社会主义民主）当作自己的奋斗目标。西方资产阶级政客一直在宣传中国共产党不讲民主，但实际上人民民主（社会主义民主）是中国共产党始终不渝的奋斗目标。近代中国社会变成了半殖民地半封建社会，中国有亡国之危险，中国人民陷入了水深火热之中。一些先进分子掀起了救国图存的运动。孙中山领导了"辛亥革命"，推翻了中国几千年的封建帝制，建立了"中华民国"。"中华民国"建立后，"辛亥革命"很快就失败了。孙中山的继承者蒋介石变成了不折不扣的独裁者，放弃了孙中山先生所追求的民主事业。中国共产党成立后，真正继承了孙中山先生的民主事业，开始为民主事业而奋斗。1922年党的二大明确提出"统一中国为真正民主共和国"的奋斗目标。毛泽东在抗日战争时期提出了"只有民主才能救中国"的口号。1949年6月，毛泽东发表了《论人民民主专政》一文，论述了在中国实行人民民主的必要性。党的十一届三中全会后，邓小平提出了"没有民主就没有社会主义，就没有社会主义现代化"的重要论断。党的十五大提出"发展社会主义民主是中国共产党始终不渝的奋斗目标"。党的十六大提出"发展社会主义民主，是建设社会主义政治文明和全面建设小康社会的目标"。党的十七大提出"发展社会主义民主是我们始终不渝的奋斗目标"。党的十八大提出"人民民主始终是我们高扬的光辉旗帜"。

中国共产党为什么要把人民民主（社会主义民主）作为我们始终不渝的奋斗目标呢？

第一，人民民主（社会主义民主）体现了社会主义公有制的性质。在旧中国私有制的条件下，不可能实现人民民主（社会主义民主），因为生产资料掌握在大地主、大资产阶级手中，人民没有生产资料，是被剥削者，不可能享受民主权利。我国社会主义改造完成后，基本上消灭了生产资料私有制，建立起生产资料公有制。生产资料为人民群众共同占有，它回到了人民手中。人民获得了经济解放，并成为生产资料的主人，在经济上开始当家作主。党的十一届三中全会以后，把单一生产资料公有制变为公有制为主体，多种所有制经济共同发展。人民民主（社会主义民主）属于政治上层建筑，它是由社会主义公有制经济基础决定的，又是社会主义公有制经济基础的反映，是为社会主义公有制经济基础服务的。这种反映和服务于社会主义公有制经济基础的人民民主（社会主义民主）就成了中国共产党始终不渝的奋斗目标。

第二，人民民主（社会主义民主）是一切权力属于人民的民主。我国宪法明文规定中华人民共和国的一切权力属于人民。我国宪法之所以作出这样的明文规定是因为国家的权力来自于人民，是人民在中国共产党的领导下从国民党反动派手中夺来的，没有人民在中国共产党领导下的浴血奋战，就没有社会主义国家的权力。我国是工人阶级领导的以工农联盟为基础的人民民主专政的国家，国家权力应当属于人民。只有这样，人民才不是国家的奴仆，而是国家和社会的主人；只有这样，社会主义国家才不是奴役人民的异己力量，而是人民当家作主的工具。一切权力属于人民意味着国家的一切制度都要在这个原则的基础上建立，意味着国家的一切资源都要由人民掌握，意味着国家的一切顶层设计都要体现人民主权原则，意味着"权为民所用"。所以一切权力属于人民的民主就成了中国共产党始终不渝的奋斗目标。

第三，人民民主（社会主义民主）是国体和政体相统一的民主。国体就是国家政权的性质，也就是国家政权掌握在哪个阶级手中，对哪个阶级实行民主，对哪个阶级实行专政。政体就是国家政权的组织形式，也就是用什么形式组织国家政权。我国的国体是人民民主专政，人民民主专政是我们国家的政权，是我们国家治理的根本方式。在发扬人民民主时，不要忘记人民专政；在进行人民专政时，不要忘记人民民主；以人民民主巩固人民专政，以人民专政保卫人民民主。人民民主和人民专政的有机结合就是人民民主专政。人民民主专政成为我国的国体是由社会主义经济基础和历史任务决定的，在任何时候和任何情况下，人民民主专政的国体地位都不能动摇。动摇了，社会主义的根基也就动摇了，社会主义制度的巩固，社会主义现代化的历史任务的实现就得不到保证。我国的政体是人民代表大会制度。人民代表大会制度是由人民代表组成的国家政权机关的制度，是我国人民当家作主的根本政治制度。它体现了我国国体的性质，既能充分保障我国人民统一行使国家权利，又能充分调动人民群众的积极性，还有利于国家机关相互协调和相互制约。所以人民代表大会制度是我国的政体。国体决定政体，政体反映国体。国体和政体相统一的民主是我们党始终不渝的奋斗目标。

第四，人民民主（社会主义民主）是最广泛、最真实的民主。说它广泛，是因为它不仅包括政治民主，而且还包括经济民主、文化民主和社会（狭义）民主；说它真实，是因为我国公民在经济生活、政治生活、文化生活、社会生活等各领域都享有平等权、知情权、表达权、参与权和监督权，我国的经济建设、政治建设、文化建设和社会建设，为经济民主、政治民主、文化民主和社会民主的实现创造了条件。所以中国共产党把这种广泛而真实的民主作为自己始终不渝的奋斗目标。

中国共产党把人民民主（社会主义民主）作为始终不渝的奋斗目标，对于中国特色社会主义事业来说具有特别重要的意义，它是社会主义，特别是中国特色社会主义事业可持续发展的前提。首先，从理论上讲，没有民主就没有社会主义。马克思和恩格斯在《共产党宣言》中指出："工人革命的第一步就是使无产阶级上升为统治阶级，争得民主。"① 马克思和恩格斯在这里讲的民主是无产阶级民主，不争得无产阶级民主就不能取得无产阶级革命的胜利，无产阶级就不能成为统治阶级，所以无产阶级民主是工人革命和无产阶级成为统治阶级的先决条件。列宁继承和发展了马克思和恩格斯关于无产阶级民主的思想，他指出："取得胜利的社会主义必将实现充分的民主。"② 他还指出："没有民主，就不可能有社会主义。"③ 列宁在这里表述了实现民主对社会主义的重要意义。邓小平继承和发展了马克思、恩格斯和列宁关于民主的思想，他指出："没有民主就没有社会主义，就没有社会主义的现代化。"④ 邓小平在这里揭示了民主和社会主义、社会主义现代化的内在联系。综合马克思、恩格斯、列宁和邓小平的民主思想，可以看出，在社会主义革命中，通过民主运动，教育无产阶级，积蓄革命力量，为社会主义革命做准备。在社会主义革命胜利后，通过实行充分民主，巩固和发展社会主义制度。我国就是通过民主力量建立起社会主义制度的。如果不通过民主力量发动人民群众，积蓄革命力量，那么就没有我国的社会主义。从这个意义上说，没有民主就没有社会主义，民主是实现社会主义的前提条件。其次，从实践上讲，破坏了社会主义民主就破坏了社会主义。1917年"十月革命"胜利后，苏联建立了世界上第一个社会主义国家，从此社会主义从理论变成了现实。在苏联的影响下，出现了一系列社会主义国家。20世纪80年代末90年代初，东欧剧变，苏联解体，苏联共产党垮

---

① 《马克思恩格斯选集》第一卷，人民出版社1972年版，第272页。
② 《列宁选集》第二卷，人民出版社1995年版，第561页。
③ 《列宁全集》第二十八卷，人民出版社1990年版，第168页。
④ 《邓小平文选》第二卷，人民出版社1994年版，第168页。

台，苏联式社会主义失败。苏联式社会主义失败的原因是复杂的，从政治上讲就是苏联共产党破坏了社会主义民主。苏共长期实行高度集权的领导体制，一切权力都集中在苏共总书记手中，个人崇拜盛行，长官意志盛行，干部实行任免制，一切都是总书记说了算，缺乏有效、民主的监督机制。戈尔巴乔夫上台后，仍然坚持从斯大林时期延续下来的缺乏民主和监督的机制。党内派别林立，任人唯亲，个人只顾发展自己的势力，放弃了民主集中制原则，反社会主义势力占据了上风，成了苏联社会主义的掘墓人。从政治上讲，破坏了社会主义民主和民主集中制是苏共垮台和苏联式社会主义失败的重要原因。苏联式社会主义失败表明，破坏了社会主义民主就破坏了社会主义。再次，没有民主就没有中国特色社会主义。人民民主是毛泽东提出来的，在毛泽东那里，人民民主既是直接民主，也是间接民主。毛泽东主张实行"议行合一的人民代表大会制度"证实了这一点。人民在基层选举代表，这是直接民主；人民代表大会行使国家权力，这是间接民主。在直接民主和间接民主的问题上，毛泽东更强调直接民主。发动群众搞"大跃进"，用"大民主"发动"文化大革命"，证明毛泽东更重视直接民主。毛泽东把直接民主理解为"大民主"，从而造成了政治理论的混乱。"大民主"不是真正意义上的人民民主（社会主义民主），而是无序状态的民主，是极端民主化，是一种不讲民主的行为和做法。它使人民民主（社会主义民主）遭到了严重的破坏，是对人民民主（社会主义民主）的扭曲。邓小平在总结社会主义民主建设的经验和教训的基础上，开始思考什么是人民民主（社会主义民主）以及建设人民民主（社会主义民主）的重要性。在邓小平看来，人民民主（社会主义民主）是直接民主和间接民主的统一。邓小平多次强调人民代表大会，人民代表大会就是直接民主和间接民主的统一。在邓小平看来，人民民主（社会主义民主）是目的和手段的统一。邓小平认为人民民主（社会主义民主）的本质就是人民当家作主，要使人民真正当家作主就必须首先保证人民参与社会生活管理的权利。这里的"人民当家作主"讲的就是社会主义民主的目的。邓小平认为，不管党也好政也好，根本问题就是选举。这里的"选举"讲的就是社会主义民主的手段。邓小平对社会主义民主的理解恢复了社会主义民主的本来面目，也为解放思想创造了条件。最后，只有发扬民主才能真正做到解放思想。社会主义建设事业是一种崭新的事业，没有现成的模式，没有现成的经验，只有在实践中探索。不发扬民主就不敢在实践中探索，不敢在实践中探索也就建不成社会主义，所以民主是解放思想的条件。解放思想的过程也就是中国特色社会主义形成的过程。邓小平指出："我们党的十一届三中全会的基本精神是解放思想，独立思考，从自己的实际出发来制定政策。因为在中国建设社会主义这样的事，马克思的本本上找不出来，列宁的本本上也找不出来，每个国家都有自己的情况，各自的经历也不同，所以要独立思考。"① 他又指出："我们讲解放思想，是指在马克思主义指导下打破习惯势力和主观偏见的束缚，研究新情况，解决新问题。"② 他还指出："不解放思想不行，甚至于包括什么叫社会主义这个问题也要解放思想。"③ 邓小平是我们解放思想的光辉榜样。中国特色社会主义是邓小平在解放思想的基础上重新认识社会主义后得出的基本结论。在社会主义本质的问题上，邓小平认为："社会主义的本质，是解放生产力，发展生产力，消灭剥削，消除两极分化，最终达到共同富裕。"④ 在发展道路上，邓小平强调走自己的路，建设有中国特色的社会主义；在发展阶段上，邓小平强调社会主义初级阶段；在根本任务上，邓小平强调发展生产力；在发展动力上，邓小平强调改革开放；在外部条件上，邓小平强调和平与发展；在政治保证上，邓小平强调坚持四项基本原则；在战略步骤上，邓小平强调"三步走"发展战略；在领导力量和依靠力量上，邓小平强调共产党的领导和依靠人民群众；在祖国统一上，邓小平强调"一国两制"。邓小平以巨大的政治勇气解放思想，以巨大的理论勇气搞清了"什么是社会主义和怎样建设社会主义"这个基本问题。可以说，邓小平的这些概括科学地揭示了社会主义的本质，第一次比较系统地回答了在经济文化落后的中国如何建设社会主义、如何巩固和发展社会主义的问题，初步形成

---

① 《邓小平文选》第三卷，人民出版社1993年版，第260页。
② 《邓小平文选》第二卷，人民出版社1994年版，第279页。
③ 同上书，第312页。
④ 《邓小平文选》第三卷，人民出版社1993年版，第373页。

了中国特色社会主义理论。没有以民主为条件的解放思想,就没有中国特色社会主义。

总之,中国共产党把人民民主(社会主义民主)作为自己始终不渝的奋斗目标,推动了中国社会主义的发展。发扬了人民民主(社会主义民主)就发展了社会主义,破坏了人民民主(社会主义民主)就破坏了社会主义。作为社会主义奋斗目标的民主是中国特色社会主义形成的前提。

二 作为社会主义优势的民主是中国特色社会主义事业可持续发展的保证

邓小平关于在政治上要创造比资本主义更高、更切实的民主,讲的就是社会主义民主的优势。社会主义民主政治的优势是什么?笔者认为就是党的领导、人民当家作主和依法治国的有机统一。党的十六大报告指出:"发展社会主义民主政治,最根本的是要把坚持党的领导、人民当家作主和依法治国有机统一起来。"[①]"三者有机统一"有三层意思:第一层意思是党的领导。党的领导是人民当家作主和依法治国的根本保证。党的领导和人民当家作主是统一的。党的领导就是领导和支持人民当家作主,实行民主选举、民主决策、民主管理和民主监督;就是创造有效的形式,动员和组织群众依法管理国家和社会的事务;就是把人民的愿望和诉求转化为指导国家和社会发展的路线方针政策。所以说党的领导和人民当家作主是有机联系在一起的。党的领导和依法治国也是统一的。党领导人民治理国家的基本方式就是依法治国,党的领导就是通过依法治国实现的。所以说党的领导和依法治国也是有机联系在一起的。离开党的领导,人民当家作主和依法治国就无法实现。第二层意思是人民当家作主。人民当家作主是党的领导的出发点和落脚点。人民群众是社会主义事业发展的推动力量,只有让人民当家作主才能调动人民群众的积极性。人民群众的积极性是共产党力量的源泉,只有依靠人民群众党才能有效治理国家。所以

---

① 《江泽民文选》第三卷,人民出版社 2006 年版,第 553 页。

说人民当家作主是党的领导的出发点和落脚点。人民当家作主也是依法治国的出发点和落脚点。人民群众是依法治国的主体，没有人民当家作主，人民群众就不会发挥主体作用。没有人民群众的主体作用，依法治国是不可想象的。所以说人民当家作主也是依法治国的出发点和落脚点。第三层意思是依法治国。依法治国是党的领导和人民当家作主的有效途径。依法治国就是党领导人民依照宪法和法律管理国家和社会事务。宪法和法律具有强制性，它是实现党的领导和人民当家作主的有力支撑，没有宪法和法律的保障，党的领导就难以实现，人民也就无法当家作主。依法治国的目的就是保证党的领导和人民当家作主。

"三者有机统一"的民主为什么是社会主义民主政治的优势呢？

第一，"三者有机统一"的民主是社会主义民主对资本主义民主的超越。在资本主义社会，共产党被排斥在资本主义民主之外，根本不允许共产党执政和参政。资产阶级政党的作用主要表现在选举上，资产阶级政党推选出自己的候选人，通过发扬民主，力争使自己的候选人上台执政。选举结束后，不能说资产阶级政党就不发挥作用了，但其作用已不显著。在资本主义社会，主权在民（人民当家作主）只是一句空口号，用的着人民的时候就让人民当家作主，用不着人民的时候就不让人民当家作主，实际上资本主义社会是资产阶级当家作主的社会。资本主义社会也是依法治国的社会，依法治国是为了维护资本主义制度和资产阶级统治的。由于资本主义"三权分立"和实行两党制或多党制，政党、人民和法治不可能实现统一。在社会主义社会里，共产党是社会主义事业的领导核心，它不仅在选举上发挥作用，而且在经济、政治、文化和社会（狭义）各领域都发挥作用；在社会主义社会里，人民是国家和社会的主人，人民有选举权、决策权、管理权和监督权；在社会主义社会里，依法治国和以德治国是相结合的，依据的是社会主义宪法和法律，维护的是社会主义制度和工人阶级的统治。在社会主义社会里，由于社会主义的性质，政党、人民和法治是有机统一的，共产党是支持人民当家作主和依法治国的政党，人民当家作主是共产党的领导和依法治国的目的，依法治国是共产党领导和人民当家作主的有效途径，所以"三者有机统一"的民主是资本主义民主无法比拟的,是对资本主义民主的超越。

第二,"三者有机统一"的民主是对民主社会主义的"民主"的否定。民主社会主义是西方国家社会民主党的思想体系和意识形态,民主是民主社会主义的核心理念。社会民主党认为,民主是实现社会主义的有效途径,也就是在资产阶级议会民主的政治框架内,通过竞选上台执政,在不触动资本主义制度的基础上,利用资产阶级国家政权,通过渐进的社会改良,实现新社会的目标。迄今为止,通过议会民主道路实现社会主义的先例还没有见到,通过议会民主道路搞垮社会主义的先例倒是有,这就是戈尔巴乔夫的人道的、民主的社会主义。由此可见,民主社会主义的"民主"没有超出西方资本主义议会民主的框架,仍然是资产阶级议会民主,而不是社会主义民主。社会主义民主的本质特征是共产党的领导、人民当家作主和依法治国的有机统一,只有政党、人民和法治的有机统一才是社会主义民主。所以我们说"三者有机统一"的民主是对民主社会主义的"民主"的否定。

第三,"三者有机统一"的民主是对传统社会主义民主的扬弃。我国传统社会主义民主主要表现在毛泽东的社会主义民主思想中。在党的领导上,他强调党是社会主义事业的领导核心(当然也是社会主义民主政治建设的领导核心),这是正确的,党的领导原则不能动摇。不过毛泽东讲的党的领导是一元化的领导,所谓一元化领导就是一切权力都集中在党的手里,特别是集中在党的主要领导人手里,也就是高度集权。党的一元化领导在革命战争年代是必要的,但在社会主义条件下有点不合时宜。在社会主义条件下还坚持党的一元化的领导,一是因为教条地吸取了革命战争年代的经验。二是因为受了苏联领导体制的影响。在人民当家作主上,毛泽东认为,在社会主义国家中,人民权利的范围不仅包括工作权、休息权、受教育权利等,而且还包括"劳动者管理国家、管理军队、管理各种企业、管理文化教育权利"[①]。这个论断无疑是真理性认识。但在毛泽东的时代里,人民当家作主并没有完全实现,因为在当时主要讲替民作主。人民当家作主

[①] 《毛泽东文集》第八卷,人民出版社 1999 年版,第 129 页。

的实现,既需要根本政治制度和基本政治制度的保证,也需要具体政治制度的保证。毛泽东确立了根本政治制度和基本政治制度,但他没有确立起符合中国实际的具体政治制度(政治体制)。因为毛泽东没有认识到当时中国政治体制的弊端,特别是领导体制的弊端,所以他不可能进行政治体制改革,更不可能建立起符合中国国情的政治体制。没有具体政治制度的保证,人民当家作主就不能说完全实现了。毛泽东晚年又出现了政治失误,在1957年把本来不是右派的人当成了专政的对象,在"文化大革命"中把本来属于人民内部矛盾的人当成敌我矛盾来处理。所以我们说在毛泽东的时代里,人民没有完全实现当家作主并不过分。在政治治理方面,毛泽东领导人民制定了宪法和不少法律,但没有形成法律体系。他主张人治,不主张法治。改革开放前,人治为主兼有法制,这是当时中国在政治治理中的主要形式和主要特点。改革开放后,我们党在总结社会主义民主政治建设的经验教训的基础上,坚持了毛泽东在民主政治思想中的合理成分,去掉了不合理成分,提出了"党的领导、人民当家作主和依法治国"有机统一的民主,实现了社会主义民主政治思想的创新。从这个意义上说,"三者有机统一"的民主是对传统社会主义民主的扬弃。

"三者有机统一"的民主对中国特色社会主义事业来说具有重要的意义,它是中国特色社会主义事业可持续发展的政治力量。首先,中国共产党是中国特色社会主义事业的领导力量。其一,这是中国特色社会主义事业的基本要求。中国特色社会主义事业不是自发形成的,而是由中国共产党精心设计和在领导人民群众反复实践中自觉形成的。没有中国共产党的精心设计和领导,中国特色社会主义既不能形成,也不能发展。中国特色社会主义事业可持续发展要求中国共产党的领导。其二,这是由社会主义民主政治发展的规律决定的。当今世界的政治基本上是政党政治,在当代民主国家中都是通过政党活动把不同阶层的民众组织起来,影响国家决策,促进政治生活民主化。这就是当代民主政治发展的规律。这条政治发展规律同样适用于中国,所以中国共产党成为中国特色社会主义事业的领导核心就是必然的了。其三,这是由中国特色社会主义的历史任务决定的。把我国建成富强、民主、文明、和谐的社会主义现代化国家,实现中华民族伟大复兴的中国梦,是中国特色社会主义的历史任务。实现这个历史任务是一个长期的、复杂的、艰巨的过程,在中国这样一个发展中大国,只有在中国共产党的领导下才能完成。因为中国共产党是一个有智慧、纪律严明、富有自我牺牲精神的政党,它有能力把全国人民的智慧和力量凝聚起来,带领全国人民为实现这个历史任务而奋斗。

其次,人民当家作主是中国特色社会主义事业可持续发展的推动力量。其一,这是由社会主义国家人民的地位决定的。人民当家作主意味着人民是国家和社会的主人,是社会实践和生产活动的主体。只有社会主义国家真正把人民当成国家和社会的主人,当成社会实践和生产活动的主体,人民当家作主才真正实现了。当家作主的人民必然能发挥其积极性、主动性和创造性,推动中国特色社会主义事业可持续发展。其二,这是由社会主义国家的性质决定的。社会主义国家是人民当家作主的国家,人民当家作主和社会主义国家的性质是一致的,人民不能当家作主,我国就不能叫社会主义国家。社会主义的性质确立了人民当家作主的地位,社会主义国家在实践上保证了人民当家作主。当家作主的人民必然会推动中国特色社会主义事业可持续发展。其三,这是由党的宗旨决定的。中国共产党的宗旨是全心全意为人民服务,它代表了人民群众的根本利益,除去人民的利益外,中国共产党没有自己的特殊利益。代表人民群众的根本利益和人民当家作主是一致的。当家作主的人民必然会跟着中国共产党一起推动中国特色社会主义事业可持续发展。

最后,依法治国是中国特色社会主义事业可持续发展的保障力量。其一,这是由我国的宪法决定的。依法治国主要就是依照宪法治国。宪法是我国的根本大法,是制定具体法律的基础,任何法律都不能和它相抵触。实践证明,我国现行的宪法是一部好宪法,在社会主义现代化建设的过程中发挥了不可替代的重要作用。它保证了我国社会主义经济建设、政治建设、文化建设和社会建设。顺利进行,保证了我国走中国特色社会主义民主政治发展道路,保证了我们国家社会主义法律体系的形成,保证了我国社会主义人权事业的发展,具有最大的权威性和最高的法律效力。只要我们在依法治国中,坚决贯彻和实施宪法,并在实践中不断完善宪法,它就能保证中国特色社会主义事业可持续发展。其二，这是由法律的强制性决定的。法律规定了权力行使的范围和原则，从而防止了权力的异化；规定了行使民主权利的程序和方法，从而防止了权利的越轨。法律是以人民民主专政为基础的，对于叛国和反革命活动、对于破坏社会治安和社会秩序的犯罪活动和犯罪分子进行有效制裁，从而维护了国家的长治久安和社会稳定。实践证明，我国的社会主义法律体系保证了我国的改革开放和社会主义现代化建设。只要我们不断完善社会主义法律体系，它就能保证中国特色社会主义事业可持续发展。其三，这是由人民群众的力量决定的。我国是社会主义国家，法律反映了人民的意志。人民群众的力量是无穷无尽的，只要把人民的力量动员起来，就能使我国的法律变成改造社会的物质力量。人民群众的力量和法律力量相结合，必然能保证中国特色社会主义事业可持续发展。总之，领导力量、推动力量和保障力量能形成一股合力，这股合力就是中国特色社会主义事业可持续发展的政治力量。

三 作为社会主义本质要求的民主是中国特色社会主义事业可持续发展的基础

1949年中华人民共和国成立，标志着中国人民从此站了起来。中国人民的政治地位发生了根本性的变化，这是中国民主政治上的里程碑。从此中国人民开始了当家作主，成为国家和社会的主人。1954年召开了第一届全国人民代表大会，会议通过了《中华人民共和国宪法》。人民代表大会制度是人民当家作主的根本途径，宪法是人民当家作主的法律保证。宪法规定中华人民共和国一切的权力属于人民，人民行使权力的机关是全国人民代表大会、地方各级人民代表大会，全国人民大表大会、地方各级人民代表大会和其他国家机关一律实行民主集中制。这样人民行使当家作主的权利就有了宪法依据和制度保证。但是好景不长，人民当家作主的民主制度遭到了"文化大革命"的破坏，社会主义民主法治进程出现了严重的曲折。以邓小平为核心的第二代中央领导集体，总结了我国社会主义民主政治建设正反两方面的经验教训，提出了"没有民主就没有社会主义、就没有社会主义现代化"的科学论断，强调加强法治建设，使民主制度化、法律化，发展社会主义民主，调动人民群众的积极性，从此我国社会主义民主政治建设走上了健康发展的轨道。以江泽民为核心的第三代中央领导集体，提出"依法治国，建设社会主义法治国家，发展社会主义民主政治，建设社会主义政治文明，坚持党的领导、人民当家作主和依法治国的有机统一"，把社会主义民主政治建设向前推进了一大步。以胡锦涛为总书记的党中央提出了"以人为本、执政为民"，提出了"人民民主是社会主义的生命，进一步完善了社会主义民主"。为了夺取中国特色社会主义事业的新胜利，习近平总书记明确提出了"民主法治建设的新要求"：人民民主不断扩大，民主制度更加完善，民主形式更加丰富，人民的积极性、主动性和创造性进一步发挥；依法治国的基本方略全面落实，法治政府基本建成，司法公信力不断提高，人权切实得到尊重和保障。为此，要进一步发展社会主义民主政治，坚持走中国特色社会主义政治发展道路。至此，我国的社会主义民主制度又得到了进一步的丰富和发展。

社会主义民主的核心是人民当家作主，为什么这样说呢？人们都知道，自由和平等是民主的两个基本概念。人们常常认为自由就是不受限制和约束。其实不然，不受限制和约束的自由是没有的，不受限制和约束的自由不是真正的自由，而是自由化。真正意义上的自由是使人从异己的状态下解放出来，也就是邓小平所说的"解放思想、建设社会主义新世界的行动"。自由和限制是对立的统一。自由有不受限制的一面，人们之所以追求自由，就是人们在试图摆脱限制。但自由是相对的，又有受限制的一面，必须在社会许可的范围内获得自由。所以说自由和限制是对立的统一。自由化就是不要限制的自由，也就是想怎么说就怎么说，想怎么做就怎么做。这种自由不是社会主义所需要的自由。人民当家作主体现了社会主义的自由，人民当家作主就是在人民客观规律的基础上决定自己的思想和行动。人民当家作主和社会主义自由是一致的。对于平等的理解，资本主义和社会主义是不同的。平等是伴随着资产阶级反对封建制度的不平等出现的，所以平等是资产阶级反抗封建制度的一种理想。资产阶级革命使人类在追求平等的理想中迈了一大步。但是资产阶级讲的"平等"只是一句空口号，只是在原则和形式上承认了平等，只是资产阶级内部的平等，对于人民无平等可言。社会主义平等是指人民的权利平等和地位平等。权利平等包括经济权利平等、政治权利平等、文化权利平等和社会权利平等；地位平等包括在法律面前一律平等、民族平等和男女平等。对社会主义平等的这种理解是以消灭剥削、消除两极分化为基础的，是以社会主义宪法和法律为保证的。在社会主义社会里，人人享有宪法和法律规定的权利，人民当家作主就体现了社会主义的平等。人民当家作主和社会主义平等是一致的。在资本主义社会里，自由和平等不一定能统一起来，追求自由不一定能促进平等，追求平等不一定能促进自由，因为在资本主义社会里，不干涉私人活动是政府的主要原则。在社会主义社会里，人民当家作主体现了自由和平等的统一，社会主义是自由和平等的统一体，所以人民当家作主成为了社会主义民主的核心与本质。

人民当家作主也是社会主义的基本要求，为什么要这么说呢？首先，这是由社会主义权力的性质决定的。权力就是对人、财、物的支配和控制的力量。社会主义国家权力是人民在党的领导下争得的，人民是社会主义权力的主体和基础。国家公职人员是代表人民行使权力的，国家公职人员行使的权力只是执行权，而不是所有权，是人民委托他们对国家和社会的公共事务进行管理的。一切权力属于人民并不意味着人人都能直接掌控国家权力，人人都直接掌控国家权力是不现实的，也是不可能的。人民只是把国家权力赋予国家权力机关和国家公职人员，这里的权力只是一种让渡，而不是所有权的改变。人民当家作主意味着社会主义经济、政治、文化和社会各领域在党的领导下，由民作主，委托政府和公职人员进行管理，这体现了社会主义的本质要求。其次，这是由人民的主体作用决定的。人民是历史的创造者，是社会进步的推动者，是国家和社会的主人，人民的认同、支持、拥护，人民的积极性、主动性和创造性的发挥，是中国特色社会主义力量的源泉。坚持为人民服务的宗旨，坚持从人民利益出发的政治立场，坚持人民是真正英雄的观点，是坚持人民主体作用的体现。人民当家作主就体现了对人民主体作用的肯定。在党的十一届三中全会后，把"替民作主"变成了"让民作主"，即让人民在经济、政治、文化和社会各领域真正地当家作主，实现了人民对国家权力的有效控制。再次，这是由人民的利益高于一切的原则决定的。从人民的利益出发，人民的利益高于一切，是我们党制定路线、方针、政策的出发点和落脚点，是我国改革开放和社会主义现代化建设成功与否的标准。人民的利益高于一切，就是想人民之所想，急人民之所急，务人民之所需，也就是让人民共享改革开放和社会主义现代化建设的成果。党的十一届三中全会后，我们党积极发展生产力、发展社会主义民主、发展先进文化、发展社会事业，为"替民作主"转变为"由民作主"创造了条件。最后，这是由公民的政治参与权利决定的。社会主义要求公民的政治参与，保证公民的选举权、决策权、管理权和监督权，这四种基本权利是人民当家作主的基本形式，人民当家作主是行使这四种基本权利的当家作主。所以人民当家作主体现了社会主义的本质要求。

人民当家作主对中国特色社会主义事业来说很重要，它是中国特色社会主义事业可持续发展的基础。

第一，人民当家作主可以增强党的政治权威性。政治权威不等于政治权力，二者有相同之处，也有不同之点：相同之处是二者都表现为一种政治力量；不同之点是政治权力是建立在强制性的基础上的，政治权威是建立在自觉、自愿、服从的基础上的，政治权力需要监督，政治权威需要提升。政治权威和政治专制也是不同的。政治权威是建立在政治影响力的基础上的，它的结果是使领导取得成效，使社会进步，使政治稳定；而政治专制则不同，它是想不受其他权力机构和政治团体的限制和约束，其结果是"一言堂"，个人说了算，使国家失去生机与活力。党的政治权威和对领袖的崇拜也是不同的。党的政治权威是通过人民的认同而形成的，对领袖崇拜是把领袖神化和偶像化。所谓党的政治权威就是党依靠自己的工作成就取得的人民群众的信任和威信。为什么人民当家作主可以增强党的政治权威呢？这是因为党领导人民开辟了自我管理、自我服务、自我教育的人民当家作主之路，使人民群众由自发变成了自觉；党领导人民开辟了人民当家作主的新型民主之路，使"大民主"回归于人民民主；党领导人民开辟了真实化的人民当家作主之路，使替民作主变成了由民作主。人民当家作主之路是党领导人民形成的,所以人民当家作主必然能增强党的政治权威。在当代中国,具有政治权威的中国共产党必然能领导人民推动中国特色社会主义事业可持续发展。

第二,人民当家作主可以凝聚人才。这里的人才是指善于治国理政的领导人才,经营管理水平高、市场开拓能力强的优秀企业家,具有世界水平的科学家、领军人才和工程师,具有高水平的哲学家、社会科学专家,素质优异的文学家、艺术家、教育家,技能精湛的高技能人才,社会主义农业现代化的领头人,职业化、社会化的高级社会工作人才。形成人才队伍,一要加强党对人才工作的领导,二要以人才科学发展观为指导,三要改革和创新人才发展体制和机制,四要加强人才权益的保证,五要加强人才市场的管理,六要有针对性、有计划的培养。人才是人民的一员,是人民群众中的精英,人民当家作主包括精英们的当家作主。当家作主的精英们必然知道自己对中国特色社会主义事业可持续发展中的作用。其一,推动生产力发展。生产力发展是中国特色社会主义事业可持续发展的物质基础,推动生产力发展就是推动中国特色社会主义事业可持续发展。其二,推动科学技术发展。科学技术是第一生产力、各类人才是第一科学技术、科学技术使生产线从机械化走向自动化和智能化,这是各类人才的功劳和贡献。推动科学技术发展就是推动中国特色社会主义事业可持续发展。其三,推动社会主义现代化建设发展。发展社会主义市场经济,不断探索社会主义条件下的市场经济发展规律,这是推动社会主义经济建设的关键;发展社会主义民主政治、建设社会主义政治文明和社会主义法治国家,这是推动社会主义政治建设的主要内容;发展社会主义先进文化,建设社会主义精神文明,培养"四有"新人,这是社会主义文化建设的主要任务。推动中国社会主义现代化建设就是推动中国特色社会主义事业可持续发展。在当代中国就是要以人才队伍推动中国特色社会主义事业可持续发展。

第三,人民当家作主能最大限度地调动人民群众的积极性。中国有56个民族,有13亿多人口,这个强大力量是世界上任何国家都无法比拟的。用什么方法把这股强大力量调动起来呢?最好的办法就是让人民当家作主。因为人民当家作主体现了以自由和平等为主要内容的人民民主的价值取向。在中国共产党那里，人民自由就是由人民决定自己的事务，人民平等就是人民的权利平等和地位平等。在社会主义中国，人民的自由和平等，不仅有社会主义宪法保证，而且也有社会主义制度保证。人民代表大会就是人民在平等的基础上，自由选举产生的，它既体现了人民民主的政治价值，又保证了人民当家作主的权利；既有利于调动人民群众的积极性，又能高效地组织人民建设社会主义。中国共产党领导的多党合作与政治协商制度，既体现了各民主党派和中国共产党的平等地位，又体现了中国共产党和民主党派自主地决定本党事务，也是人民当家作主的一种特殊形式。民族区域自治制度，既体现了汉族和少数民族的平等关系，又体现了少数民族人民自主地决定自己的事务；它既是实现少数民族人民当家作主的有效形式，又是巩固我们国家统一的基本政治制度，也是人民当家作主的一种特殊形式。基层群众自治制度是基层人民平等、自主地管理自己、教育自己、服务自己的好制度，它是人民当家作主的直接形式。在当代中国，人民群众的积极性必然能推动中国特色社会主义事业可持续发展。

四 结语

根据以上论述可以看出，中国特色社会主义事业可持续发展离不开社会主义民主政治力量，没有社会主义民主政治力量作支撑，中国特色社会主义事业可持续发展是不可想象的。社会主义民主政治力量的大小决定了中国特色社会主义事业可持续发展的快慢。在当代中国，推动中国特色社会主义事业可持续发展还得靠社会主义民主政治力量，可以说社会主义民主是推动中国特色社会主义事业可持续发展的政治力量。

第十一章

作为软实力的中国优秀文化是中国特色社会主义事业可持续发展的文化支撑

中国优秀文化是在中国 5000 多年的历史长河中积淀起来的文化,是具有中华民族色彩、推动中国历史发展的文化,是反映中国人民智慧、鼓舞中国人民前进的文化,它包括中国传统文化中的精华、新民主主义文化和中国特色社会主义文化。中国传统文化中的精华是中国特色社会主义事业可持续发展的文化根基,新民主主义文化是中国特色社会主义事业可持续发展的精神支柱,中国特色社会主义文化是中国特色社会主义事业可持续发展的根本保证。

一 中国传统文化中的精华是中国特色社会主义事业可持续发展的文化根基

我国 5000 多年的历史长河,形成了博大精深的传统文化。我国的传统文化中有精华部分,也有糟粕部分,其中精华部分是我国优秀文化的重要组成部分。中国传统文化经历了先秦文化、秦汉文化、魏晋南北朝文化、宋元文化和明清文化的不同发展阶段,在这漫长的发展过程中形成了中国传统文化的基本精神。传统文化的基本精神是指在传统文化中处于核心地位、起主导作用的基本理念。笔者认为以人为本、爱国主义、自强不息、天人合一与和而不同是中国传统文化的基本精神。

第一,以人为本是中国传统文化的基本精神的主要内容。以人为本思想早在公元前 700 年就出现了。管子在《霸言》中说过："夫霸王之所始也，以人为本。本理则国固，本乱则国危。"管子所说的"人"和"民"是一个意思，比如齐人、楚人也可以叫齐民、楚民，以人为本也可以叫以民为本，这是对人民在当时的历史更替中的经验总结。孔子和孟子虽然没有提出过以人为本的概念，但他们有以人为本的思想。孔子在《宪问》中提出了"修己以安百姓"，在《学而》中提出了"使民以时"，在《尧曰》中提出"因民之所利而利之"。孟子发展了孔子的以人为本的思想，他在《尽心》中提出了"民为贵，社稷次之，君为轻"的思想。荀子在《王制》中对君民关系作了诠释："君者，舟也；庶人者，水也。水则载舟，水则覆舟。"慎子把君王看成手段，他在《威德》中说："立天子以为天下，非立天下以为天子也。以国君以为国，非立国以为君也。"从秦到清，经历多次改朝换代，以人为本有时得到张扬，有时又有些失落。总的来说，儒家思想一直是传统文化中的主旋律，所以儒家以人为本的思想一直延续到了今天。传统文化中的以人为本思想具有合理性，就是对人民在历史更替中作用的肯定，当然这种肯定不意味着把人民看作是历史的创造者。传统文化中的以人为本思想也有历史局限性，就是它是为了维护封建帝王的统治服务的。因为诸子百家及其之后的思想家都是推崇"圣人之治""愚民之治"的，所以他们把广大劳动人民看成是愚昧无知的工具。任何概念都没有铸锭的自己的内涵，其内涵是会随着时代的发展而注入新内容的。取其精华，去其糟粕，古为今用，以人为本思想得到了继承和发扬。毛泽东的为人民服务的思想、邓小平的一切从人民利益出发的思想、江泽民的执政为民的思想、胡锦涛的以人为本的思想、习近平的人民幸福的思想，实现了以人为本思想从古代到现代的转换。传统文化中的以人为本思想与我们讲的以人为本思想是有区别的，一是两个以人为本中的"人"是不同的。传统文化中的以人为本中的"人"是指普通老百姓这个社会最底层的人，是帝王统治的草民。而我们讲的以人为本中的"人"是指人民，即作为国家主体和社会主人的人民。二是两个以人为本的目的不同。传统文化中的以人为本是封建帝王的统治之术，是为巩固统治阶级地位的；而我们讲的以人为本是让人民真正成为自主、自立、自强的国家和社会的主人，是让人民真正找到自己的价值。三是两个以人为本的地位不同。传统文化中的以人为本思想只是当时政治家和思想家抨击暴政、主张改革的思想武器，不可能成为统治阶级的指导思想；而我们党提出的以人为本是以人民的利益为根本，它是我们党的指导思想。四是两个以人为本的归宿不同。传统文化中的以人为本基本是停留在口头上的，它实现不了。而我们党提出的以人为本，有它相应的经济基础，就是公有制为主体、多种所有制经济共同发展；有它相应的政治基础，就是四项基本原则；有它相应的文化基础，就是社会主义先进文化；有它相应的社会基础，就是构建和谐社会，所以它是能够实现的。虽然我们党提出的以人为本与传统文化中的以人为本不同，但它是从对传统文化中的以人为本加工提炼、推陈出新而来的。以人为本是中国传统文化的基本精神的重要内容，也是中国传统文化的优势，它可以转化为促进中国特色社会主义事业可持续发展的优势。把人放在第一位，肯定人的主体地位，高扬人的主体精神，弘扬人的主观能动性，这是传统文化中以人为本的特点。我们党把这一特点和人民创造历史的唯物史观结合在一起，使以人为本成为中国特色社会主义的根本理念，这也是中国特色社会主义的一大优势。只要我们坚持这一优势，人民群众就会更好地发挥其积极性，更好地创造中国特色社会主义的历史。

第二，爱国主义也是中国传统文化的基本精神的重要内容。爱国主义是千百年来巩固起来的对自己祖国的一种最深厚的感情[①]（列宁语）。我国的爱国主义既包括中华民族的自信心和自豪感，也包括对民族危机和国家动荡的忧患意识。我国的爱国主义源远流长。在秦朝统一中国后，中华民族逐渐形成了对祖国深厚的爱国主义情感。在东汉时期《汉书》中就有爱国主义的说法。秦汉后，爱国主义逐渐积淀为中华民族的强烈意识，成为中华民族精神的核心内容和中华民族最质朴的品行。爱国主义是一个历史范畴，在不同的时代，在同一时代的不同时期、在同一时期的不同发展阶段上都有不同的内容。鸦片战争前为我国的古代，抵抗异族侵犯、坚定维护国家统一和民族团结、

[①] 《列宁选集》第三卷，人民出版社1972年版，第608页。

忧国忧民、献身国家、精忠报国、死而后已，就是我国古代的爱国主义的基本内容。从1840年鸦片战争到1949年中华人民共和国成立前为我国的近代。反对帝国主义侵略、救亡图存、为了中华民族的独立和人民的解放而奋斗，就是我国近代的爱国主义的主要内容。新中国成立后一直到现在为我国的现代。热爱社会主义、热爱祖国、保卫祖国、建设祖国、实现祖国和平统一、维护祖国的尊严和国家利益、为国家的繁荣昌盛和人民的富裕幸福而奋斗，就是我国现代的爱国主义的主要内容。爱国主义贯穿于中华民族历史发展的全过程，是中华民族精神的灵魂，是中华民族的优良传统，是中华民族生生不息的推动力量，是中华民族团结奋斗的一面旗帜。中国近现代的爱国主义是从中国古代的爱国主义演化而来的，它的基本内容没有超出我国古代爱国主义的基本内容，只是形式上不同罢了。所以说爱国主义是我国传统文化的基本精神的重要内容。我国古代的爱国主义有优点，它把国家利益和民族利益作为根本原则，将个体融入整体之中，将感性纳入理性之中，是一种整体主义的爱国主义，一种理性主义的爱国主义。我国古代的爱国主义也有历史局限性，它是和"忠君"联系在一起的。当然这种"忠君"也是有原因的，因为人们把君王看成是国家的代表。总的来说，我国古代的爱国主义尽管有历史局限性，但瑕不掩瑜，它仍不失为我国传统文化中的基本精神。我国传统文化中的爱国主义对中国特色社会主义事业可持续发展仍具有重要意义。爱国主义同社会主义是统一的，爱国主义是社会主义的爱国主义，社会主义是爱国主义的社会主义。爱国主义是民族精神的支柱，有了它，中国特色社会主义事业就不会倒下去；爱国主义是中华民族的灵魂，有了它，中国特色社会主义事业就可以从一切困难中解脱出来；爱国主义是中华民族的动力，有了它，中华民族就会把中国特色社会主义事业不断推向前进；爱国主义是中华民族的精神家园，有了它，中国特色社会主义事业就能深深扎根于中华大地之上。只要把中国特色社会主义事业和爱国主义有机结合起来，中国特色社会主义事业可持续发展就会获得源源不断的动力。

第三，自强不息也是中国传统文化的基本精神的重要内容。自强不息来自《周易·乾·象传》："天行健，君子以自强不息。""天行健"的意思是说天体运行不止;"君子"是指有德之人;"以"是效法的意思;"自强不息"是指刚健有为,积极进取的意思。合起来就是天体运行不止,君子应该像天体那样自强不息。自强不息是从"天行健"中引申出来的一个人生哲理,它贯穿于中国传统文化的历史长河之中,成为中国传统文化的一种精神风貌,是对人生态度的一种概括和总结,是中国人奋发图强的精神支柱。《易》中的刚健有为、自强不息思想从战国时期到现在的两千多年中是深入人心的,是被中国人民所接受的。它之所以被中国社会和中国人民所接受,因为首先它是一种积极的人生态度。人生态度是指对人生的心态和行为。由于人们所处的生活环境不同,对生活的感受不同,人生态度就有消极和积极之分。自强不息是积极的人生态度。它认为,人生的目的在于追求社会进步,追求理想,追求真理,它对人生抱着积极乐观的态度。其次,自强不息表现的是一种气质。中华民族是一个饱受挫折而又奋起抗争的民族,在逆境中积极乐观,在困境中绝不低头,在斗争中坚韧不拔,在前进中积极进取。这种自强不息的精神表现出的就是一种不屈不挠的气质。再次,自强不息也是一条成功之路。自古以来,自强不息就激励着中华民族无数仁人志士为保卫国土慷慨捐躯,舍生取义;为了实现社会理想,永远向上,永远向前,永不懈怠,永不回头,努力探索。正是这种刚健有为、自强不息的精神才实现了中华民族的独立、人民的解放。最后,自强不息也是一种动力。自强不息是追求理想的自强不息。自强不息的人,在内心世界中已经树立起远大的理想,并自觉地追求这种理想,为自己的理想竭心尽力地去奋斗。刚健有为、自强不息就是追求理想的一种动力。自强不息精神既影响了中国古代,也影响了中国近代,还影响了中国现代。在中国古代就有"小康"、"大同"之说,中华民族在追求"小康"、"大同"的历程中充满了艰辛,但它以自强不息的精神,和艰难险阻作斗争,把中国从古代推向了近代。在近代,帝国主义列强瓜分中国,把中国社会变成了半殖民地半封建社会,中国到了亡国灭种的边缘。中国人民在中国共产党的领导下,以自强不息的精神顽强斗争,推翻了"三座大山",实现了中华民族的独立和人民的解放。一穷二白,经济文化十分落后,这是新中国成立初期的基本国情。中国人民在中国共产党的领导下，以自强不息的精神，改变了一穷二白的落后面貌，推动了中国向繁荣富强发展。自强不息精神对中国特色社会主义事业可持续发展具有重要意义。中国特色社会主义事业在前进中会面临复杂多变的国际形势和来自国际环境的各种挑战，也面临着国内的各种困难和矛盾的挑战。自强不息就是应对国内外不利因素的有力武器。自强不息是一种能动性，有了这种能动性才能进行克服不利因素的实践活动，才能在克服不利因素中推动中国特色社会主义事业向前发展；自强不息是一种自觉性，这种自觉性能使人们认识社会发展的规律，在规律性认识中寻找克服不利因素的途径和方法；自强不息是一种果断性，这种果断性是在人们克服各种不利因素的决心中形成的，也是人们克服各种不利因素中所表现出来的信心和所采取的行动；自强不息是一种顽强性，顽强性是人们的一种毅力，这种毅力表明了人们在克服不利因素中的决心和信心的持续，有了顽强性，人们才能在中国特色社会主义事业可持续发展中不怕困难，迎接挑战，面对未来。由此可见，自强不息是中国特色社会主义事业可持续发展的源头活水，只要把中国特色社会主义事业可持续发展同自强不息有机结合起来，中国特色社会主义事业可持续发展就会成为有推动力的发展。

第四，天人合一也是中国传统文化的基本精神的重要内容。我国的天人合一思想经历了一个漫长的发展过程。在先秦时期，天人合一思想就产生了。儒学中的天人合一思想是一以贯之的。孔子在《阳货》中说："天何哉？四时行焉，万物生焉。"孔子在这里把天看成自然，是创造自然的力量。相传孔子作《易经》，《易经》中说："乾，天道也，父道也，君道也"，"天尊地卑，乾坤定也；卑高以陈，贵贱位矣。"在这里，从天道引出人道，把天道、地道、人道合而为一，构成了天人合一的图景。孟子在《离娄上》中说："是故，诚者，天之道也；思诚者，人之道也。"孟子在这里把天道和人道统一起来。道家在天人关系上也主张天人合一，老子也表达了他的天人合一思想："人法地，地法天，天法道，道法自然。"这里的"法自然"是指效法自然，顺应自然，不能违背自然。庄子在《大宗师》中说："其一与天为徒，其不一与人为徒。天与人不相胜也。"庄子在这里认为无论人们好恶如何，都处在与天合一的状态中。儒家的天人合一思想与道家的天人合一思想是有很大不同的，儒家是以道德眼光看待自然的，而道家是从规律角度看待自然的。天人合一思想发展到了汉代，演变为天人感应论，董仲舒在《春秋·繁露》中说："天人之际，合而为一。"董仲舒的"合而为一"是指天人互相感应。他认为天人具有相同的结构，人事与自然规律相似，所以天人互相感应。董仲舒的这种说法有点唯心和形而上学的色彩。到了两宋时期，第一次有人将天人合一作为一个命题提出来。张载在《正蒙·乾称》讲到："因明致诚，因诚致明，故天人合一，致学而可以成圣，得天而未始遗人。"张载在这里明确提出了天人合一的命题。在他看来，太极之气是世界的本原，人与天地万物都是由气构成的，气是天人合一的基础。张载把气看成是世界的本原是不科学的，但却是正确的，它体现了朴素唯物主义精神。张载以后，天人合一思想经过不同派别的阐述，逐渐成为中国传统文化的基本精神。天人合一思想强调的是人和自然的统一，充分彰显出中国古代思想家对主客体之间关系的唯物的辩证的思考，这种思考告诉人们，不能违背自然规律，不能超越自然的承受力去征服自然，只能按照自然规律办事。传统文化中的天人合一思想对中国特色社会主义事业可持续发展仍具有重要意义。天人合一思想有三项基本内容，第一项是热爱自然。天人合一思想认为，人与自然是平等的，在平等的基础上让自然生生不息，这既是自然之道，也是自然之德，尊重自然，热爱自然，才是真正的道德，才是真正的君子。第二项是保护自然，利用自然。道家提出的"爱人利物之谓仁"讲的就是保护自然和利用自然的思想，也就是说人类既要利用自然，又要保护自然，以达到永远利用自然的目的，这才是有道德的人。在保护自然和利用自然的基础上，道家又提出了"与天地相参"的思想，"与天地相参"就是指天地人三者相互对应，协调发展，和谐进化。第三项是遵循自然规律。天人合一思想的核心就是尊重自然规律，也就是在实践中做到人与自然的统一、行为与自然承受力的统一、心态平衡与自然环境平衡的统一，做到这些统一就是尊重自然规律。天人合一思想的这些内容所生发出的精神对于解决我国的生态灾难将发挥出不可估量的作用，它将成为统摄人们的生态行为的精神力量。只要我们把中国特色社会主义事业可持续发展与天人合一思想结合起来，中国特色社会主义事业可持续发展就将获得良好的生态基础，就会使中国特色社会主义事业可持续发展成为有生态基础的发展。

第五，和而不同也是中国传统文化基本精神的重要内容。《国语·郑语》中说："夫和实生物，同则不继。以他平他谓之和。故能丰长而物生之；若以同裨同，尽乃弃矣。"这是西周末年史伯说过的话。史伯把不同事物彼此称为"他"，"以他平他"就是把不同的事物连接在一起，实现事物之间的平衡。史伯把这种平衡叫作"和"，他认为"和"才能产生新事物。史伯还把"和""同"相异的观点应用到政治方面，他认为弃合而专同，毁灭多样性而同一，独断专行，是周衰亡的原因。孔子继承了史伯的这种思想，《论语·学而》中指出："礼之用，和为贵。"这里的"礼"是指社会规范和制度安排。这里的"和"是和睦、和谐、和平、平和的意思。"和"在儒家学说中有很多含义，我们这里是从字面上理解的。"和为贵"是儒家学说中最核心的价值追求。"礼之用，和为贵"有朴素的辩证思想，"礼之用"是"和为贵"的前提，"和为贵"是"礼之用"的体现。"和为贵"也体现了"和"的价值。《论语·子路》中说："君子和而不同，小人同而不和。""和"与"同"是我国传统文化中的两个基本概念，孔子把这两个不同概念连接起来，形成了"和而不同"与"同而不和"两个成语。"君子和而不同"的意思是说，君子能与人和谐相处但不苟同，"小人同而不和"的意思是说，小人苟同但不能与人和谐相处。和而不同思想是儒家的一种精神追求，也是儒家为人处世的一种价值观和方法论。和而不同对我们现实来说有很重要的启示：当我们面对复杂的政治问题时，要通权达变，审时度势，将原则的坚定性和方法的灵活性结合起来，要和而不同，不能同而不和，同而不和使我们过去吃了不少苦头，这是我们今后值得注意的问题。我们党很重视儒家的"和而不同"的思想，江泽民指出："两千多年前，中国先秦思想家孔子就提出了'君子和而不同'的思想。和谐而又不千篇一律，不同而又不相互冲突。和谐以共生共长，不同以相辅相成。和而不同，是社会事物和社会关系发展的一条重要规律，也是人们处世行事应该遵循的准则，是人类各种文明协调发展的真谛。"① 和而不同的观点对中国特色社会主义事业可持续发展也具有重要意义。第一，它有利于政党和谐、民族和谐和宗教和谐。我国实行中国共产党领导的多党合作与政治协商的政党制度，政党和谐是社会和谐的重要内容。党的十一届三中全会后，中国共产党和各民主党派的关系总体是和谐的，但总体和谐并不意味着一点分歧也没有。我国是多民族国家，民族和谐是社会和谐的重要内容。党的十一届三中全会后，我国各民族之间的关系总体是和谐的，总体和谐并不是说一点矛盾也没有。我国也是多宗教国家，宗教和谐也是社会和谐的重要内容。党的十一届三中全会后，我国各宗教之间的关系总体也是和谐的，但由于宗教的信仰不同，宗教文化不同，它们之间也存在着不一致性。问题不在于社会不和谐因素的存在，而在于能否利用和而不同的方法论证和解决这些不和谐因素。如果采取同而不和的方法，这些不和谐因素就不会得到解决；如果采取和而不同的方法，这些不和谐因素就会得到克服，政党之间、民族之间和宗教之间就会和睦相处，和衷共济，和谐发展。社会和谐能为中国特色社会主义事业可持续发展创造稳定的国内环境。第二，它有利于世界的和平与发展。对此江泽民作了很好的诠释："各国文明的多样性，是人类社会的基本特征，也是人类文明进步的动力。我们应该尊重各国的历史文化、社会制度和发展模式，承认世界多样性的现实。世界各种文明和社会制度应该而且可以长期共存，在竞争比较中取长补短，在求同存异中共同发展。在当今世界上，我们提倡'和'，也就是说，各国应当在政治上互相尊重，经济上互相促进，文化上互相借鉴。这将有利于世界的和平与发展。"② 世界的和平与发展能为中国特色社会主义事业可持续发展创造良好的国际环境。

总之，中国传统文化的基本精神是中国特色社会主义事业可持续发展的最深厚的底蕴。

---

① 《江泽民文选》第三卷，人民出版社 2006 年版，第 522 页。
② 《江泽民文选》第三卷，人民出版社 2006 年版，第 523—524 页。

二 新民主主义文化是中国特色社会主义
　　事业可持续发展的精神支柱

鸦片战争后，中国社会逐渐沦为半殖民地半封建社会。1911年为反对帝国主义和封建主义，孙中山领导了辛亥革命。辛亥革命的功绩在于推翻了帝制，但由于资产阶级的局限性，辛亥革命没有取得最终胜利。1919年，中国爆发了五四运动。五四运动是一场反帝反封建的革命运动，它以不妥协的革命精神向帝国主义、封建主义开战，是新民主主义革命的开端。五四运动也是一场文化运动。这场文化运动的功绩是高举起民主和科学的大旗，对封建文化和帝国主义文化进行了批判，为马克思主义在中国的传播起到了推动作用。这场文化运动也有一定的历史局限性，即出现了反传统文化的倾向。虽然传统文化中的糟粕可以批判，但其精华部分不能反。这场文化运动也是新民主主义文化的起点。1921年中国共产党成立，在中国共产党的领导下，新民主主义革命向纵深方向发展。随着新民主主义革命的发展，新民主主义文化也逐步形成，新民主主义文化的基本精神也逐渐形成。

第一，土地革命战争时期是新民主主义文化的萌芽阶段，在这个阶段形成了井冈山精神和长征精神。井冈山精神和长征精神是萌芽阶段新民主主义文化的基本精神。秋收起义失利后，毛泽东没有坚持再攻打长沙的计划，而是果断决策，把工农革命军引向了井冈山，创建了革命根据地。毛泽东为什么领导工农革命军走向井冈山创建革命根据地呢？一是攻打大城市来夺取政权的道路走不通。敌人的军事力量主要集中在大城市，敌强我弱是攻打大城市失败的主要原因。毛泽东领导秋收起义受挫后，放弃了再次攻打长沙的计划，领导工农革命军走上井冈山，创建了革命根据地。二是井冈山有深厚的革命基础。这里有党组织，有过农民运动，有农民协会。三是这里是敌人统治的薄弱环节，地理环境对建立革命根据地有利。创建革命根据地需要有革命精神，这种革命精神就是我们今天所讲的井冈山精神：坚定信念，艰苦创业精神；实事求是，敢闯新路精神；依靠群众，勇于胜利精神。坚定信念、艰苦创业是井冈山精神的灵魂,实事求是、敢闯新路是井冈山精神的核心,依靠群众、勇于胜利是井冈山精神的基础。井冈山精神不是自发形成的,也是萌芽阶段新民主主义文化建设的成果。毛泽东除了领导红军打仗、筹粮、开展土地革命外,也非常重视文化建设,他说过:"必须把落后的农村造成先进的巩固的根据地,造成军事上、政治上、经济上、文化上的伟大的革命阵地,借以反对利用城市进攻农村区域的凶恶敌人,借以在长期战斗中逐步地争取革命的全部胜利。"[①] 毛泽东始终把办学校、扫除文盲看作根据地建设的一项重要内容,当作发动农民开展土地革命的重要工作。井冈山时期,农民和红军战士中的绝大多数人不识字,教农民和战士识字是提高农民的觉悟和战士的革命精神的基础。另外毛泽东把文化建设的重点放在了思想政治教育上面。井冈山时期,革命异常艰苦,红军内存在着"红旗到底能打多久"的疑问。这个问题是关系到党、红军、根据地的前途和命运的一个十分严肃的大问题。为了回答这个问题,毛泽东在井冈山时期撰写了《中国的红色政权为什么能够存在?》《井冈山的斗争》等文章,这些文章对于教育党员和红军战士起了重要作用,对于井冈山精神的形成也起了重要作用。1929 年 1 月,毛泽东和朱德带领红四军离开了井冈山,4 月建立了赣南苏区,7 月建立了闽西苏区。第三次反"围剿"胜利后,赣南、闽西苏区连成一片,史上称为中央苏区。除了中央苏区外,还建立了鄂豫皖、湘鄂西、湘鄂赣等一些苏区,红色政权覆盖了 14 个省。工农红军经过三年的游击战争,主力部队和地方武装发展到 10 余万人。这引起了蒋介石的恐惧,他命令何应钦在汉口召开湘鄂赣三省"绥靖"会议,会议确定以军事为主、党务政务密切配合和"围剿"苏区红军的方针。1930 年至 1933 年,蒋介石不断调动兵力,对中央苏区进行军事"围剿"。前四次"围剿",蒋介石以失败告终。红军前四次反"围剿"之所以取得胜利,是因为前四次反"围剿"是在毛泽东的指挥下进行的,他主动退却,诱敌深入,以苏区人民为支援,集中兵力,适时反攻,打败了国民党军队的进攻。1933 年 5 月,蒋介石亲自督战,采取堡垒战

---

① 《毛泽东选集》第二卷,人民出版社 1991 年版,第 635 页。

术,同时对解放区采取了经济封锁,企图一举消灭红军和苏区。在前四次反"围剿"胜利的同时,我们党内的"左"倾错误也达到了顶峰,"左"倾领导否认敌强我弱,反对诱敌深入,主张全线出击,造成了第五次反"围剿"的失败,迫使红军开始长征。红军在长征途中:冲破了敌人一道道封锁线,渡过了一条条河流,穿过了没有人烟的草地,越过了一座座雪山,行军两万五千里,跨越11个省,胜利到达了陕北。红军长征创造了人类战争史上的奇迹,也创造了长征精神:对革命的无限忠诚、对革命事业必定胜利的坚定信念、一不怕苦,二不怕死的英雄气概、团结互助的高尚品德。长征精神也不是自发形成的,是中央苏区思想政治教育的结果。1931年湘鄂赣工农苏维埃第一次代表大会通过了《文化问题决议案》,《文化问题决议案》提出:"文化工作本身具有阶级斗争的重要意义,在苏区进行文化工作,就是要尽量灌输马克思列宁主义,及一切无产阶级革命的教育。"[1] 1934年时任中央人民教育委员的瞿秋白在《阶级斗争中的教育》一文中指出:"苏维埃教育是阶级的教育,是马克思列宁主义的阶级教育。"[2] 毛泽东在中央苏区很重视思想理论建设,他写了不少文章,如《关于纠正党内的错误思想》《星星之火,可以燎原》《反对本本主义》等,这些文章是中央苏区文化建设的重要成果,对长征精神的形成起到了重要作用。井冈山文化建设、中央苏区文化建设已经具有新民主主义革命的性质,它们仅仅是新民主主义文化建设的开始,还没有形成理论体系,所以它是处于萌芽状态的新民主主义文化。井冈山精神、长征精神既是我们党的基本精神,也是此阶段新民主主义文化的基本精神,因为这种精神蕴含了反帝反封建的、民族的、科学的、大众的文化基因。

第二,抗日战争时期是新民主主义文化成熟阶段,在这个阶段形成了延安精神和抗战精神。延安精神和抗战精神是成熟阶段的新民主主义文化的基本精神。长征胜利后,中共中央和革命大本营落脚延

---

[1] 参考陈元晖、璩鑫杰、邹光威主编《老解放区教育资料》(一)土地革命战争时期,中央教育科学出版社1981年版,第99页。

[2] 《瞿秋白文集·政治理论篇》第七卷,人民出版社1991年版,第669页。

安，因为这里有陕北红军和陕北根据地。1935年10月至1948年3月史称延安时期，毛泽东和党中央在延安度过了十三个春秋。在这里，党中央和毛泽东运筹帷幄，指挥了抗日战争；在这里，加强了党的建设，提高了党的战斗力；在这里，全党上下团结一致，共同奋斗，培育了伟大的延安精神：为崇高理想而奋斗的抗大精神，实事求是的延安整风精神，艰苦奋斗的南泥湾精神，全心全意为人民服务的张思德精神，毫不利己专门利人的白求恩精神，坚韧不拔的愚公移山精神。延安精神的形成与当时的历史条件和革命任务是分不开的。为了给党的事业和新中国的建设培养人才，我们党在延安时期创办了几所院校，办得最早最有名的就是抗大。延安时期的条件极为艰苦，没有校舍，学员自己动手建；没有粮菜，学员自己动手种；没有衣服，学员自己动手纺线、织布。崇高理想把学员造就成为共产主义战士，所以为崇高理想而奋斗就成了抗大的基本精神。毛泽东为了整顿我们党内的非马克思主义作风（主观主义、宗派主义、党八股），决定在全党进行马克思列宁主义教育运动，即按照马克思列宁主义原则进行整风运动。也通过整风运动形成了实事求是、理论联系实际、密切联系群众的优良作风。1941年至1942年，华北地区连年发生自然灾害，再加上日伪的扫荡和蒋介石的经济封锁，我们党和红军遇到了严重的困难。为了战胜困难，坚持抗战，我们党领导军民开展了大生产运动，120师359旅奉命开赴南泥湾屯田垦荒，形成了自力更生、艰苦奋斗的南泥湾精神。张思德是中共中央警备团的战士，1944年9月5日，在陕北安塞县烧炭时，因炭窑崩塌而牺牲。张思德精神受到了毛泽东的赞扬，被认为是全心全意为人民服务的精神。白求恩是加拿大共产党员，著名医生。1937年抗日战争爆发后，他率领加拿大、美国医疗队于1938年初来到中国，3月底到达延安，不久赴晋察冀边区，在一次为伤员做手术时受到感染，1939年11月12日在河北唐县逝世。毛泽东称赞他是毫不利己专门利人的人。愚公移山是《列子·汤问》中的一个故事，毛泽东在党的七大闭幕词中引用了这个故事，意在动员全国人民和中国共产党党员一道，用愚公移山的精神挖掉帝国主义、封建主义这两座大山。以上这些精神被统称为延安精神。延安时期也是抗日战争时期。1931年"九一八"事变后，日本帝国主义不仅占领了东北三省,又加紧向华北地区进攻。1937年"七七"事变后日本占领华北。从此抗日全面战争爆发。中国共产党领导全国人民始终站在抗日的最前列,经过八年的英勇抗战,最终打败了日本帝国主义。在这八年中,中国人民在中国共产党的领导下也形成了抗战精神:天下兴亡匹夫有责的爱国精神、万众一心众志成城的团结合作精神、百折不挠血战到底的不懈奋斗精神。这些精神我们统称为抗战精神。延安精神和抗战精神的形成与毛泽东对新民主主义文化建设的重视、对马克思主义教育的重视分不开。1940年1月9日,毛泽东在陕甘宁边区文化协会第一次代表大会上发表了《新民主主义的政治和新民主主义的文化》的演讲,后来发表时改成了《新民主主义论》,标志着毛泽东的新民主主义理论的形成,也标志着新民主主义文化体系的形成。新民主主义文化虽然是反帝反封建的文化,但也不排除共产主义思想的宣传和马克思主义的学习。毛泽东指出:"在现时,毫无疑义,应该扩大共产主义思想的宣传,加紧马克思列宁主义的学习,没有这种宣传和学习,不但不能引导中国革命到将来的社会主义阶段上去,而且也不能指导现时的民主革命达到胜利。"[1] 延安精神的形成与对共产主义的宣传和对马克思列宁主义的教育是分不开的。毛泽东很重视马克思主义教育。1941年5月至1945年4月的延安整风运动就是一次马克思主义教育活动,通过整风运动提高了全党的马克思列宁主义水平。延安精神的形成与全党马克思列宁主义水平的提高是分不开的。毛泽东写了大量的抗战文章,如《抗日游击战争的战略问题》《论持久战》《中国共产党在民族战争中的地位》等,这些著作既指导了抗日战争的胜利,也对抗战精神的形成起了重要作用。抗日战争时期是新民主主义文化的成熟阶段,延安精神和抗战精神就是成熟阶段的新民主主义文化的基本精神,因为这种精神蕴含着反帝反封建文化的基因。

第三,解放战争时期是新民主主义文化的发展阶段,在这个阶段形成了西柏坡精神和红岩精神。西柏坡精神和红岩精神是此阶段新民主主义文化的基本精神。1948年5月,毛泽东率领党中央和中国人

---

[1] 《毛泽东选集》第二卷,人民出版社1991年版,第706页。

民解放军总部转移到河北西柏坡,西柏坡就成了解放全中国最后一个农村指挥所,成了中国共产党和国民党进行大决战、创建新中国的革命指挥中心。1949年3月5日在这里召开了党的七届二中全会,这是全国革命胜利前召开的一次十分重要会议。毛泽东在会上作了政治报告,报告提出了促进革命迅速取得全国胜利和组织这个胜利的各项方针政策;说明了在全国胜利的局面下党的工作重心必须从乡村转移到城市,城市工作必须以生产建设为中心;规定了全国胜利后党在经济、政治、外交方面应采取的政策;指出了中国从农业国变为工业国、从新民主主义社会变为社会主义社会的发展方向。在这里培育了西柏坡精神:敢于斗争敢于胜利的进取精神、坚持依靠群众坚持人民参政的民主精神、善于破坏旧世界建设新世界的科学精神、务必谦虚谨慎不骄不躁和保持艰苦奋斗作风的创业精神。这种精神是由当时的历史条件和革命的任务决定的。20世纪40年代后期,进入了两个中国、两种命运大决战时期,这就形成了战胜国民党的敢于斗争、敢于胜利的进取精神;革命胜利后,党的工作重点由农村转向了城市,党的任务由战争转向了建设,这就需要由破坏旧世界转向建设新世界的开拓精神;新民主主义革命胜利后,我国由半殖民地半封建社会转变为新民主主义社会,这就需要坚持依靠群众、坚持人民参政的民主精神;新民主主义革命胜利后,我们党由革命党变成了执政党,这就需要坚持"两个务必"精神。红岩是重庆郊外的一个小村庄,是我党"南方局"的秘密基地,周恩来在这里领导了中国共产党国统区的秘密斗争。在解放战争时期,歌乐山的渣滓洞和白公馆关押着一大批共产党员,国民党特务为了得到革命情报,疯狂地折磨关押在这里的共产党员,这里的共产党员面对敌人的威逼利诱和酷刑,始终坚贞不屈,这种精神就是红岩精神:崇高的思想境界,坚定的理想信念,巨大的人格力量,浩然的革命正气。红岩精神是以周恩来为首的南方局领导下的革命志士为新中国成立,同帝国主义和国民党反动派进行艰苦卓绝斗争的历史概括,也是歌乐山渣滓洞革命先烈不怕牺牲精神的真实写照。西柏坡精神和红岩精神也不是自发形成的,同党的思想政治教育和新民主主义文化的建设是分不开的。毛泽东指出:"我们的纪律就建筑在这个自觉性上边。这是我们党的领导和教育的结果。人是要有一点精神的,无产阶级的革命精神就是由这里头出来的。"①毛泽东在这里讲的"无产阶级的革命精神"应该包括西柏坡精神和红岩精神,这种精神应该说也是"我们党的领导和教育的结果"。党的思想政治教育是新民主主义文化视野中的内容。因为此时的思想政治教育已有社会主义性质,所以解放战争时期是新民主主义文化的发展阶段,西柏坡精神和红岩精神是此阶段新民主主义文化的基本精神,因为它蕴含着反帝反封建的文化和社会主义文化的基因。

总之,井冈山精神和长征精神、延安精神和抗战精神、西柏坡精神和红岩精神都是新民主主义文化的基本精神,这种精神对中国特色社会主义事业可持续发展仍然具有重要意义。

第一,井冈山精神和长征精神是中国特色社会主义事业可持续发展的精神动力。其一,井冈山精神的核心是从实际出发、敢闯新路的精神。1927年大革命失败后,中国共产党人从血泊中爬起来了,走上了武装反抗国民党反动派的道路。走武装反抗国民党反动派的道路是对的,问题是武装反抗国民党反动派的道路从哪里开始。在武装反抗国民党反动派开始时,对于这个问题我们党当时并不十分明确,再加上"左"倾思想的发展,于是武装斗争就从中心城市暴动开始了。走俄国人的路没有错,但走俄国人的路不意味着照搬中心城市起义的道路。毛泽东最先认识到了这一点,他总结了大革命失败的教训,勇敢地冲破了"左"倾教条主义的束缚,领导工农革命军走上了井冈山,建立农村革命根据地,形成了农村包围城市,武装夺取政权的态势。这条道路是以毛泽东为代表的中国共产党创造出来的,它揭示了新民主主义革命发展的规律,解决了半殖民地半封建社会革命的形式问题,为新民主主义革命的胜利指明了方向。胡锦涛指出:"大革命失败后,毛泽东把马列主义普遍真理同中国革命的具体实践相结合,在井冈山创建了第一个农村革命根据地,从此开辟了农村包围城市,最后夺取全国政权的正确道路。如果不是从中国的实际出发,敢闯新路,而是照搬外国经验,那就不可能取得中国革命的胜利。"② 开辟

---

① 《毛泽东文集》第七卷,人民出版社1999年版,第162页。
② 《胡锦涛文选》第一卷,人民出版社2016年版,第62—63页。

农村包围城市，武装夺取政权道路需要从中国实际出发、敢闯新路的精神，开辟中国特色社会主义道路仍然需要从中国实际出发、敢闯新路的精神。正如邓小平所说："深圳的重要经验就是敢闯。没有一点闯的精神，没有一点'冒'的精神，没有一股气呀、劲呀，就走不出一条好路，走不出一条新路，就干不出新的事业。"① 其二，长征精神的核心是"一不怕苦，二不怕死"。在长征途中我军遇到了令人难以想象的困难，强大敌人的围追堵截，险恶的草地雪山，缺粮短柴。红军战士之所以能战胜这些困难，靠的就是"一不怕苦，二不怕死"的精神。"一不怕苦，二不怕死"是长征取得胜利的根本所在。我们今天建设中国特色社会主义仍然需要"一不怕苦，二不怕死"的精神。过草地雪山的事虽然不会再发生，但长征精神是不会过时的。在推进中国特色社会主义事业可持续发展中遇到的困难不会比万里长征少，只不过是困难的形态不同罢了。我们也可以说中国特色社会主义事业可持续发展也是一次新的长征，这次新长征的路更长，各种风险困难会更多，同样需要把"一不怕苦，二不怕死"的精神转化为推动中国特色社会主义事业可持续发展的物质力量。

第二，延安精神和抗战精神是中国特色社会主义事业可持续发展的力量源泉。其一，延安精神的核心是自力更生、艰苦奋斗的创业精神。自力更生是指在环境十分艰苦的条件下，我们党和军队寻求克服困难，实施生产自救的革命精神。毛泽东把内外因关系原理引申到社会领域，提出独立自主，自力更生的方针。艰苦奋斗是一种理念、精神和抱负，我们党为争取民族独立和国家解放的历史就是一部艰苦奋斗的历史。延安时期，军民生活遇到了严重的困难，形势恶劣，困难重重。但延安军民没有被困难所吓倒，他们在党的领导下，开展大生产运动，自力更生、艰苦奋斗，战胜了一切困难。从此自力更生、艰苦奋斗就成了中国共产党和中国人民相信自己、依靠自己、战胜一切艰难险阻的斗争口号。自力更生、艰苦奋斗的创业精神不会过时，在中国特色社会主义事业可持续发展中仍然需要自力更生、艰苦奋斗的创业精神。中国特色社会主义事业可持续发展离不开世界，这是千真

---

① 《邓小平文选》第三卷，人民出版社1993年版，第372页。

万确的,关起门来搞建设是不会成功的。但是这只是第二位的条件,不是根本条件。我国曾经想依靠苏联发展经济,实现国防尖端技术发展,结果没有成功。这说明了,中国特色社会主义事业可持续发展,需要别人的帮助,但不能只靠别人的帮助,自力更生、艰苦奋斗,永远是中国特色社会主义事业可持续发展的力量源泉。其二,抗战精神的核心是万众一心、众志成城的团结合作精神。在民族危急关头,中国共产党提出了停止内战,共同抗日的主张,国民党调整了政策,与共产党结成了广泛的抗日统一战线。从此,地不分南北,人不分老幼,有钱出钱,有力出力。海外广大侨胞、香港澳门同胞,捐钱捐物支援抗战,台湾同胞在岛内积极抗日,有的返回大陆参加抗日,真是万众一心,众志成城,共赴国难。全国上下以排山倒海之势,打败了日本帝国主义。抗战虽然过去了,但万众一心、众志成城的团结合作精神不能丢,它仍然是中国特色社会主义事业可持续发展的力量源泉。万众一心、众志成城是力量,是威力,它能产生巨大的合力,这股合力就是中国特色社会主义事业可持续发展的推动力;万众一心、众志成城是凝聚力,是向心力,它能加强合作与配合,做到一个目标一条心,一个声音一股劲,这股巨大的凝聚力和向心力是中国特色社会主义事业可持续发展的生命力;万众一心、众志成城能把无数个体变成庞大的集体,这个庞大的集体是维持中国特色社会主义事业可持续发展的较好条件,并对中国特色社会主义最终向"自由人联合体"过渡发挥极其重要的作用。

第三,西柏坡精神和红岩精神是中国特色社会主义事业可持续发展的基本保证。西柏坡精神的核心就是彻底的革命精神。1948年国民党反动派的失败已成定局,它为了挽救自己的失败,得到喘气的机会,向共产党提出了"和谈",一些无党派人士要求共产党接受"和谈"的条件,划江而治。在两种命运大决战的关头,毛泽东旗帜鲜明地指出:"坚决彻底干净全部地消灭一切反动势力,不动摇地坚持打倒帝国主义,打倒封建主义,打倒官僚资本主义,在全国范围内推翻国民党的反动统治。"[①] 毛泽东在这里讲的就是彻底革命精神,我们

[①] 《毛泽东选集》第四卷,人民出版社1991年版,第1375页。

党就是凭借这种彻底革命精神取得了新民主主义革命的最后胜利。新民主主义革命虽然已成为历史，但彻底革命精神不能变，它仍然是中国特色社会主义事业可持续发展的基本保证。邓小平说过："革命精神是非常宝贵的，没有革命精神就没有革命行动。"① 他还说过："搞社会主义建设，实现四个现代化，同样要在党中央的正确领导下，大大发扬这些精神。"② 邓小平为什么这样说呢？因为彻底革命精神是以民族精神为基础的，是以共产主义理念为灵魂的，它既反映了中华民族的奋斗精神和英勇气概，又体现了中国共产党的世界观和价值观，它是一代又一代共产党人攻坚克难的一大法宝。实践证明，它是我们党在革命、建设和改革中不断从胜利走向胜利的思想保证，在中国特色社会主义事业可持续发展中需要彻底的革命精神。因为革命和建设存在着历史和思想的逻辑联系。红岩精神的核心是坚定的共产主义理想信念。渣滓洞是一个特殊的战场，红岩战士面对残酷的刑罚没有屈服，面对暗无天日的牢房生活没有消沉，靠的就是坚定的共产主义理想信念。共产主义理想信念是红岩精神的灵魂，是红岩精神的支柱。渣滓洞的非人生活的历史悲剧虽然不会再重演，但红岩精神不可丢，它仍然是中国特色社会主义事业可持续发展的基本保证。共产主义理想和中国特色社会主义共同理想是相通的，没有共产主义理想就不会有中国特色社会主义共同理想的确立，中国特色社会主义共同理想是共产主义理想在当今中国的具体体现，共产主义理想信念将保证中国特色社会主义事业可持续发展的正确方向。

三 中国特色社会主义文化是中国特色社会主义事业可持续发展的根本保证

社会主义改造完成后，我国确立了社会主义制度，开始了大规模的社会主义建设。在社会主义文化建设中，毛泽东提出了以马克思主义为指导、为社会主义服务、"百花齐放、百家争鸣"的方针，在这

---

① 《邓小平文选》第二卷，人民出版社 1994 年版，第 146 页。
② 同上书，第 368 页。

个方针的指导下,社会主义文化建设取得了一定的成绩。社会主义改造完成后,我国确立了单一公有制的基本经济制度。作为这一基本经济制度反映的社会主义文化超越了社会的发展阶段,如"狠斗私字一闪念""兴无灭资""灵魂深处爆发革命"等,这种文化观念有点超前。毛泽东从革命角度建构的作为政治革命反映的社会主义文化还停留在政治革命阶段,政治挂帅、政治可以冲击一切,这种文化观念又有点滞后。所以毛泽东的社会主义文化思想没有形成一个正确的体系。这样说并不否定在他的错误认识中也有一定的合理性。一定观念形态的文化是随着经济、政治的变化而变化的。随着单一公有制变成了公有制为主体、多种所有制经济共同发展,随着以阶级斗争为纲、无产阶级专政下继续革命这个不适用的政治路线的停止,社会主义文化形态及其基本精神也应该发生变化,中国特色社会主义文化及基本精神就是从这种变化中产生出来的。中国特色社会主义文化是江泽民在庆祝中国共产党成立70周年大会的讲话中提出来的,他指出:"通过社会主义制度的自我完善和发展,建设有中国特色社会主义的经济、政治、文化,以适应和促进社会生产力不断发展和社会全面进步,实现社会主义现代化。"① 江泽民在党的十五大报告中提出建设有中国特色社会主义文化的纲领,他指出:"建设有中国特色社会主义的文化,就是以马克思主义为指导,以培养有理想、有道德、有文化、有纪律的公民为目标,发展面向现代化、面向世界、面向未来的,民族的科学的大众的社会主义文化。"② 他还提出:"有中国特色社会主义的文化,就其主要内容来说,同改革开放以来我们一贯倡导的社会主义精神文明是一致的。文化相对于经济、政治而言。精神文明相对于物质文明而言。只有经济、政治、文化协调发展,只有两个文明都搞好,才是有中国特色社会主义。"③ 江泽民在这里对中国特色社会主义文化作了明确规定,这个规定既坚持了毛泽东讲的"以马克思主义为指导",又吸收了新民主主义文化中的"民族的科学的大

---

① 《江泽民文选》第一卷,人民出版社2006年版,第152—153页。
② 《江泽民文选》第二卷,人民出版社2006年版,第17—18页。
③ 同上书,第32—33页。

众的"的成分；既坚持了邓小平关于社会主义精神文明中的"四有"目标，又坚持了邓小平的"三个面向"方针。他把毛泽东的新民主主义文化中的思想和邓小平的社会主义精神文明思想结合起来，科学地解释了中国特色社会主义文化的内涵。在中国特色社会主义文化形成的过程中，也形成了中国特色社会主义文化的基本精神。中国特色社会主义文化的基本精神是什么，江泽民没有直接作出正面回答。中国特色社会主义文化的基本精神是一个战略性的问题，把它发掘出来就显得格外重要。我认为江泽民讲的一段话就是中国特色社会主义文化的基本精神。江泽民指出："解放思想、实事求是，积极探索、勇于创新，艰苦奋斗、知难而进，学习外国、自强不息，谦虚谨慎、不骄不躁，同心同德、顾全大局，勤俭节约、清正廉洁，励精图治、无私奉献，这些都应该成为新时期我们推进现代化建设所要大加倡导和发扬的创业精神。"[①] 我之所以认为江泽民讲的这些精神也是中国特色社会主义文化的基本精神，是因为这些精神是中国特色社会主义文化特有的内在品质，它正渗透于中华民族的思想结构和行为模式之中，体现了改革开放后中国人民的精神面貌，推动了社会主义先进文化的发展，引导了中国特色社会主义文化的前进方向。中国特色社会主义文化的基本精神是在我国改革开放和社会主义现代化建设的实践中形成的。我国改革开放和社会主义现代化建设经历了四个阶段。在邓小平阶段，批判了"两个凡是"，恢复了党的思想路线，确立了党在社会主义初级阶段的基本路线，提出了社会主义初级阶段的根本任务，制定了"三步走"发展战略，有步骤、分阶段推进各方面体制改革，全面实行对外开放，提出"一国两制"实现了香港、澳门的回归，加强了军队和国防建设，打开了外交工作的新局面，加强和改善了党的领导。在江泽民阶段，根据实践的要求，确立了党的基本纲领，确立了社会主义市场经济体制，确立了社会主义初级阶段的基本经济制度和分配制度，继续推进从农村到城市、从经济领域到其他领域的全面改革以及从沿海到沿江和沿边、从东部到中西部的开放，推动了西部大开发战略和振兴东北老工业基地战略的实践，推动了理论创新、科

[①] 《江泽民文选》第一卷，人民出版社 2006 年版，第 301 页。

技创新和体制创新，增强了我国的自主创新能力，全面推进党的建设新的伟大工程，把中国特色社会主义全面推向21世纪。在胡锦涛阶段，全面推进小康社会建设、社会主义和谐社会建设、和谐世界建设、社会主义新农村建设、社会主义生态文明建设、党的执政能力建设，社会主义改革开放和社会主义现代化建设取得了新胜利。在习近平阶段，全面深化改革、全面建成小康社会、全面依法治国、全面从严治党、加强党风廉政建设、加强社会主义核心价值观建设、实施人类命运共同体国际发展战略，中国特色社会主义事业在井然有序地向前推进。以上我们讲了四代领导集体所进行的实践活动，这些伟大的实践活动造就了我们党的伟大精神，同时也培育了中国特色社会主义文化的基本精神。没有我们党四代领导集体领导的改革开放和社会主义现代化实践，中国特色社会主义文化的基本精神就成了无源之水和无本之木。中国特色社会主义文化的基本精神对中国特色社会主义事业可持续发展具有重要的意义。

第一，解放思想、实事求是是中国特色社会主义事业可持续发展的动力来源。在党的十一届三中全会前的中央工作会议上，邓小平作了《解放思想，实事求是，团结一致向前看》的报告，标志着解放思想、实事求是思想路线的重新确立，从此解放思想、实事求是就成了推动改革开放和社会主义现代化建设的法宝。1992年邓小平在"南方谈话"中再次强调解放思想，使广大干部和群众成功地找到了中国特色社会主义道路。党的十三届四中全会后，江泽民强调解放思想和实事求是的自觉性和坚定性，全党和全国人民自觉运用解放思想、实事求是这一武器，不断破解中国特色社会主义事业可持续发展中的难题，不断推动中国特色社会主义事业可持续发展。党的十六大以后，胡锦涛更加重视解放思想、实事求是思想路线，他认为"解放思想是发展中国特色社会主义一大法宝"，他把解放思想、实事求是具体化为"求真务实"，即"求我国社会主义初级阶段基本国情、共产党执政规律、社会主义建设规律、人类社会发展规律之真，务坚持长期艰苦奋斗、加强与改进党的建设和抓好发展这个党执政兴国第一要务之实"。求真务实推动了中国特色社会主义事业可持续发展。党的十八大以后，以习近平同志为核心的党中央同历届领导集体一样，抓解放思想和实事求是不放松,他认为"实事求是作为党的思想路线,它始终是马克思主义中国化理论成果的精神和灵魂,它始终是中国共产党人认识世界和改造世界的根本要求,是我们党的基本思想方法、工作方法和领导方法,是党带领人民推动中国革命、建设、改革事业不断取得胜利的重要法宝"。由此可见,只有解放思想、实事求是,才能科学地、自觉地、推动中国特色社会主义事业可持续发展。

第二,积极探索、勇于创新是中国特色社会主义事业可持续发展的重要保证。中国特色社会主义道路是在积极探索中开辟的,中国特色社会主义理论体系是在勇于创新中形成的,没有积极探索和勇于创新就不会有中国特色社会主义。中国特色社会主义事业可持续发展的新思路、新突破、新举措、新局面更需要积极探索和勇于创新。中国特色社会主义事业可持续发展不是在主观想象中实现的,而是在积极探索和勇于创新中实现的。中国特色社会主义事业可持续发展是一个漫长的过程,一部中国特色社会主义事业可持续发展史就是一部积极探索、勇于创新的历史,中国特色社会主义事业越向纵深发展,就越需要积极探索、勇于创新精神,中国特色社会主义事业每前进一步都是同积极探索和勇于创新联系在一起的,没有积极探索和勇于创新精神,中国特色社会主义事业就寸步难行。积极探索是一种奋斗精神。积极探索就是不唯书、不唯上,只唯实、只唯真,就是探索未知、探索规律。未知和规律不是表面上的东西,看不见摸不着,没有奋斗精神是探索不到的。勇于创新是一种科学精神。勇于创新就是要破除迷信、超越过时的陈规,善于因时而变,知难而进,取得创造性成果,这就需要一种科学精神。积极探索、勇于创新是在我国的革命、建设和改革实践中造就出来的伟大精神,它是中国特色社会主义事业可持续发展不可缺少的奋斗精神和科学精神,只有积极探索、勇于创新才能不断开辟中国特色社会主义事业可持续发展的广阔前景,才能不断增强中国特色社会主义事业可持续发展的蓬勃活力。

第三,艰苦奋斗、知难而进是中国特色社会主义事业可持续发展的优势。改革开放后,我们党领导全国人民开辟了中国特色社会主义道路,这条道路并不像东西长安街那样笔直平坦,反而充满艰辛。在经济建设中,我国确立了社会主义市场经济体制,这种经济体制在资源配置中发挥了决定性作用，但如何运用市场经济的规律推动社会主义经济建设，这是一个需要艰苦探索的问题；在政治建设中，我国社会主义民主政治体制已经确立，随着人们物质生活水平的不断提高，人们对民主政治的要求越来越高，如何以社会主义民主政治的发展规律推动社会主义民主政治建设，这也是一个需要艰苦探索的问题；在文化建设中，形成了以马克思主义为指导、以传统文化为根基、具有中国风格和中国气派的文化体制，但在中国文化与世界文化的交流中，如何展现自己的智慧、凸显自己的价值、获取相应的国际地位，如何实现传统文化向现代文化转换，如何处理好马克思主义一元化指导和文化多样性的关系，这些都是很难的问题；在社会建设方面，社会各领域都发生了深刻的变化，而各方面的新体制、新机制、新格局尚未完全形成，这些新体制、新机制、新格局的最终形成是一个长期的艰难的过程；在生态建设方面，我们党通过法治控制住了生态恶化的趋势，但运用生态规律促进生态好转，使天蓝、地绿、水清也不是一件容易的事。我们需要艰苦奋斗、知难而进的精神。艰苦奋斗、知难而进是一种态度，即对待中国特色社会主义事业可持续发展中的困难的态度；艰苦奋斗、知难而进是一种精神，即压倒一切困难而不被困难所压倒的精神；艰苦奋斗、知难而进是一种劲头，即下定决心、排除万难去争取胜利的劲头。

第四，学习外国、自强不息是中国特色社会主义事业可持续发展的定力。随着经济全球化的发展，整个世界连成一体，中国特色社会主义事业可持续发展也不能离开人类的文明大道而孤立发展。中国特色社会主义事业可持续发展面临着经济文化落后的压力，还面临着科技自主创新能力不强的压力，这是制约中国特色社会主义事业可持续发展的最大瓶颈。向外国学习先进的科学技术是突破这一瓶颈的关键。这种学习是有目的、有针对性的，盲目学习不可取。向外国学习只是中国特色社会主义事业可持续发展的一项条件，而不是中国特色社会主义事业可持续发展的基点，中国特色社会主义事业可持续发展还是应该建立在自身力量的基础上，自力更生、自强不息就是自己的基点和基础。自力更生、自强不息是中国特色社会主义事业可持续发展的内因，向外国学习是中国特色社会主义事业可持续发展的外因。

内因是根据，它规定了中国特色社会主义事业可持续发展的方向；外因是条件，外因在内因的基础上发挥作用。在中国特色社会主义事业可持续发展中，只有内因（自强不息）和外因（向外国学习）结合起来，在内外因的相互作用下，中国特色社会主义事业可持续发展才具有现实性。向外国学习是一种自知，自知就是知道自己的长处和不足，通过向外国学习来弥补自己的不足；向外国学习是一种能力，在经济全球化的当今世界里，科学技术日新月异，知识更新的速度加快，许多新技术、新知识都是中国特色社会主义事业可持续发展所需要的，向外国学习作为一种能力，就是把这些新技术、新知识学到手，把新技术、新知识转化为我们建设中国特色社会主义的本领；向外国学习是一种超越，社会主义迟早要代替资本主义，要代替就要先超越，向外国学习是超越资本主义的重要办法。自强不息是一种自信，它认为关键不在于困难有多大有多少，而在于有没有克服困难的自信心，有了自信心，克服困难的办法是迟早会找到的；自强不息是一种敬业精神，有了这种精神人们才能尽职尽责、奋斗不止、任劳任怨、无私奉献；自强不息是一种崇高境界，是对党、对国家、对人民的无限忠诚和敢于承担责任的精神，有了这种精神境界，人们才能历尽磨难而不衰、千锤百炼更坚强，才能开创中国特色社会主义事业的新局面。

第五，谦虚谨慎、不骄不躁是中国特色社会主义事业可持续发展的正确态度。中国特色社会主义事业可持续发展取得了阶段性胜利，经济保持平稳较快发展，我国已成为世界第二大经济体；社会建设全面加强，社会事业发展很快，就业规模不断扩大，城乡人民的生活显著改善；我国的改革不断深化，对外开放水平不断提升。党的十一届三中全会后我国取得的成绩是有目共睹的。但这只是万里长城走完的第一步，并不值得骄傲。如果不思进取，停滞不前，那么中国特色社会主义事业可持续发展的动力也就没有了。中国特色社会主义事业可持续发展的道路还很漫长，环境更加复杂，任务更加艰巨，挑战更加尖锐，考验更加严峻。但是道路要一步一步前进，任务要一个一个完成，困难要一个一个克服，不要急躁，不要再犯超越发展阶段的错误。谦虚谨慎是中国特色社会主义事业成功的重要条件。谨慎才能保持自己头脑的清醒，谦虚才能听取不同的意见。我们现在的成就举世瞩目，不少国家在为我们唱赞歌，越是在这种情况下，我们越是要谦虚谨慎。谦虚才能发现自己的不足，谨慎才能以人之长补己之短。中国特色社会主义事业有很多的事情要做，有的事情正在做，有的事情还没有做，做事情要思考，要思前想后，要左右权衡，不要盲目从事。做决策、办事情要有根据，不能凭想当然来做决策、办事情，没有根据就要谨慎行事，这样可以少犯错误。当然，谦虚不是贬低自己，谨慎不是谨小慎微，而是要从成绩中看到不足，从顺境中看到困难，从胜利中找到前进的目标，保持头脑清醒，以客观规律推动中国特色社会主义事业可持续发展。谦虚谨慎、不骄不躁是一种清醒的认识，是一种历史自觉。中国共产党之所以能成为中国特色社会主义事业的领导核心，原因有很多，其中与它的谦虚谨慎、不骄不躁的作风所产生的影响是有关的；中国特色社会主义之所以能始终立于世界社会主义运动的前列，原因有很多，其中也与中国共产党的谦虚谨慎、不骄不躁的作风有关。谦虚谨慎、不骄不躁之所以能产生这么大的影响，就是因为它是一种清醒的认识，是一种历史自觉。

第六，同心同德、顾全大局是中国特色社会主义事业可持续发展的重要条件。所谓同心同德就是心往一处想，劲往一处使，拧成一股绳，团结协作，共同走好中国特色社会主义这盘棋。顾全大局就是以整体利益为重，凡事要从全局出发。按照邓小平的设想，把国民经济搞上去，到21世纪中叶基本实现社会主义现代化就是大局，社会稳定就是大局，东部地区先发展起来就是大局，在适当的时候帮助西部发展也是大局。江泽民之所以把同心同德、顾全大局联系起来，是因为同心同德是顾全大局的前提和基础，没有同心同德，就不会有顾全大局。同心同德、顾全大局对中国特色社会主义事业可持续发展是有重要意义的。首先，同心同德、顾全大局是中国特色社会主义事业可持续发展的前提。同心同德能产生向心力，这股向心力能把全国人民凝聚到一起来，万众一心，共图中国特色社会主义大业；同心同德能产生合力，这股合力能使人们团结协作，把无数个体有限的力量结成集体主义的无限力量，用合力推动中国特色社会主义事业可持续发展；同心同德能产生战斗力，"同心山成玉，协力土变金"、"人心齐，泰山移"，这些说法讲的就是同心同德产生的威力。遇到困难的时候大家一起出主意想办法，同舟共济，共渡难关，这样我们的伟大目标，即建成中国特色社会主义就一定能实现。顾全大局是一个基本原则，做任何事情都要遵循这个基本原则。中国特色社会主义事业是个大局，顾全大局就是讲中国特色社会主义这个大局，抓中国特色社会主义这个大事，有利于中国特色社会主义的事要尽量做，不利于中国特色社会主义的事就不能做。只有顾全这个大局，服从这个大局，才能保证中国特色社会主义事业可持续发展。顾全大局是一种认识方法，从实际出发就是从含有大局的实际出发，统一认识就是从大局统一认识，使全党和全国人民的思想都统一到中国特色社会主义事业可持续发展上来；解决问题要从大局上解决问题，我们建设中国特色社会主义才会更加主动。其次，同心同德、顾全大局是中国特色社会主义事业可持续发展的基础。利用资本主义建设社会主义，这是列宁为我们提供的方法。有人认为这样做是搞中国特色资本主义，这种说法是一种离心离德、违反顾全大局精神的说法。中国特色社会主义是有非常突出主体性、内在凝聚性、有机统一性和明确规定性的，这样做不会走资本主义道路。同心同德、顾全大局是唯物辩证法在社会主义中的具体运用，它能保证中国走社会主义道路，而不会走其他什么道路。最后，同心同德、顾全大局是中国特色社会主义事业可持续发展的必要条件。我们党有 8000 多万党员，我国有 13 亿多人口和 56 个民族，全体党员、全国人民、全国各民族同心同德、顾全大局，共同致力于中国特色社会主义事业，就没有什么挑战不能应对，没有什么困难不能克服，没有什么风险不能战胜。

第七，勤俭节约、清正廉洁是中国特色社会主义事业可持续发展的基本要求。勤俭节约是中国人民的优良传统。我们不反对提高人民的生活水平和适度消费，但我们反对铺张浪费和过度消费。铺张浪费违背了社会主义的本质要求，过度消费不符合中国的基本国情。我们正走在共同富裕的道路上，但我国不是一个特别富裕的国家，即使将来富裕了，也是需要勤俭节约的，这是对劳动和劳动人民成果的尊重。清正廉洁是党中央推动党风建设的一项重要任务。按照党和国家的要求，各级领导干部都要做到清正廉洁，克己奉公。可是有的领导干部却对党中央的要求置若罔闻，大搞贪污腐化和奢靡之风。以习近平同志为核心的党中央加大了反腐力度，把清正廉洁提高到党的建设和政权建设的高度，将其作为反对腐败的一项对策。勤俭节约和清正廉洁是统一的，勤俭节约的干部必定是清正廉洁的干部。勤俭节约、清正廉洁对中国特色社会主义事业可持续发展很重要，它关系到中国特色社会主义事业可持续发展的成败。一是因为勤俭节约、清正廉洁是中国共产党的一种精神风貌、一种政治品质。有人认为勤俭节约、清正廉洁是老一套，过时了。这种说法在理论上是错误的，在实践上是有害的。如果丢掉了这种精神和政治本色，社会主义大厦迟早要倒塌。二是因为这是一个重大的政治问题。苏联共产党垮台的原因有很多，其中党内腐败也是拖垮苏共的一个重要原因。这引起了我们党的警醒。邓小平说"这个党该抓了"就是指腐败问题该抓了，"不抓不行了"就是指不抓腐败问题也要拖垮中国共产党，中国特色社会主义事业也会被葬送。所以勤俭节约、清正廉洁不是个小问题。三是因为勤俭节约、清正廉洁是取胜之道。铺张浪费、贪污腐化是中国共产党的一大隐患，也是中国特色社会主义的一大隐患，隐患不除就等于自杀。中国共产党是现今的马克思主义政党，中国特色社会主义是一种崭新的社会制度，它绝不允许腐败现象的存在，勤俭节约、清正廉洁就是对铺张浪费、贪污腐化说不，是对铺张浪费、贪污腐化的零容忍。中国共产党之所以有一个好形象，就在于中国共产党不允许铺张浪费、贪污腐化的存在；中国共产党之所以有一个好的群众基础，就在于中国共产党不允许铺张浪费、贪污腐化的存在；中国特色社会主义旗帜之所以能树立起来，就在于中国共产党不允许铺张浪费、贪污腐化的存在。勤俭节约是治国之道，清正廉洁是治党之本。无论是过去、现在还是将来，勤俭节约、清正廉洁都是社会主义取胜的保证。

第八，励精图治、无私奉献是中国特色社会主义事业可持续发展的根本。励精图治就是精益求精做事，把国家治理好。无私奉献就是不辞辛苦，一心为公，不图回报，不求索取，力求把工作做好。励精图治和无私奉献是统一的，励精图治是无私奉献的前提，无私奉献是励精图治的表现。它们对中国特色社会主义事业可持续发展很重要。励精图治、无私奉献是一种价值追求，在当代中国，它追求的是中国特色社会主义事业可持续发展；励精图治、无私奉献是一种精神风貌，在当代中国，有这种精神风貌才有中国特色社会主义的新局面；励精图治、无私奉献是一种思想境界，在当代中国，有了这种思想境界，才有了为中国特色社会主义事业可持续发展做贡献的大批英雄和模范人物；励精图治、无私奉献是一种本分，只要对中国特色社会主义事业可持续发展有利的都尽心尽力去做；励精图治、无私奉献是一种革命情操，吃苦在前，任劳任怨，不说空话，多做实事，把有限的生命投入到为人民服务中去，为中国特色社会主义事业可持续发展添砖加瓦。

总之，中国特色社会主义文化的基本精神是对我国改革开放和社会主义现代化建设所需精神的概括，反过来它又对中国特色社会主义事业可持续发展起着巨大的推动作用。

四 结语

综上所述，中国特色社会主义事业可持续发展是建立在我国传统的文化精华、新民主主义文化、中国特色社会主义文化的基础上的，这些优秀文化在中国特色社会主义事业中占有重要的位置，所以在中国特色社会主义事业可持续发展中必须抓住优秀文化建设这一环，增强中国特色社会主义事业可持续发展的软实力。

第十二章

体现我国外交力的国际发展战略为中国特色社会主义事业可持续发展赢得了外部力量

中国特色社会主义事业可持续发展需要一个良好的国际环境。营造良好的国际环境要靠正确的国际发展战略。国际发展战略是国内领域战略向国际领域战略的延伸。我们把毛泽东和周恩来倡导的和平共处五项原则、邓小平提出的和平与发展的时代主题、江泽民提出的新安全观、胡锦涛提出的构建和谐世界、习近平倡导和践行的人类命运共同体，称作我国的国际发展战略。这些国际发展战略为中国特色社会主义事业可持续发展赢得了外部力量。

一 毛泽东和周恩来倡导的和平共处五项原则为中国特色社会主义事业可持续发展营造了和平的国际环境

和平共处五项原则是马列主义同我国外交实践相结合的产物。马克思晚年提出了俄国在特定的历史条件下可以跨越资本主义"卡夫丁峡谷"①直接进入社会主义的设想。如果马克思的设想变成现实的话，那么就有了一个不同社会制度的国家如何相处的问题。十月革命胜利后，世界上出现了第一个社会主义国家，形成了两种不同的社会制度相持的局面。列宁科学地回答了社会主义国家和资本主义国家之

---

① 《马克思恩格斯文集》第三卷，人民出版社 2009 年版，第 575 页。

间如何相处的问题。他指出：俄罗斯社会主义苏维埃共和国希望"同各国人民和平共处"①。作为列宁事业接班人的斯大林继承并发展了列宁的和平共处思想，他指出："只要双方有合作的愿望，决心履行所承担的义务，遵守平等和不干涉他国内政的原则，资本主义和共产主义和平共处是完全可能的。"②斯大林在这里提出了"资本主义与社会主义和平共处的条件和可能性"。以毛泽东为核心的第一代中央领导集体继承和发展了列宁的和平共处思想，并在新中国成立后的外交实践中加以实施。1949年4月30日，毛泽东指出："中国革命人民军事委员会和人民政府愿意考虑同各外国建立外交关系，这种关系必须建立在平等、互利、互相尊重主权和领土完整的基础上，首先是不能帮助国民党反动派。"③ 1949年10月1日，毛泽东宣读《中华人民共和国中央人民政府公告》时指出："本政府为代表中华人民共和国全国人民的唯一合法政府。凡愿遵守平等、互利及互相尊重领土主权等原则的任何外国政府，本政府均愿与之建立外交关系。"④ 1950年2月，《中苏友好同盟互助条约》第5条规定："缔约国双方保证以友好合作的精神，并遵照平等、互利、互相尊重国家主权与领土完整及不干涉对方内政的原则，发展和巩固中苏两国之间的经济与文化关系。"⑤周恩来将毛泽东的这些思想与列宁的和平共处思想概括为和平共处五项原则："互相尊重主权和领土完整、互不侵犯、互不干涉内政、平等互利、和平共处"。⑥ 1953年12月31日，周恩来在同印度代表团谈话时，正式提出了和平共处五项原则。1954年周恩来访问印度、缅甸时，在发表中印、中缅联合公报中，共同倡导了和平共处五项原则。1957年第12届联合国大会通过的《各国和平和睦邻关系的决议》，要求各国相互尊重和互利、互不侵犯、互相尊重主权平等和领土完整、互不干涉内政。中国倡导的和平共处五项原则得到

---

① 《列宁全集》第三十卷，人民出版社1956年版，第333页。
② 《斯大林文选》（上下卷），人民出版社1962年版，第650页。
③ 《毛泽东外交文选》，中央文献出版社、世界知识出版社1994年版，第85页。
④ 同上书，第116页。
⑤ 中苏友好协会西安分会编：《中苏友好同盟互助条约》，西安新华书店发行，1950年版，第8页。
⑥ 《周恩来选集》下卷，人民出版社1984年版，第118页。

了联大的认同。1970年第25届联大通过的《各国经济权利和义务的宪章》第一章在实质内容和措辞上，几乎同和平共处五项原则一致。这些文件表明，和平共处五项原则已被国际社会所接受，已成为指导国家关系的基本原则。上述过程表明，和平共处五项原则是马列主义和平共处思想在中国的新发展。和平共处五项原则是一个相互联系的有机整体。和平共处是五项原则的中心，尊重主权和领土完整是和平共处的前提，互不侵犯、互不干涉内政是和平共处的政治条件，平等互利是和平共处的经济条件。和平共处五项原则不仅包括国家之间的政治原则，也包括国家之间的经济原则。这五项原则互相联系，有机结合，形成了一个有机整体。

和平共处五项原则对中国特色社会主义事业来说是有重要意义的，它为中国特色社会主义事业可持续发展营造了有利的国际环境。首先，按照和平共处五项原则，改善和发展了同以美国为首的发达国家的关系。1979年1月1日，中美建立了正式的外交关系。1972年中国和日本建立了正式的外交关系。瑞士、瑞典、挪威、丹麦、荷兰和法国早已同我国建立了外交关系，其他西欧各国也先后同我国建立了外交关系。中英、中葡把代办级提升为大使级。澳大利亚、新西兰和加拿大等国也与我国建立起正式的外交关系。1975年欧洲共同体也与我国建立了正式的外交关系。中国同西方发达国家在改善关系中也经历过一些曲折。1989年春夏之交，中国发生了一场政治风波，在政治风波之后，以美国为首的西方国家对中国实行了制裁，中国和以美国为首的西方发达国家的关系出现了紧张的局面。中国共产党领导全国人民沉着应对，利用它们之间的矛盾，终于打破了以美国为首的西方国家的制裁。此后，中国和以美国为首的西方发达国家虽还有摩擦，但总体上保持了良好的态势。

中国之所以能改善和以美国为首的西方发达国家的关系：一是由社会主义和资本主义在态势上大体平衡决定的。在现实中，虽然中国的实力和发达国家的实力相差很大，但是以美国为首的西方发达国家想用军事力量消灭社会主义中国是很难做到的，而社会主义中国想用军事手段消灭资本主义也是很难做到的。这就形成了社会主义和资本主义大体平衡的态势。这种大体平衡的态势决定了在和平共处五项原则的基础上，中国和以美国为首的西方发达国家能够改善和发展关系，和平共处。二是由双方的利益决定的。中美建交后也经历了一些曲折，主要是由中国台湾问题引起的。但总的来说，中美关系良好。中美两国领导人互访，增加了相互的了解和谅解，促进了两国经济、政治、文化和科技的交流与合作。在科技方面，除了高科技外，美国放宽了一般科技对中国出口的限制；在贸易方面，美国已成为中国第一大贸易伙伴。中国与其他发达国家改善关系后，按照平等互利的原则，同其他发达国家开展经济、贸易和技术的交流与合作，双方达成了一系列的经济技术协定，合作范围进一步扩大。中国与西方发达国家和平共处，对双方都有利。三是由中国对外政策的调整决定的。改革开放前，中国以社会制度和意识形态划线，坚决站在同一社会制度一边；改革开放后，中国调整了对外政策，不再以社会制度和意识形态定亲疏，在和平共处五项原则的基础上，同世界上的各国家友好相处。1984年5月，六届人大二次会议的《政府工作报告》中指出："事实已经并将继续证明，如果遵循和平共处五项原则，社会制度不相同的国家可以和睦相处，友好合作；如果违背和平共处五项原则，社会制度相同的国家也可能尖锐对抗，甚至发生冲突。国与国之间关系的好坏，关键在于双方是否严格遵守和平共处五项原则。"可见，在和平共处五项原则的基础上，改变过去那种以社会制度和意识形态画线的对外政策，是改善和发展同以美国为首的西方发达国家的关系的重要原因。四是由我国的不结盟政策决定的。在20世纪50年代，中国采取了"一边倒"的对外政策，与苏联结为军事同盟，这在当时来说是必要的，对恢复我国的国民经济、巩固我国的社会主义政权，都起到了积极的作用。但在今天看来，这种政策也有很大的局限性：自己把自己摆在了社会主义阵营的一边，中国的外交就失去了主动性和灵活性。这里顺便说一下"一条线"的外交政策。20世纪70年代，我国采取了"一条线"的外交政策，与美国结盟。这在当时来说也是正确的，有助于减轻当时苏联霸权主义对我国的压力。后来我们党放弃了这一政策，因为这一政策也有很大的局限性，会使我国在外交上失去主动性和灵活性。国际形势变了，外交方针政策也要及时调整。"脑袋一根筋"对内不行，对外也不行。五是由双方关系辩证法决定的。没有永久的敌人，也没有永久的朋友，这是中国和以美国为首的西方发达国家的关系的辩证法。最初苏联是我们的朋友，后来它成为了我们的敌人，再后来它又成为了我们的伙伴。如果它发动新的世界大战，那么它还会成为我们的敌人。不能因为美国领导人讲过这句话，它就变成了不正确。这种关系辩证法决定了我国能改善和以美国为首的西方发达国家的关系。其次，按照和平共处五项原则，巩固了中国同发展中国家的团结与合作。发展中国家是指通过民族解放运动从殖民地和半殖民地独立的亚非拉国家。在帝国主义时代，帝国主义把世界上的一些民族变成了被压迫民族，它们把殖民地和半殖民地国家变成了廉价劳动力的来源、工业原料的产地、倾销商品的市场、输出资本的战略要地，屠杀殖民地和半殖民地的人民，使得殖民地和半殖民地的人民生活在水深火热之中。殖民地和半殖民地的人民为了民族的生存，进行了反抗殖民主义的斗争。第二次世界大战以后，民族解放运动风起云涌，很多殖民地和半殖民地国家获得了独立。我们把这些民族独立的国家称为发展中国家。发展中国家的崛起，摧毁了世界的殖民体系，沉重地打击了帝国主义。新中国成立以后，我国从道义和物质上大力支持了广大发展中国家的发展。党的十一届三中全会以后，我国加强了同广大发展中国家的团结与合作，把过去的反帝、反殖、反对种族主义转变为现在的反对霸权主义、强权政治和新干涉主义，广大发展中国家成为了世界和平与发展的重要力量。中国把加强同广大发展中国家的团结与合作作为外交政策的立足点，支持它们维护国家主权和民族利益的正义斗争，主张同广大发展中国家团结与合作，通过对话解决争端，支持它们在联合国中的合理要求，坚决站在广大发展中国家一边，为广大发展中国家伸张正义。

在和平共处五项原则的基础上加强同广大发展中国家的团结与合作。一是由中国和广大发展中国家共同的历史遭遇和共同的历史任务决定的。中国和广大发展中国家都遭受过帝国主义和殖民主义的侵略和压迫，可以说中国与广大发展中国家的历史遭遇是相同的。中国和广大发展中国家在民族独立后，殖民统治遗留下来的畸形经济结构仍然严重的束缚着中国和广大发展中国家的经济发展，所以发展民族经济、改变贫穷落后的面貌是中国和广大发展中国家的共同历史任务。

可以说中国和广大发展中国家的历史任务是相同的。共同的历史遭遇和共同的历史任务把中国和广大发展中国家联系在一起。二是由中国和广大发展中国家是命运共同体决定的。共生共荣、互相促进、使中国和广大发展中国家成了命运共同体。命运共同体是指中国和广大发展中国家在发展中具有某种利害关系的相互联系、相互制约的有机整体。命运共同体也是发展共同体，中国强大了，就能更好地帮助广大发展中国家发展。广大发展中国家发展了，世界和平的力量就增强了，这对中国的发展也是有利的。共同发展、共同繁荣，这是中国同广大发展中国家团结合作的关键性因素。三是由共同的历史地位决定的。中国和其他发展中国家的社会制度不同，但同属于第三世界，中国处在不发达阶段，广大发展中国家也处在不发达阶段。中国和广大发展中国家的共同属性决定了中国和广大发展中国家同属于第三世界。同属于第三世界意味着发展中国家同中国平起平坐，没有高低贵贱之分，在经济关系中是互利的，在政治关系中是平等的。共同的历史地位是中国和广大发展中国家团结合作的基础。四是由共同的利益决定的。利益是中国和广大发展中国家团结合作的核心，是中国和广大发展中国家团结合作的内在逻辑。中国和广大发展中国家在政治上是相互尊重的，在经济上是互利共赢的，在文化上是互相借鉴的，发展共同利益是中国和广大发展中国家团结合作的前提。最后，在和平共处五项原则的基础上改善和发展了同周边国家的关系。中国有众多邻国，处理好中国同周边国家的关系就成了中国外交的重要组成部分。1989年苏联从阿富汗撤军，随后又从蒙古撤军，在和平共处五项原则的基础上，中国改善了同苏联的关系。中苏关系的改善带动了中国同周边国家关系的改善。除印度和不丹外，中国解决了同其他周边国家历史遗留下来的边界问题，边境环境基本稳定。双边贸易额持续增长，中国成了周边国家最大的贸易伙伴。加强金融合作，共同应对了亚洲金融危机和世界金融危机。中国与周边的大多数国家保持了良好的关系，但中国与日本在钓鱼岛问题上，中国与越南、菲律宾在南海问题上还存在着争议。中国主张搁置争议、共同开发，通过谈判解决争端，不能因为争议而影响正常的国家关系。中国之所以能改善和发展同周边国家的关系，一是因为中国对周边国家采取的方针和政策是正确的。中国对周边国家采取了"与邻为善、以邻为伴"的方针，坚持的是"睦邻、安邻、富邻"的政策。"与邻为善、以邻为伴"是指中国善待邻国，不是把邻国当成敌人和对手，而是把邻国当成朋友和伙伴，这种战略定位是正确的。"睦邻、安邻、富邻"是中国同周边国家合作的目的，这种目的也是正确的。二是因为我们党纠正了"文化大革命"中的错误做法。"文化大革命"的目标是反帝、反修和反对各国反动派，所以周边国家的当权者也被列入了反动派的范围。印度、印度尼西亚和缅甸大使馆被砸，引起了中国同周边国家关系的恶化。党的十一届三中全会后，我们党调整了外交政策，增进了中国同周边国家的友谊。三是因为中国尊重周边国家的社会制度、文化传统和价值观念，不干涉周边国家的内政。

总之，中国改善和发展了同以美国为首的西方发达国家的关系、加强和发展了同发展中国家的团结与合作、改善和发展了同周边国家的关系，为中国特色社会主义事业可持续发展营造了和平的国际环境和周边环境。

二 邓小平提出的和平与发展的时代主题为中国特色社会主义事业可持续发展提供了难得的国际机遇

每个时代都有自己的主题。20 世纪 70 年代以前，时代的主题是战争与革命，这是由当时世界的主要矛盾，即社会主义和资本主义两种不同社会制度的矛盾决定的。第二次世界大战以后，世界上出现了一批社会主义国家，资本主义制度处在动荡不安之中。资本主义要用战争的手段消灭社会主义，社会主义也想用革命的手段推翻资本主义。所以战争与革命就成为了这一时期的主题。20 世纪 70 年代以后，国际形势开始变化，世界开始朝着有利于和平的方向发展：一是第二次世界大战后，获得独立的广大发展国家都在致力于本国的经济建设，需要一个和平环境。它们要求和平，反对战争成为维护世界和平的重要力量。第二次世界大战后，第三次科技革命蓬勃兴起，世界各国都在利用这次科技革命的成果促进本国的经济发展。增强本国的经济实力，当时的两个超级大国美国和苏联不能不认真对待这种形势，因为美苏两个超级大国的军备竞赛会使两国的经济实力削弱，而发展中国家经济实力增强对两个超级大国来说也是一种挑战。正因为如此，时代的主题也开始发生了变化，由战争与革命转变为和平与发展。毛泽东对变化了的国际形势没有给予足够的关注，仍然坚持"不是东风压倒西风，就是西风压倒东风"的观点，仍然坚持"不是战争引起革命，就是革命制止战争"的看法，对内全心全意搞"文化大革命"，对外聚精会神搞"备战"。毛泽东对战争爆发可能性的估计有点严重，使社会主义建设离开了经济建设这个中心，丧失了发展的机遇。党的十一届三中全会以后，邓小平对国际形势和战争爆发的可能性进行了实事求是的分析，改变了战争迫在眉睫的看法，认为世界大战暂时打不起来，时代的主题已由战争与革命转变为和平与发展。邓小平对世界形势的判断是正确的，对时代主题转换的认识是科学的。第一，20世纪70年代以后，求和平、谋发展、促合作已成为世界历史的潮流，人民反对战争的呼声越来越高，世界范围内制止战争的因素在增长。20世纪70年代以后，世界总体和平，局部战争；总体缓和，局部紧张；总体稳定，局部动荡。第二次世界大战以后，社会主义和资本主义严重对峙的国际紧张局势出现了缓和的迹象，短时期内爆发世界大战的可能性不大。20世纪80年代末90年代初，东欧剧变，苏联解体，冷战格局结束，世界多极化趋势在发展，为维护世界和平提供了新的条件。第二，和平与发展是发达国家和发展中国家共同的问题。对发达国家来说，为了谋求霸权，除了军事外，还要有强大的经济实力。美国发展经济需要和平的环境，这一点美国是能够认识到的。对于发展中国家来说，要巩固政治独立，必须先要经济独立。发展本国经济，摆脱对发达国家的依赖，是发展中国家一个极其重要的问题。发展中国家发展经济也需要一个和平的环境。所以和平与发展是发达国家和发展中国家共同的问题。第三，20世纪70年代以后，发达国家掀起了第四次科技革命，在新兴大国和第四次科技革命的推动下，一些新兴工业部门出现，社会生产力获得了巨大的发展，新兴大国和发达国家的差距在缩小。发达国家清楚，不发展，新兴大国就会赶上它们，它们的霸权地位就会受到挑战。所以和平与发展就成了时代的主题。

和平与发展对中国特色社会主义事业可持续发展来说具有重要意义，它为中国特色社会主义事业可持续发展提供了极为重要的历史机遇。

首先，和平与发展有利于中国参与经济全球化进程，为中国特色社会主义事业可持续发展提供了有利的外部条件。和平与发展同经济全球化是联系在一起的，只有在和平与发展的条件下，经济全球化才可能深入发展，才能使各国之间的依存度加深。全球经济体之间相互依存、世界经济体系之间相互依赖，是制止战争的重要因素。经济全球化是当今世界发展的必然趋势，中国特色社会主义事业可持续发展离不开经济全球化。经济全球化对中国特色社会主义事业的可持续发展既有利也有弊，既是机遇也是挑战，总的来说，利大于弊，机遇大于挑战，我们可以利用它有利的一面，促进中国特色社会主义事业的可持续发展。其一，我们可以利用经济全球化参与国际分工体系。当今世界，全球的生产联系越来越紧密，国际分工和专业化水平越来越高。经济全球化把中国整合到世界分工体系中，使中国成为世界分工体系中的建设者，中国可以利用世界分工体系，生产我们自己比较有优势的产品，提高我国的经济实力。其二，我们可以利用经济全球化在世界范围内配置资源。我国人均资源少，不能完全满足社会主义现代化建设的需要，解决这个问题就要充分利用国际资源。经济全球化为我们利用国外资源创造了条件。其三，我们可以利用经济全球化参与世界交往。经济全球化要求各国对外开放，在各国对外开放中我们也可以搞跨国公司。跨国公司是经济全球化的主要载体，它是集生产、贸易、投资、金融和技术于一体的经济实体，实行全球经营战略，进行跨国的生产要素组合，促进各国企业合作。过去的跨国公司都是发达国家的跨国公司，我们也可以利用全球化的机会搞跨国公司，使之成为我国经济新的增长点。其四，我们可以利用经济全球化参与金融全球化进程。随着信息技术的快速发展，以及金融工具、金融运作方式的创新，金融国际化进程也在加快，这为我国参与金融国际化提供了便利条件。积极参与金融国际化进程对保证我国金融的安全、健康运行是有重要意义的。和平与发展促进了经济全球化发展，为中国特色社会主义事业可持续发展创造了极有利的外部条件。

其次,和平与发展有利于我们利用第四次科技革命的成果,为中国特色社会主义事业可持续发展提供科技支撑。20世纪70年代以后,世界掀起了第四次科技革命,人们也把第四次科技革命叫作"新科技革命",这是针对前三次科技革命而言的。每次科技革命都为一些国家提供了发展的机遇,这次科技革命也不会例外。20世纪50至60年代,发达资本主义国家正在搞第三次科技革命,而我国却从1966年搞起了为期10年的"文化大革命",错失了良好的发展机遇,使我国的经济和科技水平与发达国家拉开了更大的差距。历史的教训告诉我们,谁错失发展良机谁就会落后。党的十一届三中全会以后,改革开放与第四次科技革命同行,我们党相当重视这次科技革命,认真思考并制定了科技发展战略,调整了科技政策,加大了科技投入,充分利用这次科技革命发展自己。和平与发展的时代主题为我们利用这次科技革命的成果创造了条件,同时也为中国特色社会主义事业可持续发展创造了条件。

再次,和平与发展有利于世界多极化的发展,为中国特色社会主义事业可持续发展创造了有利的外部条件。世界多极化同和平与发展是互相联系、互相促进的。和平与发展促进了世界多极化的形成与发展,世界多极化也促进了世界的和平与发展。苏联解体后,世界两极格局结束,世界上各种力量重新分化组合,朝着多极化方向发展,而不是朝着一极化方向发展。美国、欧盟、日本、俄罗斯、中国、广大发展中国家都是多极化中的一极。世界多极化标志着第二世界和第三世界的觉醒和崛起,反映了国际关系的新变化,是世界发展进步的新表现,符合世界各国人民的利益。作为唯一的超级大国垄断国际事务、支配其他国家命运的时代已一去不复返。世界多极化的形成是一个漫长的过程,但这种发展趋势是不可改变的。世界多极化有利于阻止新的世界大战的爆发,有利于遏制霸权主义和强权政治,有利于建设和平稳定的新世界。世界多极化表明,世界各国要互相尊重,平等相待,不能搞霸权主义和强权政治,这对世界的和平与发展是极为有利的,也为中国特色社会主义事业可持续发展创造了极有利的外部新环境。

最后，和平与发展有利于世界多样性的发展，使中国特色社会主义事业可持续发展获得了外部动力。世界多样性是指世界文明、社会制度、发展模式和价值观念的多样性。由于世界各国的历史背景、社会制度、发展水平、文化传统和价值观念的差异，世界不应该也不可能只有一种文明、一种社会制度、一种发展模式和一种价值观念，世界应该是多种文明、多种社会制度、多种发展模式和多种价值观念并存的世界。那种不顾世界丰富多彩的客观事实，企图把自己的文明形式、社会制度、发展模式和价值观念强加给别国的做法是错误的。世界多样性同世界的和平与发展是联系在一起的，二者相互依存，相互促进，世界的和平与发展能促进世界多样性的发展，世界多样性的发展也能促进世界的和平与发展。世界多样性是人类社会发展的客观规律，是人类社会的基本特征，也是人类社会发展的动力。各种社会文明、各种社会制度、各种发展模式和各种价值观念的发展，都应该遵循各国的历史轨迹。不管是发达国家还是发展中国家都应该尊重现实世界的多样性。世界多样性对中国特色社会主义事业可持续发展很重要，它是中国特色社会主义事业可持续发展的外部动力。世界的多样性可以产生世界的互补性，多种文明形式、多种社会制度、多种发展模式和多种价值观念在合作中相互交流、相互借鉴，在竞争中取长补短，在求同存异中共同进步。人类社会就是在这种相互交流、相互借鉴、求同存异、取长补短中发展的。中国特色社会主义事业也是在这种相互学习、相互交流、相互借鉴中发展的。

总之，中国特色社会主义事业可持续发展的外部条件是在和平与发展的时代背景下形成的。

三　江泽民提出的新安全观为中国特色社会主义事业可持续发展创造了良好的国际条件

"新安全观"的提出有一个过程。1997年3月，在中国和菲律宾共同主办的东盟地区讨论会上，第一次正式提出了"新安全观"。1997年9月在《中俄关于世界多极化和建立国际新秩序的联合声明》

中，明确了建立新的具有普遍意义的安全观的内容。1999年在世界裁军谈判会议上，江泽民阐述了新安全观的内容："新安全观的核心，应该是互信、互利、平等、协作。各国相互尊重主权和领土完整、互不侵犯、互不干涉内政、平等互利、和平共处五项原则以及其他国际公认的国际关系准则，是维护和平的政治基础。互利合作、共同繁荣，是维护和平的经济保障。建立在平等基础上的对话、协商和谈判，是解决争端、维护和平的途径。"① 2001年7月1日，江泽民在庆祝中国共产党成立80周年的大会上提出："国际社会应树立以互信、互利、平等、协作为核心的新安全观。"② 2001年7月17日，江泽民在《共创中俄关系的美好未来》中提出了"各国各地区树立并贯彻以互信、互利、平等、协作为核心的新安全观"。③ 2002年4月10日在《共同创造一个和平繁荣的新世纪》中江泽民又提出了"树立以互信、互利、平等、协作为核心的新安全观"。④

新安全观，一是针对旧安全观提出来的。旧安全观是以军事同盟、军备竞赛为特征的，它认为维护国家的安全要靠军力和军事同盟，军事冲突不可避免，这也是旧安全观的弊端。新安全观与旧安全观的不同之处是，旧安全观具有单边性，新安全观具有多边性；旧安全观具有对抗性，新安全观具有合作性；旧安全观具有局限性（只强调军事和政治的安全），新安全观具有综合性（它强调经济、政治、文化、社会、环境各领域的安全）。新旧安全观的区别说明，国家安全完全靠军力和军事同盟是不能完全实现的，国家安全的实现要靠互信、互利、平等、协作。二是顺应国际形势的新变化提出的。20世纪80年代末90年代初，东欧剧变，苏联解体，世界冷战格局结束，世界形势发生了深刻变化，世界安全也出现了新挑战。冷战结束了，以美国为首的西方发达国家的冷战思维并没有结束。北约东扩，大搞"颜色革命"，严重威胁了俄罗斯的国家安全。美国强化了《日美安全条约》，大搞军事包围，严重威胁了我国的国家安全。冷战结束后，

---

① 《江泽民文选》第二卷，人民出版社2006年版，第313页。
② 《江泽民文选》第三卷，人民出版社2016年版，第298页。
③ 同上书，第307页。
④ 同上书，第475页。

民族、宗教、领土、海洋等问题引发的争端和冲突此起彼伏,突发事件时有发生,恐怖主义、生态危机、毒品跨国走私等非传统安全问题凸显,传统安全威胁和非传统安全威胁交织在一起。世界各国都面临着安全挑战,都不能单独实现自己的安全目标。只有加强合作,才能有效应对全球安全的挑战。江泽民的新安全观就是在这种大背景下提出来的。三是顺应世界人民的要求提出来的。在平等互利的基础上,加强协作与对话,通过谈判解决分歧与争端,不搞对抗,防止冲突,共同应对全球性问题,共同维护世界的和平、稳定与发展,是各国人民的共同意愿。新安全观就反映了世界人民的这种共同意愿。四是根据国家的安全形势提出来的。改革开放以后,我国的经济实力不断增强,国防建设也取得了重大进展,在美国看来,中国是它的最大挑战者;在其他发达国家看来,中国是他们的最大竞争者;在不少周边国家看来,中国成为他们的威胁者。尽管中国再三强调,中国永远不称霸,中国强大了也不称霸,但仍然有不少国家对中国的发展不放心。冷战结束以后,美国纠结日本、菲律宾在中国东面形成了包围圈,企图遏制中国的发展。日本和中国有钓鱼岛的争端,菲律宾和越南与中国有南海争端,美国口头上说在钓鱼岛和南海的问题上不持立场,实际上它是支持日本吞并钓鱼岛的,也支持菲律宾和越南占领南海。中国还面临着"台独"、"藏独"、"疆独"的挑战。以上这些客观情况表明,中国面临着复杂的安全问题。江泽民提出新安全观是对国家安全的一种战略思考。

江泽民为什么反复强调新安全观呢?第一,安全问题是世界共同的问题。世界各国都有一个国家安全问题。既要维护本国的安全,又要尊重别国的安全,这是各国在国家安全问题上应该遵循的原则,这个原则需要一个共同安全机制保证,旧安全观已经不具备共同安全机制功能,必须在联合国宪章范围内建立一个有效、公平、共同的安全机制,以维护各国的共同安全。追求共同安全是江泽民反复强调新安全观的一个重要原因。第二,安全问题是一个综合性问题。安全问题不仅涉及军事领域,还涉及经济、文化和生态领域。国际社会应该寻求综合安全,在军事领域相互信任、减少误判,在政治领域互相尊重、进行协商,在经济领域合作双赢、优势互补,在文化领域相互交流、相互借鉴，在生态领域相互帮助、协力推进。世界各国应强化综合安全观念，注重综合施策，标本兼治，不能停留在某一领域，应多层面考虑，坚持综合安全。追求综合安全是江泽民反复强调新安全观的一个重要原因。第三，安全问题是一个合作性问题。国与国之间存在着矛盾是一种客观存在，不能因为矛盾就动用武力。一个国家以什么方式对待其他国家，其他国家也会以这种方式对待这个国家。如果一个国家以战争的方式对待其他国家，那么其他国家也会以反战争的方式对待这个国家，战争于人于己都不利。国与国之间不应该是对立关系，而应该是合作关系。建立超越社会制度和意识形态的合作关系，以合作的方式谋求共同点是解决争端和冲突的最佳途径。促进合作安全是江泽民反复强调新安全观的又一个重要原因。

新安全观对中国特色社会主义事业来说具有重要意义，它为中国特色社会主义事业可持续发展创造了国际安全环境。

首先，它有利于国际安全新秩序的建立。国际安全新秩序有三类：一类是美国的霸权秩序，一类是欧洲的法治秩序，一类是国际新安全秩序。美国的霸权秩序是以武力威胁、以军事对抗解决争端的，这不但解决不了世界安全秩序问题，反而会使国际安全秩序遭到破坏。欧洲的法治秩序有一定的合理性，但国际安全只靠法治也不能完全解决问题。国际新安全秩序，一是尊重各国主权，反对干涉别国内政，这是国际新安全秩序的前提；二是坚持双边或多边对话，建立伙伴或战略伙伴关系，这是国际新安全秩序的基础；三是建立以联合国为主体的国际新安全机制，充分发挥联合国在世界安全上的作用，这是建立国际安全秩序的途径；四是建立新安全合作模式，摒弃军事同盟模式，这是建立国际新安全秩序的出发点；五是建立不结盟、不对抗、不针对第三方、求同存异、合作双赢的新型大国关系，扩大利益共同点，这是建立国际新安全秩序的保证；六是坚持共同打击恐怖主义、跨国毒品走私，坚持裁军与核不扩散，这是建立国际新安全秩序的任务。江泽民提出的以互信、互利、平等、协作为核心的新安全观符合建立国际新安全秩序的要求，符合联合国宪章的宗旨和精神，符合公认的国际关系准则。以互信、互利、平等、协作为核心的新安全观符合建立新安全秩序的目的。建立国际新安全秩序的目的是使世界形成一种包容、和谐的状态，而新安全观是一种多元协商治理观，它主张多元主体、多元体制，在公认的国际法基本原则的基础上协商处理全球的安全问题，各国在国际安全的条件下和平共处。新安全观与建立国际新安全秩序的目的是一致的。以互信、互利、平等、协作为核心的新安全观，在建立国际新安全秩序中既能发挥积极作用，又为中国特色社会主义事业可持续发展营造了国际安全环境。

其次，它有利于消除全球安全威胁的根源，有利于形成中国和国际社会在战略安全的良性互动。全球安全威胁的根源主要有两个：霸权主义和恐怖主义。霸权主义有这样一个怪逻辑：你安全我就不安全，我安全你就不能安全。在这样一个逻辑下，霸权主义大搞反导系统，威胁别国安全；拉住盟国，对抗异己；支持别国内部反对派，推翻本国政府。所以霸权主义是威胁全球安全的主要根源。现在的恐怖活动全球化，恐怖事件常态化，它已波及世界大多数国家，也对全球安全构成了威胁。有效应对霸权主义和恐怖主义的有效办法就是树立新安全观。新安全观是一种持久的安全机制，是一种长效的反霸、反恐的模式。它有利于中国和国际社会在战略安全上的良性互动，有利于以安全合作对付霸权主义和恐怖主义，也有利于中国特色社会主义事业可持续发展在国际安全环境中展开。

再次，新安全观有利于维护国家安全。国家安全是指国家维持稳定，保持功能正常的状态。国家安全是一个综合性概念，包括国民安全、领土安全、主权安全、经济安全、政治安全、文化安全、科技安全、军事安全和信息网络安全。维护国家安全是中国对外工作的出发点。冷战结束以后，中国迅速崛起，以美国为首的西方国家把中国的崛起看成是对他们的最大威胁，他们对中国不断施加压力，借口民主、人权和宗教问题干涉中国内政。在中国台湾问题上，向中国台湾出售先进武器，阻挠中国的和平统一。美国对中国的威胁不仅有领土、领海的威胁，还有对我国政权的威胁，它支持反华势力、反社会主义势力在中国搞和平演变。江泽民提出新安全观是出于国家安全的考虑，大大提升了中国在国际安全领域的话语权，促进了国际关系体系的和平转型，也树立了中国人的国家安全意识。我们国家安全的核心是中国特色社会主义事业的安全,国家安全了,中国特色社会主义事业可持续发展也就有了保证。

最后,新安全观有利于搭建中国特色社会主义事业可持续发展的外部安全平台。中国特色社会主义事业可持续发展,既要靠国内条件,也要靠国际条件。改革开放以后,中国在"走出去"发展战略的指导下走向了世界,在许多国家和地区有投资和企业,中国在国外的经济安全就成了中国国家安全的重要组成部分。既要推动中国企业在国外的发展,又要保证中国在国外的经济安全,这是党和国家必须认真思考的一个重要问题。中国的企业在国外的发展是中国特色社会主义事业可持续发展的重要条件,没有这种外部条件,中国特色社会主义事业可持续发展也会遇到困难。中国在国外发展企业是对中国特色社会主义事业可持续发展的一种深层和深远思考,新安全观就是这种深层和深远思考作出的战略抉择,这种战略抉择为中国特色社会主义事业可持续发展搭建了外部安全平台。

总之,新安全观不仅解决了中国的国家安全问题,也营造了中国特色社会主义事业可持续发展的外部安全环境。

四 胡锦涛提出的构建和谐世界的主张为中国特色社会主义事业可持续发展营造了宽松的国际氛围

中国是构建和谐世界的倡导者。2003 年 5 月 28 日,胡锦涛在访问俄罗斯期间,在莫斯科国际关系学院演讲时指出:"实现持久和平和共同繁荣,需要国际社会要通力合作,不懈努力""为建立一个和平、发展、和谐世界而共同努力。"[①] 2005 年 4 月 22 日,胡锦涛在亚非峰会上,提出了"共同构建一个和谐世界"[②] 的理念。2005 年 9 月 15 日,在联合国成立 60 周年首脑会议上,胡锦涛发表了"努力建设

[①] 《胡锦涛文选》第二卷,人民出版社 2016 年版,第 350 页。
[②] 《十六大以来重要文献选编》(中),中央文献出版社 2006 年版,第 851 页。

持久和谐、共同繁荣的和谐世界"① 的讲话。2005年12月31日，胡锦涛发表了题为"携手建设持久和平、共同繁荣的和谐世界"的新年祝词。2007年10月15日，胡锦涛在党的十七大报告中指出："我们主张，各国人民携手努力，推动建设持久和平、共同繁荣的和谐世界。"② 2012年11月8日，胡锦涛在党的十八大报告中进一步指出："要和平不要战争，要发展不要贫穷，要合作不要对抗，推动建设持久和平、共同繁荣的和谐世界，是各国人民的共同愿景。"③ 由此可见，构建和谐世界是由中国倡导的。

构建和谐世界。一是适应世界形势的变化而提出来的。冷战结束后，世界形势发生了深刻的变化，一方面美苏争霸格局结束，世界整体形势趋向缓和；另一方面美国作为唯一的超级大国，到处插手国际事务，使得世界局部动荡不安，这种动荡不安，对小国和大国、弱国和强国都是一种挑战。这就催生了构建和谐世界的问题。二是立足于国内发展和外部环境关系而提出来的。作为党和国家领导人，眼睛不仅要盯住国内，而且也要面向世界。眼睛盯住国内就是要把国家建设好，眼睛面向世界就是要准确把握世界形势的变化。国内发展和外部环境是联系在一起的，国内发展需要良好的外部环境，良好的外部环境有利于国内发展。改革开放以后，随着我国综合国力的增强，中国走向了世界，逐步融入世界之中。中国共产党从社会主义现代化建设、中国的国际责任开始了对世界的思考，构建和谐世界就是这种思考的产物。三是针对霸权主义、强权政治的挑战而提出来的，冷战结束以后，中国放弃了以社会制度和意识形态划线的政策，不再以社会制度和意识形态论亲疏。而美国以社会制度、意识形态论亲疏的信条并没有改变，同与它相同社会制度、意识形态的国家做盟友，把与它不同社会制度、意识形态的国家当成敌人。这是构成东西方关系紧张的主要原因。构建和谐世界就是对不以社会制度、意识形态画线思想的张扬，就是对美国以

---

① 《胡锦涛文选》第二卷，人民出版社2016年版，第350页。
② 《胡锦涛文选》第二卷，人民出版社2016年版，第650页。
③ 《胡锦涛文选》第三卷，人民出版社2016年版，第651页。

社会制度和意识形态画线的揭露和批评。

中国是构建和谐世界的实践者。在和平共处五项原则的基础上，我国改善与发展了同世界大国的关系，与世界其他大国和睦相处，创造了世界和谐氛围。我国改善和发展了同周边国家的关系，与周边国家和睦相处，创造了周边的和谐氛围。我国以平等和宽容的精神，寻求不同文明的共同的核心价值，避免因价值观念不同引起冲突。我国妥善处理因国家利益的摩擦而引发的冲突，争取各国利益双赢，实现共同繁荣。我国积极参加了联合国维和行动，为维和作出了突出贡献。中国坚决打击恐怖主义，加强国际社会合作，为维护世界和平作出了贡献。

中国作为构建和谐世界的实践者，一是向世人表明中国坚定不移地走和平发展道路的决心。和平发展道路就是在国际和平环境中发展自己，又以自己的发展促进世界和平。构建和谐世界的目标和任务就是持久和平、共同繁荣。二者在价值目标和政治逻辑上是一致的。所以走和平发展道路与构建和谐世界是统一的。从一定意义上说，构建和谐世界就是走和平发展道路，因为构建和谐世界是走和平发展道路的必然要求，也是走和平发展道路的必要条件。和平发展的一个关键问题就是构建一个什么样的世界。走和平发展道路也好，构建和谐世界也罢，都体现着人类历史发展的规律和时代进步的要求。始终不渝地构建和谐世界的决心就是毫不动摇地走和平发展道路的决心。二是向世界人民表明中国是促进世界和平与发展的坚定力量。中国提出构建和谐世界促进了地区的稳定与发展。从地区来说，中国提出构建和谐世界并不是谋求自己的特殊利益，而是为了实现地区的和平与稳定。中国本着"与邻为善、以邻为伴"的方针和"睦邻、安邻、富邻"的政策，同周边国家真诚合作，互谅互让，寻求解决分歧和矛盾的途径，帮助周边国家发展经济。对亚洲的其他国家也是如此。中国不结盟、不称霸，谁走和平发展道路，中国就拥护谁，谁搞霸权主义，中国就反对谁。中国坚持和平发展方式，加强互利，彼此尊重，通过协商对话解决争端，反对使用武力或以武力相威胁。中国解决国际争端的立场和做法体现了中国走和平发展道路的诚意。中国提出构建和谐世界也促进了全球性问题的解决。恐怖主义问题、粮食问题、传染病问题、气候变化问题,这些都是全球性问题。这些问题既对世界构成了威胁,也对中国构成了威胁。中国对这些问题不能熟视无睹,解决这些问题是国际社会和中国的共同责任。中国通过国际合作,勇于承担应尽的国际义务,为这些问题的解决作出了应有的贡献。以上几点展现了构建和谐世界的中国的力量,也表明了中国是走和平发展道路的坚定力量。三是向世界展现了中国人的智慧和能力。西方大国的崛起都是通过侵略和扩张实现的。崛起后的西方大国,特别是美国又搞霸权主义和强权政治,使世界没有安宁之日。构建和谐世界的根本理念是世界持久和平、共同繁荣。这种战略理念代表了人类社会最高层次的思想境界,它是中国人的世界眼光和思维能力的展现。

构建和谐世界对中国特色社会主义事业可持续发展来说很重要,它为中国特色社会主义事业可持续发展创造了宽松的国际氛围。

第一,构建和谐世界可以冲破国家之间和人民之间往来的障碍。由于社会制度、意识形态、价值观念和发展道路的不同,西方国家和人民对中国和中国人民产生了不少误解,这就形成了西方国家和人民与中国和中国人民往来的障碍。构建和谐世界中的"和谐"就有各国和睦相处与人民友好往来的意思。和谐世界不主张社会制度、意识形态、价值观念和发展模式的输出,你搞你的资本主义,我搞我的社会主义,井水不犯河水,河水不犯井水。和谐世界认为,不要用社会制度、意识形态、价值观念和发展模式论亲疏,这些东西不能成为各国之间、人民之间往来的障碍。和谐世界还认为,世界是多样的,这是不以人们的意志为转移的客观规律。社会制度、意识形态、价值观念和发展模式不同是好事。在不同中可以取长补短,互相借鉴。有不同才有竞争,有竞争才有发展,从一定意义上说,不同是世界发展的动力。有的国家搞社会制度、意识形态、价值观念和发展模式的输出,让世界一种制度、一种思想、一种观念、一种模式,世界也就停滞不前了。构建和谐世界就是主张不同社会制度的国家和人民友好往来。国家和人民之间的友好为中国特色社会主义事业可持续发展营造了良好的国际氛围。

第二,构建和谐世界的主张增强了中国的影响力。其一,和谐世界是公平的世界。当今世界有点不公平，南北差距太大，贫富太悬殊。这种不公平现象是不公正的国际经济旧秩序造成的，这种不公正的国际经济旧秩序是由发达国家主导的。和谐世界主张在经济全球化的今天，各国经济应当在比较平衡中发展，实现共同繁荣。南北差距拉大、贫富悬殊的世界不是和谐世界。其二，和谐世界是民主的世界。民主世界不是西化的民主世界，而是国际关系民主化的世界，也就是国家不分大小、贫富、强弱，一律平等，各国的事情由各国的人民来解决，世界的事情由世界各国协商解决，各国人民有选择社会制度、发展道路的权利，任何国家都无权干涉别国的内政。当今世界有点不民主，以大欺小，以富压贫，以强凌弱，有的国家搞社会制度意识形态输出，打着民主的旗帜干涉别国内政，这就背离了和谐世界的主张及国际关系民主化的原则。其三，和谐世界是和睦的世界。当今世界总体和平，但也有点不和睦，超级大国动辄使用武力或以武力相威胁，支持一些国家内部的反对势力推翻该国政府，大搞"颜色革命"。和谐世界不赞成这种做法，它认为在处理国际事务时应该遵循国际法和公认的国际关系准则，通过对话解决争端，通过协商化解矛盾，各国应该和平相处。其四，和谐世界是包容的世界。尊重世界的多样性和发展道路的多样性，尊重和维护各国人民自主选择的社会制度和发展道路的权利，允许不同文明的存在，这就是包容世界的特点和逻辑。当今世界不是一个包容的世界，还存在着不同文明之间的冲突，这种文明冲突是西方发达国家造成的。允许多种文明存在，体现了多种文明的包容精神。中国倡导构建和谐世界，积极推动中外文明之间的对话与交流。综上所述，和谐世界是公平的世界、民主的世界、和睦的世界、包容的世界，所以构建和谐世界的影响力越来越大，这种影响力为中国特色社会主义事业可持续发展营造了宽松的国际氛围。

第三，构建和谐世界提升了中国的国际地位。持久和平、共同繁荣是构建和谐世界的两大目标，这两大目标是紧密结合在一起的：一方面，持久和平是共同繁荣的前提，没有持久和平就没有共同繁荣；另一方面，共同繁荣是持久和平的基础，没有共同繁荣就没有持久和平。世界持久和平、共同繁荣离不开中国，中国是持久和平、共同繁荣的坚强支柱。构建和谐世界使中国登上了国际舞台，中国在国际舞台上发挥了建设性作用，使世界的很多问题得到或正在得到解决。在世界金融危机中，使世界经济逐渐走向复苏的是中国。在地区的舞台上，中国也扮演着重要的角色，在解决亚洲金融危机中，中国起到了重要作用。在第三世界的舞台上，中国以负责任的大国身份，帮助广大发展中国家发展，提供力所能及的援助。在联合国的舞台上，联合国认为中国是不可忽视的国家，在解决世界问题时，也要听一听中国的意见。为什么中国是促进世界持久和平与共同繁荣的坚强支柱呢？一是由我国的社会主义制度决定的。我国是社会主义国家，社会主义是主张和平的社会主义，所以中国在维护世界的持久和平中发挥着重要作用。社会主义在国内是主张共同富裕的社会主义，在世界上是主张共同繁荣的社会主义，所以中国在促进共同繁荣中发挥着重要作用。二是由中国的经济实力决定的。不管在哪个时代，也不管在哪个国家，经济都是这个时代和所有国家的基础实力。经济实力越强，国家在国际舞台上的作用就越大。改革开放以后，我国的经济实力有很大提升，这是我国维护持久和平，实现共同繁荣的关键所在。中国在国际舞台上的作用大大提升了中国的国际地位。中国国际地位的提升为中国特色社会主义事业可持续发展营造了良好的国际氛围。

第四，构建和谐世界必然会对世界社会主义运动的逐渐复苏产生深远的影响。20世纪90年代以后，世界社会主义运动走向了低潮。世界社会主义运动不会永远处于低潮，它迟早要走出低潮而实现复苏。但这种复苏是与世界的持久和平，共同繁荣联系在一起的。世界的持久和平，共同繁荣离不开中国的发展。党的十一届三中全会以后，中国依靠改革开放的强大动力，提升了中国的综合国力，社会主义市场经济为中国的发展创造了经济条件，社会主义民主政治建设为中国的发展创造了政治条件，社会主义文化建设为中国的发展创造了文化条件，社会主义国防建设为中国的发展创造了军事条件，独立自主的和平外交方针为中国的发展创造了外部条件。中国的发展是持久和平，共同繁荣的和谐世界的基础。所以构建和谐世界必然会对世界社会主义运动逐渐走出低潮产生积极的影响，同时也为中国特色社会主义事业可持续发展创造了宽松的国际氛围。

五 习近平倡导和践行的人类命运共同体为中国特色社会主义事业可持续发展争取了良好的外部空间条件

共同体这个课题在国内外早有专家学者研究,并取得了一定的积极成果。作为我国外交战略的人类命运共同体的最早提出有两处,一处是2011年的《中国的和平发展》,另一处是2012年党的十八大报告。什么是共同体和人类命运共同体,这首先要看看这两处的论述。《中国的和平发展》指出:"不同制度、不同类型、不同发展阶段的国家相互依存、利益交融,形成你中有我,我中有你的命运共同体。"[1] 党的十八大报告指出:"要倡导人类命运共同体意识,在追求本国利益时兼顾他国合理关切,在谋求本国发展中促进各国共同发展,建立更加平等均衡的新型全球发展伙伴关系,同舟共济,权责共担,增进人类共同利益。"[2] 我们可以从这两段论述中归纳出共同体和人类命运共同体的定义。共同体就是不同制度、不同类型、不同发展阶段的国家相互依存、相互制约,有机结合而形成的有机整体。人类命运共同体就是世界各国及其人民具有共同方向(共同发展)、共同目标(共同利益)、共同基础(新型全球发展伙伴关系)、共同责任(权责共担)的共同体。这个定义是笔者个人的看法,专家学者并不一定认同。建设人类命运共同体,一要以新型合作伙伴关系维护人类命运共同体。中国和世界各国的关系是新型全球发展伙伴关系,即相互尊重,和谐共处,合作共赢。互相尊重就是对各国选择的社会制度、发展道路、价值观念的尊重;和谐共处就是不对抗、不冲突、妥善处理矛盾和分歧;合作共赢就是以合作为手段,以共赢为目的,共生共荣。这种新型全球发展伙伴关系是构建人类命运共同体的基础。二要以共同发展构建人类命运共同体。发展是中国的主题和第一要

---

[1] 《中国的和平发展》,人民出版社2013年版,第23页。
[2] 《胡锦涛文选》第三卷,人民出版社2016年版,第651页。

务，也是其他国家的主题和重要任务。中国的发展离不开世界各国的发展，世界各国的发展也需要中国的发展，各国互相支持，共同发展，以共同发展构建人类命运共同体。三要以共同利益推动人类命运共同体的形成。中国重视自身的国家利益，也重视其他国家的利益。中国历来主张把中国的利益和其他国家的利益结合起来，在平等互利的基础上共生共荣，以共同利益推动人类命运共同体的形成。四要以同舟共济，权责共担实现人类命运共同体。大国要扶持小国，富国要帮助穷国，扶贫济弱，守望相助。各国既有享受全球发展成果的权利，也要尽到有区别的责任，各国共同努力才能实现人类命运共同体。建设人类命运共同体，一是时代发展的必然结果。当今时代是经济全球化时代。经济全球化是世界经济活动超越国界，通过相互投资、相互贸易、技术交流、提供服务和利益交织形成的你中有我、我中有你的全球范围内的有机整体。当今世界，经济全球化迅猛推进，使世界各国互相联系、互相依存的程度不断加深，发展张力不断扩大，发展合力不断凝聚，就为人类命运共同体的形成奠定了基础。二是信息网络化快速发展的结果。随着新技术革命的发展，信息网络化也在持续发展。网络信息是跨国流动的，信息流引领技术流、资金流、人才流，使全球范围的联系日益紧密，物联网、云计算、大数据等新一代信息技术为人类命运共同体的形成提供了条件。三是世界各国进行经济、政治、文化交流的结果。当今世界是一个经济、政治、文化相互交流的世界，这种相互交流又形成了经济、政治、文化的相互交融，这种经济、政治、文化的融合是人类社会发展的必然趋势。在各国的经济、政治、文化相互交流和交融的过程中，形成了全球视野、全球意识、全球话语，这些理念促进了人类命运共同体的形成。建设人类命运共同体是可能的，因为世界各国从来没有像今天这样紧密相连。全球合作向多层次、全方位拓展，新兴市场国家和发展中国家的整体实力增强，国家力量对比朝着有利于维护世界和平的方向发展，保持国际形势总体稳定具有更多有利条件。建设人类命运共同体是一个漫长的过程。建设中国和周边国家命运共同体可能容易些，但仍然不是轻而易举的。建立区域命运共同体、中国与发展中国家命运共同体可能容易些，但也不是轻而易举的。建设人类命运共同体就更难了。中国共产党和中国人民有智慧、有能力推动人类命运共同体的形成。建设人类命运共同体并不否认国家、国家利益、国家的社会制度，因为人类命运共同体的实质就是合作共赢，共生共荣。民族国家是国际社会的基本单位，也是构建人类命运共同体的基本要素。民族国家在人类命运共同体中不但不会消失，反而会加强。

党的十八大以后，以胡锦涛为总书记的党中央圆满地完成了党和人民交给的任务，倡导和践行人类命运共同体的任务就落在了以习近平为总书记的党中央的肩上。以习近平为总书记的党中央积极倡导并践行人类命运共同体的国际发展战略。2013年3月，习近平在莫斯科国际关系学院演讲时指出："这个世界，各国相互联系、相互依存的程度空前加深，人类生活在同一地球村里，生活在历史和现实交汇的同一时空里，越来越成为你中有我，我中有你的命运共同体。"[①] 习近平在这里讲的"共同体"就是人类命运共同体。2013年10月3日，习近平在印度尼西亚国会演讲时提出"携手建设更为紧密的中国—东盟命运共同体"[②]。习近平在这里讲的"命运共同体"就是区域命运共同体、中国和发展中国家命运共同体。2013年10月24日，习近平在中央周边外交工作上指出："把中国梦同周边各国人民过上美好生活的愿望、同地区发展前景对接起来，让命运共同体意识在周边国家落地生根。"[③] 习近平在这里讲的命运共同体就是中国和周边国家命运共同体。人类命运共同体、区域命运共同体、周边命运共同体，只有外延上的区别，没有内涵上的区别。以习近平为总书记的党中央倡导和践行人类命运共同体不是主观想象出来的，而是有根据的。第一个根据就是我国的社会性质。我国是世界上最大的发展中的社会主义国家，我国的这种社会性质决定了中国的命运和世界的命运是联系在一起的。中国的命运取决于"两个一百年"的奋斗目标能否实现，即在建党100年时建成小康社会，在建国100年时基本实现社会主义现代化。世界的命运取决于能否建成人类命运共同体。中国的命运离不开世界的

---

① 《习近平谈治国理政》，外文出版社2014年版，第272页。
② 同上书，第299页。
③ 同上书，第292页。

命运，世界的命运也离不开中国的命运，中国有好的前途和命运，世界也会有好的前途和命运，世界有好的前途和命运对中国的前途和命运是极为有利的。中国的前途和命运是世界的前途和命运的基础，世界的前途和命运是中国的前途和命运在世界上的延伸。同时，社会主义性质要求中国和世界共生共荣。社会主义不像资本主义那样自私，它从来认为一损俱损，一荣俱荣。这就决定了中国和世界必然在合作共赢和良性互动中共同发展，把中国人民的利益和世界人民的利益紧密联系在一起。社会主义性质也决定了国与国之间的关系。国与国之间不是敌人而是朋友，不是对抗关系而是合作关系，不是排斥关系而是友谊关系。中国强大对世界有利，世界好对中国也有利，这是中国和世界相同的地方，也是中国和世界联系在一起的共同点。习近平总书记倡导和践行人类命运共同体体现了中国的社会主义性质。第二个根据就是我国的综合国力。综合国力是指我们国家的整体实力，包括我们国家的硬实力和软实力。改革开放以后，我国的硬实力显著增强。党的十一届三中全会以后，我国进行了经济体制改革，建立了公有制为主体、多种所有制经济共体发展的基本经济制度，建立了社会主义市场经济体制，这种基本经济制度和经济体制适应并促进了社会生产力的发展和国民经济又好又快的发展。我国已成为世界第二大经济体，我国的经济实力显著增强。我国加大了科技投入，重视国内科技人才培养和科技人才的引进，形成了一支强大的科技队伍和门类齐全的科技体系。在原子能、生物、卫星通信等领域取得了重要成果，我国的航母技术已接近了世界先进水平，我国的科技实力显著增强。党的十一届三中全会以后，我们党强调建设一支机械化、现代化、信息化的人民军队，强调建设一支能打赢信息化条件下局部战争的人民军队。我国拥有了陆海空一体化的人民军队，拥有了规模适度、结构合理、机构精干、指挥灵便、战斗力强的人民军队，武器装备、协同作战的能力大大提升，我国的军事实力显著增强。同样，改革开放以后，我国的软实力也在增强。党的十一届三中全会以后，我国进行了文化体制改革，解放了文化生产力，加强了社会主义核心价值体系和社会主义核心价值观建设。文化大繁荣、大发展，中国文化走向了世界，我国正在向文化强国迈进，我国的文化软实力不断增强。党的十一届三中全会以后，我国进行了政治体制改革，政治体制改革的重点是民主和法治。通过民主政治建设，我国的人民代表大会制度、中国共产党领导的多党合作与政治协商制度不断完善和巩固，民族区域自治制度和基层群众自治制度也进一步巩固。通过法制建设，我国形成了以宪法为核心的法律体系，按照宪法和法律依法治国，实现了人治向法治的转变，现代政治理念正在形成，我国的政治软实力在增强。党的十一届三中全会以后，我们党调整了"一边倒""一条线"的外交路线，奉行独立自主的和平外交政策，中国已成为国际体系的参与者、建设者和贡献者，中国的外交软实力大大增强。以硬实力和软实力为内容的综合国力是建设人类命运共同体的底气。第三个根据是中国的国际地位。改革开放以后，特别是进入21世纪以后，中国的国际地位大大提升。中国在国际事务中的作用的发挥是中国国际地位提升的主要原因。中国在维护世界和平和促进世界共同发展中发挥了重要作用。在朝核问题上，中国劝和促谈，主持了多轮朝核会谈。虽然朝核问题还没有解决，但中国在其中的作用是不可否认的。还有伊核问题的解决，中国功不可没。中国支持联合国改革，主张在国际事务中充分发挥联合国的作用。在世界金融危机中，中国与国际社会一道探索走出世界金融危机的途径，并率先走出金融危机，为世界经济的复苏作出了贡献。中国积极参与世界维和，是派出维和人员最多的国家，为维护世界和平作出了贡献。中国参与了世界范围的国际反恐活动，积极参与全球治理。以上列举了中国在国际事务中的几点作用，正是这种作用提升了中国的国际地位。正是因为这种国际地位的提升，我们党才有勇气提出建设人类命运共同体。

建设人类命运共同体对中国特色社会主义事业来说具有重要意义，它为中国特色社会主义事业可持续发展打造了良好的外部空间条件。

第一，人类命运共同体是一个利益共同体，它容易拉近各国之间、各国人民之间的关系。人类命运共同体就是代表各国和各国人民的利益的。不代表各国和各国人民的利益，提出这样一个命题就没有实际意义。共同利益是人类命运共同体的基础，没有共同利益，人类命运共同体是建立不起来的。这个利益共同体决定了国与国之间利益的相关性，即相互依存，优势互补，利益共享，它既意味着每个国家的合理合法利益受到尊重，也意味着各国对共同利益的认同。在这个利益共同体中，各国有能力把本国的利益要求限定在共同体许可的范围内，有能力克制共同利益之外的要求。在利益共同体内，步调一致、统一行动，才能保证共同利益，才能实现本国利益最大化。这个利益共同体并不否认国家之间的利益矛盾，因为问题也不在于有没有利益矛盾，而在于有没有能力解决利益矛盾。既然人类命运共同体是利益共同体，就意味着它有能力解决利益冲突，实现利益共享。共同利益创造共同价值，即国际社会更和谐，世界未来更美好。这个共同价值拉近了各国和各国人民之间的关系，也为中国特色社会主义事业可持续发展打造了良好的外部空间条件。

第二，人类命运共同体是发展共同体，它拉近了各国和各国人民之间的关系。发展共同体反映的是国与国之间发展关系的概念，它意味着整合国际资源，改造这个世界的政治经济旧秩序，寻求全球发展的新模式，探索全球发展的新途径，打造新型全球发展伙伴关系，实现各国平等、均衡发展。当今世界需要建立一个发展共同体。人类只有一个地球，各国都处在这个世界中，世界就是各国有机联结的共同体，世界的整体性决定了应该建立一个发展共同体。当今世界各国既面临着发展机遇，也面临着发展困境，为了摆脱困境，世界应该建立一个发展共同体。人类追求一个共同的目标，这个目标就是世界和平，世界和平需要一个发展的基础，为了实现这个目标，世界应该建立一个发展共同体。人类命运共同体就是这样一个发展共同体。发展共同体的价值在于通过合作促进各国发展，进而带来整个世界的发展和繁荣。这也为中国特色社会主义事业可持续发展争取了一个有力的外部空间条件。

第三，人类命运共同体是新型全球发展伙伴关系共同体，它拉近了国与国之间的关系。伙伴关系就是国与国在共同利益的基础上建立的平等友好、互相尊重、不结盟、不对抗、不冲突、不针对第三方的合作关系。中美建立了"建设性战略伙伴关系"，中俄建立了"平等信任的面向 21 世纪的协作伙伴关系"，中日两国也明确表示建立"致力于和平发展的友好合作伙伴关系"，中法两国建立了"长期的全面伙伴关系",中国与加拿大和墨西哥建立了"跨世纪的全面合作伙伴关系",中国与东盟建立了"21世纪睦邻互信伙伴关系",中国与非洲确立了"面向21世纪长期友好全面合作伙伴关系",中国与拉美、西亚、南亚都建立了合作伙伴关系。这些新型伙伴关系与旧的伙伴关系的不同之处就是沟通了各国之间的合作与发展,既保持了世界的和平与稳定,拉近了各国之间的关系,也为中国特色社会主义事业可持续发展争取到一个良好的外部空间条件。

第四,人类命运共同体也是责任共同体,它拉近了国与国之间的关系。同舟共济、权责共担就诠释了责任共同体。20世纪90年代中期,中国向世界作出了"做责任大国"的承诺,从那时起中国就以责任大国的姿态参与国际事务,支持周边国家发展,支持发展中国家发展,主张建立国际政治经济新秩序,倡导互利合作,反对霸权主义、强权政治和新干涉主义,反对恐怖主义,主张世界无核化,带头裁军,维护世界和平,促进共同发展,直到今天这些责任和承诺中国也没有改变过。人类命运共同体蕴含着各国相应的权利和职责,各国都应当把自己放在适当的位置上,享受一定的权利,担当起一定的责任。由于各国在国际社会中的权利和国力的不同,所承担的国际责任和义务也是有区别的,特别是发达国家应该承担更多的责任和义务。只有世界各国同舟共济、权责共担,才能建立起人类命运共同体。中国以责任大国的角色,不断扩大自身的国际责任的范围,主动承担了更大范围的国际责任。做负责大国的中国得到了国际社会的认同,同时也拉近了中国和其他国家的关系,为中国特色社会主义事业可持续发展创造了良好的外部空间条件。

六 结语

综上所述,和平共处五项原则、和平与发展的时代主题、新安全观、构建和谐世界、倡导人类命运共同体,是一脉相承的,都是我国的国际发展战略。这些国际发展战略把中国和世界联系起来,把国际的发展机遇变成了中国的发展机遇,为中国特色社会主义事业可持续发展赢得了外部力量。

第十三章

有领导力的中国共产党是中国特色社会主义事业可持续发展的根本保证

当代中国和中华民族最大的政治问题就是中国特色社会主义事业可持续的问题。只有中国特色社会主义事业可持续发展,国家才能富强,民族才能振兴,人民才能幸福。所以中国特色社会主义事业可持续发展绝不是一个小问题。推动中国特色社会主义事业可持续发展,需要一个有领导力的马克思主义政党,这个党就是中国共产党。有领导力的中国共产党是中国特色社会主义事业可持续发展的根本保证。

一 中国共产党是有领导力的马克思主义政党

中国共产党的领导力是从哪里来的呢?中国共产党的领导力不是从天上掉下来的,不是主观自生的,而是从人民群众的实践中来的,是从自身建设的实践中来的,是从党的基层组织、领导干部、党员先锋规范的作用中来的。

中国共产党的领导力来自人民群众的实践。党的十一届三中全会后,我国开始了以人民群众为主体的改革开放和社会主义现代化建设的实践。在实践中,人民群众积累了十分丰富的经验:一是实现社会主义现代化必须把马克思主义基本原理同中国实际相结合。在贫穷落后的中国搞社会主义现代化建设,离开了马克思主义不行,照抄照搬也不行。只有从中国的实际出发,与中国的实际相结合,才能结出"结合"的果实,即开拓出中国特色社会主义道路,创立中国特色社会主义理论体系，形成中国特色社会主义制度。中国特色社会主义道路、中国特色社会主义理论体系、中国特色社会主义制度是完全正确的。在当代中国，坚持中国社会主义道路和中国特色社会主义制度就是真正的坚持社会主义，坚持中国特色社会主义理论体系就是真正坚持马克思主义。二是实现社会主义现代化必须坚持党的基本路线。党的基本路线简称"一个中心、两个基本点"，"一个中心"就是以经济建设为中心，"两个基本点"就是坚持四项基本原则，坚持改革开放。以经济建设为中心是实现社会主义现代化的根基，坚持四项基本原则是实现社会主义现代化的根本保证，坚持改革开放是实现社会主义现代化的必经之路。党的基本路线使中国特色社会主义在世界社会主义运动走向低潮的情况下站稳了脚跟，使中国特色社会主义成为充满生机与活力的社会主义。三是实现社会主义现代化必须加强和改善党的领导。我国的社会主义现代化是史无前例的，没有现成的模式，也没有别国的经验可借鉴。要保证社会主义现代化的正确方向，就必须加强党的领导，同时还要改善党的领导，即改变一元化的领导方式，把立法权交还给人大，把行政权交还给政府，把审判权交还给法院，把检查权交还给检察院，又改变党大包大揽的现象，以便集中力量加强党的建设，提高党的领导水平，使党成为社会主义现代化建设的坚强领导核心。四是实现社会主义现代化必须调动人民群众的积极性、主动性和创造性。人民群众是历史前进的推动力量，是社会主义现代化建设的主体，是中华民族复兴的依靠力量。社会主义事业是人民群众自己的事业，社会主义创造力蕴藏在人民群众中，人民群众有无穷的智慧和力量，实现社会主义现代化必须依靠人民群众，调动人民群众的积极性、主动性和创造性，从人民群众中吸取智慧，形成浩浩荡荡的大军，在建党 100 周年的时候全面建成小康社会，在建国 100 周年的时候基本实现社会主义现代化。五是实现社会主义现代化必须有安定团结的政治局面。安定团结是实现社会主义现代化的前提。社会主义现代化建设需要一个安定团结的社会环境。形成安定团结的政治局面必须处理好改革、发展与稳定的关系。改革是动力，发展是目的，稳定是前提。没有改革社会主义现代化就失去了动力，没有发展社会主义现代化就失去了目的，没有稳定社会主义现代化就失去了前提，三者有机统一才能有安定团结的政治局面。在安定团结的社会环境里，我们才能集中精力安下心来搞社会主义现代化建设。六是实现社会主义现代化必须走和平发展道路。我国的社会主义现代化建设需要和平的国际环境。创造和平的国际环境需要走和平发展道路，高举和平、发展、合作的旗帜，坚持互利共赢的开放战略，反对一切形式的霸权主义和强权政治，坚持用政治对话解决分歧，反对用武力解决争端，创造良好的国际环境，以便我们聚精会神地搞建设，一心一意谋发展。人民群众在改革开放和社会主义现代化建设实践中积累的经验是很多的，我们在这里列举的只是其中的几条。中国共产党的领导力就是从人民群众的实践经验中得来的。

中国共产党的领导力来自自身的建设。加强党的建设是为了保持党的先进性和纯洁性。我们党非常重视自身建设，在思想、组织、作风和制度等方面取得了积极成果。在思想上，我们党始终把思想建设放在首位，用中国特色社会主义理论体系武装全体党员的头脑。坚定理想信念，坚定共产党人的精神追求，教育、引导党员和干部矢志不移地为实现中国特色社会主义目标而奋斗。在理论建设上，我们党始终推动理论创新。改革开放后，以邓小平为核心的第二代中央领导集体围绕"什么是社会主义、怎样建设社会主义"这个基本问题进行了艰辛探索，第一次比较系统地初步回答了中国特色社会主义现代化建设的一系列基本问题，创立了邓小平理论。党的十三届四中全会后，以江泽民为核心的第三代中央领导集体，正确判断国内外形势，围绕"建设什么样的党和怎样建设党"这个基本问题进行了深入的探讨，创立了"三个代表"重要思想。党的十六大以后，以胡锦涛为总书记的党中央围绕"实现什么样的发展和怎样发展"这个基本问题，立足基本国情，分析了我国发展的阶段性特征，总结我国发展的实践经验，正确把握世界发展的基本趋势，创立了科学发展观。以习近平同志为核心的党中央，为了实现社会主义现代化和中华民族伟大复兴，提出了新时代中国特色社会主义思想。这些理论是党在思想建设中取得的重要成果。这些理论成果在保持党的先进性和纯洁性中起了决定性的作用。在组织上，我们党非常重视组织建设。我们党加强了干部队伍建设，坚持了党管干部的原则，坚持了德才兼备的原则，把一大批优秀人才提升到领导岗位上来。我们党高度重视党员队伍建设，既重视党员队伍的数量，又重视党员队伍质量的提高，使党员队伍充满了生机与活力。我们党高度重视党的基层组织建设。我们党在调整基层党组织设置、改进基层党组织活动方式、创新基层党组织活动内容方面做了大量的工作，开辟了基层党组织建设的新局面，提高了基层党组织的战斗力。在作风上，我们党非常重视党的作风建设。改革开放后，我们党采取了一系列措施，使党的作风建设取得了显著成效。我们党引导党员和干部继续发扬党的三大作风，树立正确的世界观、人生观和价值观，树立正确的权力观、地位观和利益观。我们党引导党员和干部向先进人物学习，树立社会主义核心价值观，树立社会主义荣辱观，党员和干部的为人民服务意识显著增强。在制度上，我们党非常重视制度建设。制度建设的重点是改革党的领导制度和组织制度，坚持民主集中制原则，坚持和完善集体领导和分工负责相结合的制度。党的十六大以后，我们党制定了《中国共产党内监督条例》《中国共产党纪律处分条例》《党政领导干部职务任期暂行规定》。党的十八大后，我们党建立和健全了中央政治局向中央委员会会议、地方各级党委常委会向委员会全体会议报告工作并接受监督的制度，推行地方党委集体讨论重大问题、使用干部票决制，初步形成了比较完备的党内制度体系。在廉政上，我们党非常重视反腐倡廉建设。党的十一届三中全会后，在反腐倡廉建设中，初步形成了"领导干部廉洁自律、集中查处大案要案、纠正行业不正之风一起抓"的格局。党的十三届四中全会后，形成了"党委统一领导、党政齐抓共管、纪委组织协调、部门各负其责、依靠群众支持和参与"的反腐败领导体制和机制。党的十六大以后，我们党颁布了《建立健全教育、制度、惩治和预防腐败体系实施纲要》。党的十七大以后，反腐倡廉建设呈现出了系统治理、整体推进和协调发展的良好局面。党的十八大后，形成了不敢腐的惩戒机制、不能腐的防范机制、不易腐的保障机制，铲除了腐败滋生蔓延的土壤。加强党的建设是为了保持党的先进性和纯洁性。党的先进性是指党的指导思想、性质、阶级基础的进步性，党的纯洁性是指党的组织、队伍的合格性。共产党只有先进、纯洁，才能保持它的强大力量。

共产党的领导力来自它的基层组织、党的干部队伍和党员队伍。

其一,共产党的领导力来自它的基层组织。共产党组织是个网状的立体结构,这个立体结构是由众多的基层党组织有机结合而成的政治机器,党的基层组织就是这个政治机器的零部件和螺丝钉。只有零部件和螺丝钉没问题,整个机器才能正常运转。因为党的基层组织具有教育职能,它要求党员发挥先锋模范作用,做一个永不生锈的螺丝钉;党的基层组织具有学习职能,它组织党员学习党章,学习党的方针政策,不断提高党员的理论水平和政治觉悟,使党员成为名副其实的共产党员;党的基层组织具有宣传职能,它宣传党的正确思想,批判错误的思想,引领社会思潮,与党中央保持一致;党的基层组织具有凝聚职能,它把党员团结在党的周围,增强党员的认同感。所以党的基层组织的作用发挥得越充分,共产党的力量就越大。

其二,共产党的领导力来自党的坚强有力的领导干部。领导干部要德才兼备,这里的"德"是指干部的职业道德。干部的职业道德有很多方面,其中最重要的就是政治责任感,把自己掌握的权力看成是一种政治责任,权力有多大,政治责任就有多大。领导干部要承担兴业之责,做到敬业奉献。这里的"才"是指执政的本领,即要精通自己领导工作范围内的各种知识和运用这种知识解决实际问题的能力。斯大林说过,路线确定之后,干部就是决定因素。党的领导干部是共产党执政的骨干,是社会主义现代化建设的组织者、领导者和实施者。领导干部的作用越显著越大,共产党先锋队的力量就越大。

其三,共产党的领导力来自它的党员队伍。按照党章的规定,共产党员应该发挥先锋模范作用,这是由共产党员的政治信仰决定的。实现共产主义是共产党员的政治信仰,没有这种政治信仰的人就不是共产党员。信仰共产主义是共产党员的灵魂,是共产党员存在的意义所在,是共产党员的根本问题。共产党员的政治信仰不动摇,他才能在他的岗位上发挥先锋模范作用。目前中国共产党党员有8000多万,分布在社会不同的领域,每一个共产党员多贡献一分力量,8000多万党员的力量就会形成一股巨大的合力,世界上没有哪个党有这么大的合力,这股巨大的合力就是党的领导力。

总之,人民群众的实践,党自身建设的实践,党基层组织、领导干部、共产党员的先锋模范作用,这些都是中国共产党领导力的源泉。

二 中国共产党的领导力表现在哪里

中国共产党的领导力表现在很多方面,其中主要表现在引领力、凝聚力、战斗力和创新力等方面。

中国共产党的领导力,首先表现在引领力上。

其一,我们党通过建设社会主义市场经济引领国民经济发展。国民经济又好又快的发展是实现社会主义现代化的物质基础,是实现中华民族伟大复兴的物质基础,是人民幸福安康的物质基础,也是实现中国特色社会主义事业可持续发展的物质基础。实现国民经济发展有很多事情要做:以经济建设为中心,大力发展生产力;调整经济结构,转变经济增长方式;全面提高科技创新能力,全面提高劳动者的素质;继续全面深化经济体制改革,完善社会主义市场经济体制。其中全面深化经济体制改革,不断完善社会主义市场经济体制是主要工作。社会主义市场经济体制是新生事物,我们对它的发展规律和特点的认识还不够深刻,不够全面。在现实经济生活中,违反社会主义市场经济发展规律的事情时有发生。这就说明,全面深化经济体制改革,进一步健全社会主义市场经济体制是完全必要的。当前我们党对建设社会主义市场经济积累了不少经验,运用社会主义市场经济引领国民经济又好又快发展取得了实质性进展。

其二,我们党通过建设社会主义民主政治引领人民民主发展。人民民主始终是我们党高扬的一面光辉旗帜,是社会主义生命力的体现,是社会主义民主和资本主义民主的本质区别。我们党坚定不移地用发展社会主义民主政治的途径引领人民民主发展,有序扩大公民政治参与范围,实现了内容广泛的人民当家作主,建立和健全了深入了解民情、充分反映民意、广泛集中民智、切实珍惜民力的决策机制。我们党积极稳妥地深化以保证人民当家作主为根本、以增强党和国家活力为目标的政治体制改革,扩大社会主义民主、开创社会主义政治文明新境界,建立社会主义法治国家取得了明显进展。我们党坚持一切权力属于人民的原则,健全了民主制度,丰富了民主形式,拓宽了民主渠道,保证了人民依法实行民主选举、民主决策、民主管理和民主监督。事实说明,我们党发展社会主义民主的本领是过硬的,对人民民主的引领是正确的。

其三,我们党通过建设社会主义先进文化引领社会主义文化大繁荣大发展。在社会主义文化大繁荣大发展中,我们党坚持马克思主义的引领作用。马克思主义是社会主义文化大繁荣大发展的旗帜,是社会主义文化大繁荣大发展的灵魂。在新的历史条件下,文化的大繁荣大发展面临着多元文化的挑战。从国际上看,世界上各种文化竞争十分激烈,西方国家千方百计对我国进行文化渗透。从国内看,我国还存在着落后的腐朽的文化。社会主义文化大繁荣大发展的实质是在多元文化的交融中进行文化创新,增强社会主义文化的抵抗力。所以在社会主义文化大繁荣大发展中,坚持马克思主义的指导地位是十分重要的。我们党在社会主义文化大繁荣大发展中十分重视正确舆论的作用。当前信息化、网络化加快发展,国内外媒体竞争十分激烈,互联网上的信息十分复杂,媒体的影响时时刻刻都存在,对我国社会主义文化大繁荣大发展形成了挑战。我们党在加快健全互联网管理体制,壮大网上的评论队伍,形成网上的正面舆论强势,这对于社会主义文化大繁荣大发展十分有利。在社会主义文化大繁荣大发展中,我们党坚持了社会主义核心价值体系的引领作用。社会主义核心价值体系是社会主义文化的根本,是中国共产党的一面光辉旗帜,是全民族奋发向上的精神力量,是全国各族人民团结和睦的精神纽带。当前各种社会思潮空前活跃,积极向上的社会思潮是主流,一些错误的颓废的社会意识也在增长。在马克思主义的指导地位不断巩固的同时,一些非马克思主义的东西也时有出现,这是社会主义文化大繁荣大发展中的消极因素。所以我们党坚持用社会主义核心价值体系引领社会思潮,引领群众,倡导富强民主文明和谐、自由平等公平法治、爱国敬业诚实友善,以便形成社会主义核心价值观,形成全党、全民族的精神支柱。

其四,我们党通过社会主义和谐社会建设引领人与人、人与社会和睦相处。构建社会主义和谐社会要有构建社会主义和谐社会的本领，共产党的这种本领在社会主义社会建设中不断提高。我们党以保障民生为重点，着力解决人民群众最直接、最关心、最现实的问题，坚持发展依靠人民、发展为了人民、发展成果由人民共享的价值观念，把促进就业放在社会发展的优先位置，大力促进教育公平，深化收入分配制度改革，加强保障性住房建设，为群众提供有效、方便、价廉的公共卫生和基本公共医疗服务，会形成人与人之间、人与社会之间和谐相处的局面。

中国共产党的领导力，其次表现在凝聚力上。

其一，共产党以共同富裕来凝聚社会力量。共同富裕是体现中国特色社会主义本质的东西，是中国特色社会主义的奋斗目标，是中国特色社会主义的前进方向，是中国特色社会主义的伟大实践活动。经过30多年的改革开放和社会主义现代化建设，我们在共同富裕方面取得了长足进步。我们党通过解放和发展生产力促进共同富裕，解放和发展生产力为共同富裕奠定了雄厚的物质基础。人民群众得到了更多的实惠，贫困人口大幅度减少，人民群众的生活水平有了大幅度提高。我们党通过调整分配关系促进共同富裕，努力实现经济发展与居民收入增长同步，努力实现劳动报酬增长与劳动生产率提高同步，不断提高居民收入在国民收入分配中的比重，不断提高劳动报酬在初次分配中的比重。我们党通过扩大劳动就业促进共同富裕。就业是民生之本。我们党高度重视人民的就业问题，千方百计促进人民就业，坚持自主就业、市场促进就业、政府促进就业和鼓励创业的方针，实施就业优先战略和更加积极的就业政策，鼓励多渠道、多形式就业，促进创业带动就业。各级政府加强了就业职能培训，不断提高劳动者的就业、创业能力。我们正朝着共同富裕的目标前进，共同富裕符合当代中国的实际，符合人民群众的根本利益，符合中华民族的共同愿望。中国共产党就是通过共同富裕的价值目标把人民群众凝聚在中国特色社会主义旗帜下的。

其二，中国共产党通过公平正义凝聚社会力量。公平正义是中国特色社会主义的重要目标，是中国特色社会主义的根本原则，是中国特色社会主义发展的持久动力，是中国特色社会主义生机与活力的重要保证。我们党通过制度建设，逐步实现全体人民在社会发展的各方面都享有的权利，实现权利平等。我们党为每一位公民提供创业发展、奉献社会、追求幸福的机会，实现机会平等。我们党坚持在法律制度面前，让每位公民平等享有权利、平等履行义务、平等承担责任、平等受到保护，实现规则公平。公平公正是一个具体的相对的历史的范畴，它与一定社会的经济文化发展水平是相适应的，它的最终实现是个长期的过程。在党的十一届三中全会后，我们在实现社会的公平正义方面取得了实质性进展，彰显了我们党的价值优势和道义优势。我们党就是通过公平正义把全国各族人民凝聚在中国特色社会主义旗帜下的。

其三，我们党通过共同理想来凝聚社会力量。共同理想是全国各族人民对有实现可能性的奋斗目标的追求。中国特色社会主义是全国各族人民的共同理想。这个共同理想能使全国人民认同中国特色社会主义道路，认同中国特色社会主义理论体系，认同中国特色社会主义制度。它能调动一切积极因素，团结一切可以团结的力量，高举中国特色社会主义伟大的旗帜，不断夺取中国特色社会主义事业的新胜利。因为共同理想是我们国家和民族的整体精神，它能使分散在不同领域的力量形成合力；因为共同理想是一种思想向导，它能使各民族之间产生了亲和力；因为共同理想是一种价值目标，在增强当代中国的价值目标中产生核心竞争力；因为共同理想是一种精神动力，它能对全体社会成员产生号召力；因为共同理想是一种整体认识，它能增强中国特色社会主义的影响力，所以我们党非常重视通过共同理想来凝聚社会力量。

中国共产党的领导力，还表现在它的战斗力上。到目前为止，还找不到比汶川大地震更能说明党的战斗力的事例。2008年5月12日，四川汶川发生了8级大地震。地震一发生，胡锦涛总书记就召开了中央政治局常委会，立即部署抗震救灾工作，成立了抗震总指挥部。党中央一声号令，全国上下一齐行动，举全国之力，全面投入到抗震救灾中。十几万解放军、武警部队官兵、民兵预备役人员迅速赶往灾区，组成了抗震救灾突击队。近10万医疗卫生人员从全国各地迅速向灾区进发。交通、铁路、电力、通信等部门纷纷抽调精兵强将，全力抢修受破坏的公路、铁路、电力、通信设施。各地专业救援队伍和大批志愿人员从四面八方赶往抗震救灾第一线。国家战略物资紧急调运，航空、铁路、公路、水路立体救援。数量巨大的帐篷、衣、被、食品、药品和机械设备被源源不断地运往灾区。我们党取得了抗震救灾的伟大胜利。在灾区重建中，又发挥了"全国一盘棋"的大协作精神，中央财力大力支援，各省市对口支援。仅仅三年，就把一个十几万平方公里的破碎山河重建为安居乐业的家园。汶川大地震体现了什么？体现了我们国家在党的十一届三中全会后的强大物质基础，体现了社会主义的巨大优越性，体现了中国人民的新的精神面貌，体现了中国共产党的巨大战斗力。

中国共产党的领导力，最后表现在创新上。

中国共产党的创造力集中体现在开辟了中国特色社会主义道路，创立了中国特色社会主义理论体系，形成了中国特色社会主义制度。其一，中国特色社会主义道路体现了中国共产党的创新力。中国特色社会主义道路既不同于资本主义道路，也不同于"苏联模式"的社会主义道路，更不同于我国传统的社会主义道路。这条路既继承了我国的革命传统，又具有改革开放的新特点；既是我们党把马克思主义基本原理同中国国情相结合创造出来的，又与中华民族的振兴融为一体，代表了社会主义的发展方向；既顺应了人类社会的发展，又准确把握了时代的主题。这些就是中国特色社会主义道路创新的地方。其二，中国特色社会主义理论体系体现了作为先锋队的中国共产党的创造力。在社会主义新时期，我们党的中央领导集体，在推进社会主义理论创新的过程中，吸收了全党的智慧和理论界的研究成果，先后创立了邓小平理论、"三个代表"重要思想、科学发展观。党的十七大把这些理论成果抽象为中国特色社会主义理论体系，它以新的视角和新的逻辑框架，概括了中国特色社会主义的思想路线、发展阶段、根本任务、发展战略、发展动力和发展目的，概括了社会主义经济、政治、文化、社会事业和生态建设，概括了治党治国治军和内政外交国防战略，体现了我们党的集成创新能力。党的十八大后，中国特色社会主义理论体系又增加了实现中华民族伟大复兴的"中国梦"的内容。中国特色社会主义理论体系是被实践证明了的关于中国在建设、巩固和发展社会主义的正确理论原则和经验总结，是社会主义理论的最新成果。这些就是中国特色社会主义理论体系创新的地方。其三，中国特色社会主义制度体现了作为先锋队的中国共产党的创新力。中国特色社会主义制度是中国共产党把根本制度、基本制度和具体制度结合为一体的制度总称。中国特色社会主义制度从中国特色社会主义道路中分离出来，与中国特色社会主义道路、中国特色社会主义理论体系并列，这是党的十八大的一大贡献，也是中国共产党的一大创新。中国特色社会主义制度既坚持了传统社会主义建立的政治制度中的合理成分，又增添了新的内容，实现了历史继承性和与时俱进性的统一，集中体现了中国特色社会主义的特点和优势。

总之，中国共产党领导力的表现是中国共产党的本质要求，是中国共产党的生命所在，是中国共产党立于不败之地的保证。

三 中国共产党的领导力是中国特色社会主义事业可持续发展的根本保证

第一，中国共产党的领导力是中国特色社会主义事业可持续发展所需要的政治制度的根本保证，这种制度就是中国共产党所建立的人民代表大会制度、共产党领导的多党合作和政治协商制度、民族区域自治制度、基层群众自治制度。人民代表大会制度体现了工人阶级领导的以工农联盟为基础的社会主义国家政权的性质，体现了我国单一制形式的国家结构，它是人民当家作主的重要途径和最高形式，它是人民通过选举自己的代表组成的人民代表大会统一行使国家权力的制度，各级人大对人民负责，受人民监督，因而它既能反映人民的呼声和要求，又能有效发挥监督各级国家机关的作用。人民代表大会具有强大的政治凝聚力和高度的社会整合力，它对于坚持人民民主专政、发扬人民民主、动员和组织人民群众参加国家和社会管理、实现人民群众的利益具有极大的作用。中国共产党领导的多党合作与政治协商制度是中国的政党制度，既体现了共产党的领导地位，又体现了参政党的职能；既实现了民主参与，又有利于集中统一；既健全了民主的形式，又丰富了民主的内容；既体现了民主的广度和深度，又兼顾了各方面的利益。中国共产党领导的多党合作和政治协商制度有很强的政治凝聚力和高度的社会整合力，它对于提高协商民主、协调民主党派和社会各方面代表的积极性、巩固和发展爱国统一战线具有重要作用。民族区域自治制度保证了我国各民族享有平等的经济、政治、文化和社会权益，促进了相互支持、相互帮助、共同繁荣的和睦的民族关系的形成。民族区域自治制度具有很强的政治凝聚力和高度的社会整合力，它在维护国家统一、民族团结、政治稳定和巩固国防方面发挥了积极作用。基层群众自治制度是城乡居民群众在共产党的领导下，在居住地区范围内，以相关法律法规政策为依据，依托基层群众自治组织，直接行使民主选举、民主决策、民主管理、民主监督等权利，实行自我管理、自我服务、自我教育、自我监督的制度。基层群众自治是实现社会主义民主的直接形式，是人民当家作主最广泛、最有效的实现形式。它具有很强的政治凝聚力和高度的社会整合力，对于发展基层公共事业、维护社会治安、向人民政府反映基层群众的意见有积极作用。我们党就是通过这种制度把人民群众凝聚在中国特色社会主义旗帜下的。

第二，中国共产党的领导力是中国特色社会主义事业可持续发展所需要的马克思主义中国化最新成果的根本保证。马克思主义中国化是由毛泽东提出来的，毛泽东为马克思主义中国化作出了巨大贡献。党的十一届三中全会后，我们党把马克思主义基本原理同中国实际相结合，不断创新发展马克思主义，使马克思主义中国化取得了历史性发展。在改革开放前夕，我们党支持了实践是检验真理唯一标准的大讨论。这场大讨论，既解放了全党和全国人民的思想，又把全党和全国人民凝聚在改革开放的旗帜下，把全国人民建设社会主义现代化的积极性、主动性和创造性调动起来。在改革开放初期，以邓小平为核心的第二代中央领导集体，提出了社会主义初级阶段理论、社会主义本质理论、"三个有利于"标准、"三步走"战略部署、社会主义市场经济理论，这是马克思主义中国化的最新理论成果，它能提高我国人民对社会主义的认知力，能提高我国经济社会转型的软实力，起到了凝聚民心和整合社会力量的作用。随着改革开放和社会主义现代化建设的推进，以江泽民为核心的第三代中央领导集体，提出了全面建设小康社会、社会主义政治文明、"三个代表"、科教兴国等理念，这是马克思主义中国化的又一最新理论成果。这些理念把全国人民凝聚在全面建设小康社会的旗帜下，把中国特色社会主义事业推向了21世纪。在新世纪新阶段，以胡锦涛为总书记的党中央提出了"以人为本、科学发展、和谐社会、公平正义、社会主义新农村建设、和谐世界等新理念"，这是马克思主义中国化的又一最新理论成果，它体现了全国各族人民对新价值理念的追求，也起到了凝聚民心和整合社会力量的作用。党的十八大以后，以习近平为总书记的党中央，提出了中国梦、中国精神、中国力量等新理念，这是马克思主义中国化的又一最新理论成果，它反映了全国人民对美好未来的向往，同时也起到了凝聚民心和整合社会力量的作用。马克思主义中国化最新的理论成果是在中国共产党的领导下创造的，是中国特色社会主义事业可持续发展所需要的新的指南。

第三，中国共产党的领导力是中国特色社会主义事业可持续发展所需要的正确政策的根本保证。政策是实现我们党奋斗目标的基本原则，它有正确与错误的区分。我们党在不同的领域有不同的政策。在经济领域有经济政策，在文化领域有文化政策，在社会领域有社会政策，在生态领域有生态政策，在外交领域有外交政策。所以政策是一个复杂的系统。正确的政策和错误的政策所产生的后果是不同的。正确的政策会增强党的公信力，错误的政策会削弱党的公信力。我国在社会主义制度确立以后到党的十一届三中全会之前，实施了不少错误的政策，这些错误的政策导致我国的国民经济到了崩溃的边缘，使人民生活在贫穷的社会主义之中。人民群众对这些错误的政策是不认同的，只是屈于政治压力不敢说罢了。这些错误的政策在实施过程中虽然在表面上轰轰烈烈，但是在实践上是乏力的。这些错误的政策影响了党的公信力，削弱了党的战斗力，更谈不上凝聚民心和整合社会力量了。党的十一届三中全会以后，我们党制定和实施了一系列正确的政策，人民群众对这些政策是认同、拥护和支持的。如每年的中央一号文件讲的就是农村、农业、农民的政策，这些政策符合农村、农业、农民的实际，既得到了农民的认同，又凝聚了农民的力量。其他领域的政策也是如此。我们党在每个领域的政策出台后，都组织人民群众认真学习，一旦人民群众掌握了这些政策，就会激发出人民群众建设社会主义的巨大热情，进而转化为建设社会主义的强大物质力量。正确的政策是中国特色社会主义事业可持续发展所需要的，而正确的政策是我们党领导人民制定的。

第四，中国共产党的领导力是中国特色社会主义事业可持续发展所需要的群众力量的根本保证。我们党通过实现人民群众的利益凝聚中国特色社会主义事业可持续发展所需要的群众力量。邓小平讲过："不讲多劳多得，不重视物质利益，对少数先进分子可以，对广大人民群众不行，一段时间可以，长期不行。革命精神是非常宝贵的，没有革命精神就没有革命行动。但是，革命是在物质利益的基础上产生的，如果只讲牺牲精神，不讲物质利益，那就是唯心论。"[①] 改革开放以前，人们不敢讲物质利益，认为讲物质利益是资产阶级思想。党的十一届三中全会以后，我们党十分重视人民群众的利益问题。人民群众利益包括经济利益、政治利益、文化利益和社会利益；经济利益是指人民群众的物质财富的积累和物质生活质量的提高；政治利益是指人民群众在政治生活中的地位及其所获得的各项民主权利；文化利益是指人民群众所享有的科学文化发展成果以及精神生活水平的提高；社会利益是指人民群众在社会生活中的地位及其所享有的社会事业发展的成果。江泽民反复强调我们党是人民群众的根本利益的代表，也就是说，我们党要把人民群众的根本利益作为一切工作的出发点和落脚点。人民群众的利益是不断发展的，随着人民群众生活水平的不断提高，我们党仍然坚持和发展人民群众的利益，不仅使人民群众获得实实在在的经济利益，而且在政治、文化、社会发展的前提下使人民群众获得实实在在的政治利益、文化利益和社会利益。利益决定人心向背，人心向背决定社会主义的成败。我们党就是通过实现人民群众的利益来凝聚民心和聚集社会力量的。

第五，中国共产党的领导力是营造中国特色社会主义事业可持续发展所需要的良好环境的根本保证。中国特色社会主义事业可持续发展所需要的环境包括国际环境和国内环境。中国特色社会主义事业可持续发展需要良好的国际环境。

---

① 《邓小平文选》第二卷，人民出版社 1994 年版，第 146 页。

其一，我们党通过世界多极化的发展趋势营造良好的国际环境。世界正在走向多极化，这是当今世界的突出特点，也是国际形势发展的必然趋势。无论是在全世界还是在各地区，无论是在经济领域还是在政治领域，多极化的趋势都有新的发展，世界的各种力量出现了分化和改组，多个力量中心正在形成。美国是超级大国，它想独霸世界，但力不从心。欧盟的建立和发展，加快了欧洲经济、政治一体化的进程，成为世界一支举足轻重的力量。日本正想由经济强国变成政治强国，企图成为联合国的常任理事国。俄罗斯经过一段时间的恢复后，其经济实力和军事实力正在提升，在国际舞台上仍然发挥着十分重要的作用。中国在改革开放以后，已成为世界第二大经济实体，国际地位和国际影响明显提升。广大发展中国家正在崛起，在国际中的作用不容忽视。当今世界的各种力量正处在大调整之中，各种力量重新组合，朝着多极化方向发展。世界多极化是世界进步的标志，少数大国或大国集团垄断国际事务发展、支配其他国家命运的时代已一去不复返了。世界多极化有利于反对霸权主义和强权政治，有利于世界的和平与发展。我们党主张世界多极化，支持世界多极化发展，因为它对于营造中国特色社会主义事业可持续发展所需要的国际环境是有利的。

其二，我们党通过经济全球化营造中国特色社会主义事业可持续发展所需要的良好的国际环境。经济全球化是指生产要素在全球范围内的自由流动和优化配置。经济全球化是世界生产力发展和世界科技进步的产物。国际贸易往来、科技革命深入发展、交通和通信手段的进步，克服了各国经济发展的障碍，使资金、技术、信息、管理方式、劳动力等生产要素以空前的规模和速度在世界范围内流动，从而扩大了国际市场和国际分工，促使各国经济更加开放和一体化，在世界范围内形成了一个相互依存、共同发展的全球化经济。经济全球化对中国来说既是机遇，又是挑战。说它是机遇，是因为它使中国和其他国家的联系和交往日益紧密，这是我国社会主义顺利发展所需要的外部条件。在经济全球化中我们党能更好地利用发达国家的资金、技术、管理经验和市场，给我国经济发展带来后发优势，缩短了我国与发达国家的差距，增强了我国在国际市场上的竞争力。经济全球化为中国特色社会主义事业可持续发展提供了有利的外部环境。说它是挑战，是因为经济全球化给我国的经济安全带来了威胁。经济安全是指在经济发展过程中能有效化解潜在风险和外来冲击，确保国民经济持续、快速、健康发展的经济状态。我国的经济发展水平低，在国际上占有的份额少，在世界分工体系中处于弱势地位，所以我国的经济安全容易受到威胁，经济全球化给我国的经济结构和市场带来了一定的威胁。我国仍然属于世界分工体系中的外围发展中国家，产业结构总体上是低层次的，我国产品的科技含量低，所以我国的产业结构和产品容易受到冲击。我们党采取积极的对策，抓住机遇，迎接挑战，主动参与经济全球化进程，为中国特色社会主义事业可持续发展营造了有利的外部环境。

其三，我们党通过独立自主的和平外交政策营造中国特色社会主义事业可持续发展所需要的良好的国际环境。独立自主是我国外交政策的根本原则。独立自主是指国家主权独立，不允许任何外来干涉与侵犯，每个国家都有权根据本国国情独立自主的处理本国的一切事情。独立自主的和平外交政策包括：发展对外关系必须以国家利益为最高准则，始终把国家的主权和安全放在第一位；不参加任何军事集团，不同任何国家结盟；不以意识形态和社会制度画线，对国家问题按是非曲直作出判断；坚持自力更生的方针，又实行对外开放；以和平共处五项原则为准则，全方位发展对外关系。我们党按照独立自主的和平外交政策，改善和发展同大国的经济合作、政治对话和技术交流；我们党按照独立自主的和平外交政策加强同广大发展中国家的团结与合作，充分发挥我国同发展中国家互相支持的优势；我们党按照独立自主的和平外交政策，积极发展同周边国家的睦邻友好关系，"以邻为伴，与邻为善"，与周边国家做好邻居、好伙伴、好朋友，为中国特色社会主义事业可持续发展创造了和平的国际环境和周边环境。中国特色社会主义事业可持续发展需要良好的国内环境。我们党通过实施依法治国的基本方略来创造中国特色社会主义事业可持续发展所需要的稳定的社会环境。依法治国是社会稳定的重要保证。社会稳定是社会主义各项事业发展的前提条件。我们党利用法律手段，使各种违法犯罪活动受到打击，使改革发展中的人民内部矛盾的问题得到及时、有效的解决，使社会得到安定。我们党通过法治的宣传教育，使越来越多的人不仅不犯法，而且还积极维护法律的权威。社会稳定不仅有了制度保证，而且还有了思想观念的支持。我们党通过加强社会治安综合治理，保持了社会安定有序。我们党通过"打防结合、预防为主、专群结合、依靠群众"的方针，依法打击严重刑事犯罪分子，着重整治突出的治安问题和治安混乱的地区，坚决遏制刑事犯罪的高发势头，增强人民群众的安全感，保持了社会的安定有序。

第六，中国共产党的领导力是战胜中国特色社会主义事业可持续发展所遇到的困难的根本保证。中国是人口众多的发展中大国，在当前和今后，中国特色社会主义事业可持续发展都会遇到很多的困难。我国正处在工业化、城镇化快速发展阶段，消费结构调整、产业结构升级、基础设施建设、社会事业发展和生态环境建设都蕴含着巨大的市场需求和发展空间，但结构性、深层次性矛盾正在凸显。全球经济的增长速度在减缓，它与我国的周期性结构调整交织在一起，使我国可持续发展面临的形势更加复杂。我国的传统发展方式也面临着严峻的挑战。长期以来形成的内需和外需、投资与消费结构性失衡的现象进一步显现，经济发展与资源短缺、生态环境脆弱的矛盾进一步加剧，生产要素的价格进一步上涨，传统的粗放型增长方式难以为继，经济结构调整更加紧迫。人口老龄化已经呈现，适龄劳动力在减少。随着我国经济的发展，水、森林、石油、天然气、铁矿石等资源越来越短缺。城乡区域发展不平衡还要持续很长时间，产业结构不平衡，服务业也不发达，科技还没有真正成为第一生产力。随着我国"走出去"战略步伐的加快，我国的对外开放既受到了发达国家保护主义的抵制，又受到了人才、技术和管理经验的制约。随着工业化从中期向后期的发展，生态环境问题越来越突出，废水、废气、废渣、二氧化碳、二氧化硫的排放量居高不下，水、空气、土壤等被污染。我国每年都要发生严重的自然灾害，旱灾、水灾、风灾、地震等频繁发生。每年的抗震救灾就大大增加了我国经济发展的成本。上述困难和问题，既是我国当前发展面临的困难和问题，也是中国特色社会主义事业可持续发展所面临的困难和问题。旧的困难和问题解决了，新的困难和问题还会出现。不断出现又不断解决，是中国特色社会主义事业可持续发展的辩证法。造成这些问题和困难既有客观原因，也有主观原因；既有历史原因，也有现实原因。这些困难和问题如果解决不好，既会影响我国当前的社会发展，也会影响中国特色社会主义事业可持续发展。虽然解决这些问题和克服这些困难有很大的难度，但是经过一定的努力还是可以克服的。关键是得依靠中国共产党的力量，我们党有能力领导人民克服这些困难和解决这些问题。

首先，我们党能抓住中国特色社会主义事业可持续发展的战略机遇期。从国际上看，世界金融危机给世界经济发展带来了深度的冲击，世界经济的增长速度放慢；从国内看，我国经济社会发展不平衡、不协调、不可持续的问题依然突出，保障和改善民生的难度很大，社会矛盾依然突出。我们党认为，发展战略机遇期没有因为国内外形势的变化而变化，21世纪头20年仍然是我国发展的重要战略机遇期。过去我们党带领全国人民抓住了战略机遇期，使得我国的经济实力、综合国力和人民的生活水平上了一个大台阶，今后我们党仍然会抓住战略机遇期，利用各种有利条件克服不利条件，继续取得社会主义现代化建设的新胜利。

其次，我们党通过深化改革开放推动科学发展。推动科学发展面临的一个严峻的现实问题是城乡差距、地区差距、收入差距的扩大问题，这严峻的现实问题促使我们党作出全面深化改革开放的决定。改革开放是决定中国前途命运的一招，是中国特色社会主义事业可持续发展的必由之路。通过30多年的改革开放，我国基本实现了从计划经济体制向社会主义市场经济体制的转变，初步形成了现代市场经济所需要的微观经济基础。市场在资源配置中起了决定性作用，经济市场化程度明显提高，国家的宏观调控经济管理由直接向间接转变，社会保障制度基本形成，更好地体现了公平性。今后我国的经济社会发展不会一帆风顺，经济、政治、文化、社会、生态等方面的矛盾和问题会更加复杂，但是我们党有能力、有勇气、有智慧通过全面深化改革开放，不断提高改革开放决策的科学化水平来解决这些矛盾和问题，推动科学发展。

最后，我们党通过转变经济发展方式，解决当前和今后中国特色社会主义事业可持续发展所面临的矛盾和问题。经济发展方式和经济增长方式是不同的。经济增长方式主要是指资源、资金和劳动投入的效率，而经济发展方式主要是指经济效益的提高方式、资源消耗的降低方式、资源结构的优化方式、生态环境的改善方式、劳动成果的分配方式等。转变经济发展方式，一要由经济发展主要依靠投资、出口拉动向依靠消费、投资、出口协调拉动转变；二要由经济发展主要依靠第二产业带动向依靠第一、第二、第三产业协同带动转变；三要由经济发展主要依靠物质资源消耗向科技进步、劳动者素质提高、管理创新转变。当前转变经济发展方式主要立足于形成新的发展方式，立足于提高发展的质量效益，着力激发各类市场主体的活力，着力构建现代产业发展的新体系，着力培育开发型经济发展的新优势，使经济发展更多依靠内需的拉动，更多依靠现代服务业和新兴产业的带动，更多依靠节约资源和循环经济的推动，更多依靠城乡区域协调发展的推动。

总之，推动中国特色社会主义事业可持续发展，关键在党，关键在党的力量，关键在党的引领力、凝聚力、战斗力和创新力。

四 结语

以上事实说明，中国共产党有能力开拓中国特色社会主义事业新局面，也有能力推动中国特色社会主义事业可持续发展，这就是作为先锋队的中国共产党的价值所在，将被中国的未来历史发展所证明。

全书结束语

对中国特色社会主义事业可持续发展的展望

中国特色社会主义事业可持续发展的前景如何？我们说中国特色社会主义事业可持续发展的道路是曲折的，前景是美好的。

一 中国特色社会主义事业可持续发展是社会主义在当代中国发展的必然趋势

东欧剧变、苏联解体以后，还有五个坚持社会主义制度的国家，即中国、朝鲜、越南、老挝和古巴。这五个国家都在调整自己的发展战略，探索适合本国国情的社会主义道路并取得了一定的成效。在这五个国家中，中国特色社会主义比其他四国的社会主义对世界的影响力更大。它把马克思主义基本原理同中国社会主义建设的实际相结合，开辟了中国特色社会主义道路，这条道路是国家富强的唯一正确的道路，是民族振兴的唯一正确的道路，是人民幸福的唯一正确的道路。它把马克思主义基本原理南中国社会主义建设的实际相结合，创立了中国特色社会主义理论体系，增强了马克思主义的生命力和时代感，在它的指导下，我国的改革开放和社会主义现代化建设取得了巨大的成就。它把马克思主义基本原理同中国社会主义实际相结合，形成了中国特色社会主义制度，这个制度是当代中国进步的根本保证，体现了中国特色社会主义的特点和优势。中国特色社会主义道路、中国特色社会主义理论体系、中国特色社会主义制度的有机结合，就是中国特色社会主义事业可持续发展的模式。

中国特色社会主义事业可持续发展的模式对世界产生了重要影响。第一，它为其他社会主义国家提供了经验。在中国改革开放以后，朝鲜、越南、老挝和古巴共产党都先后到中国考察，他们把中国改革开放的经验和本国的实际相结合，也开始了不同程度的改革开放，走出了社会主义的困境，改变了本国社会主义的面貌。

第二，它对世界共产党人和人民是一个巨大的鼓舞。中国的改革开放和社会主义现代化建设的巨大成功、中国特色社会主义欣欣向荣的局面、中国特色社会主义的生机与活力，使全世界各国的共产党人和人民看到了社会主义的光明和希望。俄中友好协会主席季塔连科说，中国改革开放所取得的伟大成就对全世界具有深远的意义。中国改革的经验无情地驳斥了西方一些政治家和学者关于'世界应以欧洲为中心，只有欧洲的发展模式最具发展前途'的错误说法。中国特色社会主义理论与实践为世界文明指出了一条新的希望之路，使世界许多发展中国家的人民看到了希望。

第三，它为广大发展中国家谋求发展提供了经验。首先，中国的改革开放为发展中国家谋求发展指明了方向。中国的改革开放是全面的，它把对内改革和对外开放结合起来，采取了渐进的方式，充分发挥了改革开放的正能量，避免了负效应。这是广大发展中国家应该借鉴的。其次，中国的改革从农村开始，在发展现代农业的同时也发展乡镇企业，给发展中国家提高农民的生活水平、消除贫困提供了借鉴意义。最后，中国在发展中遇到了不少困难和问题，中国解决这些困难、问题的思路和对策，发展中国家也可以借鉴。我们这里说的是借鉴，借鉴并不意味着照抄照搬，我们不会以任何理由要求别国照搬我们的经验，中国共产党尊重别国的主权，反对照抄照搬。

第四，它促进了世界的和平与发展。维护世界和平、促进共同发展是中国外交的宗旨。中国主张在和平共处五项原则的基础上处理国与国之间的关系；国家不分大小、贫富、强弱一律平等；各国的事情由各国的人民来处理，世界上共同的事情由各国协商解决；反对霸权主义和强权政治，建立国际新秩序；缩小南北差距，帮助发展中国家发展；支持联合国改革，充分发挥联合国的作用；建立维护世界和平、促进共同发展的和谐世界。中国特色社会主义有力地推动了世界的和平与发展,为世界各国的建设提供了和平环境。由此可见,中国特色社会主义代表了社会主义的发展方向,是社会主义在当代中国发展的必然趋势。

二 中国特色社会主义事业可持续发展是个漫长的历史过程

中国特色社会主义事业可持续发展的过程是指从中国特色社会主义的建立到建成的整个过程,这一过程将是一个漫长的过程。

第一,这是由社会主义建设的长期性决定的。中国特色社会主义是在经济文化落后的基础上建立的,生产力发展的整体水平比较低。尽管经过几十年的发展,但经济落后的状况没有发生根本的转变,也就是说我国的生产力发展还处在量变的过程中,只要生产力不发生部分质变,社会主义初级阶段就不能进入中级阶段,中级阶段就不能进入高级阶段。我国的生产力不发生根本质变,中国特色社会主义就不能说建成了。中级阶段社会主义需要初级阶段社会主义生产力的逐步积累,高级阶段社会主义需要中级阶段社会主义生产力的长期积累,中国特色社会主义所需要的生产力的根本质变将是长期的积累过程,这就决定了社会主义经济建设的长期性。中国特色社会主义除去经济基础外,还需要政治、文化、社会和生态基础。中国特色社会主义所需要的政治条件、文化条件、社会条件和生态条件也处在量变的过程中,这个量的积累过程也是长期的。所以社会主义政治建设、文化建设、社会建设和生态建设也是一个长期的过程。中国特色社会主义建设的长期性决定了中国特色社会主义事业可持续发展的长期性。

第二,这是由社会主义时期矛盾的复杂性和多变性决定的。中国特色社会主义社会也是充满矛盾的社会。社会主义社会的矛盾是复杂的,在不同的领域有不同的矛盾,经济领域有经济矛盾,政治领域有政治矛盾,文化领域有文化矛盾,社会领域有社会矛盾。中国特色社会主义矛盾也是多变的,旧的矛盾解决了,新的矛盾又产生了,不断产生又不断解决,这是一个循环往复的过程,是一个没有止境的过程。中国特色社会主义矛盾的复杂性、多变性决定了中国特色社会主义事业可持续发展的长期性。

第三，这是由社会主义国家反对发达资本主义国家的遏制与和平演变的长期性决定的。发达资本主义国家口头上说欢迎一个强大的中国，但却从心眼里讨厌社会主义中国的存在。美国联合日本、韩国和东南亚的一些国家形成了一个反华包围圈，以遏制中国的发展。在钓鱼岛问题上，美国说不持立场，实际上它是支持日本吞并钓鱼岛的；在南海问题上，美国不断制造事端，联合越南和菲律宾围堵中国。中国必然要采取反遏制措施，维护中国的主权、领土和领海。发达资本主义国家没能利用军事手段消灭社会主义，他们改变了策略，采取了"不战而胜"的策略、"以压促变"的策略和"超越遏制"的策略，企图和平演变社会主义。东欧剧变、苏联解体以后，西方发达国家把和平演变的矛头指向了中国，中国采取了反和平演变的措施，巩固了中国特色社会主义制度。遏制与反遏制、和平演变与反和平演变是一个长期的过程，这就决定了中国特色社会主义事业可持续发展的长期性。

第四，这是由世界社会主义运动从低潮走向高潮的长期性决定的。东欧剧变、苏联解体以后，世界社会主义运动走向了低潮。世界社会主义运动由低潮走向高潮需要一定的条件。一是要正确回答"什么是社会主义和怎样建设社会主义"这个基本问题，这是世界社会主义运动走出低潮的前提。现今存在的五个社会主义国家都在积极探索这个基本问题，但在认知上仍然存在着很大的分歧，取得认识上的一致性需要很长的时间。二是现今存在的五个社会主义国家都要把本国的社会主义事业搞好，使社会主义具有强大的吸引力。现今存在的五个社会主义国家都是在经济文化落后的基础上建立的，这五个社会主义国家经过自己的努力，使社会主义建设取得了一定的成效，但都没有摆脱经济文化落后的状态。只有社会主义建设搞好了，它才能对本国人民和世界人民产生吸引力。现今存在的五个社会主义国家把社会主义建设搞上去将是一个长期的过程。世界社会主义运动复兴乏力，也决定了中国特色社会主义事业可持续发展的长期性。

第五，科学社会主义基本原理和中国实际的有效结合是个历史过程。科学社会主义基本原理只为中国特色社会主义事业可持续发展提供了根本原则和基本方向,而不是中国特色社会主义事业可持续发展的答案。要推动中国特色社会主义事业可持续发展,就必须把科学社会主义基本原理与中国特色社会主义事业可持续发展的实际结合起来。找准结合点,理论才能变成现实。要找准结合点,把理论变成现实,就需要在中国特色社会主义实践中不断探索。既然是一种探索,那么结合点找的可能正确,也可能不正确,可能部分正确,也可能部分错误。但是我们确信,在长期的探索中,随着对社会主义发展规律认识的不断深入,这个结合点是能够找到的。只有找准结合点才是科学社会主义基本原理和中国特色社会主义事业可持续发展实际的有效结合。找准结合点不是一蹴而就和一帆风顺的,而是长期的历史过程,这也决定了中国特色社会主义事业可持续发展的长期性。

以上几点说明了中国特色社会主义事业可持续发展是个漫长的历史过程。

三 为中国特色社会主义事业可持续发展而努力奋斗

中国特色社会主义事业可持续发展不是自然而然实现的,它需要全国各族人民的艰苦奋斗,努力创造中国特色社会主义事业可持续发展所需要的条件。

在为中国特色社会主义事业可持续发展的奋斗中,必须坚持中国共产党的领导。中国共产党是中国特色社会主义事业的领导核心。中国共产党由革命党变成执政党后,传统社会主义才变成了中国特色社会主义。中国共产党以马克思主义和中国化马克思主义为指导,根据世界形势的发展和中国国情的变化,与时俱进,选择了中国特色社会主义道路。中国共产党把马克思主义基本原理同中国实际相结合,制定了符合社会主义初级阶段的路线、方针政策,取得了中国特色社会主义建设的新胜利。在世界社会主义运动处于低潮的情况下,中国共产党领导中国各族人民坚持了社会主义制度,我国的社会主义没有迷失方向。中国共产党代表了中国各族人民的根本利益,它保持了与人民群众的密切联系,时刻关注人民的呼声和要求,确实全心全意为人民服务,所以中国共产党得到了人民群众的认同、拥护和支持。只有在中国共产党的领导下，全国各族人民在中国特色社会主义事业可持续发展的奋斗中才不会迷失方向。中国共产党是我们为中国特色社会主义事业可持续发展而奋斗的核心力量。

在为中国特色社会主义事业可持续发展的奋斗中，必须坚持和发展马克思主义。坚持马克思主义主要是坚持它的世界观和方法论，主要是坚持它的立场、观点和方法，主要是坚持它的具有生命力和时代气息的科学论断，而不是坚持根据当时的情况对个别事件作出的某些具体结论，这些具体结论不具有普遍意义。马克思主义是发展着的科学，它要随着时代和实践的发展而与时俱进。中国共产党是坚持和发展马克思主义的光辉榜样，在新民主主义革命时期创立了毛泽东思想，在社会主义改革和社会主义现代化建设时期创立了中国特色社会主义理论体系。在中国特色社会主义事业可持续发展中，还会积累很多经验，要及时总结这些新经验，把马克思主义中国化不断推向前进。马克思主义和中国化马克思主义是为中国特色社会主义事业可持续发展而奋斗的指导思想。

在为中国特色社会主义事业可持续发展的奋斗中，必须高举中国特色社会主义的伟大旗帜。中国特色社会主义的伟大旗帜是当代中国发展进步的旗帜，是当代中国各族人民共同奋斗的旗帜；中国特色社会主义旗帜是增强全党和全国人民对社会主义的信心的旗帜，是增强全党和全国人民对世界社会主义运动复兴的决心的旗帜；中国特色社会主义旗帜是马克思主义中国化的旗帜，是开拓马克思主义新境界的旗帜。旗帜就是方向，它指引了中国人民沿着中国特色社会主义道路继续前进；旗帜就是指南，它使中国人民在前进的道路上有了中国特色社会主义理论体系的指导；旗帜就是形象，它为中国特色社会主义制度增添了光辉。为中国特色社会主义事业可持续发展而奋斗，就是真正高举中国特色社会主义伟大旗帜。

在为中国特色社会主义事业可持续发展的奋斗中，必须不断增强中国特色社会主义的吸引力。中国特色社会主义是在经济文化落后的基础上建立起来的。改革开放以前，我国社会主义建设又出现了失误，传统社会主义对人民群众的吸引力已经大大降低。改革开放以后，中国特色社会主义建设取得了成效，中国特色社会主义对人民群众的吸引力增强了。只要在建党 100 周年时全面建成小康社会,在建国 100 周年时基本实现社会主义现代化和中华民族伟大复兴,中国特色社会主义对人民群众的吸引力就会更强。不断增强中国特色社会主义的吸引力是中国特色社会主义事业可持续发展的重要任务,也是中国特色社会主义事业可持续发展的重要动力。

四 中国特色社会主义事业可持续发展的前景是光明的

任何事物的发展都是螺旋式的上升过程,中国特色社会主义事业可持续发展也是如此。中国特色社会主义事业可持续发展的前景是光明的。

从中国特色社会主义本身看,党的十一届三中全会以后,我国社会主义走上了健康发展的轨道。在这条道路上摆脱了传统社会主义模式,走上了全国人民认同的正确发展道路;在指导思想上,摆脱了教条主义的束缚,创立了中国特色社会主义理论体系;在制度上,摆脱了高度集中的计划经济体制、高度集权的政治体制、高度控制的文化体制,形成了中国特色社会主义具体制度;在社会主义的本质上,冲破了平均主义的旧观念和共同贫穷的传统观念,树立了解放生产力、发展生产力、消灭剥削、消除两极分化、最终达到共同富裕的新观念;在怎样建设社会主义上,放弃了"以阶级斗争为纲、抓革命促生产"的做法,坚定不移地坚持以经济建设为中心的社会主义现代化建设原则;在领导上,改变了一元化的领导方式,坚持党总揽全局、协调各方的领导方式。展望未来,中国特色社会主义事业可持续发展的前景是光明的。

从社会主义的发展态势看,中国特色社会主义通过可持续发展会赶上和超过发达资本主义国家。发达资本主义国家虽然也出现了新变化,但是资本主义的基本矛盾没有改变,资本主义必然灭亡的趋势也没有改变。改革开放以前,我国的社会主义建设虽然出现过失误,但是我们在吸取过去教训的基础上,实行了改革开放战略,使综合国力水平大大增强,社会主义的优越性充分发挥出来,社会主义充满了生机与活力。在中级阶段的社会主义中国会超过发达资本主义国家。展望未来，中国特色社会主义事业可持续发展的前景是光明的。

从社会主义的力量看，中国特色社会主义经受住了各种自然灾害的考验，经受住了国际经济的、政治的冲击的各种考验，经受住了世界社会主义运动低潮的考验。中国特色社会主义不仅站稳了脚跟，而且全面协调可持续发展了。只有中国特色社会主义才能发展中国，这极大地增强了中国人民走中国特色社会主义道路的信心和决心。不管中国特色社会主义道路多么曲折，但可持续发展是必然的趋势，因为中国特色社会主义代表了世界社会主义的方向。我们坚信，在马克思主义和中国化马克思主义的指导下，中国特色社会主义会经受住更大、更多的困难和风险的挑战，绚丽多姿的中国特色社会主义就在明天。

主要参考文献

1. 参见何五星编著《中国特色社会主义教程》，国家行政学院出版社 2011 年版。
2. 王福军：《中国特色社会主义为什么灵》，人民武警出版社 2013 年版。
3. 参见侯远长、王增杰主编《中国特色社会主义新探》，中国言实出版社 2014 年版。
4. 参见陈燕楠主编《中国特色社会主义研究》（上、下），人民出版社 2014 年版。
5. 参见孟鑫主编《道路自信十讲》，人民日报出版社 2013 年版。
6. 参见张伟超、蒋均时主编《中国特色社会主义研究》（道路篇），中国人民解放军出版社 2013 年版。
7. 参见《中国特色社会主义发展道路》，中央文献出版社 2013 年版。
8. 参见李湘黔、廖国庚主编《中国特色社会主义研究》（理论篇），中国人民解放军出版社 2013 年版。
9. 参见熊杏林、毛国辉主编《中国特色社会主义研究》（制度篇），中国人民解放军出版社 2013 年版。
10. 参见张荣臣、谢英芬主编《道路自信、理论自信、制度自信》，国家行政学院出版社 2013 年版。
11. 参见许门友、李宏、梁丹丹主编《中国特色社会主义现实问题研究》，中国社会科学出版社 2014 年版。
12. 参见杨俊一主编《中国特色社会主义道路、理论、制度的创新研究》，安徽人民出版社 2013 年版。

13. 邓如辛：《自信中国》，吉林大学出版社 2014 年版。
14. 陈桂华：《通向社会主义市场经济之路》，格致出版社 2014 年版。
15. 参见《社会主义经济发展道路》（市场经济篇），中央文献出版社 2013 年版。
16. 段治文：《近代中国科技思潮的兴起》，浙江大学出版社 2012 年版。
17. 参见赵建军、方玉媚主编《科技·理性·创新》，北京科学技术出版社 2014 年版。
18. 国防大学战略教研部：《推动中国国防和军队建设科学发展读本》，国防大学出版社 2014 年版。
19. 杜超文：《中国未来战争》，白山出版社 2014 年版。
20. 丁宝胜、陶伟、唐平、马腾、罗剑波等著：《新时期党的军事指导理论研究》，国防大学出版社 2013 年版。
21. 李璟：《战斗力解析》，国防大学出版社 2015 年版。
22. 张剑：《生态文明与社会主义》，中央民族大学出版社 2010 年版。
23. 张可兴：《探求·探讨·探索（我与生态经济的心路交集）》，山西经济出版社 2015 年版。
24. 傅治平：《人民本位论》，人民出版社 2012 年版。
25. 参见汪华岳主编《新编马克思主义哲学原理》，高等教育出版社 2011 年第 2 版。
26. 参见赵连文、谢晓娟主编《科学社会主义理论与实践》，河南大学出版社 2010 年版。
27. 乔石：《乔石谈民主与法制》（上、下），人民出版社 2012 年版。
28. 刘世华：《中国民主政治模式研究》，人民出版社 2014 年版。
29. 刘杰：《中国式民主》，时事出版社 2014 年版。
30. 田改伟：《党内民主与人民民主》，天津人民出版社 2015 年版。
31. 肖贵清、赵学琳、闫晓英：《中国特色社会主义文化论》，中共党史出版社 2006 年版。
32. 任仲文：《传承·开放·超越——文化自信十八讲》，人民日报出版社 2011 年版。

33. 刘志国、孙熙国、周向军：《全球化与中国传统文化的现代转换》，山东大学出版社 2009 年版。
34. 于洪卫：《中国特色社会主义理论体系的传统文化意蕴研究》，电子科技大学出版社 2013 年版。
35. 参见宫力、王红续主编《新时期中国外交战略》，中共中央党校出版社 2014 年版。
36. 郭伟伟：《当代中国外交研究》，北京理工大学出版社 2011 年版。
37. 参见牛军主编《中国对外政策分析》，世界知识出版社 2013 年版。
38. 项平：《没有中共产党为什么不行》，台海出版社 2012 年版。
39. 王永平等：《党的领导与社会建设》，花城出版社 2014 年版。
40. 刘功润：《先锋力量》，学林出版社 2014 年版。
41. 郭玉良：《核心力量》，北京出版社 2016 年版。
42. 王金柱、崔文泉、陈锦荣、刘丛齐：《中国特色与世界眼光》，陕西师范大学出版社 2012 年版。
43. 邓英淘：《发展方式与中国的未来》，上海人民出版社 2013 年版。
44. 吴敬瑶、俞可平等：《改革共识与中国未来》，中央编译出版社 2013 年版。
45. 袁秉达：《中国梦与中国特色社会主义》，上海人民出版社 2014 年版。